Dr. Oetker ITALIENISCH KOCHEN VON A–Z

Dr. Oetker

ITALIENISCH KOCHEN

VON A–Z

Dr. Oetker Verlag

Abkürzungen

EL	=	Esslöffel
TL	=	Teelöffel
Msp.	=	Messerspitze
Pck.	=	Packung/Päckchen
g	=	Gramm
kg	=	Kilogramm
ml	=	Milliliter
l	=	Liter
evtl.	=	eventuell
geh.	=	gehäuft
gestr.	=	gestrichen
TK	=	Tiefkühlprodukt
°C	=	Grad Celsius
Ø	=	Durchmesser

Kalorien-/ Nährwertangaben

E	=	Eiweiß
F	=	Fett
Kh	=	Kohlenhydrate
kcal	=	Kilokalorien
kJ	=	Kilojoule

Hinweise zu den Rezepten

Lesen Sie bitte vor der Zubereitung – besser noch vor dem Einkaufen – das Rezept einmal vollständig durch. Oft werden Arbeitsabläufe oder -zusammenhänge dann klarer.

Zutatenliste

Die Zutaten sind in der Reihenfolge ihrer Verarbeitung aufgeführt.

Arbeitsschritte

Die Arbeitsschritte sind einzeln hervorgehoben, in der Reihenfolge, in der wir sie ausprobiert haben.

Backofeneinstellung

Die in den Rezepten angegebenen Backtemperaturen und -zeiten sind Richtwerte, die je nach individueller Hitzeleistung des Backofens über- oder unterschritten werden können. Bitte beachten Sie deshalb bei der Einstellung des Backofens die Gebrauchsanweisung des Herstellers und machen Sie nach Beendigung der angegebenen Backzeit eine Garprobe.

Zubereitungszeiten

Die Zubereitungszeit beinhaltet nur die Zeit für die eigentliche Zubereitung, die Backzeiten sind gesondert ausgewiesen. Längere Wartezeiten wie z. B. Kühlzeiten sind ebenfalls nicht mit einbezogen.

Vorwort

Italienische Küche von A–Z. Das Standardwerk für Ihre Küche.

Europas ältester Küche ist dieses Buch gewidmet. Kenner behaupten, die „cucina italiana" sei auch die beste Küche. Einfach, natürlich und bekömmlich ist sie, die italienische Küche und bei uns überaus beliebt. Durch die Spezialitäten, die in den verschiedenen Regionen gekocht werden, entsteht eine Vielfalt, die für jeden etwas bietet.
Von Amaretti bis Zwiebelsalat finden Sie in diesem Lexikon Gerichte, Gebäcke und Getränke aus der italienischen Küche.
Klassiker und moderne Rezepte, die Europas beliebteste Küche repräsentieren, haben wir in diesem Buch zusammengestellt.
Die Rezepte sind nach den deutschen Rezept-Bezeichnungen – bis auf einige Gerichte die unter ihrem italienischen Namen bekannter sind – sortiert und die italienische Bezeichnung ist darunter gesetzt.
Entdecken Sie also Italiens Küchenreichtum, von pikant bis süß.
Empfangen Sie Ihre Freunde, Verwandten oder die Liebsten ganz entspannt und überraschen Sie sie mit italienischen Köstlichkeiten.
Büffet- und Menü-Vorschläge helfen Ihnen bei der Planung und der Rezept-Auswahl für spezielle Gelegenheiten.
Eine Buchstabenleiste zeigt Ihnen, wo Sie sich im Alphabet befinden.
Alle Rezepte sind am Ende des Buches noch einmal thematisch sortiert nach: Antipasti, Brot, Dessert, Eierspeisen, Fisch, Gebäck, Geflügel, Gemüse, Getränke, Kalb, Kaninchen, Kuchen, Lamm, Meeresfrüchte, Pasta, Pizza, Polenta, Rind, Reis und Risotto, Salate, Saucen, Schwein, Suppen und Eintöpfe und Wild.

Buon appetito! – Guten Appetit

Amaretti

Mandelgebäck

50 Stück

Für die Baisermasse:

300 g abgezogene, gemahlene Mandeln
6 Tropfen Bittermandel-Aroma
300 g Zucker
3 Eiweiß (Größe M)

Zubereitungszeit: 45 Minuten
Backzeit: etwa 25 Minuten

Insgesamt:

E: 68 g, F: 164 g, Kh: 334 g,
kJ: 12849, kcal: 3070

Für Gäste

1. Für die Baisermasse Mandeln, Aroma und Zucker in einer Rührschüssel mischen. Eiweiß mit Handrührgerät mit Rührbesen auf höchster Stufe steif schlagen. Der Schnee muss so fest sein, dass ein Messerschnitt sichtbar bleibt. Eischnee nach und nach unter die Mandelmischung rühren.
2. Aus der Baisermasse kleine Kugeln formen und in größeren Abständen auf ein Backblech (mit Backpapier belegt) legen. Das Backblech in den vorgeheizten Backofen schieben.
   Ober- und Unterhitze: 140–160 °C
   Heißluft: 120–140 °C
   Backzeit: etwa 25 Minuten
   (die Amaretti sollen mehr trocknen als backen).
3. Das Backblech auf einen Kuchenrost stellen. Die Amaretti noch warm mit Puderzucker bestreuen, etwas abkühlen lassen und vom Backpapier lösen. Amaretti auf dem Kuchenrost erkalten lassen.

Tipp:
Frisch gebacken schmecken die Amaretti am besten. Die Teighäufchen vor dem Backen mit Puderzucker bestäuben.

Amaretti

Amaretti mit Marzipan

Amaretti con marzapane

etwa 15 Stück

200 g Marzipan-Rohmasse
125 g Zucker, 1 Eiweiß (Größe M)
4–6 Tropfen Bittermandel-Aroma
1 EL Eiweiß (Größe M)
etwas Puderzucker

Zubereitungszeit: 55 Minuten
Backzeit: 20–30 Minuten

Pro Stück:

E: 2 g, F: 5 g, Kh: 14 g,
KJ: 447 g, kcal: 107

Klassisch

1. Marzipan-Rohmasse, Zucker, Eiweiß und Bittermandel-Aroma in eine Rührschüssel geben und mit Handrührgerät mit Rührbesen verrühren. Die Masse in einem Kochtopf unter Rühren erwärmen (auf Handwärme).
2. Eiweiß unterrühren. Die Marzipanmasse in einen Spritzbeutel mit Lochtülle (Ø 0,5 cm) füllen.
3. Etwa 15 Häufchen (Ø 3–4 cm) auf ein Backblech (mit Backpapier belegt) spritzen und etwa 60 Minuten stehen lassen, bis sich eine dünne Haut gebildet hat. Das Backblech anschließend in den vorgeheizten Backofen schieben.
   Ober-/Unterhitze: etwa 160 °C
   Heißluft: etwa 140 °C
   Backzeit: 20–30 Minuten.
4. Das Backblech auf einen Kuchenrost stellen. Das Gebäck etwa 5 Minuten stehen lassen, dann vom Backpapier lösen und auf dem Kuchenrost erkalten lassen.
5. Zum Schluss Amaretti mit Puderzucker bestäuben.

Amaretti mit Marzipan

Tipp:
Amaretti in Seidenpapier oder Folie verpackt sind ein schönes Geschenk.

Amaretti-Pfirsiche

Pesche agli amaretti e lamponi

4 Portionen

4 reife Pfirsiche
1 Bio-Zitrone (unbehandelt, ungewachst)
1 Vanilleschote
200 ml halbtrockener Weißwein oder Traubensaft
75 ml Wasser
1 EL Zucker
einige Blättchen frische Minze
200 g frische Himbeeren oder Johannisbeeren
4 TL Crème fraîche
etwa 8 kleine Amarettini (italienisches Mandelgebäck)

Zubereitungszeit: 20 Minuten, ohne Abkühlzeit

Pro Portion:
E: 2 g, F: 3 g, Kh: 15 g, kJ: 411, kcal: 99

Raffiniert – für Gäste – gut vorzubereiten

1. Die Pfirsiche waschen, kurze Zeit in kochendes Wasser legen (nicht kochen lassen), in kaltem Wasser abschrecken und enthäuten. Pfirsiche halbieren und entsteinen.
2. Zitrone gründlich waschen, abtrocknen und in Scheiben schneiden. Vanilleschote längs aufschneiden.
3. Wein oder Saft, Wasser, Zucker, Vanilleschote und Zitronenscheiben in einem breiten Topf zum Kochen bringen. Die Pfirsichhälften hinzugeben und kurz aufkochen lassen. Topf von der Kochstelle nehmen. Minzeblättchen abspülen, trockentupfen, in Streifen schneiden und in den Weinsud geben. Pfirsichhälften im Weinsud erkalten lassen.
4. Himbeeren verlesen oder Johannisbeeren waschen, abtropfen lassen und entstielen. Pfirsichhälften mit einer Schaumkelle aus dem Weinsud nehmen und in einem Sieb abtropfen lassen.
5. Pfirsichhälften mit Himbeeren oder Johannisbeeren auf Tellern anrichten. Jeweils einen Teelöffel Crème fraîche daraufgeben.
6. Amarettini in einen Gefrierbeutel geben, Beutel verschließen. Amarettini mit einer Teigrolle fein zerbröseln. Die Pfirsichhälften mit den Amarettinibröseln bestreuen. Sofort servieren.

Tipp:
Die Pfirsichhälften können schon einen Tag vor dem Verzehr zubereitet werden.

Amaretti-Pfirsiche

Amarettipudding mit Schlagsahne

Budino di amaretti con panna montata

4 Portionen (Puddingform 1,5-Liter-Inhalt)

Für den Pudding:

1–2 EL Semmelbrösel
2 Dosen Mandarinen (Abtropfgewicht je 175 g)
150 g Butter, 70 g Semmelbrösel
200 g Amaretti (italienisches Mandelgebäck)
20 g Weizenmehl
1 gestr. TL Dr. Oetker Backin
1 Pck. Dr. Oetker Finesse Geriebene Zitronenschale
3 Eigelb (Größe M)
1 TL Zitronensaft
30 g Zucker
3 Eiweiß (Größe M)

Für die Beilage:

250 g Schlagsahne
20 g Puderzucker

Zum Bestreuen:

30 g Zartbitter-Raspelschokolade

Zubereitungszeit: 20 Minuten
Garzeit: etwa 60 Minuten

Pro Portion:

E: 14 g, F: 60 g, Kh: 98 g,
kJ: 4216, kcal: 1005

Dauert etwas länger

Amarettipudding mit Schlagsahne

1. Für den Pudding eine hitzebeständige Puddingform (Ø 16 cm, etwa 1,5 l) fetten und mit Semmelbröseln ausstreuen. Mandarinen in einem Sieb abtropfen lassen.
2. Butter in einer Pfanne zerlassen, Semmelbrösel darin kurz anrösten. Abkühlen lassen.
3. Amaretti in einen Gefrierbeutel geben, Beutel verschließen. Amaretti mit einer Teigrolle fein zerbröseln. Mehl mit Backpulver und Zitronenschale in einer Schüssel mischen. Amarettibrösel und abgekühlte Semmelbrösel unterheben.
4. Eigelb mit Zitronensaft und Zucker zu einer dicklichen Creme aufschlagen und anschließend das Eiweiß steif schlagen.
5. Nacheinander die Eigelbcreme, die Mandarinen und den Eischnee unter die Bröselmasse heben. Die Masse in die vorbereitete Form füllen und mit einem Deckel oder mit Alufolie verschließen.
6. Die Form in einen hohen Topf setzen, so viel heißes Wasser hineingießen, dass die Form bis etwa 3 cm unter dem Rand im Wasser steht. Den Topfdeckel auflegen. Wasser aufkochen lassen. Den Pudding in schwach kochendem Wasser etwa 60 Minuten garen.
7. Für die Beilage Sahne mit Puderzucker steif schlagen, in eine Schüssel geben und mit Schokoraspeln bestreuen. Den Pudding mit der Sahne servieren.

Tipp: Gut schmeckt dazu auch eine leicht gebundene Orangensauce mit etwas Cointreau abgeschmeckt, oder eine pürierte Fruchtsauce mit dem passenden Obstgeist oder -likör abgeschmeckt.

Artischockenherzen mit Tomaten und Oliven

Cuore di carciofi con pomodori e olive

4 Portionen

16 Artischockenherzen (aus der Dose)
16 Cocktailtomaten
je 1 kleines Glas grüne und schwarze Oliven ohne Stein
(Abtropfgewicht je 85 g)
2 Knoblauchzehen
3 EL Balsamico-Essig
Salz
frisch gemahlener Pfeffer
5 EL Olivenöl

Zubereitungszeit: 20 Minuten

Pro Portion:
E: 4 g, F: 23 g, Kh: 7 g,
kJ: 1083, kcal: 258

Schnell

1. Artischockenherzen in einem Sieb abtropfen lassen und vierteln. Tomaten waschen, trockentupfen und die Stängelansätze entfernen. Tomaten eventuell halbieren. Oliven abtropfen lassen. Artischockenherzen mit Tomaten und Oliven in einer Schüssel mischen.
2. Knoblauch abziehen und durch eine Knoblauchpresse drücken. Essig mit Knoblauch, Salz und Pfeffer verrühren. Olivenöl unterschlagen. Die Marinade auf den Gemüsezutaten verteilen, untermischen und etwa 30 Minuten unter gelegentlichem Umrühren durchziehen lassen.

Artischockenherzen mit Tomaten und Oliven

Artischocken in Tomatensauce

Carciofi in salsa di pomodoro

6 Portionen

12 Artischocken „Morellini“
(kleine violette Artischocken)
Saft von 1 Zitrone
Wasser
150 g Weizenmehl
4 EL Olivenöl
1 Dose passierte Tomaten (400 g)
Salz
frisch gemahlener Pfeffer

Zubereitungszeit: 40 Minuten

Pro Portion:
E: 7 g, F: 7 g, Kh: 23 g,
kJ: 784, kcal: 187

Einfach

1. Artischocken unter fließendem kalten Wasser abspülen und gut trockentupfen. Stiele und obere Spitzen abschneiden. Artischocken vierteln.
2. Wasser und Zitronensaft in eine Schüssel geben, Artischockenviertel hineinlegen (sie werden sonst schwarz).
3. Artischockenviertel gut abtropfen lassen und in Mehl wenden. Olivenöl in einem Topf erhitzen. Artischocken darin von allen Seiten hellbraun anbraten. Passierte Tomaten hinzufügen, zum Kochen bringen und bei schwacher Hitze etwa 5 Minuten kochen lassen.
4. Anschließend so viel Wasser hinzugeben, dass die Artischocken bedeckt sind. Mit Salz und Pfeffer würzen. Wieder zum Kochen bringen und so lange kochen lassen, bis eine dickflüssige Sauce entstanden ist (etwa 20 Minuten), dabei ab und zu umrühren.

Beilage: Fladen- oder Bauernbrot.

Artischocken, römisch

Carciofi alla romana

6 Portionen

16 junge, kleine Artischocken
$^1/_2$ Zitrone
3 Knoblauchzehen
1 Bund glatte Petersilie
10 frische Minzeblättchen
50 g Semmelbrösel
50 g Parmesan-Käse
125 ml ($^1/_8$ l) Olivenöl
Salz
frisch gemahlener Pfeffer
250 ml ($^1/_4$ l) Weißwein

Zubereitungszeit: 60 Minuten
Garzeit: etwa 35 Minuten

Pro Portion:
E: 8 g, F: 24 g, Kh: 12 g,
kJ: 1362, kcal: 325

Für Gäste – vegetarisch – mit Alkohol

1. Artischocken unter fließendem kalten Wasser abspülen und gut abtropfen lassen. Äußere unansehnliche Blätter auszupfen. Stiele und Spitzen abschneiden. Die Schnittflächen mit Zitrone abreiben.
2. Knoblauch abziehen und sehr klein schneiden. Petersilie und Minzeblättchen abspülen und trockentupfen. Von der Petersilie die Blättchen von den Stängeln zupfen. Petersilie- und Minzeblättchen klein schneiden. Semmelbrösel mit Parmesan-Käse und zwei Drittel des Olivenöls mischen. Die vorbereiteten Kräuter untermischen. Mit Salz und Pfeffer würzen.
3. Von den Artischocken die Mittelblätter lockern. Jeweils innen Herz und Stroh entfernen. Die Artischocken mit der Kräuter-Käse-Mischung füllen.
4. Restliches Olivenöl in einer feuerfesten Form erhitzen. Gefüllte Artischocken hineinlegen. Mit so viel Weißwein auffüllen, dass die Artischocken halb bedeckt sind. Anschließend die Form auf dem Rost in den vorgeheizten Backofen schieben.
Ober-/Unterhitze: etwa 200 °C
Heißluft: etwa 180 °C
Garzeit: etwa 35 Minuten.

Beilage: Frisches Stangenweißbrot.

Artischocken, römisch

Auberginen, gebacken

Melanzane al forno

4 Portionen

4 kleine, schlanke Auberginen
(etwa 600 g), Salz

8 Tomaten
4–6 abgezogene Knoblauchzehen
200 g Mozzarella-Käse
50 g Salamischeiben
6 EL Olivenöl

Außerdem:
4 Bögen Pergamentpapier

Zubereitungszeit: 40 Minuten,
ohne Durchziehzeit
Garzeit: etwa 50 Minuten

Pro Portion:
E: 20 g, F: 28 g, Kh: 17 g,
kJ: 1674, kcal: 399

Für Gäste

1. Auberginen waschen, abtrocknen und die Stängelansätze entfernen. Auberginen der Länge nach in etwa 1 $^1/_2$ cm dicke Scheiben schneiden, jedoch nicht durchschneiden, so dass sie unten zusammenhängen. Die Einschnitte mit Salz bestreuen und Auberginen etwa 30 Minuten stehen lassen.
2. Auberginen unter fließendem kalten Wasser abspülen und trockentupfen. Jeweils 1 Aubergine auf ein Stück Pergamentpapier (gefettet) setzen.
3. Tomaten waschen, kreuzweise einschneiden und einige Sekunden in kochendes Wasser legen. Tomaten kurz in kaltem Wasser abschrecken, enthäuten, halbieren, entkernen und Stängelansätze entfernen. Tomaten in Scheiben schneiden. Knoblauch abzie-

Auberginen, gebacken

hen und in dünne Scheiben schneiden. Mozzarella abtropfen lassen und ebenfalls in dünne Scheiben schneiden.

4. Abwechselnd Tomaten-, Mozzarella- und Salamischeiben in die Einschnitte der Auberginen stecken, Knoblauchscheiben dazwischen verteilen und mit Olivenöl beträufeln. Auberginen in dem Pergamentpapier einpacken und auf ein Backblech setzen. Das Backblech in den vorgeheizten Backofen schieben.
   Ober-/Unterhitze: etwa 200 °C
   Heißluft: etwa 180 °C
   Garzeit: etwa 50 Minuten.
5. Die Folie aufschneiden. Auberginen herausnehmen und anrichten.

Auberginen-Lasagne

Lasagne con melanzane

4 Portionen

Für die Füllung:

400 g Auberginen
2 Stangen (etwa 150 g) Staudensellerie
400 g Creme-Champignons
1 große Zwiebel
1–2 Knoblauchzehen, 1 EL Speiseöl
1 Dose Pizza-Tomaten (Einwaage 400 g)
1 TL gerebelter Thymian
gerebelter Rosmarin
gehackter Koriander
frisch gemahlener Pfeffer
Salz

Für die Käse-Sahne-Creme:

200 g Doppelrahm-Frischkäse
200 g Schlagsahne
200 ml Gemüsebrühe
2 Eier (Größe M), 1 Bund Basilikum
1 Gabel grüne Pfefferkörner in Lake
12 Lasagneplatten, ohne Kochen

2 gestr. TL Margarine für die Form

100 g geraspelter Käse (z. B. Gouda, Emmentaler)

Zubereitungszeit: 45 Minuten
Garzeit: 30–35 Minuten

Pro Portion:

E: 28 g, F: 47 g, Kh: 38 g,
kJ: 2895, kcal: 692

Vegetarisch

1. Für die Füllung Auberginen waschen, trockentupfen und die Stängelansätze entfernen. Staudensellerie putzen und die harten Außenfäden abziehen. Sellerie waschen und abtropfen lassen. Auberginen in Würfel, Sellerie in Streifen schneiden.
2. Champignons putzen, mit Küchenpapier abreiben, evtl. abspülen, abtropfen lassen und in Scheiben schneiden. Zwiebel und Knoblauch abziehen, in kleine Würfel schneiden.
3. Speiseöl in einem Topf erhitzen. Zwiebel- und Knoblauchwürfel darin glasig dünsten. Vorbereitete Gemüsewürfel hinzufügen und mit andünsten. Pizza-Tomaten mit dem Saft zu den Gemüsewürfeln geben. Mit Thymian, Rosmarin, Salz und Pfeffer würzen. Das Gemüse 2–3 Minuten garen. Etwas abkühlen lassen.
4. Für die Käse-Sahne-Creme Frischkäse mit Sahne, Brühe und Eiern zu einer geschmeidigen Masse verrühren. Basilikum abspülen und trockentupfen. Die Blättchen von den Stängeln zupfen. Blättchen klein schneiden. Basilikum mit den zerdrückten Pfefferkörnern unter die Frischkäsecreme rühren, mit Salz abschmecken.
5. Die Lasagneplatten mit der Käse-Sahne-Creme bestreichen und abwechselnd lagenweise mit der Gemüsemasse in eine rechteckige Auflaufform (gefettet) schichten. Die oberste Schicht sollte aus der Käse-Sahne-Creme bestehen. Käseraspel darauf verteilen. Die Form auf dem Rost in den vorgeheizten Backofen schieben.
   Ober-/Unterhitze: etwa 200 °C
   Heißluft: etwa 180 °C
   Garzeit: etwa 40 Minuten

Auberginen-Lasagne

Auberginen mit Petersilie

Vegetarisches Buffet
8–12 Personen

Mozzarellaspieße, bunt 1 x (S. 162)
Gebratene Mandeln und Oliven 1 x (Seite 73)
Auberginen mit Petersilie 1 x (Seite 12)
Raviolisalat 2 x (Seite 215)
Gemüsesuppe nach Genueser Art 3 x (Seite 87)
Frühlingspizza 2 x (Seite 71)
Semifreddo di Marsala 1 x (Seite 245)

Zusätzlich:
Brot; Himbeersauce zum Dessert

Alles gut vorzubereiten, außer der Pizza.

Auberginen mit Petersilie
Melanzane al prezzemolo
4 Portionen

8 mittelgroße Auberginen
Salz
1 Bund glatte Petersilie
3 Knoblauchzehen
frisch gemahlener Pfeffer
125 ml (1/8 l) Olivenöl

Zubereitungszeit: 20 Minuten, ohne Durchziehzeit
Backzeit: etwa 30 Minuten

Pro Portion:
E: 10 g, F: 33 g, Kh: 21 g, kJ: 1765, kcal: 420

Raffiniert – einfach

1. Auberginen waschen, trockentupfen und die Enden abschneiden. Auberginen der Länge nach durchschneiden. Die Schnittflächen mit Salz bestreuen und etwa 30 Minuten durchziehen lassen. Anschließend Auberginen abspülen und trockentupfen.
2. Petersilie abspülen und trockentupfen. Die Blättchen von den Stängeln zupfen. Blättchen klein schneiden. Knoblauch abziehen und in kleine Würfel schneiden. Petersilie und Knoblauch mischen, mit Salz und Pfeffer würzen. 3 Esslöffel des Olivenöls untermengen.
3. Auberginenhälften mit der Schnittfläche nach oben in eine flache große Auflaufform (gefettet) legen. Die Kräutermischung darauf verteilen. Restliches Olivenöl darauf träufeln. Die Form auf dem Rost in den vorgeheizten Backofen schieben. Die Auberginen so lange überbacken, bis sie weich sind.
   Ober-/Unterhitze: 180–200 °C
   Heißluft: 160–180 °C
   Backzeit: etwa 30 Minuten.

Beilage: Ofenfrisches Baguette oder aufgebackenes Ciabatta.

Auberginenmus
Mus di melanzane
4 Portionen

2 Auberginen
2 Knoblauchzehen
1 kleine Zwiebel
1 Fleischtomate
1 EL Weißweinessig
1 EL Zitronensaft
5 EL Olivenöl
Salz
frisch gemahlener Pfeffer
100 g schwarze Oliven
1/2 Bund Schnittlauch

Zubereitungszeit: 80 Minuten

Pro Portion:
E: 4 g, F: 22 g, Kh: 8 g, kJ: 1023, kcal: 244

Gut vorzubereiten

1. Auberginen waschen, abtrocknen und auf ein Backblech legen. Das Backblech in den vorgeheizten Backofen schieben.
   Ober-/Unterhitze: 220–240 °C
   Heißluft: 200–220 °C
   Backzeit: etwa 40 Minuten.
2. Die Auberginen während der Backzeit einmal wenden. Das Auberginenfleisch muss weich sein und die Haut schwarz aussehen.
3. Die Auberginen vom Backblech nehmen und etwas abkühlen lassen. Von den noch heißen Auberginen die Haut abziehen. Auberginenfleisch in kleine Stücke schneiden.
4. Knoblauch und Zwiebel abziehen, Knoblauch zerdrücken, Zwiebel reiben, mit dem Auberginenfleisch vermischen.
5. Tomate waschen, kreuzweise einschneiden und einige Sekunden in kochendes Wasser legen. Tomaten kurz in kaltes Wasser legen, enthäuten, halbieren, entkernen und die Stängelansätze herausschneiden. Tomate in sehr kleine Würfel schneiden und ebenfalls zum Auberginenfleisch geben.
6. Essig mit Zitronensaft verrühren, Olivenöl unterschlagen. Mit Salz und Pfeffer würzen.
7. Die Marinade zu der Auberginenmasse geben, untermengen und auf einem Teller anrichten.
8. Oliven abtropfen lassen, entsteinen und in Stücke schneiden. Schnittlauch abspülen, trockentupfen und in Röllchen schneiden.
9. Auberginenmus mit Schnittlauchröllchen und Olivenstückchen garnieren.

Tipp:
Zum Dippen mit Gemüse, Chips, Kräckern oder als Brotaufstrich reichen.

Auflauf von Ravioli

Auflauf von Ravioli

Pasticcio di ravioli

8 Portionen

4 Zwiebeln
100 g Butter
250 ml (1/4 l) Milch
250 g Schlagsahne
8 Eigelb (Größe M)
Salz, frisch gemahlener Pfeffer
3 Dosen (je 800 g) Ravioli in Tomatensauce
150 g geriebener Gruyère-Käse
2 EL gehackte Kräuter (z.B. Petersilie, Schnittlauch)

Zubereitungszeit: 40 Minuten
Garzeit: etwa 40 Minuten

Pro Portion:
E: 16 g, F: 38 g, Kh: 49 g, kJ: 2572, kcal: 612

Preiswert – für Kinder

1. Zwiebeln abziehen und in kleine Würfel schneiden. Butter in einem Topf zerlassen. Zwiebelwürfel darin andünsten. Milch und Sahne hinzufügen, unter Rühren zum Kochen bringen und etwas einkochen lassen. Leicht abkühlen lassen.
2. Eigelb unter die Sahnemilch rühren. Mit Salz und Pfeffer abschmecken.
3. Ravioli in einer großen, feuerfesten Form oder in einer Fettfangschale (30 x 40 cm) verteilen. Die Eier-Sahne-Milch darüber gießen. Käse darauf streuen. Die Form auf dem Rost oder die Fettfangschale in den vorgeheizten Backofen schieben.
   Ober-/Unterhitze: etwa 200 °C
   Heißluft: etwa 180 °C
   Garzeit: etwa 40 Minuten.
4. Den Auflauf herausnehmen und mit gehackten Kräutern bestreut sofort servieren.

Tipp:
Statt Milch 250 ml (1/4 l) Weißwein verwenden. Der Auflauf kann auch mit fertigen Ravioli aus dem Kühlregal zubereitet werden, dann die Tomatensauce durch passierte Tomaten aus der Dose ersetzen.

Beilage:
Gemischte Blattsalate.

Baguette mit Tomaten und Mozzarella

Baguette mit Tomaten und Mozzarella

Baguette con pomodoro e mozzarella

4 Portionen

4 Baguettebrötchen
8 EL kalt gepresstes Olivenöl
4 vorbereitete Salatblätter
4 Fleischtomaten
250 g Mozzarella-Käse
1 Bund Basilikum
Salz
frisch gemahlener Pfeffer

Zubereitungszeit: 15 Minuten

Pro Portion:
E: 18 g, F: 34 g, Kh: 36 g,
kJ: 2175, kcal: 519

Einfach

1. Baguettebrötchen quer aufschneiden. Die Schnittflächen mit etwas Olivenöl beträufeln. Die unteren Brötchenhälften mit je einem Salatblatt belegen.
2. Tomaten abspülen, trockentupfen, halbieren und die Stängelansätze herausschneiden. Tomatenhälften in Scheiben schneiden. Mozzarella abtropfen lassen und ebenfalls in Scheiben schneiden.
3. Tomaten- und Mozzarellascheiben abwechselnd dachziegelartig auf die unteren Brötchenhälften legen.
4. Basilikum abspülen und trockentupfen. Die Blättchen von den Stängeln zupfen. Blättchen in Streifen schneiden und auf den Tomaten- und Mozzarellascheiben verteilen. Mit Salz und Pfeffer würzen, mit dem restlichen Olivenöl beträufeln. Die oberen Brötchenhälften darauflegen.

Bandnudeln mit Ente

Tagliatelle all'anatra

6 Portionen

2 Entenbrustfilets (etwa 750 g)
3 EL Olivenöl
Salz, frisch gemahlener Pfeffer
2 Zwiebeln
2 Knoblauchzehen
2–3 Stangen Staudensellerie
1 Möhre
2 Gläser (etwa 200 ml) guter Rotwein
4–5 Tomaten
4 l Waser
4 gestr. TL Salz
500 g Bandnudeln (z.B. Tagliatelle)

Zubereitungszeit: 35 Minuten

Pro Portion:
E: 30 g, F: 18 g, Kh: 63 g,
kJ: 2352, kcal: 561

Mit Alkohol

1. Entenbrustfilets unter fließendem kalten Wasser abspülen, trockentupfen und die Haut entfernen. Das Fleisch in große Würfel schneiden.
2. Olivenöl in einer Pfanne erhitzen. Fleischwürfel darin von allen Seiten 8–10 Minuten anbraten. Mit Salz und Pfeffer würzen.
3. Zwiebeln und Knoblauch abziehen, in kleine Würfel schneiden. Sellerie und Möhre putzen. Von den Selleriestange die harten Staudenfäden abziehen. Möhre schälen. Selleriestangen und Möhre waschen, abtropfen lassen und in kleine Stücke schneiden. Die vorbereiteten Zutaten zu den Fleischwürfeln geben und mit andünsten. Rotwein hinzugießen, zum Kochen bringen und etwa 5 Minuten garen.
4. Tomaten waschen, kreuzweise einschneiden und einige Sekunden in kochendes Wasser legen. Tomaten kurz in kaltes Wasser legen, enthäuten, halbieren, entkernen und die Stängelansätze herausschneiden. Tomaten in kleine Würfel schneiden.
5. Tomatenwürfel zur Fleischmasse geben und kurz aufkochen lassen. Mit Salz und Pfeffer würzen.
6. Wasser in einem großen Topf mit geschlossenem Deckel zum Kochen bringen. Dann Salz und Nudeln zugeben. Die Nudeln im geöffneten Topf bei mittlerer Hitze nach Packungsanleitung kochen lassen, dabei zwischendurch 4–5-mal umrühren.
7. Anschließend die Nudeln in ein Sieb geben, mit heißem Wasser abspülen und abtropfen lassen.
8. Die Bandnudeln mit der Sauce vermengen, eventuell nochmals kurz erhitzen und sofort servieren.

Tipp:
Statt Staudensellerie kann auch 1 kleines Bund Frühlingszwiebeln verwendet werden.

Bandnudeln mit Schinken und Erbsen

Tagliatelle al prosciutto e piselli

4 Portionen

1 Zwiebel
200 g Butter
300 g TK-Erbsen
Salz, frisch gemahlener Pfeffer
200 g Schlagsahne
150 g gekochter Schinken
3 l Wasser
3 gestr. TL Salz
400 g Bandnudeln
50 g frisch geriebener Parmesan-Käse

Zubereitungszeit: 25 Minuten

Pro Portion:
E: 31 g, F: 64 g, Kh: 82 g,
kJ: 4383, kcal: 1048

Einfach

1. Zwiebel abziehen und in sehr kleine Würfel schneiden. Die Hälfte der Butter in einem Topf zerlassen. Zwiebelwürfel darin leicht bräunen.
2. Gefrorene Erbsen hinzufügen. Mit Salz und Pfeffer würzen. Die Erbsen in etwa 10 Minuten gar dünsten. Sahne hinzufügen und erhitzen.
3. Schinken in Streifen schneiden und kurz vor Ende der Garzeit mit den Erbsen vermengen. Sauce anschließend warmstellen.
4. Wasser in einem großen Topf mit geschlossenem Deckel zum Kochen bringen. Dann Salz und Nudeln zugeben. Die Nudeln im geöffneten Topf bei mittlerer Hitze nach Packungsanleitung kochen lassen, dabei zwischendurch 4–5-mal umrühren.
5. Anschließend die Nudeln in ein Sieb geben, mit heißem Wasser abspülen und abtropfen lassen.
6. Die Nudeln in eine vorgewärmte Schüssel geben. Die Sauce darauf verteilen. Butterflöckchen daraufsetzen. Die Nudeln sofort servieren. Parmesan-Käse dazureichen.

Tipp:
Sie können die Sauce zusätzlich mit 1 Teelöffel Tessiner-Gewürz (eine Mischung aus Zwiebeln, Salz, Pfeffer, Sellerie, Rosmarin, Majoran, Basilikum, Knoblauch und Petersilie) verfeinern.

Bandnudeln mit Wildschwein

Bandnudeln mit Wildschwein

Tagliatelle al cinghiale

4 Portionen

Für die Marinade:

2 kleine oder 1 große Zwiebel
2 Knoblauchzehen
2 Stangen Staudensellerie
2 Möhren
10 Stängel Petersilie
1 Lorbeerblatt
500 ml (1/2 l) Rotwein

Für die Wildschweinsauce:

250 g Wildschwein
(aus der Keule, ohne Knochen)
4 EL Olivenöl
Salz, frisch gemahlener Pfeffer
Rosmarinnadeln
200 ml Weißwein
(z.B. Chianti Classico)
40 g Tomatenmark
500 ml (1/2 l) Wildfond
oder Gemüsebrühe
2 gestr. EL Weizenmehl
4 l Wasser
4 gestr. TL Salz
400 g Pappardelle
(breite Bandnudeln)
40 g frisch geriebener Pecorino-Käse

Zubereitungszeit: 50 Minuten, ohne Marinierzeit

Pro Portion:
E: 31 g, F: 19 g, Kh: 77 g,
kJ: 2670, kcal: 638

Mit Alkohol

1. Für die Marinade Zwiebel und Knoblauch abziehen, in kleine Würfel schneiden. Sellerie putzen und die harten Außenfäden abziehen. Sellerie waschen, abtropfen lassen und in Stücke schneiden. Möhren putzen, schälen, waschen, abtropfen lassen und in Würfel schneiden. Petersilie abspülen und trockentupfen. Die Blättchen von den Stängeln zupfen und Blättchen klein schneiden.
2. Die vorbereiteten Gemüsezutaten mit dem Lorbeerblatt mischen und in eine flache Schale geben, Rotwein hinzugießen.
3. Für die Sauce Wildschwein unter fließendem kalten Wasser abspülen, trockentupfen, in etwa 1 x 1 cm große Würfel schneiden und in die Marinade legen. Die Fleischwürfel darin etwa 12 Stunden marinieren.
4. Fleischwürfel herausnehmen und trockentupfen. Die Marinadezutaten in einem Sieb gut abtropfen lassen, Lorbeerblatt entfernen.
5. Das Olivenöl in einer Pfanne erhitzen. Fleischwürfel hinzufügen und von allen Seiten anbraten. Mit Salz, Pfeffer und Rosmarin würzen. Etwas Wein hinzugießen, zum Kochen bringen und etwa 45 Minuten garen, dabei nach und nach den restlichen Wein hinzugeben.
6. Klein geschnittenes Gemüse hinzufügen. Tomatenmark unterrühren, Fond oder Brühe hinzugießen, wieder zum Kochen bringen und weitere etwa 15 Minuten garen. Mehl mit etwas Wasser anrühren. Die Sauce damit binden.
7. Wasser in einem großen Topf mit geschlossenem Deckel zum Kochen bringen. Dann Salz und Nudeln zugeben. Die Nudeln im geöffneten Topf bei mittlerer Hitze nach Packungsanleitung kochen lassen, dabei zwischendurch 4–5-mal umrühren.
8. Anschließend die Nudeln in ein Sieb geben, mit heißem Wasser abspülen und abtropfen lassen.
9. Die Bandnudeln mit der Wildsauce und Pecorino-Käse servieren.

Bandnudeln mit Zitronensauce

Tagliatelle con salsa di limone

6 Portionen

4 l Wasser, 4 gestr. TL Salz
400 g Bandnudeln

Für die Sauce:

1 Bio-Zitrone (unbehandelt, ungewachst)
500 g Schlagsahne
3–4 EL Aquavit nach Belieben
Saft von 1 Zitrone
Salz, frisch gemahlener Pfeffer
Zucker
60 g frisch geriebener Parmesan-Käse

Zubereitungszeit: 20 Minuten

Pro Portion:
E: 13 g, F: 31 g, Kh: 50 g,
kJ: 2357, kcal: 563

Mit Alkohol

Bandnudeln mit Zitronensauce

1. Wasser in einem Topf mit geschlossenem Deckel zum Kochen bringen. Dann Salz und Nudeln hinzugeben. Die Nudeln im geöffneten Topf bei mittlerer Hitze nach Packungsanleitung kochen lassen, dabei 4-5-mal umrühren.
2. Anschließend die Nudeln in ein Sieb geben, mit heißem Wasser abspülen, abtropfen lassen und warm stellen.
3. Für die Sauce Zitrone waschen, abtrocknen und die Schale mit einer Haushaltsreibe abreiben. Beiseite stellen. Zitrone von der weißen Schale und allen Häuten befreien. Das Fruchtfleisch in kleine Würfel schneiden, mit Sahne und nach Belieben mit Aquavit verrühren.
4. Die Zitronensahne zum Kochen bringen und etwa 5 Minuten kochen lassen. Zitronensaft hinzufügen, wieder zum Kochen bringen und weitere 5 Minuten kochen lassen. Die Sauce mit Salz, Pfeffer und Zucker abschmecken.
5. Die Sauce mit dem geriebenen Parmesan-Käse unter die Bandnudeln mengen, in einer flachen Schüssel anrichten und mit der beiseite gestellten Zitronenschale bestreuen.

Beilage: Grüner Salat.

Tipp:
Die Bandnudeln mit der Zitronensauce zu gebratener Hähnchenbrust oder Schnitzel und gemischtem Salat reichen. Nach Belieben mit Minzeblättchen garnieren.

Bäuerliche Artischocken

Carciofi alla contadina

4 Portionen

8 kleine Artischocken

300 g kleine Zwiebeln
2 Knoblauchzehen
5–6 EL Olivenöl
Salz
frisch gemahlener Pfeffer
2 TL Tomatenmark (aus der Dose)
500 ml (1/2 l) Rindfleischbrühe
100 g entsteinte, grüne Oliven
2 TL Kapern

Zubereitungszeit: 60 Minuten
Garzeit: etwa 25 Minuten

Pro Portion:
E: 5 g, F: 18 g, Kh: 9 g,
kJ: 901, kcal: 215

Einfach

1. Die Artischocken von den äußeren schlechten Blättern befreien, die oberen Spitzen gerade schneiden. Artischocken waschen, abtropfen lassen, trockentupfen und längs halbieren. Zwiebeln und Knoblauch abziehen. Eine Zwiebel und den Knoblauch in sehr kleine Würfel schneiden.
2. Das Olivenöl in der Kasserolle oder in einem Topf erhitzen. Zwiebel- und Knoblauchwürfel darin andünsten. Artischockenhälften mit den restlichen Zwiebeln hinzufügen. Etwa 5 Minuten bei schwacher Hitze dünsten lassen. Mit Salz und Pfeffer würzen.
3. Tomatenmark unterrühren und Brühe hinzugießen. Die Zutaten zum Kochen bringen und zugedeckt etwa 10 Minuten einkochen lassen. Oliven und Kapern hinzufügen und noch weitere 10 Minuten kochen lassen.

Beilage: Ofenfrisches Baguette.

Bäuerliche Artischocken

Birnen in Rotwein

Pere al vino rosso

6 Portionen

12 kleine, saftige Birnen
500 ml (1/2 l) Rotwein, z.B. Barolo
200 g Zucker
einige Gewürznelken

Zubereitungszeit: 20 Minuten, ohne Abkühlzeit
Garzeit: etwa 60 Minuten

Pro Portion:
E: 1 g, F: 1 g, Kh: 64 g,
kJ: 1300, kcal: 310

Gut vorzubereiten – mit Alkohol

1. Birnen waschen und trockentupfen. Mit einem spitzen Messer die Blütenansätze der Birnen entfernen, die Stängel aber nicht abschneiden.
2. Die ungeschälten Birnen nebeneinander in eine große, hohe Auflaufform setzen. So viel Rotwein hinzugießen, dass die Stängelansätze bedeckt sind. Zucker und Nelken hinzufügen.
3. Die Form auf dem Rost in den vorgeheizten Backofen schieben und die Birnen weich dünsten lassen, der Rotwein soll in der Zeit sirupartig eingedickt sein.
   Ober-/Unterhitze: etwa 200 °C
   Heißluft: etwa 180 °C
   Garzeit: etwa 60 Minuten.
4. Die Form auf einen Rost stellen. Die Birnen in dem Saft erkalten lassen.

Beilage: Steif geschlagene Schlagsahne.

Bellini

Pesche bianche allo Champagne

4 Portionen

2 weißfleischige Pfirsiche
oder 4 cl Pfirsichlikör
700 ml Prosecco oder Champagner

Zubereitungszeit: 20 Minuten

Pro Portion:
E: 1 g, F: 0 g, Kh: 11 g,
kJ: 701, kcal: 168

Mit Alkohol

1. Pfirsiche kurz in heißes Wasser legen, mit kaltem Wasser abschrecken, enthäuten, halbieren und entsteinen. Pfirsichhälften pürieren.
2. Pfirsichpüree oder Pfirsichlikör in 4 Sektschalen geben und mit Prosecco oder Champagner auffüllen.

Birnen mit Mascarpone

Pere al mascarpone

4 Portionen

1 Dose Birnenhälften
(Abtropfgewicht 460 g)

1 Pck. (50 g) rote Belegkirschen
30 g Amarettini (italienisches Mandelgebäck)
125 g Mascarpone (italienischer Frischkäse)
125 g Magerquark, 1 EL Milch
1 gestr. EL gesiebter Puderzucker
25 g Zartbitter-Kuvertüre

Zubereitungszeit: 25 Minuten

Pro Portion:
E: 7 g, F: 16 g, Kh: 41 g,
kJ: 1432, kcal: 342

Einfach

1. Birnenhälften in einem Sieb gut abtropfen lassen und trockentupfen. Die runden Außenseiten der Birnenhälften etwas flacher schneiden.
2. Die Belegkirschen in kleine Würfel schneiden. Amarettini in einen kleinen Gefrierbeutel geben, Beutel verschließen. Amarettini mit einer Teigrolle zerbröseln.
3. Mascarpone mit Quark, Milch und Puderzucker verrühren. Kirschstückchen und Amarettinibrösel unterrühren. Die Creme in die Birnenhälften füllen.
4. Kuvertüre in kleine Stücke hacken, in einem kleinen Topf im Wasserbad bei schwacher Hitze schmelzen. Kuvertüre in einen kleinen Gefrierbeutel füllen und eine kleine Ecke abschneiden.
5. Die Kuvertüre streifenweise auf die gefüllten Birnenhälften spritzen. Kuvertüre fest werden lassen. Die Birnenhälften auf einer Platte anrichten.

Birnen mit Mascarpone

Blattspinat auf römische Art

Spinaci alla romana

4 Portionen

2 Zwiebeln, 2 EL Butter
2 Pck. (600 g) TK-Blattspinat
Salz, frisch gemahlener Pfeffer
frisch geriebene Muskatnuss
6 mittelgroße Tomaten
1 EL Butter, 1 Knoblauchzehe
200 g Mortadella

Zubereitungszeit: 30 Minuten

Pro Portion:
E: 11 g, F: 29 g, Kh: 5 g,
kJ: 1403, kcal: 335

Schnell – raffiniert

1. Zwiebeln abziehen und in kleine Würfel schneiden. Butter in einem Topf zerlassen, Zwiebelwürfel darin andünsten.
2. Blattspinat unaufgetaut hinzufügen und nach Packungsanleitung garen, dabei ab und zu umrühren. Spinat mit Salz, Pfeffer und Muskat würzen.
3. Tomaten waschen, kreuzweise einschneiden und einige Sekunden in kochendes Wasser legen. Tomaten kurz in kaltes Wasser legen, enthäuten, halbieren, entkernen und die Stängelansätze herausschneiden. Anschließend Tomatenhälften in Spalten schneiden.
4. Butter in einer Pfanne zerlassen, Tomatenspalten darin andünsten. Knoblauch abziehen, durch eine Knoblauchpresse drücken und kurz mitdünsten lassen. Mit Salz und Pfeffer würzen.
5. Mortadella enthäuten, in Würfel schneiden, zu den Tomatenspalten geben und miterhitzen. Mortadella-Tomaten-Mischung unter den Spinat heben.

Beilage:
Geriebener Käse, z.B. Parmesan, Baguette oder Bratkartoffeln.

Bohneneintopf mit Oliven

Zuppa di fagioli con olive

8–10 Portionen

1,2 kg fest kochende Kartoffeln
2 Bund Majoran
1 Bund Frühlingszwiebeln
4 EL Olivenöl
1 l Gemüsebrühe
Salz, frisch gemahlener Pfeffer
2 Dosen weiße Bohnen
(Einwaage je 800 g)
240 g schwarze Oliven
ohne Stein

Zubereitungszeit: 90 Minuten
Garzeit: etwa 45 Minuten

Pro Portion:
E: 13 g, F: 15 g, Kh: 37 g,
kJ: 1420, kcal: 338

Vegetarisch

1. Kartoffeln waschen, schälen, abspülen und in kleine Würfel schneiden. Majoran abspülen und trockentupfen. Die Blättchen von den Stängeln zupfen. Blättchen klein schneiden. Frühlingszwiebeln putzen, waschen, abtropfen lassen und in kleine Stücke schneiden.
2. Olivenöl in einem großen Topf erhitzen. Kartoffelwürfel und Frühlingszwiebelstücke darin andünsten.
3. Gemüsebrühe hinzugießen, zum Kochen bringen und etwa 30 Minuten bei schwacher Hitze kochen lassen. Den Eintopf während des Kochens mit Majoran, Salz und Pfeffer würzen.
4. Bohnen mit dem Sud und Oliven hinzugeben. Den Eintopf wieder zum Kochen bringen und noch weitere 15 Minuten kochen lassen. Mit den Gewürzen abschmecken.

Tipp:
Dazu in Knoblauchöl geröstete Weißbrotscheiben reichen.

Bohneneintopf mit Wirsing und Salciccia

Zuppa di fagioli e verza

4–6 Portionen

300 g getrocknete weiße Bohnenkerne

1 dicke Scheibe durchwachsener Speck mit Schwarte (100 g)
3 ungebrühte italienische Bratwurst (Salciccia)
1 Zwiebel
1 halber Wirsing (400 g)
2 EL Olivenöl
1 TL Fenchelsamen
1 l Fleischbrühe
Salz
frisch gemahlener Pfeffer
1 Bund glatte Petersilie
50g geriebener Pecorino-Käse

Zubereitungszeit: 25 Minuten, ohne Einweichzeit
Garzeit: etwa 90 Minuten

Bohneneintopf
mit Wirsing und Salciccia

Pro Portion:
E: 28 g, F: 43 g, Kh: 23 g, kJ: 2470, kcal: 590

Klassisch

1. Bohnen in kaltem Wasser über Nacht einweichen.
2. Bohnen in einem Sieb abtropfen lassen, dabei das Einweichwasser auffangen. Speck in 6 gleich große Stücke schneiden. Bratwurst in etwa 2 cm dicke Scheiben schneiden. Zwiebel abziehen und grob würfeln. Von dem Wirsing die groben, äußeren Blätter entfernen und den Strunk herausschneiden. Wirsing in Streifen schneiden, waschen und abtropfen lassen.
3. Olivenöl in einem Topf erhitzen. Speckstücke, Wurstscheiben und Zwiebelwürfel darin andünsten. Fenchelsamen mit andünsten. Bohnen und Wirsingstreifen hinzufügen. Brühe hinzugießen, zum Kochen bringen und etwa 90 Minuten garen. Mit Salz und Pfeffer abschmecken. Eventuell mit Einweichwasser auffüllen.
4. In der Zwischenzeit Petersilie abspülen und trockentupfen. Die Blättchen von den Stängeln zupfen und Blättchen in grobe Streifen schneiden.
5. Die Suppe in tiefen Tellern mit Pecorino und Petersilie bestreuen und dann servieren.

Deftiges Menü
4-6 Personen

Bohneneintopf mit Wirsing und Salciccia 1 x (Seite 20)
Polenta, gegrillt mit Lardo 1 x (Seite 207)
Miesmuschel nach Seemannsart 1 x (Seite 158)
Kaiserschmarrn mit Pinienkernen und Rosinen 2 x (Seite 110)

Bohnen-Gemüse-Topf

Zuppa di fagioli e verdure

4 Portionen

250 g getrocknete, weiße Bohnen
1 1/2 l Wasser
2 Zwiebeln, 3 Knoblauchzehen
2 EL Olivenöl, 1 Lorbeerblatt
je 1/2 TL getrockneter, gerebelter Oregano und gerebeltes Basilikum oder 1 TL getrocknete italienische Kräuter
1 Bund Suppengrün
150 g grüne Bohnen
300 g Staudensellerie
150 g Zucchini
200 g Tomaten
2–3 Gemüsebrühwürfel (für je 500 ml Flüssigkeit) oder 2 geh. TL gekörnte Gemüsebrühe
1 EL Tomatenmark
Salz, frisch gemahlener Pfeffer
Cayennepfeffer
2 EL gehackte Kräuter (z. B. Basilikum, Thymian, Estragon, Oregano) oder Kräuter der Provence

Zubereitungszeit: 90 Minuten, ohne Einweichzeit
Garzeit: etwa 75 Minuten

Pro Portion:
E: 18 g, F: 7 g, Kh: 32 g, kJ: 1085, kcal: 259

Vegetarisch

1. Bohnen in ein Sieb geben, kalt abspülen und in Wasser 12–24 Stunden einweichen.
2. Die Bohnen mit dem Einweichwasser zugedeckt in einem großen Topf zum Kochen bringen.
3. Zwiebeln und Knoblauch abziehen, klein würfeln. Mit Olivenöl, Lorbeerblatt und Kräutern zu den Bohnen geben. Die Bohnen zugedeckt bei mittlerer Hitze etwa 55 Minuten fast gar kochen.
4. Suppengrün vorbereiten: Knollensellerie schälen, schlechte Stellen herausschneiden, Möhren schälen, Grün und Spitzen abschneiden. Sellerie und Möhren waschen und abtropfen lassen. Von dem Porree (Lauch) die Außenblätter entfernen, Wurzelende und dunkles Grün abschneiden. Die Stange längs halbieren, gründlich waschen und abtropfen lassen. Die vorbereiteten Suppengrünzutaten in Scheiben oder Würfel schneiden.
5. Von den grünen Bohnen die Enden abschneiden, eventuell Fäden abziehen. Bohnen waschen, abtropfen lassen, in Stücke schneiden oder brechen. Staudensellerie putzen und die harten Außenfäden abziehen. Die Stangen waschen und abtropfen lassen. Zucchini waschen, abtrocknen und die Enden abschneiden. Zucchini halbieren oder vierteln. Sellerie und Zucchini in Scheiben schneiden.
6. Tomaten waschen, abtropfen lassen, kreuzweise einschneiden, kurz in kochendes Wasser legen und in kaltem Wasser abschrecken. Tomaten enthäuten, die Stängelansätze herausschneiden und Tomaten in Stücke schneiden.
7. Grüne Bohnen, Möhren, Knollensellerie und Brühe zu den weißen, fast garen Bohnen geben, zum Kochen bringen und zugedeckt weitere etwa 12 Minuten kochen lassen. Dann Porree, Staudensellerie und Zucchini hinzufügen und zugedeckt noch weitere 5 Minuten garen. Zuletzt Tomatenstücke und Tomatenmark hinzugeben und noch 2–3 Minuten mitgaren lassen.
8. Die Suppe mit Salz, Pfeffer und Cayennepfeffer abschmecken und mit den Kräutern bestreut servieren.

Tipp:
Anstelle von Staudensellerie können Sie auch 250 g geputzten, in Streifen geschnittenen Wirsing verwenden. Der Eintopf ist gefriergeeignet.

Bohnensalat mit Kapern

Insalata di fagioli con capperi

4 Portionen

800 g italienische, große Bohnenkerne (aus der Dose)
2 Zwiebeln
1 Knoblauchzehe
60 g Kapernäpfel
2 EL Balsamico-Essig
Salz
frisch gemahlener Pfeffer
6 EL Olivenöl
2 EL vorbereitete, glatte Petersilienblättchen

Zubereitungszeit: 15 Minuten, ohne Durchziehzeit

Pro Portion:
E: 14 g, F: 16 g, Kh: 22 g,
kJ: 1217, kcal: 290

Schnell – gut vorzubereiten

1. Bohnenkerne in ein Sieb geben, abtropfen lassen und in eine Schüssel geben. Zwiebeln abziehen, zuerst in Scheiben schneiden, dann in Ringe teilen. Knoblauch abziehen und durch eine Knoblauchpresse drücken. Zwiebelringe, Knoblauch und Kapernäpfeln zu den Bohnenkernen geben und untermischen.
2. Essig mit Salz und Pfeffer verrühren, Olivenöl unterschlagen. Die Marinade unter den Salat heben, etwas durchziehen lassen.
3. Den Bohnensalat mit Petersilienblättchen garniert servieren.

Bohnensalat mit Kapern

Bohnensuppe mit Nudeln

Pasta e fagioli

4 Portionen

200 g weiße Bohnen

1 Zwiebel
2 Knoblauchzehen
1 Stange Staudensellerie
1 1/2 l Wasser
250 g durchwachsener Speck
4 Salbeiblätter
Salz
frisch gemahlener Pfeffer
150 g in Stücke gebrochene Spaghetti
40 g geriebener Parmesan-Käse

Zubereitungszeit: 90 Minuten, ohne Einweichzeit
Garzeit: etwa 70 Minuten
Pro Portion:
E: 28 g, F: 23 g, Kh: 45 g,
kJ: 2097, kcal: 501

Preiswert

1. Bohnen in kaltem Wasser über Nacht einweichen.
2. Die Zwiebel und Knoblauch abziehen. Zwiebel in kleine Würfel schneiden. Knoblauch durch eine Knoblauchpresse drücken. Staudensellerie putzen und die harten Außenfäden abziehen. Stange waschen, abtropfen lassen und in Streifen schneiden.
3. Wasser in einem Topf zum Kochen bringen. Speck, Zwiebelwürfel, Knoblauch, Selleriestreifen, Salbeiblätter und die eingeweichten Bohnen hinzugeben. Die Zutaten zum Kochen bringen und zugedeckt bei schwacher Hitze etwa 1 Stunde kochen lassen.
4. Ein Drittel der Suppe durch ein Sieb passieren oder pürieren und wieder in die Flüssigkeit zurückgeben.
5. Die Suppe mit Salz und Pfeffer würzen. Spaghetti hinzugeben und etwa 10 Minuten bei schwacher Hitze kochen lassen.
6. Speck herausnehmen, in Streifen schneiden und in Tellern verteilen. Die Suppe daraufgeben. Mit Parmesan-Käse bestreut servieren.

Bohnen-Tunfisch-Salat
Insalata di tonno e fagioli
4 Portionen

300 g getrocknete, weiße Bohnen
300 g Tunfisch in Öl (aus der Dose)
1 Zwiebel
1 Knoblauchzehe
5 Basilikumblättchen
Salz
frisch gemahlener Pfeffer
4 EL Olivenöl

Zubereitungszeit: 20 Minuten, ohne Einweich- und Durchziehzeit
Garzeit: etwa 45 Minuten

Pro Portion:
E: 30 g, F: 22 g, Kh: 26 g, kJ: 1821, kcal: 435

Einfach

1. Bohnen in kaltem Wasser über Nacht einweichen.
2. Die eingeweichten Bohnen in kochendem Wasser etwa 45 Minuten garen. Anschließend in einem Sieb abtropfen und erkalten lassen.
3. Tunfisch abtropfen lassen und in Stücke zupfen. Zwiebel abziehen, zuerst in Scheiben schneiden, dann in Ringe teilen. Knoblauch abziehen und klein hacken. Baslikumblättchen abspülen, trockentupfen und klein schneiden.
4. Die vorbereiteten Zutaten in eine Schüssel geben. Mit Salz und Pfeffer würzen, mit Olivenöl beträufeln. Den Salat gut vermengen und durchziehen lassen.

Bollito misto con frutta agrodolce

Bollito misto con frutta agrodolce
Kochfleisch mit Senffrüchten
6-8 Portionen

1 kg Rinderfleisch
(Schulter oder Brust
1 Kalbszunge (etwa 500 g)
1 kleines Huhn (etwa 1 kg)
Salz
1 TL Pfefferkörner
2 Lorbeerblätter
4 l Wasser
1 Bund Suppengrün
1 Bund Möhren (etwa 500 g)
2 Stangen Porree (Lauch)
1 kg mittelgroße Kartoffeln
1 Glas (380 g) Senffrüchte (erhältlich beim italienischer Feinkosthändler)

Zubereitungszeit: 60 Minuten
Kochzeit: etwa 2 Stunden, 40 Minuten

Pro Portion:
E: 62 g, F: 39 g, Kh: 55 g, kJ: 3492, kcal: 834

Klassisch – dauert länger

1. Rindfleisch, Zunge und Huhn (Huhn von innen und außen) unter fließendem kalten Wasser abspülen und trockentupfen.
2. Rindfleisch und Zunge mit 1 Teelöffel Salz, Pfefferkörnern und Lorbeerblättern in einen großen Topf geben, Wasser hinzugießen, zum Kochen bringen und zugedeckt bei schwacher Hitze etwa 60 Minuten garen. Die Brühe dabei mehrmals abschäumen.

3. Suppengrün putzen, eventuell schälen, waschen, abtropfen lassen, grob zerkleinern, mit dem Huhn in die Brühe geben und zugedeckt weitere etwa 60 Minuten garen.
4. Möhren putzen, schälen, waschen, abtropfen lassen und längs halbieren. Porree putzen, die Stangen längs halbieren, gründlich waschen, abtropfen lassen und in dicke Scheiben schneiden. Kartoffeln waschen, schälen, abspülen und abtropfen lassen. Vorbereitete Gemüsezutaten beiseite legen.
5. Das gare Fleisch aus der Brühe nehmen (muss von der Gabel rutschen).
6. Die Zunge mit kaltem Wasser abschrecken und die weiße Haut abziehen. Zunge und Rindfleisch in Scheiben schneiden.
7. Die Brühe passieren und dritteln. Die Fleischscheiben in einem Teil der passierten Brühe warm halten. Das Hühnerfleisch vom Knochen lösen, etwas klein schneiden und zu den Fleischscheiben geben.
8. Möhrenhälften und Porreescheiben in einem weiteren Teil der passierten Brühe etwa 15 Minuten garen. Die geschälten Kartoffeln in der restlichen passierten Brühe etwa 25 Minuten garen.
9. Gemüse und Kartoffeln (jeweils mit der Brühe) zu dem Fleisch geben und alles in der Brühe servieren. Senffrüchte dazureichen.

Bologneser Reistopf

Bologneser Reistopf

Risotto alla bolognese

4 Portionen

2 EL Speiseöl
600 g Gehacktes
(halb Rind-, halb Schweinefleisch)
2 mittelgroße Zwiebeln
Salz, frisch gemahlener Pfeffer
Paprikapulver edelsüß
gerebeltes Basilikum
gerebelter Oregano
250 g Langkornreis
70 g Tomatenmark
750 ml (3/4 l) Fleischbrühe
300 g TK-Erbsen
vorbereitete Basilikumblättchen

Zubereitungszeit: 40 Minuten

Pro Portion:
E: 40 g, F: 30 g, Kh: 63 g,
kJ: 2869, kcal: 685

Klassisch

1. Das Speiseöl in einem Topf erhitzen. Gehacktes hinzufügen und unter ständigem Rühren anbraten. Dabei die Fleischklümpchen mit einer Gabel zerdrücken.
2. Zwiebeln abziehen, in kleine Würfel schneiden, zu dem Gehackten geben und mit andünsten. Mit Salz, Pfeffer, Paprika, Basilikum und Oregano würzen.
3. Reis hinzufügen und kurz mit andünsten. Tomatenmark unterrühren und Brühe hinzugießen. Die Zutaten zum Kochen bringen und zugedeckt bei schwacher Hitze etwa 10 Minuten garen.
4. Dann gefrorene Erbsen in den Reistopf geben und etwa 10 Minuten mitgaren lassen. Den Reistopf mit Salz, Pfeffer, Paprika abschmecken. Den Reistopf mit Basilikumblättchen garniert servieren.

Brasato in Gemüsesauce

Brasato in Gemüsesauce

Brasato con salsa di verdure

8 Portionen

1,5 kg Rinderbraten
Salz
frisch gemahlener Pfeffer
6 Schalotten
2 Knoblauchzehen
2 dicke Möhren
4 Stangen Staudensellerie
200 ml Olivenöl
250 ml (1/4 l) Rotwein
2 Dosen passierte Tomaten (je 400 g)
1/2 l Fleischbrühe
Gewürznelke
1 Lorbeerblatt
1 Stängel Rosmarin
2 Stängel Thymian
2 EL Butter

Zubereitungszeit: 50 Minuten
Garzeit: etwa 2 Stunden

Pro Portion:
E: 39 g, F: 46 g, Kh: 6 g,
kJ: 2542, kcal: 606

Mit Alkohol

1. Rindfleisch unter fließendem kalten Wasser abspülen und trockentupfen. Mit Salz und Pfeffer würzen.
2. Schalotten abziehen und grob würfeln. Knoblauch abziehen und halbieren. Möhren putzen, schälen, abspülen, abtropfen lassen und in Würfel schneiden. Selleriestangen putzen und die harten Außenfäden abziehen. Stangen waschen, abtropfen lassen und ebenfalls grob würfeln.
3. Zwei Esslöffel des Olivenöls in einem Bräter erhitzen. Rindfleisch von allen Seiten darin anbraten und herausnehmen.
4. Schalotten-, Knoblauch-, Möhren- und Selleriewürfel darin andünsten. Rotwein, passierte Tomaten, Brühe, Gewürznelke und Lorbeerblatt hinzugeben. Rindfleisch wieder hineinlegen.
5. Die Zutaten zum Kochen bringen und zugedeckt bei schwacher Hitze etwa 2 Stunden garen, Lorbeerblatt und Nelke entfernen.
6. Rindfleisch herausnehmen, kurz ruhen lassen, in Scheiben schneiden und warmstellen.
7. Die Sauce pürieren, mit Salz und Pfeffer abschmecken. Restliches Olivenöl nach und nach unterschlagen. Die Sauce damit binden. Rindfleisch mit der Sauce überziehen.
8. Rosmarin und Thymian abspülen und trockentupfen. Butter in einer Pfanne zerlassen. Rosmarin und Thymian darin kurz andünsten.
9. Die Butter mit den Kräutern auf den Rindfleischscheiben verteilen. Sofort servieren.

Brokkoli, römisch

Broccoli alla romana

4 Portionen

600 g Brokkoli
3 Knoblauchzehen
4 EL Olivenöl
200 ml trockener Weißwein
Salz
frisch gemahlener, schwarzer Pfeffer

Zubereitungszeit: 20 Minuten
Garzeit: 10–12 Minuten

Pro Portion:
E: 5 g, F: 10 g, Kh: 4 g,
kJ: 694, kcal: 165

Mit Alkohol

1. Von dem Brokkoli die Blätter entfernen. Brokkoli in Röschen teilen, den Strunk eventuell schälen und in Würfel schneiden. Brokkoli waschen und abtropfen lassen. Knoblauch abziehen und sehr klein hacken.
2. Das Olivenöl in einem Topf erhitzen. Knoblauch darin andünsten. Brokkoli hinzufügen und unter Rühren leicht anbraten.
3. Wein hinzugießen, mit Salz und Pfeffer würzen. Brokkoli zum Kochen bringen und zugedeckt bei schwacher Hitze 10-12 Minuten bissfest garen.

Tipp:
Brokkoli als Beilage zu Fleisch servieren. Zusätzlich mit geriebenem Parmesan-Käse bestreuen. Statt mit Wein kann der Brokkoli auch mit Brühe gegart werden.

Brokkoli, sizilianisch

Broccoli alla siciliana

4-6 Portionen

50 g schwarze Oliven (ohne Stein)
5 Sardellenfilets
1 kleine Zwiebel
1-2 Knoblauchzehen
1 kg Brokkoli
Salz, 4 EL Olivenöl
50-100 g pikanter Käse am Stück
(z. B. Höhlenkäse)

Zubereitungszeit: 30 Minuten

Pro Portion:
E: 8 g, F: 17 g, Kh: 3 g,
kJ: 812, kcal: 194

Raffiniert

1. Oliven in Scheiben schneiden. Sardellenfilets klein hacken. Zwiebel und Knoblauch abziehen und würfeln.
2. Vom Brokkoli die Blätter entfernen. Den Brokkoli in Röschen teilen. Die Stängel von den Röschen abschneiden. Danach Brokkoliröschen und -stängel waschen, in kochendem Salzwasser etwa 5 Minuten garen. Brokkoli in ein Sieb geben und abtropfen lassen.
3. Olivenöl in einer Pfanne erhitzen. Zwiebel- und Knoblauchwürfel darin glasig dünsten. Pfanne von der Kochstelle nehmen, Olivenscheiben und Sardellenstückchen hinzufügen.
4. Die Hälfte der Brokkoliröschen und -stängel in eine feuerfeste Auflaufform geben, mit wenig Salz bestreuen. Die Hälfte der Oliven-Sardellen-Mischung darauf verteilen. Dann den restlichen Brokkoli daraufgeben und zuletzt die restliche Oliven-Sardellen-Mischung darauf verteilen.
5. Den Käse in kleine Würfel schneiden und auf den eingeschichteten Brokkoli streuen. Die Form auf dem Rost unter den vorgeheizten Grill in den Backofen schieben. Den Käse 3-5 Minuten leicht bräunen lassen, sofort servieren.

Beilage: Baguette.

Brokkoli, sizilianisch

Brotsalat

Brotsalat

Insalata con cubetti di pane abbrustolito

12 Portionen

12 dicke Scheiben Weißbrot
10 EL Olivenöl
6 Knoblauchzehen
150 g abgezogene, gestiftelte Mandeln
je 1 rote und grüne Paprikaschote
4 Fleischtomaten
300 g roher Schinken
20 schwarze Oliven
5 EL Weißweinessig
Salz, frisch gemahlener Pfeffer
evtl. etwas Olivenöl

Zubereitungszeit: 60 Minuten, ohne Durchziehzeit

Pro Portion:
E: 11 g, F: 21 g, Kh: 26 g,
kJ: 1414, kcal: 337

Raffiniert

1. Vom Weißbrot die Rinde abschneiden. Das Weißbrot in gleich große Würfel schneiden. Olivenöl in einer Pfanne erhitzen. Weißbrotwürfel darin von allen Seiten rösten. Knoblauch abziehen, durch eine Knoblauchpresse drücken, zu den Brotwürfeln geben.
2. Mandeln in einer Pfanne ohne Fett leicht rösten, herausnehmen und auf einem Teller erkalten lassen. Paprika vierteln, entstielen, entkernen und die weißen Scheidewände entfernen. Die Schoten waschen, trockentupfen und in Würfel schneiden.
3. Tomaten waschen, abtrocknen, halbieren und die Stängelansätze entfernen. Tomatenhälften in Würfel schneiden. Schinken in Streifen schneiden.
4. Die vorbereiteten Zutaten mit Oliven mischen. Essig mit Salz und Pfeffer verrühren. Nach Belieben noch etwas Olivenöl hinzufügen. Die Marinade mit den Salatzutaten vermischen. Den Salat etwas durchziehen lassen.

Brotsalat, vegetarisch

Brotsalat, vegetarisch

Insalata di focaccia abbrustolita

4 Portionen

1 Fladenbrot (300 g, vom Vortag)
3 Knoblauchzehen
4 EL Olivenöl
250 g Cocktailtomaten
2 rote Zwiebeln
1 rote Paprikaschote
1 kleine Salatgurke (etwa 500 g)
1 Bund glatte Petersilie
15 entsteinte Kräuteroliven
3 EL geschälte Kürbiskerne
Salz, frisch gemahlener Pfeffer
Saft von 3 Zitronen
6 EL Olivenöl

Zubereitungszeit: 40 Minuten, ohne Abkühlzeit

Pro Portion:
E: 10 g, F: 34 g, Kh: 46 g,
kJ: 2269, kcal: 542

Für Gäste

1. Fladenbrot in etwa 1 x 1 cm große Würfel schneiden. Knoblauch abziehen und fein würfeln. Olivenöl in einer Pfanne erhitzen, Brotwürfel darin von allen Seiten anrösten. Knoblauchwürfel hinzufügen und ganz kurz mitbraten lassen. Brotwürfel herausnehmen und auf einem Teller erkalten lassen.
2. Tomaten waschen, abtrocknen und eventuell die Stängelansätze entfernen. Große Tomaten halbieren. Zwiebeln abziehen, zuerst in dünne Scheiben schneiden, dann in Ringe teilen. Paprika vierteln, entstielen, entkernen und die weißen Scheidewände entfernen. Schote waschen, trockentupfen und in Würfel schneiden.
3. Gurke waschen, abtrocknen und die Enden abschneiden. Gurke längs vier-

teln und in Stücke schneiden. Petersilie abspülen und trockentupfen. Die Blättchen von den Stängeln zupfen. Blättchen klein schneiden.

4. Die vorbereiteten Gemüsezutaten in einer Schüssel mit Petersilie, Oliven und Kürbiskernen mischen. Mit Salz, Pfeffer und Zitronensaft würzen, mit Olivenöl beträufeln, Brotwürfel unterheben. Den Salat sofort servieren.

Tipp:
Salat und Brotwürfel erst kurz vor dem Verzehr mischen, damit die Brotwürfel nicht durchweichen. Wenn Sie den Salat einige Zeit vor dem Verzehr zubereiten, die Brotwürfel getrennt aufbewahren. Die Kürbiskerne schmecken intensiver, wenn Sie sie vorher in einer Pfanne ohne Fett rösten und erkalten lassen.

Bunter Eintopf mit Pesto

Zuppa di verdure con pesto

6 Portionen

2–3 Knoblauchzehen
6 EL Olivenöl
1,2 kg Schweinegulasch
Salz, frisch gemahlener Pfeffer
2 EL Tomatenmark
1 Pck. (50 g) TK-Suppengrün
2,5 l Gemüsebrühe
600 g Möhren
400 g Zucchini
1 Glas Perlzwiebeln (Abtropfgewicht 190 g)
2 Dosen Gemüsemais (Abtropfgewicht je 285 g)
200 g Fadennudeln
1 Glas (130 g) Basilikum-Pesto
150 g geriebener Parmesan-Käse

Zubereitungszeit: 45 Minuten
Garzeit: 25–30 Minuten

Pro Portion:
E: 61 g, F: 48 g, Kh: 46 g, kJ: 3606, kcal: 862

Raffiniert

1. Knoblauch abziehen und in Scheiben schneiden. Jeweils etwas Olivenöl in einem großen Topf erhitzen, Gulasch portionsweise darin anbraten. Mit Salz und Pfeffer würzen. Bei der letzten Fleischportion Tomatenmark, Knoblauchscheiben und gefrorenes Suppengrün kurz mit andünsten. Das gesamte angebratene Fleisch wieder in den Topf geben.
2. Brühe hinzugießen, zum Kochen bringen und zugedeckt bei schwacher Hitze etwa 10 Minuten kochen lassen.
3. In der Zwischenzeit Möhren putzen, schälen, waschen, abtropfen lassen und in Scheiben schneiden. Möhrenscheiben zum Gulasch geben, wieder zum Kochen bringen und anschließend zugedeckt weitere etwa 10 Minuten garen.
4. Zucchini waschen, abtrocknen und die Enden abschneiden. Zucchini in Würfel schneiden. Perlzwiebeln und Mais in ein Sieb geben, abspülen und abtropfen lassen. Zucchiniwürfel, Perlzwiebeln, Mais und Fadennudeln zum Gulasch geben. Alles wieder zum Kochen bringen und zugedeckt in 5–10 Minuten fertig garen.
5. Den Eintopf mit Salz und Pfeffer abschmecken. Mit Pesto und Parmesan-Käse servieren.

Bunter Eintopf mit Pesto

Cacciucco

Fischeintopf nach Livorneser Art

4 Portionen

2 Knoblauchzehen
1 Zwiebel
1 kleines Bund Suppengrün
(z. B. Sellerie, Porree (Lauch), Möhren)
400 g reife Tomaten
4 EL Olivenöl
8 Calamari, geputzt, gewaschen und in Ringe geschnitten
Salz
250 ml (1/4 l) trockener Weißwein
1 l Fischfond
frisch gemahlener Pfeffer
20 frische Venusmuscheln in der Schale
800 g küchenfertige frische Mittelmeerfischfilets (z. B. 4 Doradenfilets, 4 Rotbarbenfilets 2 Seebarschfilets, je etwa 150 g)
1 Bund glatte Petersilie

Zubereitungszeit: 60 Minuten

Pro Portion:
E: 39 g, F: 15 g, Kh: 10 g,
kJ: 1600, kcal: 382

Mit Alkohol

Cacciucco

1. Knoblauch abziehen und in Scheiben schneiden. Zwiebel abziehen und grob würfeln. Suppengrün putzen, waschen, abtropfen lassen, eventuell schälen und in Würfel schneiden. Tomaten waschen, trockentupfen, achteln und die Stängelansätze entfernen.
2. Olivenöl in einem breiten, flachen Topf erhitzen. Knoblauch-, Zwiebelwürfel und Calamari darin andünsten. Suppengrün und Tomatenachtel hinzugeben, mit Salz würzen. Weißwein und Fischfond hinzugießen, zum Kochen bringen und etwa 15 Minuten bei schwacher Hitze köcheln lassen. Mit Salz und Pfeffer abschmecken.
3. In der Zwischenzeit Muscheln in reichlich kaltem Wasser gründlich waschen und einzeln abbürsten, bis sie nicht mehr sandig sind (Muscheln, die sich beim Waschen öffnen, sind ungenießbar). Fischfilets unter fließendem kalten Wasser abspülen und trockentupfen. Muscheln und Fischfilets in die Suppe geben und weitere etwa 10 Minuten ganz leicht köcheln lassen.
4. Petersilie abspülen und trockentupfen. Die Blättchen von den Stängeln zupfen und klein schneiden.
5. Die Suppe mit Petersilie bestreuen und servieren.

Beilage:
Geröstete Weißbrotscheiben.

Calzone

2 Portionen

Für den Hefeteig:

300 g Weizenmehl (Type 550)
1 Pck. Dr. Oetker Trockenbackhefe
4 EL Speiseöl
1 gestr. TL Salz
knapp 125 ml (1/8 l) lauwarme Milch

Für den Belag:

1 Glas ganze Champignons (Abtropfgewicht 380 g)
5 Tomaten
200 g Salami
350 g Maasdamer-Käse
100 g Schinkenspeck
1 mittelgroße Zwiebel
8 EL Tomatenmark
2 EL Semmelbrösel
Salz, frisch gemahlener Pfeffer
Paprikapulver edelsüß
Knoblauchsalz
gerebelter Oregano
Speiseöl

Zubereitungszeit: 50 Minuten, ohne Teiggehzeit
Backzeit: etwa 25 Minuten

Pro Portion:

E: 105 g, F: 112 g, Kh: 146 g, kJ: 8456, kcal: 2019

Für Gäste

Calzone

1. Für den Teig Mehl in eine Rührschüssel sieben, mit Trockenbackhefe sorgfältig vermischen. Speiseöl, Salz und Milch hinzufügen.
2. Die Zutaten mit Handrührgerät mit Knethaken zunächst kurz auf niedrigster, dann auf höchster Stufe in etwa 5 Minuten zu einem glatten Teig verarbeiten. Sollte der Teig kleben, noch etwas Mehl hinzufügen. Den Teig zugedeckt so lange an einem warmen Ort gehen lassen, bis er sich sichtbar vergrößert hat.
3. Den Teig leicht mit Mehl bestäuben, aus der Schüssel nehmen, auf einer bemehlten Arbeitsfläche nochmals kurz durchkneten und halbieren. Die Teighälften jeweils zu einer runden Platte (Ø etwa 30 cm) ausrollen.
4. Für den Belag Champignons in einem Sieb abtropfen lassen und in Scheiben schneiden.
5. Tomaten waschen, kreuzweise einschneiden und einige Sekunden in kochendes Wasser legen. Tomaten kurz in kaltes Wasser legen, enthäuten, halbieren, entkernen und die Stängelansätze herausschneiden. Tomatenhälften in Scheiben schneiden.
6. Salami in Scheiben schneiden, Käse und Schinkenspeck in kleine Würfel schneiden. Zwiebel abziehen, zuerst in Scheiben schneiden, dann in Ringe teilen.
7. Tomatenmark mit Semmelbröseln verrühren, mit Salz, Pfeffer, Paprika und Knoblauchsalz würzen.
8. Die Teigplatten mit der Tomatenmarkmasse bestreichen, Tomatenscheiben darauflegen. Mit Salz, Pfeffer, Paprika und Knoblauchsalz bestreuen. Champignonscheiben, Salamischeiben, Käse-, Schinkenwürfel und Zwiebelringe darauf verteilen. Mit Pfeffer, Paprika und Oregano bestreuen.
9. Die Teigplatten zur Hälfte zusammenklappen, gut festdrücken, auf ein Backblech (mit Backpapier belegt) legen. Calzone mit Speiseöl bestreichen, mit Oregano bestreuen und nochmals so lange an einem warmen Ort gehen lassen, bis sie sich sichtbar vergrößert haben. Das Backblech in den vorgeheizten Backofen schieben.
   Ober-/Unterhitze: 200–220 °C
   Heißluft: 180–200 °C
   Backzeit: etwa 25 Minuten.
10. Die Calzone vom Backpapier nehmen und sofort servieren.

Tipp:
Die Calzone vor dem Backen zusätzlich mit geraspeltem Käse bestreuen. Das schmeckt auch sehr gut.

Campari-Orange

Campari con succo d'arancia

1 Portion

3 Eiswürfel
5 cl Campari
frisch gepresster Orangensaft
$^1/_2$ Bio-Orangenscheibe

Zubereitungszeit: 10 Minuten

Pro Portion:
E: 0 g, F: 0 g, Kh: 22 g,
kJ: 741, kcal: 177

Klassisch – mit Alkohol

1. Eiswürfel in ein Longdrinkglas geben. Campari hinzufügen, mit Orangensaft auffüllen und verrühren.
2. Das Glas mit der Orangenscheibe garnieren.

Campari-Orange

Cannelloni auf Blattspinat

Cannelloni su letto di spinaci

4 Portionen

1 Zwiebel (etwa 100 g)
1 EL Speiseöl
2 Pck. (je 300 g) TK-Blattspinat
2–3 EL Wasser, Salz
frisch gemahlener Pfeffer
frische geriebene Muskatnuss

Für die Sauce:
60 g Butter oder Margarine
40 g Weizenmehl
375 ml ($^3/_8$ l) Milch
125 g Schlagsahne
60 g frisch geriebener Parmesan-Käse

$^1/_2$ Pck. (etwa 125 g) Cannelloni, ohne Vorgaren

60 g geriebener Parmesan-Käse
40 g Butter

Zubereitungszeit: 35 Minuten
Garzeit: 20–30 Minuten

Pro Portion:
E: 22 g, F: 47 g, Kh: 36 g,
kJ: 2822, kcal: 674

Raffiniert

1. Zwiebel abziehen und in kleine Würfel schneiden. Speiseöl in einem Topf erhitzen, Zwiebelwürfel darin glasig dünsten. Spinat unaufgetaut hinzufügen, Wasser hinzugießen und etwa 15 Minuten dünsten lassen. Mit Salz, Pfeffer und Muskat würzen. Spinat evtl. in einem Sieb abtropfen lassen und in eine flache, gefettete Auflaufform geben (etwas Spinat zum Füllen der Cannelloni beiseite stellen).

Cannelloni auf Blattspinat

2. Für die Sauce Butter oder Margarine in einem Topf zerlassen. Mehl unter Rühren so lange darin erhitzen, bis es hellgelb ist. Nach und nach Milch und Sahne hinzugießen und mit einem Schneebesen durchschlagen. Darauf achten, dass keine Klümpchen entstehen.
3. Die Sauce zum Kochen bringen und etwa 2 Minuten kochen lassen. Mit Salz und Pfeffer würzen. Etwa ein Drittel der Sauce mit dem Käse verrühren. Restliche Sahnesauce beiseite stellen. Die Cannelloni zuerst mit je 1 Teelöffel des beiseite gestellten Spinats füllen, damit anschließend die Käsesauce nicht herausläuft. Dann die Hälfte der Käsesauce in einen Spritzbeutel ohne Tülle füllen und in die Cannelloni spritzen.
4. Restliche Käsesauce auf den Spinat in die Auflaufform geben. Die gefüllten Cannelloni auf den Spinat legen und mit der beiseite gestellten Sahnesauce übergießen, mit Käse bestreuen. Butter in Flöckchen daraufsetzen. Die Form auf dem Rost in den vorgeheizten Backofen schieben.
Ober-/Unterhitze: etwa 200 °C
Heißluft: etwa 180 °C
Garzeit: 20–30 Minuten.

Cannelloni in pikanter Tomatensauce

Cannelloni al sugo piccante

4 Portionen

Für die Tomatensauce:

1 kg Tomaten
1 mittelgroße Zwiebel
2 EL Olivenöl
1 schwach geh. EL Tomatenmark
Salz, frisch gemahlener Pfeffer
gerebelter Oregano
1 EL gehackte Petersilie

Für die Cannellonifüllung:

1 Brötchen (Semmel)
2 mittelgroße Zwiebeln
500 g Gehacktes (halb Rind-, halb Schweinefleisch)
1 EL gehackte Petersilie

16 Cannelloni, ohne Vorgaren
20 g Butter
75 g geriebener Gouda-Käse

Zubereitungszeit: 40 Minuten

Pro Portion:

E: 37 g, F: 37 g, Kh: 44 g,
kJ: 2782, kcal: 664

Gut vorzubereiten

1. Für die Sauce Tomaten waschen, abtropfen lassen, kreuzweise einschneiden und einige Sekunden in kochendes Wasser legen. Tomaten kurz in kaltes Wasser legen, enthäuten und die Stängelansätze entfernen. Die Tomaten in Würfel schneiden.
2. Zwiebel abziehen und klein würfeln. Olivenöl in einer Pfanne erhitzen. Zwiebelwürfel darin glasig dünsten. Tomatenwürfel und Tomatenmark hinzugeben. Die Tomatenmasse unter Rühren kurz aufkochen lassen. Die Sauce mit Salz, Pfeffer und Oregano würzen. Petersilie unterrühren.
3. Für die Füllung Brötchen in kaltem Wasser einweichen. Zwiebeln abziehen und klein würfeln.
4. Gehacktes mit dem gut ausgedrückten Brötchen, den Zwiebelwürfeln und der Petersilie vermengen. Mit Salz und Pfeffer würzen. Die Fleischmasse in einen Spritzbeutel mit großer Lochtülle füllen und in die Cannelloni spritzen.
5. Etwas von der Tomatensauce in eine flache Auflaufform (gefettet) geben. Die gefüllten Cannelloni nebeneinander hineinlegen. Restliche Tomatensauce darauf verteilen. Butter in Flöckchen daraufsetzen und mit Käse bestreuen. Die Form auf dem Rost in den Backofen schieben.

Ober-/Unterhitze: 200–220 °C (vorgeheizt)
Heißluft: 180–200 °C (nicht vorgeheizt)
Gas: etwa Stufe 4 (nicht vorgeheizt)
Garzeit: etwa 35 Minuten.

Tipp: Man unterscheidet helle und grüne Cannelloni. Grüne Cannelloni sind mit Spinatpüree gefärbt, werden beliebig gefüllt und mit Sauce und Käse überbacken.

Cannelloni in pikanter Tomatensauce

Cannelloni mit Gemüsefüllung

Cannelloni con ripieno di verdure

4 Portionen

Für die Füllung:
500 g Zucchini
1 rote Paprikaschote (etwa 200 g)
1 Bund Basilikum
50 g geröstete, gesalzene Cashewkerne
500 g Speisequark (Magerstufe)
Salz
frisch gemahlener Pfeffer

200 g Cannelloni, ohne Vorgaren

Für den Guss:
250 g Schlagsahne
125 ml (1/8 l) Gemüsebrühe
3 Eier (Größe M)
50 g geriebener Greyerzer-Käse

Cannelloni mit Gemüsefüllung

Zubereitungszeit: 45 Minuten
Garzeit: etwa 45 Minuten

Pro Portion:
E: 37 g, F: 36 g, Kh: 49 g,
kJ: 2867, kcal: 685

Raffiniert

1. Für die Füllung Zucchini waschen, abtrocknen und die Enden abschneiden. Zucchini in sehr kleine Würfel schneiden. Paprika halbieren, entstielen, entkernen und die weißen Scheidewände entfernen. Die Schote waschen, abtropfen lassen und ebenfalls klein würfeln.
2. Basilikum abspülen und trockentupfen. Die Blättchen von den Stängeln zupfen, Blättchen (einige Blättchen zum Garnieren beiseite legen) klein schneiden. Cashewkerne hacken.
3. Zucchini-, Paprikawürfel, Cashewkerne, Quark und die Hälfte des Basilikums verrühren, mit Salz und Pfeffer kräftig würzen, in einen Gefrierbeutel füllen und eine Ecke abschneiden. Die Masse in die Cannelloni spritzen. Die Cannelloni in eine flache Auflaufform (gefettet) legen.
4. Für den Guss Sahne mit Brühe, Eiern und Käse verrühren, restliches Basilikum unterrühren. Mit Salz und Pfeffer kräftig würzen. Die Sauce auf den Cannelloni verteilen. Die Form auf dem Rost in den vorgeheizten Backofen schieben.
   Ober-/Unterhitze: etwa 200 °C
   Heißluft: etwa 180 °C
   Garzeit: etwa 45 Minuten.
5. Die Cannelloni mit den beiseite gelegten Basilikumblättchen garniert servieren.

Beilage:
Tomatensalat mit Frühlingszwiebeln.

Cannelloni mit Ricotta und Spinat

Cannelloni ricotta e spinaci

4 Portionen

Für die Füllung:

500 g frischer Blattspinat
300 g Ricotta (italienischer Frischkäse)
80 g frisch geriebener Parmesan-Käse
Salz
frisch gemahlener Pfeffer
frisch geriebene Muskatnuss

Für die Béchamelsauce:

30 g Butter
30 g Weizenmehl
500 ml (1/2 l) Milch

250 g Cannelloni, ohne Vorkochen

Zubereitungszeit: 75 Minuten
Garzeit: etwa 40 Minuten

Pro Portion:

E: 29 g, F: 30 g, Kh: 55 g,
kJ: 2627, kcal: 628

Raffiniert

Cannelloni mit Ricotta und Spinat

1. Für die Füllung Spinat verlesen, gründlich waschen und tropfnass in einen großen Topf geben. Spinat so lange dünsten, bis er zusammenfällt. Anschließend in ein Sieb geben und abtropfen lassen. Spinat etwas ausdrücken und grob hacken.
2. Ricotta und die Hälfte des Parmesan-Käses zum Spinat geben und untermengen. Mit Salz, Pfeffer und Muskat würzen.
3. Für die Sauce Butter in einem Topf zerlassen. Mehl unter Rühren so lange darin erhitzen, bis es hellgelb ist. Milch hinzugießen und mit einem Schneebesen durchschlagen. Dabei darauf achten, das keine Klümpchen entstehen. Die Sauce unter Rühren gut aufkochen lassen. Mit Salz, Pfeffer und Muskat würzen.
4. Die Spinatmasse in einen Spritzbeutel mit großer Lochtülle füllen, in die Cannelloni füllen und nebeneinander in eine flache Auflaufform (gefettet) legen.
5. Die Béchamelsauce darauf verteilen und mit dem restlichen Parmesan-Käse bestreuen. Die Form auf dem Rost in den vorgeheizten Backofen schieben.
   Ober-/Unterhitze: etwa 200 °C
   Heißluft: etwa 180 °C
   Garzeit: etwa 40 Minuten.

Cannelloni, neapolitanisch

Cannelloni, neapolitanisch

Cannelloni alla napoletana

4–6 Portionen

Für den Teig:

300 g Weizenmehl
2 Eier (Größe M)
2 Eigelb (Größe M)
Salz, 1 EL Olivenöl
etwas Hartweizengrieß

Für die Füllung:

30 g Butter
30 g Weizenmehl
250 ml (1/4 l) Milch
125 ml (1/8 l) Gemüsebrühe
Salz, frisch gemahlener Pfeffer
frisch geriebene Muskatnuss
500 g Mozzarella-Käse
150 g Parmaschinken
3 Eigelb (Größe M)

Für die Sauce:

2 EL Olivenöl, 1 Zwiebel
4 Knoblauchzehen
1 große Dose geschälte Tomaten (800 g)
1 EL Tomatenmark
gerebelter Thymian
gerebelter Oregano
gerebeltes Basilikum
50 g Butter
100 g frisch geriebener Parmesan-Käse

Zubereitungszeit: 40 Minuten, ohne Ruhezeit
Garzeit: 40 Minuten

Pro Portion:

E: 48 g, F: 60 g, Kh: 56 g,
kJ: 4027, kcal: 962

Gut vorzubereiten

1. Für den Teig Mehl mit Eiern, Eigelb, Salz, Olivenöl und Hartweizengrieß in eine Rührschüssel geben. Die Zutaten mit Handrührgerät mit Knethaken zu einem Teig verarbeiten, evtl. 1 Esslöffel kaltes Wasser zugeben. Den Teig etwa 30 Minuten ruhen lassen.
2. Für die Füllung Butter in einem Topf zerlassen. Mehl unter Rühren so lange darin erhitzen, bis es hellgelb ist. Milch und Brühe hinzugießen, mit einem Schneebesen durchschlagen. Dabei darauf achten, dass keine Klümpchen entstehen. Sauce zum Kochen bringen und unter Rühren etwa 5 Minuten kochen lassen. Mit Salz, Pfeffer und Muskat würzen.
3. Mozzarella und Parmaschinken in kleine Würfel schneiden, mit dem Eigelb unterheben. Die Masse abkühlen lassen.
4. Den Teig portionsweise dünn ausrollen und Rechtecke von 12 x 8 cm ausschneiden. Diese 5–7 Minuten in kochendes Salzwasser geben, herausnehmen, kalt abspülen und abtropfen lassen.
5. Die Teigblätter auf einem Küchenbrett ausbreiten, etwas von der Füllung daraufgeben, aufrollen und in eine gefettete Auflaufform (Größe der Teigrollen) setzen.
6. Für die Sauce Öl erhitzen, abgezogene, gewürfelte Zwiebel- und Knoblauchwürfel darin andünsten. Tomaten mit Saft dazugeben, dabei die Tomaten etwas zerdrücken, Tomatenmark unterrühren, die Gewürze dazugeben und 2–3 Minuten kochen lassen.
7. Die Sauce über die Cannelloni verteilen, Butter und Parmesan darüber geben. Die Form auf dem Rost in den vorgeheizten Backofen schieben.
Ober/Unterhitze: etwa 200 °C
Heißluft: etwa 180 °C
Garzeit: etwa 40 Minuten.

Tipp:
Schneller geht es, wenn Sie gekaufte Cannelloni ohne Vorkochen verwenden.

Cannelloni Rosanella

12 Portionen

3 Brötchen (Semmel)
1,5 kg Gehacktes (halb Rind-, halb Schweinefleisch)
3 Eier (Größe M)
Salz, frisch gemahlener Pfeffer
getrockneter Oregano
getrockneter Thymian
etwa 500 g Cannelloni, ohne Vorkochen

Für die Sauce:

3 Becher (je 150 g) Crème fraîche
50 g Speisestärke
500 ml (1/2 l) Milch
oder 500 g Schlagsahne
1 Pck. (25 g) TK-Basilikum
100 g frisch geriebener Parmesan-Käse
60 g Butter

Cannelloni Rosanella

Zubereitungszeit: 35 Minuten
Garzeit: etwa 45 Minuten

Pro Portion:
E: 36 g, F: 49 g, Kh: 42 g, kJ: 3156, kcal: 756

Klassisch

1. Brötchen in kaltem Wasser einweichen und gut ausdrücken. Gehacktes in eine Schüssel geben, Eier und Brötchen gut untermengen. Mit Salz, Pfeffer, Oregano und Thymian würzen. Die Fleischmasse in einen Spritzbeutel mit großer Lochtülle füllen und in die Cannelloni füllen.
2. Die Cannelloni nebeneinander in eine Fettfangschale oder eine große, flache Auflaufform (jeweils gefettet) legen.
3. Für die Sauce Crème fraîche mit Speisestärke und Milch oder Sahne verrühren, mit Salz und Pfeffer würzen. Basilikum unterrühren. Die Sauce auf den Cannelloni verteilen (sie müssen ganz mit der Sauce bedeckt sein).
4. Mit Parmesan bestreuen und Butter in Flöckchen daraufsetzen. Die Fettfangschale oder die Form auf dem Rost in den vorgeheizten Backofen schieben.
   Ober/Unterhitze: etwa 200 °C
   Heißluft: etwa 180 °C
   Garzeit: etwa 45 Minuten.

Beilage: Frische Salate.

Cantuccini
Mandelgebäck

Für den Knetteig:
500 g Weizenmehl
1 TL Dr. Oetker Backin
250 g Zucker
3 Eier (Größe M)
1 Pck. Dr. Oetker Finesse Geriebene Zitronenschale
1 Pck. Dr. Oetker Finesse Orangenfrucht
2 EL Orangensaft
2 EL Vin Santo oder Cream Sherry
etwa 25 g Anissamen
1 Prise Salz, 50 g weiche Butter
1 EL Schweineschmalz
200 g nicht abgezogene, ganze Mandeln

Zubereitungszeit: 50 Minuten
Backzeit: etwa 30 Minuten

Insgesamt:
E: 113 g, F: 197 g, Kh: 640 g, kJ: 20229, kcal: 4834

Klassisch – mit Alkohol

1. Für den Teig Mehl mit Backpulver mischen und in eine Rührschüssel sieben. Zucker, Eier, Zitronenschale, Orangenfrucht, Orangensaft, Vin Santo oder Cream Sherry, Anissamen, Salz, Butter und Schweineschmalz hinzufügen. Die Zutaten mit Handrührgerät mit Rührbesen zunächst kurz auf niedrigster, dann auf höchster Stufe gut durcharbeiten.
2. Anschließend auf einer leicht bemehlten Arbeitsfläche zu einem glatten Teig verkneten, dann die Mandeln unterkneten. Sollte der Teig kleben, ihn in Folie gewickelt eine Zeit lang kalt stellen.
3. Aus dem Teig fünf gleich große Rollen formen und nebeneinander auf ein Backblech (mit Backpapier belegt) legen. Das Backblech in den vorgeheizten Backofen schieben.
   Ober-/Unterhitze: etwa 180 °C
   Heißluft: etwa 160 °C
   Backzeit: etwa 30 Minuten.
4. Die Gebäckrollen vom Backblech nehmen und sofort schräg in etwa gut 1 cm breite Scheiben schneiden. Die Gebäckscheiben auf dem Backblech verteilen. Das Backblech wieder in den Backofen schieben und die Scheiben so lange backen, bis sie kross geworden sind.
   Ober-/Unterhitze: 160–180 °C
   Heißluft: 140–160 °C
   Backzeit: etwa 20 Minuten.

Cantuccini

Caponata

Sizilianisches Gemüsegericht

4 Portionen

1 kleiner Staudensellerie
3 große Auberginen
1 Bund Frühlingszwiebeln
3 dicke Fleischtomaten
2 Knoblauchzehen
1 Topf Basilikum
4 EL Olivenöl
Salz
frisch gemahlener Pfeffer
1 Glas grüne Oliven, ohne Stein
1 Glas schwarze Oliven, ohne Stein
1 Glas Kapernäpfel oder Kapern

Zubereitungszeit: 90 Minuten
Garzeit: 30–40 Minuten

Pro Portion:
E: 8 g, F: 22 g, Kh: 19 g,
kJ: 1295, kcal: 309

Raffiniert

1. Staudensellerie putzen und die harten Außenfäden abziehen. Sellerie waschen und abtropfen lassen. Auberginen waschen, abtrocknen und die Stängelansätze entfernen.
2. Frühlingszwiebeln putzen, waschen, abtropfen lassen. Tomaten waschen, abtropfen lassen, halbieren und die Stängelansätze herausschneiden. Das vorbereitete Gemüse grob würfeln. Knoblauch abziehen und durch eine Knoblauchpresse drücken. Basilikum abspülen und trockentupfen. Die Blättchen von den Stängeln zupfen.
3. Olivenöl in einem großen Topf oder Bräter erhitzen, die Gemüsewürfel darin andünsten. Mit Salz und Pfeffer würzen. Knoblauch und Basilikumblättchen unterrühren. Das Gemüse etwa 15 Minuten leicht kochen lassen.
4. Oliven und Kapernäpfel oder Kapern abtropfen lassen und zum gedünsteten Gemüse geben. Den Topf oder Bräter auf dem Rost in den vorgeheizten Backofen schieben.
Ober-/Unterhitze: etwa 160 °C
Heißluft: etwa 140 °C
Garzeit: 30–40 Minuten.

Caponata

Brunch

18–20 Personen

Paprikaschotensalat 1 x (Seite 182)
Tunfischsalat 2 x (Seite 292)
Orangen-Feigen-Salat 2 x (Seite 173)
Römische Zucchini 2 x (Seite 229)
Gemüseauflauf 2 x (Seite 80)
Huhn nach Teufelsart 2 x (Seite 107)
Caponata 2 x (Seite 38)
Zabaione 3 x (Seite 302)
Haselnusskuchen 2 x (Seite 102)

Cappuccino-Halbgefrorenes

Semifreddo al cappuccino

4 Portionen

Für das Parfait:
3 Eigelb (Größe M)
70 g Zucker
1 EL lösliches Espresso-Pulver
20 ml Tia Maria (jamaikanischer Kaffeelikör)
1 Tasse (100 ml) Espresso
375 g Schlagsahne

Kakaopulver zum Bestäuben

Cappuccino-Halbgefrorenes

Zubereitungszeit: 20 Minuten, ohne Gefrierzeit

Pro Portion:
E: 5 g, F: 35 g, Kh: 23 g,
kJ: 1802, kcal: 430

Raffiniert – mit Alkohol

1. Für das Parfait Eigelb mit Zucker, Espresso-Pulver, Likör und Espresso im heißen Wasserbad aufschlagen. Anschließend die Masse kalt schlagen.
2. 250 g der Sahne steif schlagen und in zwei Portionen unter die Eigelbmasse heben. Die Creme in große Kaffeetassen $^{3}/_{4}$ voll einfüllen und zum Gefrieren in den Gefrierschrank stellen. Gut durchkühlen lassen.
3. Parfait etwa 15 Minuten vor dem Servieren aus dem Gefrierschrank nehmen.
4. Restliche Sahne halbsteif schlagen und auf das Parfait geben. Leicht mit Kakao bestäubt servieren.

Tipp:
Nur ganz frische Eier verwenden, die nicht älter als 5 Tage sind.

Caprisalat

Insalata caprese

6-8 Portionen

1,2 kg Tomaten
500 g Mozzarella-Käse
1-2 Stängel Basilikum
1-2 Stängel Oregano
Salz, 8 EL Olivenöl

Zubereitungszeit: 20 Minuten, ohne Durchziehzeit

Pro Portion:
E: 15 g, F: 26 g, Kh: 4 g,
kJ: 1304, kcal: 311

Schnell

1. Tomaten waschen, trockentupfen, halbieren und die Stängelansätze herausschneiden. Die Tomaten in Scheiben schneiden. Mozzarella in einem Sieb abtropfen lassen und ebenfalls in Scheiben schneiden. Tomaten- und Mozzarellascheiben in einer Schüssel anrichten.
2. Basilikum und Oregano abspülen und trockentupfen. Die Blättchen von den Stängeln zupfen.
3. Tomaten- und Mozzarellascheiben mit den Kräuterblättchen bestreuen und mit Salz würzen. Den Salat mit Olivenöl beträufeln und etwa 1 Stunde im Kühlschrank durchziehen lassen.

Beilage:
Frisches Weißbrot.

Caprisalat

Carpaccio

2. Anschließend das angefrorene Filetstück mit einem scharfen Messer oder einem elektrischen Allesschneider in hauchdünne Scheiben schneiden.
3. Filetscheiben dachziegelartig auf einer mit Öl bestrichenen Platte anrichten. Zitronensaft und Öl auf die Filetscheiben träufeln und mindestens 2 Stunden durchziehen lassen.
4. Parmesan-Käse in sehr dünne Scheibchen hobeln. Die Filetscheiben damit belegen und mit Salz und Pfeffer bestreuen.
5. Zum Garnieren die Zitrone heiß abwaschen, abtrocknen und in Spalten schneiden. Den Rucola abspülen und trockentupfen.Carpaccio mit Zitronenspalten und Rauke garniert servieren.

Beilage: Ciabatta.

Klassisch Italienisch
4 Personen

Carpaccio 1 x (Seite 40)
Mailänder Risotto 1 x (Seite 144)
Gegrilltes Kalbskotelett mit Trüffelbutter 2 x (Seite 78)
Feigen in Marsala 1 x (Seite 57)

Carpaccio
Carpaccio di manzo classico

300 g Rinderfilet
4 EL Zitronensaft
125 ml (1/8 l) Olivenöl
300 g Parmesan-Käse
Salz
frisch gemahlener Pfeffer

Zum Garnieren:
1 Bio-Zitrone (unbehandelt, ungewachst)
etwas Rucola (Rauke)

Zubereitungszeit: 25 Minuten, ohne Durchziehzeit

Pro Portion:
E: 40 g, F: 34 g, Kh: 2 g,
kJ: 1998, kcal: 477

Klassisch

1. Filet unter fließendem kalten Wasser abspülen und trockentupfen. Filet in Frischhaltefolie wickeln und danach im Tiefkühlfach leicht anfrieren lassen.

Carpaccio Cipriani
Carpaccio di manzo
4 Portionen

450 g Rinderfilet
125 ml (1/8 l) Olivenöl
300 g ausgereifter Parmesan-Käse
Salz, frisch gemahlener Pfeffer
1 Bio-Zitrone (unbehandelt, ungewachst)

Zubereitungszeit: 55 Minuten, ohne Durchziehzeit

Pro Portion:
E: 48 g, F: 33 g, Kh: 2 g,
kJ: 2092, kcal: 499

Etwas teurer

1. Rinderfilet kurz unter fließendem kalten Wasser abspülen und trockentupfen. Rinderfilet im Gefrierfach leicht anfrieren lassen.
2. Anschließend mit einem scharfem Messer oder mit einem elektrischen Allesschneider in hauchdünne Scheiben schneiden.
3. Die Fleischscheiben in eine Schüssel schichten und mit Olivenöl übergießen, mindestens 2 Stunden durchziehen lassen.
4. Parmesan-Käse in kleine Stücke oder Würfel schneiden oder in Scheiben hobeln. Die Fleischscheiben aus dem Olivenöl nehmen, mit Salz und Pfeffer würzen. Fleischscheiben mit je einem Käsestück oder -scheibe belegen und auf einer Platte anrichten.
5. Zitrone gründlich waschen, abtrocknen und in Spalten schneiden. Carpaccio mit Zitronenspalten garniert servieren.

Carpaccio Cipriani

Carpaccio vom Fisch

Carpaccio vom Fisch

Carpaccio di pesce con cappuccio di panna e caviale

4 Portionen

200 g frischer Lachs
200 g frischer Heilbutt
(ohne Haut und Gräten)
grobes Salz
frisch gemahlener, weißer Pfeffer
Saft von 1 Limette oder Zitrone
2 EL Olivenöl

1 EL Crème fraîche
2 EL saure Sahne
kleine, vorbereitete Salatblätter
50 g Kaviar

Zubereitungszeit: 30 Minuten, ohne Gefrierzeit

Pro Portion:
E: 23 g, F: 14 g, Kh: 2 g,
kJ: 954 , kcal: 228

Etwas teurer – für Gäste

1. Lachs und Heilbutt unter fließendem kalten Wasser abspülen, trockentupfen und zugedeckt etwa 2 Stunden im Gefrierschrank anfrieren lassen.
2. Anschließend Lachs und Heilbutt schräg in sehr dünne Scheiben schneiden. Jeweils eine Scheibe Lachs und eine Scheibe Heilbutt aufeinanderlegen und zu Röllchen formen. Fischröllchen im Gefrierschrank leicht anfrieren lassen.
3. Die angefrorenen Fischröllchen in sehr dünne Scheiben schneiden und auf gut gekühlten Portionstellern anrichten. Mit Salz und Pfeffer bestreuen und mit Limetten- oder Zitronensaft und Olivenöl beträufeln.
4. Crème fraîche mit saurer Sahne verrühren. Jeweils einige Salatblätter in die Mitte der angerichteten Fischscheiben legen. Je einen Klecks Sahnecreme daraufgeben und mit Kaviar garnieren.

Cassata

Eisbombe

4 Portionen

75 g Rosinen
3 EL Rum
30 g Cocktailkirschen
4 EL Maraschino (Kirschlikör)
50 g Haselnuss-Krokant
3 Tropfen Bittermandel-Aroma
3 EL Amaretto (italienischer Mandellikör)
6 Eigelb (Größe M)
750 g Schlagsahne
150 g Zucker
2 EL Zitronensaft
1 Msp. gemahlener Zimt
etwas Speiseöl

Nach Belieben:
steif geschlagene Schlagsahne
Cocktailkirschen

Zubereitungszeit: 60 Minuten, ohne Gefrierzeit

Pro Portion:
E: 9 g, F: 71 g, Kh: 77 g,
kJ: 4474, kcal: 1069

Mit Alkohol

1. Rosinen in Rum einweichen. Cocktailkirschen in kleine Würfel schneiden und in Maraschino einweichen. Krokant mit Bittermandel-Aroma und Amaretto mischen.
2. Eigelb, 4 Esslöffel von der Sahne, Zucker und Zitronensaft in eine Edelstahlschüssel geben und im heißen Wasserbad zu einer dicklichen Masse aufschlagen.
3. Den Topf aus dem Wasserbad nehmen und die Masse kalt schlagen. Restliche Sahne steif schlagen und unterheben.
4. Die Creme in 3 Teile teilen. Unter einen Teil die eingeweichten Rosinen und Zimt heben.
5. Eine Rehrücken- oder Kastenform (30 x 11 cm) dünn mit Speiseöl ausstreichen. Die Rosinencreme hineinfüllen, so dass auch die Wände der Form bedeckt sind, im Gefrierfach etwas anfrieren lassen.
6. Unter den zweiten Teil der Creme den Krokant geben und auf dem Rosineneis verteilen.
7. Unter die restliche Creme die eingeweichten Kirschen geben und in die Form füllen. Die Form in das Gefrierfach stellen und die Creme fest werden lassen.
8. Cassata aus der Form stürzen und in Scheiben schneiden. Nach Belieben mit Sahne verzieren und Kirschen garnieren. Cassata auf gut gekühlten Tellern servieren.

Beilage: Fruchtsaucen oder Eierlikörsahne.

Cassata-Torte

Torta al gusto di cassata

Für den Boden:
100 g Amarettini (italienisches Mandelgebäck)
40 g Butter

Für den Belag:
1 kleines Glas Sauerkirschen (Abtropfgewicht 155 g)
125 g Amarena-Kirschen
100 g Marzipan-Rohmasse
50 g Pistazienkerne
2–3 Tropfen grüne Speisefarbe
3 Eigelb (Größe M)
50 g Zucker
1 kleine Mango
750 g Schlagsahne

Zum Verzieren und Garnieren:
125 g Schlagsahne
1 geh. EL gehackte Pistazienkerne

Zubereitungszeit: 40 Minuten, ohne Gefrierzeit

Insgesamt:
E: 60 g, F: 398 g, Kh: 304 g, kJ: 21467, kcal: 5115

Gut vorzubereiten

1. Für den Boden Amarettini in einen Gefrierbeutel geben, Beutel verschließen. Amarettini mit einer Teigrolle grob zerbröseln. Butter zerlassen und Brösel unterrühren.
2. Einen Tortenring oder Springformrand (Ø 20–22 cm) auf eine Tortenplatte stellen. Gebäckbrösel hineingeben und mit einem Esslöffel andrücken.
3. Für den Belag Sauerkirschen und Amarena-Kirschen getrennt in je einem Sieb abtropfen lassen, nebeneinander im Gefrierfach hart gefrieren lassen.
4. Marzipan mit Pistazienkernen verkneten, mit Speisefarbe färben. Aus der Masse Rollen (Ø etwa 5 mm) formen, in etwa 5 mm dicke Scheiben schneiden und im Gefrierfach gefrieren lassen.
5. Eigelb und Zucker mit Handrührgerät mit Rührbesen auf höchster Stufe schaumig schlagen. Mango schälen, Fruchtfleisch vom faserigen Stein lösen, pürieren und unter die Eigelbcreme ziehen. Sahne steif schlagen und unter die Mangocreme heben. Die gefrorenen Kirschen und Marzipanscheiben hinzufügen und ebenfalls unterheben. Die Creme auf den Amarettiniboden geben, glatt streichen und über Nacht gefrieren lassen.
6. Den Tortenring oder Springformrand lösen und entfernen.
7. Zum Verzieren und Garnieren Sahne steif schlagen und in einen Spritzbeutel mit Lochtülle geben. Den Tortenrand mit der Sahne verzieren und mit Pistazienkernen bestreuen.

Champignons, mariniert

Tipp:
Besonders gut schmeckt die Torte, wenn sie etwa 30 Minuten vor dem Verzehr angetaut wird. Für Kinder können die Amarena-Kirschen durch 100 g abgetropfte Sauerkirschen ersetzt werden.

Champignons, mariniert
Champignons marinati
6 Portionen

2 $^1/_2$ kg kleine Champignons
1–2 Chilischoten
8 Knoblauchzehen
2 Stängel Rosmarin
250 ml ($^1/_4$ l) Weißweinessig
250 ml ($^1/_4$ l) Weißwein
250 ml ($^1/_4$ l) Speiseöl
2 EL grüne Pfefferkörner in Lake
2 gestr. TL Salz

Zubereitungszeit: 60 Minuten, ohne Durchziehzeit

Pro Portion:
E: 17 g, F: 41 g, Kh: 1 g, kJ: 1983, kcal: 475

Gut vorzubereiten

1. Champignons putzen, mit Küchenpapier abreiben, eventuell abspülen und trockentupfen. Chilischoten waschen und trockentupfen. Knoblauch abziehen und in dünne Scheiben schneiden. Rosmarin abspülen und trockentupfen.
2. Essig, Wein, Speiseöl, Chilischoten, Knoblauch, Rosmarin, Pfefferkörner und Salz in einem Topf aufkochen.
3. Champignons hineingeben und etwa 10 Minuten ziehen und anschließend abkühlen lassen.
4. Die Champignons mit dem Sud in verschließbare Gläser füllen und kalt gestellt einige Tage durchziehen lassen.

Tipp:
Marinierte Champignons zu Grillspezialitäten reichen oder auf ein Buffet stellen.

Chicorée-Hähnchen-Gratin

Chicorée-Hähnchen-Gratin

Pollo gratinato con indivia belga

4 Portionen

2 doppelte Hähnchenfilets
(je etwa 300 g)
4 EL Olivenöl
Salz, frisch gemahlener Pfeffer
750 g Chicorée (4 Kolben)
150 ml Hühnerbrühe
400 g Tomaten
500 g Schmand (Sauerrahm)
5 EL Orangensaft
1 EL Currypulver
250 g frisch geriebener Cheddar-Käse

Zubereitungszeit: 60 Minuten
Garzeit: etwa 25 Minuten

Pro Portion:
E: 54 g, F: 63 g, Kh: 16 g,
kJ: 3588, kcal: 840

Etwas aufwändiger

1. Hähnchenfilets unter fließendem kalten Wasser abspülen und trockentupfen. Die doppelten Filets in der Mitte halbieren und jeweils einmal der Länge nach durchschneiden.
2. Die Hälfte des Olivenöl in einer Pfanne erhitzen. Das Fleisch darin kräftig von beiden Seiten anbraten, mit Salz und Pfeffer würzen und aus der Pfanne nehmen.
3. Chicorée von schlechten Blättern befreien, waschen, längs halbieren und die bitteren Strünke keilförmig so herausschneiden, dass die Blätter möglichst noch zusammenhalten.
4. Eine flache Auflaufform mit dem restlichen Olivenöl bestreichen. Chicoréehälften mit der Schnittfläche nach unten hineinlegen.
5. Das Hähnchenfleisch zum Chicorée geben. Den Bratensatz mit Hühnerbrühe ablöschen, aufkochen lassen und daraufgeben.
6. Tomaten waschen, abtropfen lassen, kreuzweise einschneiden, kurz in kochendes Wasser legen und in kaltem Wasser abschrecken. Tomaten enthäuten, Stängelansätze herausschneiden, Tomaten achteln, entkernen und auf das Hähnchenfleisch legen.
7. Schmand mit Orangensaft, Salz und Curry verrühren und auf dem Gratin verteilen. Dann mit Käse bestreuen. Die Form auf dem Rost in den vorgeheizten Backofen schieben.
   Ober-/Unterhitze: etwa 200 °C
   Heißluft: etwa 180 °C
   Garzeit: etwa 25 Minuten.

Tipp:
Dieses Rezept schmeckt auch gut mit Radicchio. Radicchio ist vor allem in der Gegend um Treviso sehr beliebt.

Ciabatta
Italienisches Weißbrot

Für den Hefeteig:
950 g Weizenmehl (Type 550)
1 Pck. (42 g) frische Hefe
500 ml (½ l) lauwarmes Wasser
5 EL (75 ml) lauwarme Milch
1 EL Olivenöl
1 gestr. EL Salz

2–3 EL lauwarmes Wasser zum Bestreichen

Zubereitungszeit: 45 Minuten, ohne Ruhe- und Teiggehzeit
Backzeit: 20–25 Minuten

Insgesamt:
E: 104 g, F: 24 g, Kh: 683 g, kJ: 14273, kcal: 3407

Dauert länger

1. Für den Teig Mehl in eine Rührschüssel geben. In die Mitte eine Vertiefung drücken. Hefe hineinbröckeln, etwas Wasser hinzufügen. Mit einer Gabel vorsichtig verrühren und etwa 10 Minuten gehen lassen.
2. Milch, Olivenöl, Salz und restliches Wasser hinzufügen. Die Zutaten mit Handrührgerät mit Knethaken zunächst kurz auf niedrigster, dann auf höchster Stufe in etwa 5 Minuten zu einem glatten Teig verarbeiten. Den Teig zugedeckt so lange an einem warmen Ort gehen lassen, bis er sich sichtbar vergrößert hat.
3. Den gegangenen Teig leicht mit Mehl bestäuben, aus der Schüssel nehmen und auf einer bemehlten Arbeitsfläche nochmals kurz durchkneten, evtl. etwas Mehl unterarbeiten. Der Teig soll relativ weich bleiben. Nochmals zugedeckt so lange an einem warmen Ort gehen lassen, bis er sich verdoppelt hat.
4. Den Teig auf der mit Mehl bestäubten Arbeitsfläche in vier Portionen teilen, aber nicht durchkneten. Die Teigportionen jeweils zu einem Rechteck (etwa 25 x 10 cm) ausrollen, auf je ein Stück bemehltes Backpapier legen und mit den Fingern regelmäßig eindrücken. Die Teigstücke zugedeckt etwa 90 Minuten ruhen lassen. Der Teig geht nur wenig auf.
5. Zwei Backbleche für etwa 15 Minuten zum Erhitzen in den vorgeheizten Backofen schieben.
   Ober-/Unterhitze: 200–220 °C
   Heißluft: 180–200 °C
   Die Teigbrote vorsichtig umgedreht auf je ein Backblech (mit Backpapier belegt) legen (dabei aber nicht die Luft herausdrücken!). Das Backpapier vorsichtig entfernen und die Backbleche nacheinander (bei Heißluft zusammen) in den vorgeheizten Backofen schieben und **bei gleicher Backofeneinstellung in 20 bis 25 Minuten backen.**
6. Während der ersten 10 Minuten der Backzeit die Brote dreimal mit Wasser bestreichen.
7. Die Brote vom Backpapier lösen und auf Kuchenrosten erkalten lassen.

Abwandlung:
Aus dem gleichen Teig können Sie ein Oliven-Tomaten-Brot herstellen. Nach einer Stunde Teiggehzeit werden je 100 g schwarze und grüne, entsteinte, gewürfelte Oliven und 6 gewürfelte, getrocknete Tomaten (in Öl eingelegt, abgetropft) unter den Teig geknetet. Den Teig in 2 Portionen teilen, aus einer Teigportion ein flaches Brot, aus restlichem Teig 6 flache Fladen formen. Nach 90 Minuten Ruhezeit das Brot bei gleicher Backofeneinstellung etwa 30 Minuten und die Fladen etwa 20 Minuten backen.

Ciabatta

Crespelle al Basilico

Crepès mit Basilikum

6 Portionen

Für die Crespelle:

120 ml Milch
60 g gesiebtes Weizenmehl
3 Eier (Größe M)
1 Prise Salz

40 g Butter oder Margarine zum Ausbacken

Für die Basilikumcreme:

100 g Basilikum
etwas Salzwasser
1 Pck. (200 g) Béchamelsauce (aus dem Tetra-Pack)
1 EL frisch geriebener Parmesan-Käse
Salz

Für die Tomatensauce:

500 g frische Tomaten
10 Basilikumblättchen
2 EL Olivenöl
Salz, frisch gemahlener Pfeffer

Zubereitungszeit: 40 Minuten, ohne Ruhezeit
Backzeit: etwa 10 Minuten

Pro Portion:

E: 8 g, F: 21 g, Kh: 12 g,
kJ: 1119, kcal: 268

Raffiniert

1. Für die Crespelle Milch, Mehl, Eier und Salz in eine Rührschüssel geben. Die Zutaten mit Handrührgerät mit Rührbesen zu einem glatten Teig verarbeiten. Den Teig etwa 15 Minuten ruhen lassen.
2. Aus dem Teig 12 Crespelle backen. Dafür jeweils etwas Butter oder Margarine in einer Pfanne (Ø etwa 22 cm) zerlassen. Je eine dünne Teiglage auf dem Boden der Pfanne verteilen. Crespelle kurz bei schwacher Hitze von beiden Seiten hellgelb backen, herausnehmen, nebeneinander auf Backpapier legen und kalt stellen.
3. Für die Creme Basilikum abspülen und trockentupfen. Die Blättchen von den Stängeln zupfen. Blättchen abtropfen lassen und pürieren. Mit Béchamelsauce und Parmesan-Käse mischen und zu einer cremigen Masse aufschlagen.
4. Die Basilikumcreme auf die Crespelle streichen, jeweils zusammenfalten und auf ein Backblech (mit Backpapier belegt) legen. Das Backblech in den vorgeheizten Backofen schieben.
   Ober-/Unterhitze: etwa 200 °C
   Heißluft: etwa 180 °C
   Backzeit: etwa 10 Minuten.
5. In der Zwischenzeit für die Tomatensauce Tomaten waschen, kreuzweise einschneiden und einige Sekunden in kochendes Wasser legen. Tomaten kurz in kaltes Wasser legen, enthäuten, halbieren, entkernen und die Stängelansätze herausschneiden. Tomatenhälften in kleine Stückchen schneiden.
6. Basilikumblättchen abspülen, trockentupfen und klein schneiden. Tomatenstückchen mit Basilikum verrühren. Olivenöl unterrühren. Mit Salz und Pfeffer würzen.
7. Die gebackenen Crespelle vom Backblech nehmen und anrichten. Tomatensauce darauf verteilen und sofort servieren.

Crespelle alla Mozzarella

Crêpes mit Mozzarella

4 Portionen

Für die Crespelle:
120 ml Milch
60 g gesiebtes Weizenmehl
3 Eier (Größe M), 1 Prise Salz

80 g Butter oder Margarine zum Ausbacken

Für die Füllung:
300 g Mozzarella-Käse, 250 g Salami
Salz, frisch gemahlener Pfeffer
etwa 20 Cocktailtomaten
1 Topf Basilikum

Zubereitungszeit: 40 Minuten

Pro Portion:
E: 36 g, F: 57 g, Kh: 17 g,
kJ: 3024, kcal: 722

Raffiniert

1. Für die Crespelle Milch, Mehl, Eier und Salz in eine Rührschüssel geben. Die Zutaten mit Handrührgerät mit Rührbesen zu einem glatten Teig verarbeiten. Den Teig etwa 15 Minuten ruhen lassen.
2. Aus dem Teig 12 Crespelle backen. Dafür jeweils etwas Butter oder Margarine in einer Pfanne (Ø etwa 22 cm) zerlassen. Je eine dünne Teiglage auf dem Boden der Pfanne verteilen. Crespelle kurz bei schwacher Hitze von beiden Seiten hellgelb backen, herausnehmen und nebeneinander auf Backpapier erkalten lassen.
3. Für die Füllung Mozzarella abtropfen lassen und in kleine Würfel schneiden. Salami in dünne Streifen schneiden und mit den Mozzarellawürfeln mischen. Mit Salz und Pfeffer würzen.
4. Die Mischung in 12 Portionen teilen und zu kleinen Häufchen auf ein Backblech (mit Backpapier belegt) setzen. Das Backblech auf der obersten Einschubleiste in den vorgeheizten Backofen schieben.
   Ober-/Unterhitze: etwa 200 °C
   Heißluft: etwa 180 °C
   Backzeit: 2–3 Minuten.
5. Die Mozzarella-Salami-Häufchen vom Backblech nehmen und jeweils auf die Crespelle legen. Die Crespelle zusammenklappen.
6. Tomaten abspülen und trockentupfen. Basilikum abspülen und trockentupfen. Die Blättchen von den Stängeln zupfen. Crespelle mit Tomaten und Basilikumblättchen garniert sofort servieren.

Tipp: Crespelle mit Olivenöl beträufeln.

Crespelle-Gratin mit Ricotta und Sauerampfer

Crispelle gratinate con ricotta ed erba brusca

4 Portionen

Für die Crespelle:
120 ml Milch
60 g gesiebtes Weizenmehl
3 Eier (Größe M), 1 Prise Salz

12 TL Butter oder Margarine zum Ausbacken

Für die Füllung:
3 Bund Sauerampfer
250 g Ricotta oder Sahnequark
250 g Speisequark (Magerstufe)
3 EL Milch
100 g gemahlene Haselnusskerne
frisch gemahlener Pfeffer
2 säuerliche Äpfel
50 g frisch geriebener Emmentaler-Käse
30 g Butter

Zubereitungszeit: 65 Minuten, ohne Ruhezeit
Backzeit: etwa 20 Minuten

Pro Portion:
E: 30 g, F: 73 g, Kh: 24 g,
kJ: 3708, kcal: 886

Vegetarisch

1. Für die Crespelle Milch, Mehl, Eier und Salz in eine Rührschüssel geben. Die Zutaten mit einem Rührbesen zu einem glatten Teig verarbeiten. Den Teig etwa 15 Minuten ruhen lassen.
2. Aus dem Teig 12 Crespelle backen. Dafür jeweils etwas Butter oder Margarine in einer Pfanne (Ø etwa 22 cm) zerlassen. Je eine dünne Teiglage auf dem Boden der Pfanne verteilen. Crespelle kurz bei schwacher Hitze von beiden Seiten hellgelb backen, herausnehmen und erkalten lassen.
3. Für die Füllung Sauerampfer verlesen, waschen und trockentupfen. Ricotta mit Quark, Milch und Haselnusskernen verrühren, mit Pfeffer würzen.
4. Äpfel schälen, halbieren, entkernen, fein raspeln und unter die Quarkmasse ziehen.
5. Die erste Crespelle in eine Auflaufform (gefettet) legen, mit einem Sechstel der Quarkmasse bestreichen, mit einem Fünftel der Sauerampferblättchen belegen. So fortfahren, bis die letzte Crespelle mit Quarkcreme bestrichen ist.
6. Mit Käse bestreuen und mit Butterflöckchen belegen.
7. Die Form auf dem Rost in den vorgeheizten Backofen schieben.
   Ober-/Unterhitze: etwa 200 °C
   Heißluft: etwa 180 °C
   Backzeit: etwa 20 Minuten.

Crostini mit Geflügelleber-/Tomaten-/ Olivencreme

Geröstetes Weißbrot

24 Stück

Crostini mit Geflügelleber-/ Tomaten-/Olivencreme

Für die Geflügellebercreme:

1 kleine Knoblauchzehe
1 kleine Zwiebel
2 EL Olivenöl
2 EL Butter
300 g Geflügelleber
1 EL abgetropfte Kapern
1 EL Tomatenmark
100 ml Weißwein
Salz
frisch gemahlener, schwarzer Pfeffer
1 EL fein gehackte Petersilie

Für die Tomatencreme:

2 große Fleischtomaten
2 Knoblauchzehen
2 EL Olivenöl
1/2 Bund Basilikum

Für die Olivencreme:

3 Knoblauchzehen
300 g entsteinte, schwarze Oliven
5 Sardellenfilets (aus dem Glas)
2 EL abgetropfte Kapern
4 EL Olivenöl
frisch gemahlener, schwarzer Pfeffer

24 kleine Scheiben weißes, geröstetes Landbrot

Nach Belieben:

Kräuterschinken oder Speck

Zubereitungszeit: 60 Minuten

Insgesamt:

E: 28 g, F: 60 g, Kh: 69 g, kJ: 3978, kcal: 949

Mit Alkohol – für Gäste – gut vorzubereiten

1. Für die Geflügellebercreme Knoblauch und Zwiebel abziehen. Olivenöl in einer Pfanne erhitzen. Butter darin zerlassen. Knoblauch und Zwiebel darin andünsten. Geflügelleber unter fließendem kalten Wasser abspülen, trockentupfen, evtl. Sehnen entfernen. Geflügelleber klein schneiden und hinzugeben. Kapern fein hacken, mit dem Tomatenmark zu der Geflügelleber geben und unter mehrmaligem Wenden etwa 5 Minuten garen, Leber herausnehmen.
2. Wein in die Pfanne gießen, zum Kochen bringen und unter Rühren bei mittlerer Hitze einkochen lassen. Mit Salz und Pfeffer würzen. Petersilie und die Leber unterrühren. Die Masse erkalten lassen.
3. Für die Tomatencreme Tomaten waschen, kreuzweise einschneiden und einige Sekunden in kochendes Wasser legen. Tomaten kurz in kaltem Wasser abschrecken, enthäuten, halbieren, entkernen und die Stängelansätze entfernen. Tomaten in Würfel schneiden und in eine Schüssel geben. Knoblauch abziehen, durch eine Knoblauchpresse drücken und zu den Tomatenwürfeln geben. Mit Olivenöl beträufeln und vorsichtig mischen.
4. Basilikum abspülen und trockentupfen. Die Blättchen von den Stängeln zupfen. Blättchen klein schneiden und untermengen. Mit Salz und Pfeffer würzen.
5. Für die Olivencreme Knoblauch abziehen. Knoblauch, Oliven, Sardellenfilets, Kapern und Olivenöl in einen hohen Rührbecher geben und mit einem Mixstab pürieren. Mit Pfeffer abschmecken.
6. Jeweils 8 Brotscheiben mit je einer Creme bestreichen. Nach Belieben die mit Olivencreme bestrichenen Brotscheiben mit ganz dünn geschnittenem Kräuterschinken oder Speck belegen.

Crostini mit rohem Schinken

Crostini al prosciutto crudo

4 Portionen

4 Fleischtomaten (etwa 600 g)
1 Zwiebelbaguette oder Ciabatta oder Bauernbrot (etwa 500 g, etwa 6 Scheiben pro Portion)
6–8 EL Olivenöl
2 Knoblauchzehen
360 g Parma- oder Seranoschinken (in Scheiben)
Salz, frisch gemahlener Pfeffer
1 kleines Bund oder 1/2 Topf Basilikum

Zubereitungszeit: 30 Minuten

Pro Portion:
E: 27 g, F: 23 g, Kh: 64 g,
kJ: 2397, kcal: 572

Etwas teurer

1. Tomaten waschen, kreuzweise einschneiden und einige Sekunden in kochendes Wasser legen. Tomaten kurz in kaltem Wasser abschrecken, enthäuten, halbieren, entkernen und Stängelansätze herausschneiden. Die Tomaten in Würfel schneiden.
2. Brot in dünne Scheiben schneiden. Etwas Olivenöl in einer Pfanne erhitzen. Brotscheiben darin in mehreren Portionen von beiden Seiten hellbraun rösten und herausnehmen.
3. Knoblauch abziehen, in dünne Scheiben schneiden und in dem verbliebenen Olivenöl andünsten.
4. Schinkenscheiben dritteln. Die gerösteten Brotscheiben damit belegen, Tomatenwürfel darauf verteilen. Mit Salz und Pfeffer bestreuen. Anschließend die Brotscheiben auf einer Platte anrichten.
5. Basilikum abspülen und trockentupfen. Die Blättchen von den Stängeln zupfen. Brotscheiben mit Knoblauchscheiben und Basilikumblättchen garniert servieren.

Crostini mit rohem Schinken

Eiskaffee

Affogato al caffè

4 Portionen

750 ml (3/4 l) starker Kaffee
1 Pck. (500 ml) Vanilleeis
125 g Schlagsahne
Zucker
Zartbitter-Raspelschokolade

Zubereitungszeit: 15 Minuten, ohne Kühlzeit

Pro Portion:
E: 4 g, F: 16 g, Kh: 18 g,
kJ: 993, kcal: 237

Eisschokolade

Klassisch

1. Den Kaffee kochen und kalt stellen. 4 Gläser zu 2/3 mit dem erkalteten Kaffee füllen.
2. Vanilleeis in Würfel schneiden und in den Gläsern verteilen.
3. Sahne mit Zucker steif schlagen, in einen Spritzbeutel mit Sterntülle füllen. Den Eiskaffee damit verzieren und mit Raspelschokolade bestreuen.

Eisschokolade

Affogato al cioccolato

4 Portionen

100 g Zartbitter-Schokolade
600 ml Milch
1 Pck. Vanilleeis (500 ml)
125 g Schlagsahne
Zartbitter-Raspelschokolade

Zubereitungszeit: 20 Minuten, ohne Kühlzeit

Pro Portion:
E: 10 g, F: 39 g, Kh: 34 g,
kJ: 2284, kcal: 546

Klassisch

1. Schokolade in kleine Stücke brechen. Milch in einem Topf erhitzen. Schokoladenstücke hinzugeben und unter Rühren schmelzen, abkühlen lassen. Schokoladenmilch kalt stellen.
2. Vanilleeis in Würfel schneiden, gleichmäßig in 4 Gläsern verteilen und mit der Schokoladenmilch auffüllen.
3. Sahne steif schlagen. Die Eisschokolade damit verzieren und mit Raspelschokolade bestreuen.

Ente, gebraten

Anatra al forno

4 Portionen

1 küchenfertige Ente (etwa 1,5 kg)
Salz, heißes Wasser
kaltes Salzwasser
1–2 gestr. EL Weizenmehl
2 EL kaltes Wasser
frisch gemahlener Pfeffer

Zubereitungszeit: 30 Minuten
Garzeit: etwa 1 3/4 Stunden

Pro Portion:
E: 64 g, F: 43 g, Kh: 2 g,
kJ: 2718 , kcal: 650

Für Gäste

1. Ente von innen und außen unter fließendem kalten Wasser abspülen und trockentupfen. Die Ente von innen mit Salz einreiben und mit dem Rücken nach unten in eine Fettfangschale legen. Die Fettfangschale anschließend vorsichtig in den vorgeheizten Backofen schieben.
   Ober-/Unterhitze: 200–220 °C
   Heißluft: 180–200 °C
   Garzeit: etwa 1 3/4 Stunden.
2. Während des Bratens ab und zu unterhalb der Flügel und Keulen in die Ente stechen, damit das Fett besser ausbraten kann.
3. Nach 30 Minuten Bratzeit das ausgetretene Fett abschöpfen. Sobald der Bratensatz bräunt, etwas heißes Wasser hinzugießen. Die Ente ab und zu mit dem Bratensatz begießen, verdampfte Flüssigkeit nach und nach durch Wasser ersetzen.
4. Die Ente etwa 10 Minuten vor Ende der Garzeit mit Salzwasser bestreichen. Die Backofentemperatur auf

Ente, gebraten

Ober-/Unterhitze: 240 °C
Heißluft: etwa 220 °C
stellen und die Ente kross fertig braten.

5. Die gare Ente in Portionsstücke schneiden, auf einer vorgewärmten Platte anrichten und warm stellen.
6. Den Bratensatz mit Wasser loskochen, durch ein Sieb in einen Topf gießen, mit Wasser auffüllen und zum Kochen bringen.
7. Mehl mit 2 Esslöffel Wasser anrühren und die Sauce damit binden. Mit Salz und Pfeffer abschmecken.

Beilage:
Rotkohl, Kartoffelklöße, Apfelscheiben mit Preiselbeerkompott oder Apfelmus.

Ente mit Feigen

Anatra con fichi

4 Portionen

1 küchenfertige Ente (etwa 1,5 kg)
Salz, frisch gemahlener Pfeffer
heißes Wasser
1 TL weiße Gelatine, gemahlen
1 EL kaltes Wasser, 1 EL Portwein
4–6 frische Feigen
vorbereitete Zitronenmelisseblättchen

Zubereitungszeit: 40 Minuten
Garzeit: 1 3/4 Stunden

Pro Portion:
E: 50 g, F: 33 g, Kh: 10 g,
kJ: 2245, kcal: 537

Für Gäste – mit Alkohol

1. Ente von innen und außen unter fließendem kalten Wasser abspülen und trockentupfen. Ente von innen mit Salz und Pfeffer einreiben und mit dem Rücken nach unten in eine Fettfangschale (mit Wasser ausgespült) legen.
2. Die Fettfangschale in den vorgeheizten Backofen schieben.
   Ober-/Unterhitze: etwa 220 °C
   Heißluft: etwa 200 °C
   Garzeit: etwa 1 3/4 Stunden.
3. Während des Bratens ab und zu unterhalb der Flügel und Keulen in die Ente stechen, damit das Fett besser ausbraten kann. Nach etwa 30 Minuten Garzeit das ausgetretene Fett abschöpfen.
4. Sobald der Bratensatz anfängt zu bräunen, etwas heißes Wasser hinzugießen. Die Ente ab und zu mit dem Bratensatz begießen, verdampfte Flüssigkeit nach und nach durch Wasser ersetzen.
5. Die gare Ente aus der Fettfangschale nehmen und erkalten lassen.
6. Die Gelatine mit kaltem Wasser anrühren und etwa 10 Minuten quellen lassen.
7. Den Bratensatz durch ein Sieb gießen. Die gequollene Gelatine unter Rühren darin auflösen. Mit Salz und Pfeffer würzen. Portwein unterrühren, kalt stellen.
8. Das Brustfleisch der Ente vom Knochen lösen, in Scheiben schneiden, wieder auf das Knochengerüst legen und auf einer Platte anrichten.
9. Feigen waschen, abtrocknen und kreuzförmig einschneiden. Feigen etwas auseinander drücken. Den fest gewordenen Bratensatz in Würfel schneiden.
10. Die Ente mit den Feigen, Bratensatzwürfeln und Zitronenmelisseblättchen garnieren.

Ente mit Feigen

Ente mit Fenchelsamen

Anatra con semi di finocchio

4 Portionen

1 küchenfertige Ente (etwa 2,5 kg)
200 g luftgetrockneter, durchwachsener Speck
3 EL zerstoßene Fenchelsamen
2 EL Semmelbrösel
2 TL fein gehackter Salbei
1 TL fein gehackter Rosmarin
2 EL Olivenöl
Salz
100 ml Weißwein
evtl. Weizenmehl

Zubereitungszeit: 30 Minuten, ohne Ruhezeit
Garzeit: etwa 2 1/2 Stunden

Pro Portion:
E: 108 g, F: 49 g, Kh: 10 g, kJ: 3897, kcal: 932

Mit Alkohol

1. Ente von innen und außen unter fließendem kalten Wasser abspülen und trockentupfen.
2. Für die Füllung Speck in sehr kleine Würfel schneiden. Mit 2 Esslöffeln Fenchelsamen, Semmelbröseln, Salbei, Rosmarin, Olivenöl und Salz zu einer Masse verarbeiten. Die Ente damit füllen.
3. Die Ente von außen mit Salz einreiben und mit restlichem Fenchelsamen bestreuen. Die Ente mit der Brust nach unten auf ein Backblech legen und in den vorgeheizten Backofen schieben.
   Ober-/Unterhitze: etwa 180 °C
   Heißluft: etwa 160 °C
   Garzeit: etwa 2 1/2 Stunden.
4. Sobald die Ente bräunt, etwas Wasser hinzugießen. Die Haut während der Garzeit mehrmals mit einer Nadel einstechen, damit das Fett herausläuft. Nach etwa der Hälfte der Garzeit das überflüssige Fett abschöpfen.
5. Die Ente so lange braten, bis die Haut schön braun geworden und das Fett ausgelaufen ist. Die Ente nach etwa 60 Minuten Garzeit umdrehen.
6. Die Ente vom Backblech nehmen, auf eine vorgewärmte Platte legen und etwa 10 Minuten ruhen lassen.
7. Weißwein zum Bratensatz geben und die Sauce etwas einkochen lassen. Nach Belieben mit angerührtem Mehl binden und mit den Gewürzen abschmecken. Die Ente in Portionsstücke schneiden und mit der Sauce servieren.

Tipp: Noch knuspriger wird die Ente, wenn Sie 100 ml Wasser mit 1/2 Teelöffel Salz verrühren und die Ente etwa 10 Minuten vor Ende der Garzeit damit bestreichen, dabei die Backofentemperatur um etwa 20 °C erhöhen.

Ente mit Thymian

Anatra al timo

4 Portionen

1 kg gleich große Kartoffeln
3 EL vorbereitete Thymianblättchen
1 TL gehackte Rosmarinnadeln
Salz, 2 EL Olivenöl

1 küchenfertige Flugente (etwa 1,2 kg)
2 mittelgroße Zwiebeln, heißes Wasser
vorbereitete Thymianstängel

Zubereitungszeit: 45 Minuten
Garzeit: etwa 1 1/2 Stunden

Pro Portion:
E: 43 g, F: 31 g, Kh: 35 g, kJ: 2498, kcal: 597

Für Gäste

1. Kartoffeln gründlich waschen, mit Wasser bedeckt zum Kochen bringen, in 20–25 Minuten mit Deckel gar kochen.
2. Die garen Kartoffeln abgießen, mit kaltem Wasser abschrecken, abtropfen lassen und sofort pellen. Mit Thymianblättchen, Rosmarinnadeln und Salz bestreuen. Dann mit Olivenöl beträufeln.
3. Ente von innen und außen unter fließendem kalten Wasser abspülen und trockentupfen. Ente von innen und außen mit Salz einreiben und mit einem Teil der Kräuterkartoffeln füllen.
4. Die Ente mit dem Rücken nach unten in einen Bräter (mit Wasser ausgespült) legen. Den Bräter ohne Deckel auf dem Rost in den vorgeheizten Backofen schieben.
   Ober-/Unterhitze: etwa 220 °C
   Heißluft: etwa 200 °C
   Garzeit: etwa 1 1/2 Stunden.
5. Zwiebeln abziehen, vierteln und zu der Ente danach in den Bräter geben. Während des Bratens ab und zu unterhalb der Flügel und Keulen in die Ente stechen, damit das Fett auslaufen kann. Nach etwa 30 Minuten Bratzeit das ausgetretene Fett abschöpfen. Sobald der Bratensatz anfängt zu bräunen, etwas heißes Wasser hinzugießen. Die Ente ab und zu mit dem Bratensatz begießen. Verdampfte Flüssigkeit nach und nach durch Wasser ersetzen.
6. Etwa 15 Minuten vor Ende der Garzeit die restlichen Kartoffeln zu der Ente in den Bräter geben und kurz mitbraten lassen.
7. Die gare Ente mit den Kartoffeln auf einer vorgewärmten Platte anrichten, mit Thymian garnieren. Den Bratensatz getrennt dazureichen.

Entenbrust mit Feigen

Petto di anatra con fichi

4 Portionen

2 Entenbrustfilets (je etwa 400 g)
Salz
frisch gemahlener Pfeffer
etwas Thymian
125 ml ($^1/_8$ l) Geflügelbrühe
6 cl Marsala
125 g Schlagsahne
4 frische Feigen

Zubereitungszeit: 40 Minuten

Pro Portion:
E: 38 g, F: 44 g, Kh: 11 g,
kJ: 2543, kcal: 606

Raffiniert – mit Alkohol

1. Die Entenbrustfilets unter kaltem Wasser abspülen und trockentupfen. Eine große Pfanne erhitzen. Haut mit einem scharfen Messer einschneiden. Filets mit der Hautseite nach unten in die heiße Pfanne legen und von beiden Seiten braun anbraten. Mit Salz, Pfeffer und Thymian würzen.
2. Brühe hinzugießen, zum Kochen bringen, dabei die Entenbrustfilets mit der Fettseite nach oben etwa 10 Minuten garen. Filets herausnehmen und im vorgeheizten Backofen warm stellen.
   Ober-/Unterhitze: etwa 80 °C
   Heißluft: etwa 60 °C
   Backzeit: 10–15 Minuten.
3. Marsala und Sahne zum Bratensatz geben, aufkochen und etwas einkochen lassen. Die Sauce mit Salz, Pfeffer und Thymian abschmecken.
4. Feigen waschen, abtrocknen, jeweils am Blütenansatz kreuzweise einschneiden und in der Sauce erwärmen.
5. Entenbrustfilets in schräge, dünne Scheiben schneiden und zusammen mit den warmen Feigen in der Sauce servieren.

Ente mit Thymian

Erdbeer-Tiramisu

Tiramisu alla fragola

4 Portionen

150 g Cantuccini (italienisches Mandelgebäck)
50 ml frisch gepresster Orangensaft
50 ml Orangenlikör
250 g Erdbeeren
25 g gesiebter Puderzucker oder Zucker
400 g Schlagsahne
150 g Naturjoghurt
1 Becher (125 g) Crème double

einige Erdbeerhälften mit Grün
vorbereitete Minzeblättchen

Zubereitungszeit: 30 Minuten, ohne Kühlzeit

Pro Portion:
E: 8 g, F: 51 g, Kh: 47 g,
kJ: 2989, kcal: 715

Für Gäste – mit Alkohol

1. Cantuccini in eine große, flache Auflaufform legen. Orangensaft und -likör mischen, Cantuccini damit beträufeln.
2. Erdbeeren waschen, gut abtropfen lassen und entstielen. Erdbeeren halbieren und mit der Schnittfläche nach unten auf die Cantuccini legen. Mit Puderzucker oder Zucker bestreuen.
3. Sahne steif schlagen, Joghurt und Crème double unterrühren. Die Creme auf den Erdbeeren verteilen und glatt streichen. Tiramisu etwa 3 Stunden kalt stellen.
4. Tiramisu mit Erdbeerhälften mit Grün und Minzeblättchen garnieren.

Tipp: Nach Belieben Tiramisu vor dem Servieren mit Kakao bestäuben. Wer das Tiramisu schon am Vortag zubereiten möchte, sollte 1–2 Blatt weiße Gelatine (nach Packungsanleitung aufgelöst) unter die Joghurtmasse geben.

Frühlingsmenü

4 Personen

Frühlingspizza 1 x (Seite 71)
Überbackene Basilikumtomaten 1 x (Seite 296)
Kalbsschnitzel Pizzaiola mit Rosmarinkartoffeln 1 x (Seite 117)
Erdbeer-Tiramisu 1 x (Seite 54)

Espresso-Granita

Granita al caffè

4 Portionen

8 TL Espresso-Pulver
500 ml (1/2 l) Wasser
50 g Zucker

8 Vanilleeis-Kugeln

Zubereitungszeit: 20 Minuten, ohne Gefrierzeit

Pro Portion:
E: 3 g, F: 5 g, Kh: 26 g, kJ: 685, kcal: 164

Für Gäste – schnell

1. Aus Espresso-Pulver und Wasser einen Espresso zubereiten. Zucker hinzufügen und so lange rühren, bis der Zucker gelöst ist. Espresso-Flüssigkeit in eine flache Schale gießen, in das Gefrierfach stellen und einfrieren.
2. Die Eismasse mit einem Löffel in Flocken abschaben und in Gläsern verteilen. Vanilleeis-Kugeln daraufgeben und servieren.

Espresso-Halbgefrorenes

Semifreddo al caffè

6 Portionen

8 Eigelb (Größe M)
200 g Zucker
100 ml doppelter Espresso
750 g Schlagsahne
2 Pck. Dr. Oetker Vanillin-Zucker
etwas Kakaopulver

Zubereitungszeit: 35 Minuten, ohne Gefrierzeit

Pro Portion:
E: 7 g, F: 47 g, Kh: 40 g, kJ: 2611, kcal: 624

Raffiniert

1. Eigelb mit Zucker in einer Edelstahlschüssel verrühren und im heißen Wasserbad mit Handrührgerät mit Rührbesen etwa 8 Minuten zu einer dicklich cremigen Masse aufschlagen. Espresso unterrühren. Die Masse erkalten lassen, dabei ab und zu durchschlagen.
2. Sahne mit Vanillin-Zucker steif schlagen (4 Esslöffel davon in einen Spritzbeutel mit Sterntülle füllen) und unter die Eigelbmasse ziehen.
3. Die Masse in eine Form (30 x 11 cm, mit Frischhaltefolie ausgelegt) füllen und im Gefrierfach mindestens 5 Stunden (am besten über Nacht) gefrieren lassen.
4. Mokka-Parfait aus der Form stürzen, die Folie abziehen. Das Parfait in Scheiben schneiden, mit der Sahne aus dem Spritzbeutel verzieren und mit Kakao besätuben.

Tipp: Statt eines Mokka-Parfaits kann auch ein Zimt-oder Vanille-Parfait zubereitet werden: Für ein Zimt-Parfait 1–2 Esslöffel gemahlenen Zimt statt des Espressos verwenden. Für ein Vanille-Parfait das Mark von 2 Vanilleschoten unter die Creme rühren.

Espresso-Halbgefrorenes

Farfalle in feuriger Sauce

Farfalle in salsa piccante

4 Portionen

Für die Sauce:

1 Zwiebel, 4 milde Peperoni
je 1 rote, grüne und gelbe Paprikaschote
2 EL Olivenöl, 4 EL Tomatenwürfel
100 ml Tomatensaft
Salz, frisch gemahlener Pfeffer
1 TL Sambal Oelek

4 l Wasser, 4 gestr. TL Salz
400 g Farfalle (Schmetterlingsnudeln)

3 Frühlingszwiebeln
einige vorbereitete Schnittlauchhalme

Zubereitungszeit: 35 Minuten

Pro Portion:

E: 15 g, F: 7 g, Kh: 81 g,
kJ: 1894, kcal: 453

Vegetarisch – schnell

1. Für die Sauce Zwiebel abziehen, zuerst in Scheiben schneiden, dann in Ringe teilen. Peperoni waschen, trockentupfen, halbieren, entkernen und klein würfeln. Paprika halbieren, entstielen, entkernen und die weißen Scheidewände entfernen. Schoten waschen, trockentupfen und in Würfel schneiden.
2. Das Olivenöl in einer Pfanne erhitzen. Zwiebelringe, Peperoni-, Paprika- und Tomatenwürfel darin andünsten. Tomatensaft hinzufügen, zum Kochen bringen und bei schwacher Hitze etwa 8 Minuten kochen lassen. Die Sauce mit Salz, Pfeffer und Sambal Oelek feurig würzen.
3. Wasser in einem großen Topf mit geschlossenem Deckel zum Kochen bringen. Dann Salz und Nudeln zugeben. Die Nudeln im geöffneten Topf bei mittlerer Hitze nach Packungsanleitung kochen lassen, dabei zwischendurch 4-5-mal umrühren.
4. Anschließend die Nudeln in ein Sieb geben, mit heißem Wasser abspülen, abtropfen lassen und warm stellen.
5. Frühlingszwiebeln putzen, waschen, abtropfen lassen und in feine Ringe schneiden. Frühlingszwiebelringe kurz vor dem Servieren zur Sauce geben (einige Ringe zum Garnieren beiseite legen). Die Sauce nochmals mit den Gewürzen feurig abschmecken und zu den Nudeln reichen. Mit den beiseite gelegten Frühlingszwiebelringen bestreuen und mit Schnittlauchhalmen garniert servieren.

Farfalle in feuriger Sauce

Farfallesalat mit Putenfleisch

Insalata di farfalle con tacchino

4 Portionen

3 l Wasser
3 gestr. TL Salz
250 g Farfalle (Schmetterlingsnudeln)
300 g Putenbrust
2 EL Speiseöl
Salz, frisch gemahlener Pfeffer
200–300 g TK-Erbsen
4 Tomaten

Für die Sauce:

150 g Naturjoghurt
50 g Salatmayonnaise
4 EL Schlagsahne
3 EL Tomatenketchup
2 EL Cream Sherry oder Portwein

Zubereitungszeit: 45 Minuten, ohne Abkühl- und Durchziehzeit

Pro Portion:

E: 33 g, F: 14 g, Kh: 60 g,
kJ: 2153, kcal: 515

Mit Alkohol

1. Wasser in einem großen geschlossenen Topf zum Kochen bringen. Dann Salz und Nudeln zugeben. Die Nudeln im geöffneten Topf bei mittlerer Hitze nach Packungsanleitung bissfest kochen, dabei zwischendurch 4-5-mal umrühren. Anschließend Nudeln in ein Sieb geben, mit kaltem Wasser abspülen und abtropfen lassen.
2. Putenbrust unter fließendem kalten Wasser abspülen, trockentupfen und in etwa $^1/_2$ cm breite Streifen schneiden. Speiseöl in einer Pfanne erhitzen. Die Fleischstreifen darin 3-5 Minuten unter mehrmaligem Wenden braten.

Farfallesalat mit Putenfleisch

Mit Salz und Pfeffer würzen. Putenbruststreifen aus der Pfanne nehmen und erkalten lassen.

3. Die Erbsen in kochendem Salzwasser 3–5 Minuten kochen lassen. Anschließend in ein Sieb geben, mit eiskaltem Wasser übergießen, abtropfen und erkalten lassen.
4. Tomaten waschen, abtropfen lassen, kreuzweise einschneiden, kurz in kochendes Wasser legen und in kaltem Wasser abschrecken. Tomaten enthäuten und die Stängelansätze herausschneiden. Danach Tomaten in Streifen schneiden.
5. Für die Sauce Joghurt mit Mayonnaise, Sahne, Ketchup und Sherry oder Portwein verrühren, mit Salz und Pfeffer würzen. Die Salatzutaten in einer Schüssel mischen, die Sauce vorsichtig unterheben. Den Salat etwas durchziehen lassen.

Abwandlung:
Für eine Variante ohne Alkohol können Sie Sherry oder Portwein weglassen und die Sauce mit etwa 1 Esslöffel Currypulver anstelle des Tomatenketchups würzen.

Feigen in Marsala

Fichi al marsala

4–6 Portionen

8 Feigen
100 ml Marsala-Wein

Für die Sauce:
3 Eigelb (Größe M)
80 g feiner Streuzucker
200 ml Marsala-Wein

etwas Puderzucker

Zum Garnieren:
einige Zweige Minze

Zubereitungszeit: 30 Minuten, ohne Durchziehzeit

Pro Portion:
E: 6 g, F: 4 g, Kh: 36 g, kJ: 1028, kcal: 245

Mit Alkohol

1. Feigen waschen, schälen, achteln und in eine flache Schale legen. Mit Marsala übergießen und etwa eine Stunde durchziehen lassen.
2. Eigelb, Streuzucker und Marsala in einer Edelstahlschüssel oder einem Edelstahltopf verrühren.
3. Die Masse mit einem Schneebesen oder mit Handrührgerät mit Rührbesen auf niedrigster Stufe bei mittlerer Hitze im heißen Wasserbad so lange durchschlagen, bis die Masse durch und durch schaumig ist (das Volumen muss sich etwa verdoppeln – Wasser und Sauce nicht kochen lassen, da die Sauce sonst gerinnt).
4. Feigenachtel abtropfen lassen. Die Marsala-Sauce auf einem Teller anrichten. Die Feigenachtel darauf verteilen und mit Puderzucker bestreuen.
5. Zum Garnieren Minze abspülen und trockentupfen. Feigen in Marsala mit den Minzezweigen garnieren.

Abwandlung:
Gut schmecken auch Datteln in Marsala. Hierfür 500 g Datteln abspülen, trockentupfen, längs aufschneiden und entkernen. 500 ml (1/2 l) Wein mit 1 Zimtstange, 1 Esslöffel Zucker, 1 Esslöffel Ingwersirup und einigen abgespülten und trockengetupften Minzeblättchen erhitzen. Datteln in eine Schüssel geben, mit dem gewürzten Marsala-Wein übergießen und im Kühlschrank erkalten lassen. 1 Päckchen (60 g) Pinienkerne in einer Pfanne ohne Fett rösten, herausnehmen und auf einem Teller erkalten lassen. Die Datteln vor dem Servieren mit den Pinienkernen bestreuen und mit einem vorbereiteten Minzezweig garniert servieren.

Feigen in Marsala

Feine Bandnudeln mit Trüffeln

Feine Bandnudeln mit Trüffeln

Linguine al tartufo

2 Portionen

300 g Weizenmehl
3 Eier (Größe L)
1/2 gestr. TL Salz
1 EL Olivenöl
Salz
etwas Weizenmehl zum Ausrollen

3 l Wasser
3 gestr. TL Salz

80 g Butter
40 g frisch geriebener Parmesan-Käse
50 g schwarze Trüffel

Zubereitungszeit: 50 Minuten, ohne Ruhezeit

Pro Portion:
E: 34 g, F: 56 g, Kh: 112 g, kJ: 4577, kcal: 1094

Etwas teurer – dauert länger

1. Mehl in eine Rührschüssel sieben. In die Mitte eine Vertiefung eindrücken. Eier mit Salz verschlagen und durch ein feines Sieb in die Vertiefung laufen lassen. Olivenöl hinzufügen.
2. Die Zutaten mit Handrührgerät mit Knethaken zu einem glatten Teig verkneten. Den Teig auf einer bemehlten Arbeitsfläche etwa 3 Minuten gut durcharbeiten, in Klarsichtfolie gewickelt etwa 1 Stunde kalt stellen und ruhen lassen.
3. Den Teig portionsweise mit einer Nudelmaschine bis zur gewünschten Stärke ausrollen. Die Nudelbahnen mit dem Vorsatz 2–3 mm breit in Bahnen schneiden. Falls kein Vorsatz vorhanden ist, die Nudelbahnen locker zur Schnecke aufrollen und diese dann in 2–3 mm breite Bandnudeln schneiden. Die Nudeln zum Trocknen auf eine Leine hängen, damit sie sich beim Kochen nicht verformen.
4. Wasser in einem großen Topf mit geschlossenem Deckel zum Kochen bringen. Dann Salz und Nudeln zugeben. Die Nudeln im geöffneten Topf bei mittlerer Hitze nach Packungsanleitung kochen lassen, dabei zwischendurch 4–5-mal umrühren.
5. Anschließend die Nudeln in ein Sieb geben, mit heißem Wasser abspülen und abtropfen lassen.
6. Die Nudeln mit Butter und Käse vermischen, auf 2 Tellern verteilen. Trüffel mit einem Trüffelhobel hauchdünn darüber hobeln.

Tipp:
Der weiße Wintertrüffel ist deutlich aromatischer, aber leider sehr teuer.

Weihnachtsmenü

8 Personen

Cacciucco 2 x (Seite 30)
Feine Bandnudeln mit Trüffeln 4 x (Seite 58)
Gratinierte Jakobsmuscheln 2 x (Seite 92)
Zitronenrisotto mit Hummer 1,5 x (Seite 302)
Birnen in Rotwein 1 x (Seite 18)

Fenchel, venezianisch

Finocchio alla veneziana

4 Portionen

4 Fenchelknollen (je etwa 250 g)
Salz, 1 Zwiebel
1 Knoblauchzehe
3 EL Olivenöl
70 g Tomatenmark
1 Dose geschälte Tomaten (400 g)
frisch gemahlener Pfeffer
gerebeltes Basilikum
gerebelter Thymian
1 Lorbeerblatt
Fenchelgrün

Zubereitungszeit: 40 Minuten

Pro Portion:
E: 7 g, F: 8 g, Kh: 12 g,
kJ: 645, kcal: 154

Einfach

1. Fenchelknollen putzen (Fenchelgrün beiseite legen), waschen, abtropfen lassen, vierteln und in kochendem Salzwasser etwa 10 Minuten garen. Anschließend in einem Sieb abtropfen lassen.
2. Zwiebel und Knoblauch abziehen, in kleine Würfel schneiden. Olivenöl in einem Topf erhitzen. Zwiebel- und Knoblauchwürfel darin andünsten. Tomatenmark unterrühren und kurz mit andünsten. Tomaten mit dem Saft hinzufügen, dabei die Tomaten etwas zerdrücken. Mit Salz, Pfeffer, Basilikum, Thymian und Lorbeerblatt würzen.
3. Beiseite gelegtes Fenchelgrün waschen, trockentupfen, klein schneiden. Mit den Fenchelvierteln unter die Tomatenmasse heben. Nochmals mit den Gewürzen abschmecken. Lorbeerblatt entfernen.

Fenchelviertel, mit Kräutern mariniert

Fenchelviertel, mit Kräutern mariniert
Finocchio al'erbe marinate
4 Portionen

4 Fenchelknollen (je etwa 300 g)
Salz
4 EL Olivenöl

Für die Marinade:
1 Orange (etwa 200 g)
4–5 Stängel Oregano
1 kleines Bund glatte Petersilie
2 EL Balsamico-Essig
frisch gemahlener Pfeffer
4 EL Olivenöl

Zubereitungszeit: 35 Minuten, ohne Durchziehzeit

Insgesamt:
E: 7 g, F: 16 g, Kh: 12 g,
kJ: 926, kcal: 221

Vegetarisch

1. Von den Fenchelknollen die Stiele dicht oberhalb der Knollen abschneiden. Braune Stellen und Blätter entfernen. Die Wurzelenden gerade schneiden. Die Knollen waschen, abtropfen lassen und vierteln. Fenchelviertel in kochendem Salzwasser etwa 5 Minuten blanchieren. Anschließend in ein Sieb geben (die Flüssigkeit dabei auffangen), mit kaltem Wasser übergießen und abtropfen lassen.
2. Olivenöl in einer großen Pfanne erhitzen. Fenchelviertel darin leicht anbraten, bis sie etwas Farbe angenommen haben. Fenchelviertel in eine flache Schale legen.
3. Für die Marinade Orange so schälen, dass die weiße Haut mitentfernt wird. Orangenfrucht vierteln und in Scheiben schneiden. Oregano und Petersilie abspülen und trockentupfen. Die Blättchen jeweils von den Stängeln zupfen. Blättchen grob hacken.
4. Essig mit der aufgefangenen Fenchelflüssigkeit, Salz und Pfeffer verrühren, Olivenöl unterschlagen. Orangenscheiben, Oregano und Petersilie unterrühren. Fenchelviertel mit der Marinade übergießen, 1–2 Stunden kalt stellen und durchziehen lassen, dabei ab und zu umrühren.

Tipp:
Wer es etwas säuerlicher mag, kann die Orange durch eine Grapefruit ersetzen.

Fischfilet, neapolitanisch

Fischfilet, neapolitanisch

Filetto di pesce alla napoletana

4 Portionen

600 g Fischfilet (z. B. Kabeljau- oder Rotbarschfilet)
evtl. Saft von 1 Zitrone
Salz, 2 Zwiebeln
1 Glas Champignonscheiben (Abtropfgewicht 280 g)
1 Bund glatte Petersilie
2 EL Speiseöl, 2 EL Tomatenmark
1 Dose geschälte Tomaten (400 g)
frisch gemahlener Pfeffer
200 g Schmand (Sauerrahm)
80 g Semmelbrösel
40 g Butter

Zubereitungszeit: 55 Minuten
Garzeit: etwa 25 Minuten

Pro Portion:
E: 33 g, F: 30 g, Kh: 24 g, kJ: 2119, kcal: 499

Raffiniert

1. Fischfilet unter fließendem kalten Wasser abspülen, trockentupfen, nach Belieben mit Zitronensaft beträufeln, trockentupfen und mit Salz bestreuen.
2. Zwiebeln abziehen und in kleine Würfel schneiden. Champignonscheiben in einem Sieb abtropfen lassen. Petersilie abspülen und trockentupfen. Die Blättchen von den Stängeln zupfen, Blättchen klein schneiden.
3. Das Speiseöl in einer Pfanne erhitzen, Zwiebelwürfel darin andünsten. Tomatenmark kurz mit andünsten. Tomaten mit der Flüssigkeit hinzugeben, dabei die Tomaten etwas zerdrücken. Champignonscheiben und Petersilie unterrühren. Die Zutaten kurz erhitzen. Mit Salz und Pfeffer würzen.
4. Die Tomaten-Champignon-Masse in eine flache Auflaufform (gefettet) geben und das Fischfilet darauflegen. Schmand darauf verteilen und mit Semmelbröseln bestreuen. Butter in Flöckchen daraufsetzen.
5. Die Form auf dem Rost in den vorgeheizten Backofen schieben.
   Ober-/Unterhitze: etwa 200 °C
   Heißluft: etwa 180 °C
   Garzeit: etwa 25 Minuten.

Tipp:
Anstelle der Dosentomaten können sie auch frische, in Scheiben geschnittene Tomaten verwenden. Nach Belieben das Fischfilet zusätzlich mit 100 g geraspeltem Emmentaler Käse überbacken.
Dazu schmeckt Curryreis, den Sie ganz einfach mit im Backofen zubereiten können. Dazu 2 Tassen (etwa 300 g) Langkornreis mit 4 Tassen (etwa 600 ml) Salzwasser und 20 g Butter in eine Auflaufform geben, mit 1 Esslöffel Currypulver bestreuen, einen Deckel auflegen und die Form etwa 20 Minuten vor dem Fischfilet in den Backofen schieben (Garzeit etwa 45 Minuten).

Fischmakkaroni, sardisch

Maccheroni alla sarda

4 Portionen

250 g Makkaroni, 2 ½ l Wasser
2 ½ gestr. TL Salz
400 g Fischfilet (z.B. Seelachs, Kabeljau)
2–3 EL Zitronensaft
125 ml (⅛ l) Gemüsebrühe
125 ml (⅛ l) Weißwein
200 g geraspelter Gouda-Käse
1 Stange Porree (Lauch)
2 kleine Fenchelknollen
4 Tomaten, 4 EL Olivenöl
200 g Schlagsahne
Salz
frisch gemahlener Pfeffer
25 g Butter

Zubereitungszeit: 60 Minuten
Garzeit: etwa 30 Minuten

Pro Portion:
E: 42 g, F: 46 g, Kh: 50 g, kJ: 3280, kcal: 784

Mit Alkohol – gut vorzubereiten

1. Makkaroni in fingerlange Stücke brechen. Wasser in einem großen Topf mit geschlossenem Deckel zum Kochen bringen. Dann Salz und Nudeln zugeben. Die Nudeln im geöffneten Topf bei mittlerer Hitze nach Packungsanleitung kochen lassen, dabei zwischendurch 4–5-mal umrühren.
2. Anschließend die Nudeln in ein Sieb geben, mit heißem Wasser abspülen und abtropfen lassen.
3. Das Fischfilet unter fließendem kalten Wasser abspülen, trockentupfen und in eine flache Schale legen. Fischfilet mit Zitronensaft beträufeln und mit Salz bestreuen.

4. Brühe mit Wein in einem Topf zum Kochen bringen, Fischfilet hinzugeben und etwa 5 Minuten gar ziehen lassen.
5. Die Nudeln in eine große, flache Auflaufform geben. Fischfilet aus der Weinbrühe nehmen und auf die Nudeln legen. Ein Drittel der Käseraspel auf dem Fischfilet verteilen.
6. Porree putzen, die Stange längs halbieren, waschen, abtropfen lassen und in Ringe schneiden. Von den Fenchelknollen die Stiele dicht oberhalb der Knollen abschneiden. Knollen waschen, abtropfen lassen, halbieren und in kleine Stücke schneiden. Tomaten waschen, kreuzweise einschneiden und kurz in kochendes Wasser legen. Tomaten kurz in kaltes Wasser legen, enthäuten, vierteln, entkernen und die Stängelansätze herausschneiden.
7. Olivenöl in einem Topf erhitzen. Porree und Fenchel darin etwa 5 Minuten dünsten. Tomaten hinzufügen und kurz miterhitzen. Sahne unterrühren. Mit Salz und Pfeffer abschmecken. Gemüsemasse auf dem Fischfilet verteilen. Restliche Käseraspel daraufstreuen, Butter in Flöckchen daraufsetzen. Die Form auf dem Rost in den vorgeheizten Backofen schieben.
Ober-/Unterhitze: etwa 200 °C
Heißluft: etwa 180 °C
Garzeit: etwa 30 Minuten.

Fischmakkaroni, sardisch

Fischröllchen auf Porree-Risotto

Involtini di pesce con porri

4 Portionen

2 Beutel (je 125 g) 8-Minuten-Reis
400 ml Gemüsebrühe
200 ml Weißwein
2–3 Stangen Porree (Lauch)
50 g Butter
25 g Weizenmehl
250 g Schlagsahne
1 TL mittelscharfer Senf
Salz, frisch gemahlener Pfeffer
1 Prise Zucker
4 Zanderfilets (etwa 700 g)
4 Tomaten

Zubereitungszeit: 45 Minuten
Garzeit: etwa 25 Minuten

Pro Portion:
E: 40 g, F: 32 g, Kh: 30 g, kJ: 2596, kcal: 616

Für Gäste – mit Alkohol

1. Reis aus dem Beutel in eine flache Auflaufform geben. Brühe und die Hälfte des Weißweins hinzugießen. Porree putzen, die Stangen längs halbieren, gründlich waschen, abtropfen lassen, in Streifen schneiden und auf der Reismischung verteilen.
2. Butter in einem kleinen Topf zerlassen. Mehl unter Rühren so lange darin erhitzen, bis es hellgelb ist. Sahne und restlichen Weißwein hinzugießen. Mit einem Schneebesen durchschlagen, dabei darauf achten, dass keine Klümpchen entstehen. Die Sauce zum Kochen bringen. Mit Senf, Salz, Pfeffer und Zucker würzen.
3. Die Sauce bis auf 4 Esslöffel auf dem Porree verteilen. Die Form mit dem Deckel oder Alufolie belegen und auf dem Rost in den vorgeheizten Backofen schieben.
Ober-/Unterhitze: etwa 200 °C
Heißluft: etwa 180 °C
Garzeit: etwa 25 Minuten.
4. In der Zwischenzeit Zanderfilets unter fließendem kalten Wasser abspülen, trockentupfen, längs halbieren, mit Salz und Pfeffer bestreuen und von der schmalen Seite her aufrollen.
5. Tomaten waschen, kreuzweise einschneiden und einige Sekunden in kochendes Wasser legen. Tomaten kurz in kaltes Wasser legen, enthäuten, halbieren, entkernen und die Stängelansätze herausschneiden. Tomatenhälften in Würfel schneiden.
6. Die Auflaufform nach Ende der Garzeit aus dem Backofen nehmen. 8 kleine Vertiefungen in den Reis drücken und die Fischröllchen hineinsetzen. Die restliche Sauce auf die Fischröllchen geben und die Tomatenwürfel in den Zwischenräumen verteilen.
7. Die Form wieder auf dem Rost in den Backofen schieben und die Zutaten **noch weitere 10 Minuten bei gleicher Backofeneinstellung garen.**

Fischröllchen auf Porree-Risotto

Fischsuppe

Fischsuppe

Brodo di pesce

8 Portionen

1 kg Miesmuscheln, 3 EL Olivenöl
2 kg küchenfertiger Fisch
(z. B. Schellfisch, Seehecht, Steinbutt, Seezunge, Aal)
Zitronensaft, 2 l Wasser
300 g vorbereiteter Tintenfisch
4 enthäutete Tomaten, 1 Möhre
250 g Staudensellerie, 1 Zwiebel
3 EL Olivenöl
1 abgezogene, zerdrückte Knoblauchzehe
1 klein gehackte, rote Pfefferschote
gerebelter Thymian
250 ml (1/4 l) Weißwein
Salz, frisch gemahlener Pfeffer
12 geschälte Scampi
6 EL Olivenöl
8 Scheiben Weißbrot

Zubereitungszeit: 90 Minuten

Pro Portion:
E: 48 g, F: 29 g, Kh: 18 g,
kJ: 2301, kcal: 549

Für Gäste – mit Alkohol

1. Miesmuscheln in reichlich kaltem Wasser gründlich waschen und einzeln abbürsten, bis sie nicht mehr sandig sind (Muscheln, die sich beim Waschen öffnen, sind ungenießbar). Eventuell die Fäden (Bartbüschel) entfernen.
2. Olivenöl in einem großen Topf erhitzen, Muscheln hinzugeben, mit etwas Wasser zugedeckt etwa 5 Minuten erhitzen, bis sich die Muscheln öffnen (Muscheln, die sich nach dem Garen nicht öffnen, sind ungenießbar). Muscheln in einem Sieb abtropfen lassen und den Sud dabei auffangen. Das Muschelfleisch aus den Schalen lösen und beiseite stellen.
3. Fisch unter fließendem kalten Wasser abspülen, trockentupfen, entgräten, in 5 cm lange Stücke schneiden und mit Zitronensaft beträufeln. Die Köpfe, Schwänze und Flossen mit dem Wasser zum Kochen bringen und etwa 15 Minuten kochen lassen. Die Brühe durch ein Sieb gießen und beiseite stellen.
4. Tintenfisch unter fließendem kalten Wasser abspülen, trockentupfen und in Ringe schneiden.
5. Tomaten vierteln. Möhre putzen, schälen, waschen, abtropfen lassen und in Scheiben schneiden. Sellerie putzen und die harten Außenfäden abziehen. Sellerie waschen, abtropfen lassen und in kleine Stücke schneiden. Zwiebel abziehen, zuerst in Scheiben schneiden, dann in Ringe teilen.
6. Olivenöl in einem Topf erhitzen, die vorbereiteten Gemüsezutaten mit der Knoblauchzehe, der Pfefferschote und dem Thymian unter Rühren darin kurz andünsten. Wein hinzugießen, mit Salz und Pfeffer würzen, zum Kochen bringen und etwas einkochen lassen. Aufgefangene Fischbrühe und den Muschelsud hinzugießen, zum Kochen bringen und bei schwacher Hitze etwa 10 Minuten kochen lassen. Scampi abspülen und trockentupfen.
7. Zuerst die Tintenfischringe und nach 10 Minuten die Fischstücke und Scampi in die Suppe geben und etwa 5 Minuten ziehen lassen. Das Muschelfleisch hinzufügen, mit Salz und Pfeffer würzen, kurz aufkochen lassen.
8. Olivenöl in einer Pfanne erhitzen, Weißbrotscheiben darin von beiden Seiten anrösten. Je 1 geröstete Scheibe in einen Suppenteller legen und mit der Suppe übergießen.

Fleischbrühe, klassisch

Brodo classico

6–8 Portionen

3 Möhren,1 Tomate
2 Stangen Porree (Lauch)
2 Staudensellerie
oder 1/4 Knollensellerie
1 Markknochen
2 1/2 l kaltes Wasser
2 Gewürznelken
1 abgezogene Zwiebel
1 Lorbeerblatt
6 Pfefferkörner
1 abgezogene Knoblauchzehe
1 kg Suppenfleisch (Rind)
1 kg Hühnerklein
Salz, frisch geriebene Muskatnuss
3–4 EL gehackte Petersilie

Zubereitungszeit: 30 Minuten
Garzeit: etwa 2 1/2 Stunden

Pro Portion:
E: 20 g, F: 9 g, Kh: 3 g,
kJ: 732, kcal: 175

Gut vorzubereiten

1. Möhren putzen, schälen, waschen. Tomate waschen und abtropfen lassen. Porree putzen, die Stangen längs halbieren, gründlich waschen, abtropfen lassen. Staudensellerie putzen und die harten Außenfäden abziehen. Oder Knollensellerie putzen, schälen, waschen, abtropfen lassen.
2. Vorbereitetes Gemüse mit Markknochen und Wasser in einen großen Topf geben. Dann eine mit Gewürznelken gespickte Zwiebel, Lorbeerblatt, Pfefferkörner und Knoblauch hinzufügen. Die Zutaten zum Kochen bringen.
3. Fleisch unter fließendem kalten Wasser abspülen, trockentupfen und in die Brühe geben, aufkochen lassen und abschäumen. Die Suppe zugedeckt bei schwacher Hitze etwa 2 ¹/₂ Stunden leicht kochen (gar ziehen) lassen.
4. Suppenfleisch, Hühnerklein und Markknochen mit einer Schaumkelle aus der Brühe nehmen und das Fett abschöpfen. Die Brühe durch ein feines Sieb gießen. Mit Salz und Muskat abschmecken und mit Petersilie bestreut servieren.

Florentiner Beefsteak

Bistecca alla fiorentina

4 Portionen

4 Roastbeefscheiben (je etwa 300 g, etwa 2 ¹/₂ cm dick)
125 ml (¹/₈ l) Olivenöl
frisch gemahlener Pfeffer, Salz
1 Bio-Zitrone (unbehandelt, ungewachst)

Zubereitungszeit: 30 Minuten, ohne Marinierzeit

Pro Portion:
E: 67 g, F: 17 g, Kh: 2 g,
kJ: 1833, kcal: 436

Schnell

1. Roastbeefscheiben kurz unter fließendem kalten Wasser abspülen, trockentupfen und in eine flache Schale legen.
2. Olivenöl mit Pfeffer verrühren und auf den Roastbeefscheiben verteilen, etwa 15 Minuten marinieren, dabei gelegentlich wenden.
3. Zitrone heiß abwaschen, abtrocknen und in Spalten schneiden.
4. Die Roastbeefscheiben aus der Marinade nehmen und auf dem Rost unter den vorgeheizten Grill schieben. Roastbeefscheiben „englisch" (halbgar) grillen und mit Salz bestreuen. Mit Zitronenspalten garniert sofort servieren.

Florentiner Medaillons

Medaglioni alla fiorentina

4 Portionen

2 kleine Schweinefilets (je etwa 300 g)
frisch gemahlener, schwarzer Pfeffer
5 dünne Scheiben gepökeltes, gekochtes Bauchfleisch
20 Salbeiblättchen
10 dünne Scheiben durchwachsener, geräucherter Speck
20 gefüllte Oliven
3 EL Olivenöl

Außerdem:
4 Holzspieße oder Schaschlikspieße

Zubereitungszeit: 35 Minuten
Grillzeit: etwa 15 Minuten

Pro Portion:
E: 40 g, F: 20 g, Kh: 1 g,
kJ: 1445, kcal: 345

Für Gäste

1. Schweinefilets evtl. entfetten und enthäuten, unter fließendem kalten Wasser abspülen, trockentupfen und in 10 etwa 2 cm dicke Scheiben schneiden. Mit Pfeffer würzen.
2. Bauchfleisch quer halbieren. Salbeiblättchen abspülen und trockentupfen. Die Medaillons zuerst mit je 2 Salbeiblättchen, dann mit je einer halbierten Bauchfleischscheibe belegen. Die belegten Medaillons mit je einer Scheibe Speck umwickeln, abwechselnd mit Oliven auf 4 Holz- oder Schaschlikspieße stecken und mit Olivenöl bestreichen.
3. Die Spieße auf den heißen Grillrost legen und etwa 15 Minuten unter mehrmaligem Wenden grillen.

Tipp:
Die Spieße können auch mit Olivenöl in einer Pfanne etwa 10 Minuten gebraten werden.

Florentiner Medaillons

Florentiner Spinatsuppe

Minestra di spinaci alla fiorentina

4 Portionen

15 g Butter, 2 Eier (Größe M)
300 g frischer Spinat
oder 1/2 Pck. (225 g) TK-Blattspinat
25 g Butter, 2 Zwiebeln
1 Knoblauchzehe, 30 g Weizenmehl
800 ml Gemüsebrühe
Salz, frisch gemahlener Pfeffer
frisch geriebene Muskatnuss
2 EL Crème fraîche

Zubereitungszeit: 40 Minuten

Pro Portion:
E: 7 g, F: 16 g, Kh: 8 g,
kJ: 863, kcal: 206

Einfach – vegetarisch

1. Butter in einer Pfanne zerlassen. Eier vorsichtig aufschlagen, in die Butter gleiten lassen, von beiden Seiten braten und abkühlen lassen.
2. Frischen Spinat putzen, sehr gründlich waschen, abtropfen lassen und in etwas zerlassener Butter kurz andünsten.
3. Zwiebeln und Knoblauch abziehen, fein würfeln. Butter in einer Pfanne zerlassen. Zwiebel- und Knoblauchwürfel darin andünsten. Mit Mehl bestäuben. Brühe hinzugießen, unter Rühren zum Kochen bringen. Frischen Spinat oder gefrorenen Spinat unterrühren und unter Rühren zum Kochen bringen.
4. Dann die Suppe mit Salz, Pfeffer und Muskat abschmecken, einige Minuten kochen lassen.
5. Die gebratenen Eier in Streifen schneiden, in die Suppe geben und miterhitzen. Crème fraîche unterrühren.

Beilage: Ofenfrisches Baguette.

Frischkäse-Pesto-Kugeln

Polpettine di stracchino e pesto

12 Portionen

60 g Pinienkerne
100 g getrocknete, eingelegte Tomaten, 1 Bund Basilikum
400 g Doppelrahm-Frischkäse
400 g Ziegen-Frischkäse (Chavroux)
etwa 100 g rotes Pesto (aus dem Glas)
Salz, frisch gemahlener Pfeffer
2-3 Bund Rucola (Rauke)

Zubereitungszeit: 35 Minuten, ohne Abkühlzeit

Pro Portion:
E: 8 g, F: 23 g, Kh: 4 g,
kJ: 1071, kcal: 258

Raffiniert

1. Pinienkerne in einer Pfanne ohne Fett goldbraun rösten, erkalten lassen.
2. Tomaten abtropfen lassen, in kochendes Wasser geben und 1–2 Minuten kochen lassen. Tomaten in ein Sieb geben, mit kaltem Wasser abspülen, abtropfen lassen und in kleine Würfel schneiden. Basilikum abspülen und trockentupfen. Die Blättchen von den Stängeln zupfen. Blättchen in Streifen schneiden.
3. Beide Frischkäsesorten mit dem Pesto glatt rühren. Pinienkerne, Tomaten und Basilikum hinzufügen. Mit Salz und Pfeffer würzen. Aus der Käsemasse mit einem Eiskugelformer kleine Kugeln oder mit zwei Esslöffeln Nocken formen.
4. Rucola putzen, abspülen, trockentupfen oder -schleudern und auf einer Platte verteilen. Die Käsekugeln darauf anrichten.

Tipp:
Dazu schmeckt Oliven-Ciabatta oder Baguette.

Frischkäse-Pesto-Kugeln

Friséesalat mit Jakobsmuscheln und Himbeeren

Insalata di indivia con cappesante

4 Portionen

1 kleiner Friséesalat

Für die Marinade:
2 EL Himbeeressig
1–2 EL flüssiger Honig
6 EL mildes Olivenöl
Salz
frisch gemahlener Pfeffer
125 g frische Himbeeren

8 küchenfertige, große Jakobsmuschelkerne mit Rogen
2 EL Olivenöl
2 EL Butter
1 Bio-Zitrone (unbehandelt, ungewachst)

Zubereitungszeit: 40 Minuten

Pro Portion:
E: 4 g, F: 16 g, Kh: 10 g,
kJ: 860, kcal: 205

Raffiniert

Friséesalat mit Jakobsmuscheln und Himbeeren

1. Friséesalat putzen, waschen und trockentupfen oder -schleudern.
2. Für die Marinade Himbeeressig und Honig verrühren, Olivenöl unterschlagen. Mit Salz und Pfeffer würzen.
3. Himbeeren verlesen. Die Hälfte der Himbeeren mit einem Schneebesen unter die Marinade rühren. Eventuell mit Honig nachsüßen.
4. Rogen vorsichtig von den Muschelkernen separieren (absondern). Das Olivenöl in einer Pfanne erhitzen. Jakobsmuschelkerne darin unter mehrmaligem Wenden etwa 3 Minuten scharf anbraten. Butter und Rogen hinzugeben, weitere 2 Minuten mitbraten lassen. Mit Salz und Pfeffer würzen.
5. Zitrone heiß abwaschen und die Schale abreiben.
6. Friséesalat mit der Marinade vermischen und auf 4 Tellern verteilen. Muschelkerne und Rogen um den Salat anrichten. Mit restlichen Himbeeren und Zitronenschale garnieren.

Sommermenü
8 Personen

Friséesalat mit Jakobsmuscheln und Himbeeren 2 x (Seite 65)
Seehecht aus dem Ofen 2 x (Seite 242)
Kalbsrouladen mit Steinpilzen (stattdessen Champignons) 4 x (Seite 116)
Espresso-Granita 2 x (Seite 55)

Frittata mit Gemüse

Omelette alle verdure

4 Portionen

2 rote Paprikaschoten (je etwa 150 g)
3 Frühlingszwiebeln
1 Bund Basilikum
4 EL Olivenöl
6 Eier (Größe M), 4 EL Schlagsahne
Salz, frisch gemahlener Pfeffer

Zubereitungszeit: 35 Minuten

Pro Portion:
E: 12 g, F: 23 g, Kh: 7 g,
kJ: 1160, kcal: 277

Vegetarisch

1. Paprika halbieren, entstielen, entkernen und die weißen Scheidewände entfernen. Schoten waschen, abtrocknen und grob raspeln oder in ganz feine Streifen schneiden.
2. Frühlingszwiebeln putzen, waschen, abtropfen lassen und in Ringe schneiden. Basilikum abspülen und trockentupfen. Die Blättchen von den Stängeln zupfen.
3. Zwei Esslöffel des Olivenöls in einer Pfanne erhitzen. Paprikaraspel oder -streifen und Frühlingszwiebelringe darin etwa 6 Minuten dünsten.
4. Die Gemüsemasse aus der Pfanne nehmen und etwas abkühlen lassen. Basilikumblättchen unterrühren.
5. Eier mit Sahne verschlagen, mit Salz und Pfeffer würzen. Die Gemüsemasse unterrühren.
6. Restliches Olivenöl in der Pfanne erhitzen. Die Eier-Gemüse-Masse hineingeben und zugedeckt 8-10 Minuten bei schwacher Hitze stocken lassen.
7. Frittata aus der Pfanne auf einen großen Teller gleiten lassen. Frittata in Tortenstücke schneiden. Lauwarm oder kalt servieren.

Tipp:
Die Frittata als kleines Gericht mit Baguette am Abend oder zum Brunch servieren. Zum Sattessen die angegebenen Zutaten jeweils einfach um $^1/_3$ erhöhen und Bratkartoffeln oder Kartoffelbrei dazureichen.

Frittata mit Gemüse

Abwandlung:
Sie können die Frittata auch mit einer Tomatensauce servieren. Dazu 3-4 Knoblauchzehen abziehen, zerdrücken und mit 1 kleinen Dose geschälte Tomaten (400 g) und etwas Salz in einem Topf etwa 15 Minuten bei schwacher Hitze kochen lassen. Die Sauce heiß zu der Frittata servieren und mit einigen Basilikumblättchen garnieren.

Picknick-Buffet

12 Personen

Mozzarellaspieße, bunt
1 x (Seite 162)
Baguette mit Tomate und
Mozzarella 1 x (Seite 14)
Frittata mit Gemüse 1 x (Seite 66)
Kartoffelsalat mit Pesto
2 x (Seite 123)
Auberginenmus 1 x (Seite 12)
Tramezzini mit Eiercreme
1 x (Seite 290)
Torta della Nonna 1 x (Seite 288)
Heidelbeertorte 1 x (Seite 104)

Frittierte Perlzwiebeln

Cipolline fritte

4 Portionen

400 g Perlzwiebeln
2 l kochendes Wasser
1 $^1/_2$ l Speiseöl zum Ausbacken
2 Eier (Größe M), Salz
250 ml ($^1/_4$ l) trockener Weißwein
5 EL Weizenmehl
2 EL frisch geriebener Parmesan-Käse
4 Stängel Salbei

Zubereitungszeit: 60 Minuten

Pro Portion:
E: 7 g, F: 15 g, Kh: 24 g,
kJ: 1219, kcal: 291

Mit Alkohol

1. Zwiebeln mit Schale in kochendem Wasser etwa 3 Minuten blanchieren. Die Zwiebeln mit kaltem Wasser abschrecken, in einem Sieb abtropfen lassen, die Schale abziehen. Zwiebeln auf Küchenkrepp legen und trockentupfen.
2. Das Speiseöl in einem hohen Topf oder in einer Fritteuse auf etwa 180 °C erhitzen.
3. In der Zwischenzeit Eier trennen. Eiweiß mit einer guten Prise Salz steif schlagen. Eigelb mit Wein, Mehl und Parmesan-Käse glatt rühren. Eiweiß mit einem Schneebesen unterheben.
4. Salbei abspülen und trockentupfen. Die Blättchen von den Stängeln zupfen. Blättchen klein schneiden und unter den Teig heben.
5. Die Zwiebeln mit einer Gabel durch den Teig ziehen und in erhitztem Speiseöl rundherum knusprig ausbacken. Zwiebeln mit einer Schaumkelle herausnehmen, auf Küchenkrepp abtropfen lassen und mit Salz bestreuen. Zwiebeln heiß servieren.

Frittierte Reisküchlein

Frittelle di riso

4 Portionen

750 ml ($^3/_4$ l) Milch
150 g Avorioreis oder Milchreis
Salz, 50 g Zucker
1 Bio-Orange (unbehandelt, ungewachst)
3 Eier (Größe M), 2–3 EL Weizenmehl
250 ml ($^1/_4$ l) Speiseöl zum Frittieren
Weizenmehl zum Wenden
100 g Puderzucker
1 Pck. Dr. Oetker Bourbon-Vanille-Zucker

Zubereitungszeit: 50 Minuten, ohne Ruhezeit

Pro Portion:
E: 15 g, F: 31 g, Kh: 85 g, kJ: 2905, kcal: 694

Für Kinder

1. Milch mit Reis, Salz und Zucker in einem Topf zum Kochen bringen. Bei schwacher Hitze so lange kochen lassen, bis die Milch vollständig verkocht ist. Eventuell noch etwas Wasser oder Milch hinzufügen. Den Reis kalt gestellt über Nacht ruhen lassen.
2. Orange heiß abwaschen, abtrocknen und die Schale abreiben. Eier mit Mehl und Orangenschale verschlagen, zum Reis geben und gut unterarbeiten.
3. Olivenöl in einem Topf auf etwa 180 °C erhitzen. Aus der Reismasse mit einem angefeuchteten Esslöffel kleine Küchlein abstechen, in Mehl wenden und portionsweise in dem erhitzten Olivenöl von beiden Seiten goldgelb frittieren. Küchlein mit einer Schaumkelle herausnehmen, auf Küchenpapier abtropfen lassen.
4. Den Puderzucker mit Vanille-Zucker mischen und die Küchlein dick damit bestäuben.

Frittierte Perlzwiebeln

Frittierter Ricotta

Dolce di ricotta fritta

4 Portionen

2 Eier (Größe M)
250 g Ricotta (italienischer Frischkäse)
2–3 EL Weizenmehl

Zum Frittieren und Bestäuben:
500 ml (1/2 l) Olivenöl
Puderzucker

Zubereitungszeit: 25 Minuten

Pro Portion:
E: 10 g, F: 19 g, Kh: 7 g,
kJ: 1010, kcal: 241

Raffiniert – schnell

1. Eier trennen. Eiweiß steif schlagen. Eigelb mit Ricotta und Mehl gut verrühren. Eischnee vorsichtig unterheben. Aus der Masse mit angefeuchteten Händen kleine Bällchen formen
2. Zum Frittieren Olivenöl in einem Topf oder in einer Fritteuse auf etwa 180 °C erhitzen. Ricottabällchen vorsichtig in das erhitzte Olivenöl gleiten lassen und goldgelb backen. Anschließend mit einer Schaumkelle herausnehmen, auf Küchenpapier abtropfen lassen und auf einer Platte anrichten. Mit Puderzucker bestäuben und sofort servieren.

Tipp:
Angedickte Sauerkirschen dazureichen. Oder mit Kakao, selbst gemachter Brombeerkonfitüre oder Honig servieren.

Frittiertes Gemüse mit Meeresfrüchten

Fritto misto di verdure con frutti di mare

4 Portionen

6–8 dünne Möhren
6–8 dünne Petersilienwurzeln
2 Fenchelknollen (etwa 500 g)
8 Stängel Petersilie
4 große, rohe Scampi
200 g küchenfertige Calamares (Tintenfisch), Zitronensaft

Für den Teig:
250 g Weizenmehl
250 ml (¹/₄ l) helles Bier
1 Ei (Größe M)
Salz, frisch gemahlener Pfeffer

Zum Frittieren:
1 kg Speiseöl oder Pflanzenfett

Zitronenachtel

Zubereitungszeit: 50 Minuten

Pro Portion:
E: 23 g, F: 42 g, Kh: 54 g,
kJ: 2994, kcal: 716

Für Gäste – mit Alkohol

1. Von den Möhren und Petersilienwurzeln das Grün bis auf etwa 1 cm und die Wurzelenden abschneiden. Möhren und Petersilienwurzeln schälen, waschen und trockentupfen.
2. Fenchelknollen putzen, waschen, vierteln und abtrocknen. Petersilienstängel vorsichtig abspülen und trockentupfen.
3. Scampi aus der Schale lösen. Anschließend unter fließendem kalten Wasser abspülen, trockentupfen und den Darm entfernen. Calamares unter fließendem kalten Wasser abspülen, trockentupfen, in Ringe schneiden und mit Zitronensaft beträufeln.
4. Für den Teig Mehl in eine Rührschüssel sieben, in die Mitte eine Vertiefung eindrücken und etwas Bier hineingießen. Von der Mitte aus das Bier mit einem Teil des Mehls verrühren. Restliches Bier und Ei hinzufügen und zu einem glatten Teig verrühren. Darauf achten, dass keine Klümpchen entstehen. Anschließend mit Salz und Pfeffer würzen.
5. Speiseöl oder Pflanzenfett in einer Fritteuse auf etwa 180 °C erhitzen. Vorbereitetes Gemüse, Petersilienstängel und Meeresfrüchte in den Teig tauchen, am Schüsselrand etwas abstreifen und im erhitzten Frittierfett portionsweise goldgelb backen (Gemüse etwa 5 Minuten, Meeresfrüchte 3–5 Minuten). Auf Küchenpapier abtropfen lassen und mit Salz bestreuen.
6. Das Gemüse anschließend mit den Zitronenachteln garnieren und sofort servieren.

Frittiertes Gemüse mit Meeresfrüchten

Frittiertes Gemüse mit Tomatendip

Verdure fritte (da pucciare al pomodoro)

4 Portionen

Für den Teig:

300 g Weizenmehl
3 Eigelb (Größe M)
300 ml helles Bier
70 g Schlagsahne
50 g frisch geriebener Parmesan-Käse
Salz, frisch gemahlener Pfeffer
frisch geriebene Muskatnuss
3 Eiweiß (Größe M)

Für das Gemüse:

je 1 rote, grüne und gelbe Paprikaschote
1–2 kleine Zucchini
8 Champignons

Für den Tomatendip:

8 Flaschentomaten
3 Schalotten
3 Knoblauchzehen
2 EL Sonnenblumenkernöl
2 EL Tomatenmark
Zucker
gerebelter Oregano

Zum Frittieren:

1 l Speiseöl

etwas vorbereiteter Rucola
Zitronenachtel

Zubereitungszeit: 70 Minuten, ohne Ruhezeit

Pro Portion:

E: 19 g, F: 42 g, Kh: 54 g, kJ: 2852, kcal: 681

Mit Alkohol

Frittiertes Gemüse mit Tomatendip

1. Für den Teig Mehl in eine Rührschüssel sieben. Eigelb, Bier, Sahne und Parmesan-Käse hinzufügen. Die Zutaten gut verrühren. Mit Salz, Pfeffer und Muskat würzen.
2. Eiweiß cremig schlagen und unter den Teig heben. Den Teig etwa 30 Minuten ruhen lassen.
3. Für das Gemüse Paprika halbieren, entstielen, entkernen und die weißen Scheidewände entfernen. Die Schoten waschen, trockentupfen und in etwa 1 cm breite Streifen schneiden. Zucchini waschen, abtrocknen und die Enden abschneiden. Zucchini in etwa $^1/_2$ cm dicke Scheiben schneiden. Champignons putzen, mit Küchenpapier abreiben, die Stiele etwas kürzer schneiden. Champignons evtl. abspülen und trockentupfen. Große Champignons halbieren.
4. Für den Dip Tomaten waschen, kreuzweise einschneiden und einige Sekunden in kochendes Wasser legen. Die Tomaten kurz in kaltes Wasser legen, enthäuten, halbieren, entkernen und die Stängelansätze herausschneiden. Tomatenhälften in Würfel schneiden. Schalotten und Knoblauch abziehen und in sehr kleine Würfel schneiden.
5. Öl in einem Topf erhitzen, Schalotten- und Knoblauchwürfel darin andünsten. Tomatenmark unterrühren und kurz mit andünsten. Tomatenwürfel hinzufügen und etwa 5 Minuten dünsten lassen. Mit Salz, Pfeffer, Zucker und Oregano abschmecken.
6. Zum Frittieren Öl in einem Topf oder in einer Fritteuse auf etwa 180 °C erhitzen. Das vorbereitete Gemüse durch den Teig ziehen, am Schüsselrand abstreifen und in dem erhitzten Öl goldbraun backen.
7. Das Gemüse mit einer Schaumkelle herausnehmen, auf Küchenpapier abtropfen lassen und auf einem Teller anrichten. Nach Belieben mit Rucola und Zitronenachteln garnieren. Den Dip dazureichen.

Frühlingspizza

Pizza alla primavera

4 Portionen

Für den Hefeteig:

125 g Weizenmehl (Type 550)
125 g Dinkel-Vollkornmehl
$^1/_2$ Pck. (21 g) frische Hefe
1 TL Zucker
125 ml ($^1/_8$ l) lauwarmes Wasser
1 gestr. TL Salz, 5 EL Speiseöl

Für den Belag:

500 g weißer Spargel
250 g grüner Spargel
$^1/_2$ Pck. (250 g) stückige Tomaten
Salz, frisch gemahlener Pfeffer
125 g Mozzarella-Käse
1 kleines Bund Rucola (Rauke, 30 g)
1 Becher Garnelen in Knoblauchöl (Abtropfgewicht 100 g)

Zubereitungszeit: 45 Minuten, ohne Teiggehzeit
Backzeit: etwa 35 Minuten

Pro Portion:

E: 22 g, F: 22 g, Kh: 50 g, kJ: 2057, kcal: 492

Für Gäste

1. Für den Teig Mehl in eine Rührschüssel sieben. In die Mitte eine Vertiefung drücken. Hefe hineinbröckeln, Zucker und etwas Wasser hinzufügen. Mit einer Gabel vorsichtig verrühren und etwa 10 Minuten gehen lassen.
2. Salz, Speiseöl und restliches Wasser hinzufügen. Die Zutaten mit Handrührgerät mit Knethaken zunächst kurz auf niedrigster, dann auf höchster Stufe in etwa 5 Minuten zu einem glatten Teig verarbeiten. Den Teig zugedeckt so lange an einem warmen Ort gehen lassen, bis er sich sichtbar vergrößert hat.
3. Für den Belag den weißen Spargel von oben nach unten schälen, dabei darauf achten, dass die Schalen vollständig entfernt, die Köpfe aber nicht verletzt werden. Die unteren Enden abschneiden (holzige Stellen vollkommen entfernen). Vom grünen Spargel das untere Drittel schälen und die unteren Enden abschneiden.
4. Weißen und grünen Spargel quer halbieren und in kochendem Salzwasser 3-5 Minuten blanchieren. Spargelstücke in ein Sieb geben, mit kaltem Wasser übergießen und abtropfen lassen.
5. Stückige Tomaten in einem Topf zum Kochen bringen und ohne Deckel etwa 5 Minuten etwas einkochen lassen. Mit Salz und Pfeffer würzen. Mozzarella in einem Sieb abtropfen lassen und in etwa 1 x 1 cm große Würfel schneiden.
6. Den gegangenen Teig leicht mit Mehl bestäuben, aus der Schüssel nehmen, auf einer bemehlten Arbeitsfläche nochmals kurz durchkneten und zu einer runden Platte (etwa 38 cm) ausrollen. Teigränder etwa 2 cm breit nach innen klappen und danach gut andrücken.
7. Die Teigplatte auf ein Backblech (gefettet, mit Backpapier belegt) legen. Teigränder mit Mehl bestäuben. Nochmals zugedeckt so lange an einem warmen Ort gehen lassen, bis sie sich sichtbar vergrößert hat.
8. Teigplatte nacheinander mit Tomaten, Spargelstücken und Mozzarellawürfeln belegen. Das Backblech in den vorgeheizten Backofen schieben.
   Ober-/Unterhitze: etwa 200 °C
   Heißluft: etwa 180 °C
   Backzeit: etwa 35 Minuten.
9. Rucola putzen, waschen, gut abtropfen lassen und in Stücke zupfen. Garnelen in einem Sieb abtropfen lassen.
10. Die Pizza aus dem Backofen nehmen. Mit Garnelen und Rucola belegen, sofort servieren.

Frühlingspizza

Gebackene Kartoffeln mit Petersilienpesto

Patate gratinate con pesto di prezzemolo

4 Portionen

8 mittelgroße, mehlig kochende Kartoffeln (je etwa 180 g)

Für das Pesto:
5 Bund Petersilie
4 Knoblauchzehen
150 ml Olivenöl
125 g frisch geriebener, alter Gouda-Käse
Salz, frisch gemahlener Pfeffer

Zubereitungszeit: 25 Minuten
Garzeit: 50–60 Minuten

Pro Portion:
E: 14 g, F: 50 g, Kh: 55 g, kJ: 3045, kcal: 727

Einfach – für Gäste

1. Kartoffeln unter fließendem kalten Wasser gründlich bürsten, abtrocknen und auf einem Backblech (mit Backpapier belegt) verteilen. Das Backblech in den vorgeheizten Backofen schieben.
   Ober-/Unterhitze: etwa 200 °C
   Heißluft: etwa 180 °C
   Garzeit: 50–60 Minuten.
2. In der Zwischenzeit für das Pesto Petersilie abspülen (grobe Stiele entfernen) und trockentupfen. Knoblauch abziehen. Petersilie und Knoblauch in einen hohen Rührbecher geben und mit Handrührgerät mit Schneidstab pürieren. Nach und nach Olivenöl und die Hälfte des Käses unterrühren. Pesto mit Salz und Pfeffer abschmecken.
3. Kartoffeln vom Backblech nehmen, kreuzweise einschneiden und etwas zusammendrücken, damit sie aufplatzen. Jeweils 1–2 Teelöffel Pesto daraufgeben und mit etwas von dem restlichen Käse bestreuen.
4. Restliches Pesto und restlichen Käse dazureichen.

Gebackene Kartoffeln mit Petersilienpesto

Gebackene Sardinen

Sardine al forno

4 Portionen

1 $^1/_4$ kg küchenfertige Sardinen
Olivenöl für die Form
1 Bio-Zitrone (unbehandelt, ungewachst)
1 Tomate, Saft von 1 Zitrone
5 EL Olivenöl, 4 Knoblauchzehen
1 EL gehackte Petersilie
Salz, frisch gemahlener Pfeffer
vorbereitete Majoranblättchen

Zubereitungszeit: 35 Minuten
Backzeit: etwa 20 Minuten

Pro Portion:
E: 49 g, F: 25 g, Kh: 3 g, kJ: 1845, kcal: 441

Raffiniert

1. Sardinen von innen und außen unter fließendem kalten Wasser abspülen und trockentupfen. Sardinen nebeneinander in eine flache Gratin- oder Auflaufform (gefettet) legen.
2. Zitrone heiß abwaschen, abtrocknen und in Scheiben schneiden. Tomate waschen, trockentupfen, halbieren und den Stängelansatz entfernen. Tomate in Scheiben schneiden. Zitronen- und Tomatenscheiben in die Zwischenräume der Sardinen legen.
3. Zitronensaft mit Olivenöl verrühren und auf den Sardinen verteilen. Knoblauch abziehen und fein hacken.
4. Die Sardinen mit Knoblauch, Petersilie, Salz, Pfeffer und Majoranblättchen bestreuen. Die Form auf dem Rost in den vorgeheizten Backofen schieben.
   Ober-/Unterhitze: etwa 200 °C
   Heißluft: etwa 180 °C
   Backzeit: etwa 20 Minuten.

Gebackene Sardinen

Gebratene Mandeln und Oliven

Mandorle e olive trifolate

4-6 Portionen (als Snack)

1 Knoblauchzehe
1 Stängel Rosmarin
1 Peperoncini
2 EL Olivenöl
200 g nicht abgezogene, ganze Mandeln
200 g gemischte Oliven, ohne Stein
Salz
1 Bio-Zitrone (unbehandelt, ungewachst)

Zubereitungszeit: 15 Minuten

Pro Portion:
E: 8 g, F: 36 g, Kh: 4 g,
kJ: 1539, kcal: 368

Für Gäste

1. Knoblauch abziehen und zerdrücken. Rosmarin abspülen und trockentupfen. Peperoncini zerbröseln.
2. Olivenöl in einer Pfanne erhitzen. Knoblauch, Rosmarin und Peperoncini darin andünsten.
3. Die Mandeln und abgetropfte Oliven hinzugeben, unter Rütteln der Pfanne etwa 5 Minuten braten. Mit Salz bestreuen.
4. Zitrone heiß abwaschen, abtrocknen. Die Schale abreiben und unter die Mandel-Oliven-Mischung heben.
Kalt oder warm servieren.

Gedünsteter Wirsing

Verze affogate

4 Portionen

1 Wirsingkohl (etwa 1 kg)
6 Scheiben durchwachsener Speck
2 EL Butter, 2 EL Olivenöl
Salz, etwas Fleischbrühe
100 ml trockener Weißwein
frisch gemahlener Pfeffer

Zubereitungszeit: 25 Minuten
Garzeit: etwa 20 Minuten

Pro Portion:
E: 7 g, F: 20 g, Kh: 3 g,
kJ: 998, kcal: 239

Klassisch – mit Alkohol

1. Von dem Wirsing die groben, äußeren Blätter lösen. Den Wirsing zuerst halbieren, dann vierteln und den Strunk herausschneiden. Den Wirsing in etwa 1 cm breite Streifen schneiden.
2. Speck in Streifen schneiden. Butter und Olivenöl in einem Topf erhitzen. Speckstreifen darin anbraten. Wirsingstreifen hinzufügen. Mit Salz würzen. Den Wirsing zugedeckt bei schwacher Hitze etwa 20 Minuten garen. Eventuell etwas Brühe hinzufügen.
3. Wein hinzugießen. Mit Salz und Pfeffer abschmecken, nochmals gut aufkochen lassen. Wirsing mit Salz und Pfeffer abschmecken.

Tipp:
Der Wirsing kann statt mit Wein auch mit 100 g Schlagsahne verfeinert werden.

Gebratene Mandeln und Oliven

Geflügelpizza

Geflügelpizza

Pizza con pollo

4 Portionen

Für den Hefeteig:

300 g Weizenmehl
1 Pck. Dr. Oetker Trockenbackhefe
2 EL Speiseöl
1 gestr. TL Salz
gut 125 ml (1/8 l) lauwarmes Wasser

Für den Belag:

4 Stangen Staudensellerie (etwa 200 g)
1 Stange Porree (Lauch, etwa 200 g)
1 rote Paprikaschote (etwa 200 g)
1 Zwiebel
1 Knoblauchzehe
3 EL Speiseöl
Salz, frisch gemahlener Pfeffer
Kräuter der Provence
400 g Hähnchenbrustfilet
3 EL Speiseöl
2 EL Sojasauce
3 EL Tomatenmark
4 Tomaten
100–150 g geraspelter, mittelalter Gouda-Käse
2 EL Olivenöl

Zubereitungszeit: 45 Minuten, ohne Teiggehzeit
Backzeit: etwa 25 Minuten

Pro Portion:

E: 42 g, F: 41 g, Kh: 65 g, kJ: 3334, kcal: 797

Für Gäste

1. Für den Teig Mehl in eine Rührschüssel sieben und mit der Trockenbackhefe sorgfältig vermischen. Speiseöl, Salz und Wasser hinzufügen. Die Zutaten mit Handrührgerät mit Knethaken zunächst kurz auf niedrigster, dann auf höchster Stufe in etwa 5 Minuten zu einem glatten Teig verarbeiten. Sollte er kleben, noch etwas Mehl hinzufügen (aber nicht zu viel, Teig muss weich bleiben). Den Teig zugedeckt so lange an einem warmen Ort gehen lassen, bis er sich sichtbar vergrößert hat.
2. Den Teig leicht mit Mehl bestäuben, aus der Schüssel nehmen, auf einer bemehlten Arbeitsfläche nochmals kurz durchkneten und zu einem Quadrat etwa 30 x 30 cm ausrollen. Teigstück auf ein Backblech (gefettet) legen.
3. Für den Belag Sellerie und Porree putzen. Von den Selleriestangen die harten Außenfäden abziehen. Stangen waschen, abtropfen lassen und in Scheiben schneiden. Porreestange längs halbieren, waschen, abtropfen lassen und ebenfalls in Scheiben schneiden.
4. Paprika halbieren, entstielen, entkernen und die weißen Scheidewände entfernen. Schote waschen, trockentupfen und in dünne Streifen schneiden. Zwiebel und Knoblauch abziehen und klein würfeln.
5. Das Speiseöl in einem Topf erhitzen. Zwiebel- und Knoblauchwürfel darin andünsten. Vorbereitete Gemüsezutaten hinzufügen und etwa 5 Minuten dünsten. Mit Salz, Pfeffer und Kräutern der Provence würzen, abkühlen lassen.
6. Hähnchenbrustfilet unter fließendem kalten Wasser abspülen, trockentupfen und in dünne Streifen schneiden. Mit Salz und Pfeffer bestreuen.
7. Speiseöl in einer Pfanne erhitzen. Fleischstreifen darin unter mehrmaligem Wenden etwa 3 Minuten anbraten. Sojasauce gut unterrühren, abkühlen lassen.
8. Teigstück mit Tomatenmark bestreichen. Die Gemüsemasse daraufgeben. Tomaten waschen, halbieren und die Stängelansätze entfernen. Tomaten in Scheiben schneiden und darauflegen. Die Fleischstreifen darauf verteilen. Mit Käse und Kräutern der Provence bestreuen und mit Olivenöl beträufeln. Die Pizza nochmals an einem warmen Ort kurz gehen lassen. Anschließend das Backblech in den vorgeheizten Backofen schieben.
Ober-/Unterhitze: 200-220 °C
Heißluft: 180-200 °C
Backzeit: etwa 25 Minuten.

Geflügelsauce, venezianische Art

Salsa di fegatini alla veneziana

4 Portionen

120 g Hühnerleber
1 Stück Schale von 1 Bio-Zitrone (unbehandelt, ungewachst)
4 Stängel Petersilie
3 Sardellenfilets, 1 kleine Zwiebel
2 Knoblauchzehen, 6 EL Olivenöl
Salz, 2 EL trockener Weißwein
Saft von 1 Zitrone
frisch gemahlener Pfeffer

Zubereitungszeit: 20 Minuten

Pro Portion:
E: 7 g, F: 17 g, Kh: 3 g,
kJ: 817, kcal: 195

Preiswert – mit Alkohol

1. Hühnerleber unter fließendem kalten Wasser abspülen und trockentupfen. Zitronenschale gründlich waschen und abtrocknen. Petersilie abspülen und trockentupfen. Die Blättchen von den Stängeln zupfen.
2. Sardellenfilets, Hühnerleber, Zitronenschale und Petersilie sehr klein schneiden. Zwiebel und Knoblauch abziehen, in ganz feine Würfel schneiden.
3. Olivenöl in einer Pfanne erhitzen, Knoblauchwürfel darin hellbraun anbraten und herausnehmen. Die vorbereiteten Saucenzutaten mit Salz in das Knoblauchöl geben und andünsten.
4. Wein und Zitronensaft unterrühren. Die Sauce mit Pfeffer abschmecken.

Tipp:
Nach Geschmack noch etwas fein gehackte, eingelegte, grüne Pfefferschote in die Sauce geben. Zu gegrilltem Fisch reichen.

Gefüllte Kalbsschulter

Spalla di vitello ripiena

4 Portionen

1,2 kg Kalbsschulter mit eingeschnittener Tasche (ohne Knochen, Tasche eventuell vom Metzger einschneiden lassen)
1 Pck. (300 g) TK-Brokkoli
125 ml (1/8 l) kochendes Salzwasser
75 g Schinkenspeck
2 EL Semmelbrösel
Salz
frisch gemahlener Pfeffer
frisch geriebene Muskatnuss
gerebelter Thymian
2 Rosmarinzweige

Zubereitungszeit: 25 Minuten
Garzeit: etwa 1 1/2 Stunden

Pro Portion:
E: 65 g, F: 32 g, Kh: 28 g,
kJ: 2624, kcal: 628

Gut vorzubereiten

1. Kalbsschulter von innen und außen unter fließendem kalten Wasser abspülen und trockentupfen.
2. Brokkoli in kochendem Salzwasser 8 Minuten garen und in einem Sieb abtropfen lassen. Mit einem Mixstab pürieren oder durch ein Sieb streichen.
3. Schinkenspeck in kleine Würfel schneiden, mit Semmelbröseln zum Brokkolipüree geben und unterrühren. Mit Salz, Pfeffer und Muskat würzen.
4. Die Kalbsschulter von innen und außen mit Salz, Pfeffer und Thymian einreiben. Die Brokkolimasse in die Fleischtasche füllen und zunähen. Das Fleisch auf ein großes Stück Bratfolie legen und die Folie verschließen. Das Fleischpäckchen auf dem Rost in den vorgeheizten Backofen schieben.
   Ober-/Unterhitze: etwa 200 °C
   Heißluft: etwa 180 °C
   Garzeit: etwa 1 1/2 Stunden.
5. Das gare Fleisch aus dem Backofen nehmen und kurze Zeit ruhen lassen. Dann die Bratfolie öffnen, das Fleisch herausnehmen und erkalten lassen.
6. Rosmarin abspülen und trockentupfen. Das Fleisch in Scheiben schneiden, auf einer Platte anrichten und mit Rosmarinzweigen garnieren.

Beilage: Bauernbrot, gemischter Salat.

Gefüllte Kalbsschulter

Gefüllte Muschelnudeln

Conchiglie ripiene

8–10 Portionen

4 l Wasser, 4 gestr. TL Salz
30 große Muschelnudeln

400 g Hähnchenbrustfilet
4 Tomaten
250 g kleine Champignons
2 EL Butterschmalz, Salz
frisch gemahlener, weißer Pfeffer

Für die Sauce:

60 g Butter
60 g Weizenmehl
250 ml (1/4 l) Milch
500 ml (1/2 l) Hühnerbrühe
250 ml (1/4 l) Nudelwasser
1 Bund Petersilie, 1 Bund Dill
200 g frisch geriebener, mittelalter Gouda-Käse

Zum Garnieren:

einige vorbereitete Dillspitzen

Zubereitungszeit: 55 Minuten
Garzeit: etwa 10 Minuten

Pro Portion:

E: 19 g, F: 20 g, Kh: 10 g,
kJ: 1237, kcal: 296

Raffiniert

Gefüllte Muschelnudeln

1. Wasser in einem großen Topf mit geschlossenem Deckel zum Kochen bringen. Dann Salz und Nudeln zugeben. Die Nudeln im geöffneten Topf bei mittlerer Hitze nach Packungsanleitung kochen lassen, dabei zwischendurch 4–5-mal umrühren.
2. Anschließend die Nudeln in ein Sieb geben, mit heißem Wasser abspülen und abtropfen lassen.
3. Hähnchenbrustfilet unter fließendem kalten Wasser abspülen, trockentupfen und in Würfel schneiden.
4. Tomaten waschen, abtrocknen und die Stängelansätze herausschneiden. Tomaten in kleine Würfel schneiden. Champignons putzen, mit Küchenpapier abreiben, evtl. auch abspülen, trockentupfen und achteln.
5. Butterschmalz in einer Pfanne zerlassen. Hähnchenfleischwürfel von allen Seiten darin anbraten und herausnehmen. Champignonachtel in dem verbliebenen Bratfett dünsten, Tomatenwürfel hinzugeben und mit andünsten. Hähnchenfleischwürfel wieder hinzufügen. Mit Salz und Pfeffer würzen.
6. Für die Sauce Butter in einem Topf zerlassen. Mehl unter Rühren so lange darin erhitzten, bis es hellgelb ist. Nach und nach Milch, Brühe und Nudelwasser hinzugießen. Mit einem Schneebesen durchschlagen. Darauf achten, dass keine Klümpchen entstehen.
7. Petersilie und Dill abspülen, trockentupfen. Die Blättchen bzw. Spitzen von den Stängeln zupfen. Blättchen und Spitzen klein schneiden. Petersilie, Dill und zwei Drittel des Käses in die Sauce rühren. Mit Salz und Pfeffer würzen.
8. Die Fleisch-Gemüse-Masse mit der Hälfte der Sauce mischen. Die Muschelnudeln damit füllen. Restliche Sauce in 2 große Auflaufformen geben. Die Muschelnudeln nebeneinander hineinlegen und mit dem restlichen Käse bestreuen. Die Formen nacheinander (bei Heißluft zusammen) auf dem Rost in den vorgeheizten Backofen schieben.
   Ober-/Unterhitze: etwa 200 °C
   Heißluft: etwa 180 °C
   Garzeit: etwa 10 Minuten.
9. Die Muschelnudeln mit Dillspitzen garniert servieren.

Pasta-Buffet

12–15 Personen

Cannelloni mit Gemüsefüllung 1 x (Seite 34)
Farfalle in feuriger Sauce 1 x (Seite 56)
Gefüllte Muschelnudeln 1/2 x (Seite 76)
Gnocci in Basilikumsahne 1 x (Seite 89)

Zusätzlich:
1 Landbrot, 1 Olivenciabatta
Evtl. große Schüssel Blattsalate

Gefüllte Nudeltaschen mit Ricotta

Tortelli alla ricotta e basilico

4 Portionen

Für den Nudelteig:

350 g Weizenmehl
3 Eier (Größe M)
etwa 4 EL Wasser
1 gestr. TL Salz

Für die Füllung:

1 Zwiebel
1 Bund fein gehacktes Basilikum
2 EL Olivenöl
frisch gemahlener Pfeffer
300 g Ricotta (italienischer Frischkäse)
4 l Wasser
4 gestr. TL Salz
3 EL Olivenöl
1–2 Knoblauchzehen
vorbereitete Basilikumblättchen
grüne Pfefferkörner
Streifen von roten und grünen Paprikaschoten

Zubereitungszeit: 60 Minuten, ohne Ruhezeit

Pro Portion:

E: 22 g, F: 29 g, Kh: 67 g, kJ: 2601, kcal: 621

Dauert länger

1. Für den Teig Mehl in eine Rührschüssel sieben, Eier, Wasser und Salz hinzufügen. Die Zutaten mit Handrührgerät mit Knethaken zu einem glatten Teig verkneten. Sollte der Teig kleben, noch etwas Mehl unterarbeiten. Den Teig mit etwas Mehl bestäuben, in Frischhaltefolie wickeln und etwa 1 Stunde ruhen lassen.
2. Für die Füllung die Zwiebel abziehen und in sehr kleine Würfel schneiden. Basilikum abspülen und trockentupfen. Die Blättchen von den Stängeln zupfen. Blättchen klein schneiden. Zwiebelwürfel mit Basilikum mischen.
3. Olivenöl in einem Topf erhitzen, die Zwiebel-Basilikum-Mischung darin andünsten, mit Pfeffer würzen. Ricotta unterrühren.
4. Den Nudelteig auf einer bemehlten Arbeitsfläche ausrollen, runde Scheiben (Ø 7–10 cm) ausstechen, je einen Teelöffel Ricottamasse daraufgeben und zusammenklappen. Die Ränder mit Wasser bestreichen und mit einer Gabel fest andrücken.
5. Wasser in einem großen geschlossenen Topf zum Kochen bringen. Dann Salz und Nudeln hinzufügen. Die Nudeln darin etwa 10 Minuten ziehen lassen, dabei 4–5-mal umrühren.
6. Nudeln in einem Sieb abtropfen lassen, in eine Schüssel geben, mit Olivenöl vermengen, evtl. mit Salz würzen.
7. Knoblauch abziehen, in kleine Würfel schneiden und unter die Nudeln heben.
8. Die Nudeln auf Tellern verteilen, mit Basilikumblättchen, Pfefferkörnern und Paprikastreifen garniert servieren.

Gefüllte Nudeltaschen mit Ricotta

Gegrillte Lammrückenfilets

Filetto d'agnello alla griglia

4 Portionen

1 Zwiebel
1 rote Paprikaschote (etwa 150 g)
1 kleine Zucchini (etwa 150 g)
4 EL Olivenöl
12 schwarze Oliven, entsteint und geviertelt
1/2 EL fein gehackter, frischer Thymian
100 ml Fleischbrühe
Salz, frisch gemahlener Pfeffer

4 Lammrückenfilets (je etwa 150 g)
Olivenöl zum Bestreichen
150 ml Remoulade

Zubereitungszeit: 20 Minuten, ohne Abkühlzeit
Grillzeit: etwa 8 Minuten

Pro Portion:
E: 31 g, F: 56 g, Kh: 9 g,
kJ: 2769, kcal: 662

Raffiniert

Gegrillte Lammrückenfilets

1. Zwiebel abziehen und in kleine Würfel schneiden. Paprika halbieren, entstielen, entkernen und die weißen Scheidewände entfernen. Die Schote waschen, trockentupfen und ebenfalls in kleine Würfel schneiden (1 Esslöffel Paprikawürfel beiseite legen). Zucchini waschen, abtrocknen und die Enden abschneiden. Zucchini fein würfeln.
2. Olivenöl in einem Topf erhitzen. Vorbereitete Gemüsewürfel darin andünsten. Sieben Oliven vierteln, restliche Oliven klein hacken und beiseite legen. Olivenviertel und Thymian zu den Gemüsewürfeln geben. Brühe hinzugießen, mit Salz und Pfeffer abschmecken. Das Gemüse etwa 5 Minuten dünsten, abkühlen lassen.
3. Lammrückenfilets unter fließendem kalten Wasser abspülen und trockentupfen. Mit Salz und Pfeffer würzen, mit Olivenöl bestreichen. Die Filets unter dem vorgeheizten Grill von jeder Seite etwa 4 Minuten rosa grillen. Die Filets in Alufolie wickeln und etwa 5 Minuten nachziehen lassen.
4. Remoulade mit den beiseite gelegten Olivenstücken und Paprikawürfeln vermengen, kurz durchziehen lassen.
5. Die Filets mit dem Gemüse und der Remoulade anrichten.

Gegrilltes Kalbskotelett mit Trüffelbutter

Costoletta di vitello alla griglia

2 Portionen

2 Kalbskoteletts
(je etwa 400 g, etwa 6 cm dick)
1 EL Olivenöl, Meersalz
frisch gestoßener, grober Pfeffer
100 g weiche Butter
2 EL gehackte Petersilie
2 EL Trüffelpaste, 1 Trüffel (etwa 15 g)

Gegrilltes Kalbskotelett mit Trüffelbutter

Zubereitungszeit: 30 Minuten

Pro Portion:
E: 61 g, F: 72 g, Kh: 2 g,
kJ: 3745, kcal: 894

Etwas teurer

1. Koteletts unter fließendem kalten Wasser abspülen, trockentupfen und von beiden Seiten dünn mit Olivenöl bestreichen. Mit Salz bestreuen.
2. Die Koteletts unter dem vorgeheizten Grill 6–8 Minuten von beiden Seiten garen. Koteletts mit Pfeffer bestreuen.
3. Butter geschmeidig rühren. Mit Salz, Petersilie und Trüffelpaste abschmecken.
4. Die Trüffelbutter auf den gegrillten Koteletts verteilen. Trüffel mit einem Trüffelhobel hauchdünn darüber hobeln.

Beilage:
Ofenkartoffeln und grüner Salat.

Gelbe Spaghetti mit Hähnchenbrust

Spaghetti alla curcuma con pollo

4 Portionen

Gelbe Spaghetti mit Hähnchenbrust

500 g Hähnchenbrustfilet
3 EL Sojasauce
1 EL flüssiger Honig
etwas Ingwerpulver
1 Bund Frühlingszwiebeln
4 mittelgroße Möhren
Salzwasser
1 Dose Aprikosenhälften
(Abtropfgewicht 240 g)

4 EL Olivenöl
125 ml ($^1/_8$ l) Gemüsebrühe
125 g Schlagsahne
2 EL Zitronensaft
1 geh. TL Estragon
Salz, frisch gemahlener Pfeffer

4 l Wasser,
4 gestr. TL Salz
2 gestr. TL Kurkuma
400 g Spaghetti

Zubereitungszeit: 40 Minuten, ohne Marinierzeit

Pro Portion:
E: 45 g, F: 22 g, Kh: 92 g,
kJ: 3174, kcal: 759

Für Gäste

1. Hähnchenbrustfilet unter fließendem kalten Wasser abspülen, trockentupfen, in große Würfel schneiden und in eine flache Schale legen. Sojasauce, Honig und Ingwer verrühren. Die Filetwürfel damit bestreichen und zugedeckt 1–2 Stunden marinieren.
2. Frühlingszwiebeln putzen, waschen. Möhren putzen, schälen, waschen. Gemüse abtropfen lassen und in etwa 4 cm lange Stücke schneiden.
3. Salzwasser in einem Topf zum Kochen bringen. Die Möhrenstifte etwa 6 Minuten darin kochen, dann die Frühlingszwiebelstücke hinzugeben und noch weitere 2 Minuten kochen lassen. Möhrenstifte und Frühlingszwiebelstücke in ein Sieb geben, mit kaltem Wasser übergießen und abtropfen lassen. Aprikosenhälften in einem Sieb abtropfen lassen und halbieren.
4. Olivenöl in einer Pfanne erhitzen. Die Fleischwürfel darin in 2 Portionen von allen Seiten anbraten. Möhrenstifte und Zwiebelstücke hinzufügen und kurz mitdünsten lassen. Fleischwürfel und das Gemüse herausnehmen, beiseite stellen. Brühe und Sahne zum Bratensatz geben und aufkochen lassen. Aprikosenviertel unterrühren. Mit Zitronensaft, Estragon, Salz und Pfeffer würzen. Beiseite gestelltes Fleisch und Gemüse hinzufügen und nochmals erhitzen. Warm stellen.
5. Wasser in einem großen Topf mit geschlossenem Deckel zum Kochen bringen. Dann Salz, Kurkuma und Spaghetti zugeben. Die Spaghetti im geöffneten Topf bei mittlerer Hitze nach Packungsanleitung kochen lassen, dabei zwischendurch 4–5-mal umrühren.
6. Anschließend die Spaghetti in ein Sieb geben, mit heißem Wasser abspülen und abtropfen lassen.
7. Spaghetti auf einem großen Teller anrichten. Beiseite gestellte Fleisch-Gemüse-Masse daraufgeben und sofort servieren.

Gemischter Fisch, frittiert

Fritto misto di pesce

4 Portionen

16 Tintenfischringe
500 g vorbereitete Sardinen
16 Scampi (mit Schale)
1 l Olivenöl zum Frittieren
etwa 20 g Weizenmehl
Salz

Salatblätter
2 Bio-Zitronen (unbehandelt, ungewachst)

Zubereitungszeit: 25 Minuten

Pro Portion:
E: 40 g, F: 13 g, Kh: 9 g, kJ: 1341, kcal: 320

Schnell

1. Tintenfischringe und Sardinen unter fließendem kalten Wasser abspülen und trockentupfen.
2. Scampi aus den Schalen lösen und jeweils den Darm entfernen. Scampi abspülen und trockentupfen.
3. Olivenöl in einem Topf oder in der Fritteuse auf etwa 180 °C erhitzen. Mehl in einen Teller geben. Nacheinander Tintenfische, Sardinen und Scampi darin wenden.
4. Tintenfischringe, Sardinen und Scampi portionsweise in dem erhitzten Olivenöl goldbraun frittieren. Mit einer Schaumkelle herausnehmen und auf Küchenpapier abtropfen lassen. Den frittierten Fisch mit Salz bestreuen.
5. Salatblätter abspülen, trockentupfen. Zitronen heiß abwaschen, abtrocknen und in Spalten schneiden. Den Fisch auf den Salatblättern anrichten und mit den Zitronenspalten garnieren.

Gemischter Fisch, frittiert

Gemüseauflauf

Verdure al forno con mozzarella

4 Portionen

je 2 rote und gelbe Paprikaschoten
2 mittelgroße Zucchini
(je etwa 250 g)
1 Knoblauchzehe
1 Bund Basilikum
2 Pck. (je 125 g) Mozzarella-Käse
50 g schwarze Oliven
Salz
frisch gemahlener Pfeffer
6 EL Sojaöl

Zubereitungszeit: 35 Minuten
Garzeit: 25–30 Minuten

Pro Portion:
E: 15 g, F: 34 g, Kh: 11 g, kJ: 1712, kcal: 409

Vegetarisch

1. Paprikaschoten halbieren, entstielen, entkernen, waschen und trockentupfen. Paprikahälften auf einem Backblech verteilen. Das Backblech in den vorgeheizten Backofen schieben.
   Ober-/Unterhitze: etwa 240 °C
   Heißluft: etwa 220 °C
   Bratzeit: etwa 8 Minuten
   (Die Paprikahälften so lange rösten, bis die Haut Blasen wirft).
2. Das Backblech auf einen Kuchenrost stellen. Paprikahälften mit einem feuchten Küchentuch kurz zudecken, dann die Haut abziehen. Paprikahälften evtl. nochmals halbieren.
3. Zucchini waschen, abtrocknen und die Enden abschneiden. Zucchini in Scheiben schneiden. Knoblauch abziehen und in kleine Würfel schneiden. Basilikum abspülen und trockentupfen. Die Blättchen von den Stängeln zupfen. Blättchen klein schneiden. Mozzarella abtropfen lassen und in Scheiben schneiden.
4. Paprika, Zucchini- und Mozzarellascheiben abwechselnd, dachziegelartig in eine Auflaufform oder feuerfeste Form (beides gefettet) legen. Oliven darauf verteilen. Mit Salz und Pfeffer würzen. Sojaöl mit Knoblauchwürfeln und Basilikum verrühren und auf das eingeschichtete Gemüse geben. Die Form auf dem Rost in den vorgeheizten Backofen schieben.
   Ober-/Unterhitze: etwa 200 °C
   Heißluft: etwa 180 °C
   Garzeit: 25–30 Minuten.

Tipp:
Gemüseauflauf mit Baguette und Chianti servieren.

Gemüseauflauf

Gemüse-Käse-Lasagne

Lasagne di verdure e formaggio

4 Portionen

450 g TK-Erbsen
1 Dose Gemüsemais
(Abtropfgewicht 280 g)
3 Tomaten

Für die Sauce:

60 g Butter
50 g Weizenmehl
300 ml heiße Gemüsebrühe
500 ml (1/2 l) Milch
250 g Schlagsahne
200 g frisch geriebener Käse
(z.B. Greyer oder Emmentaler)
2–3 TL Instant-Gemüsebrühe
Salz, frisch gemahlener Pfeffer
frisch geriebene Muskatnuss

250 g Lasagneblätter, ohne Vorkochen

Zubereitungszeit: 40 Minuten, ohne Antauzeit
Garzeit: etwa 35 Minuten

Pro Portion:

E: 40 g, F: 55 g, Kh: 85 g,
kJ: 4263, kcal: 1019

Vegetarisch

1. Erbsen nach Packungsanleitung antauen lassen. Gemüsemais in einem Sieb abtropfen lassen.
2. Tomaten waschen, kreuzweise einschneiden und einige Sekunden in kochendes Wasser legen. Tomaten kurz in kaltes Wasser legen, enthäuten, halbieren, entkernen und die Stängelansätze herausschneiden. Tomatenhälften in Würfel schneiden.
3. Für die Sauce Butter in einem Topf zerlassen. Mehl unter Rühren so lange darin erhitzen, bis es hellgelb ist. Nach und nach Brühe, Milch und Sahne hinzugießen. Mit einem Schneebesen durchschlagen. Darauf achten, dass keine Klümpchen entstehen.
4. Die Hälfte des Käses in der Sauce unter Rühren schmelzen lassen, mit Instant-Brühe, Salz, Pfeffer und Muskat kräftig abschmecken. Ein Drittel der Sauce abnehmen. Erbsen, Mais und Tomatenwürfel in die restliche Sauce geben, unter Rühren erhitzen. Nochmals mit den Gewürzen abschmecken.
5. Auf den Boden einer eckigen, flachen Auflaufform (gefettet) etwas von der Gemüsemasse geben, darauf eine Schicht Lasagneblätter legen. Dann wieder etwas von der Gemüsemasse daraufgeben und wieder mit Lasagneblättern belegen. So weiter verfahren, bis Gemüse und Lasagneblätter aufgebraucht sind. Die letzte Schicht sollte aus Lasagneblättern bestehen.
6. Die abgenommene Käsesauce darauf verteilen und mit dem restlichen Käse bestreuen. Die Form anschließend auf dem Rost in den vorgeheizten Backofen schieben.

Ober-/Unterhitze: etwa 200 °C
Heißluft: etwa 180 °C
Garzeit: etwa 35 Minuten.

Gemüse-Käse-Lasagne

Gemüse-Piccatta mit Tomatensauce

Gemüse-Piccata mit Tomatensauce

Piccata di verdure

4 Portionen

1 großer Knollensellerie (etwa 300 g)
1 große Rote Bete (etwa 250 g)
1 großer Kohlrabi (etwa 250 g)
Salz, 3 Eier (Größe M)
100 g frisch geriebener Parmesan-Käse
frisch gemahlener Pfeffer
60 g Weizenmehl
6 EL Speiseöl

Für die Tomatensauce:

5 Fleischtomaten
2 kleine Zwiebeln
2 Knoblauchzehen
5 EL Olivenöl
2 TL grüne Pfefferkörner in Lake
gerebelter Thymian

Zubereitungszeit: 50 Minuten

Pro Portion:
E: 14 g, F: 37 g, Kh: 19 g,
kJ: 1942, kcal: 463

Vegetarisch

1. Knollensellerie, Rote Bete und Kohlrabi waschen, schälen, abspülen und in etwa $^1/_2$ cm dicke Scheiben schneiden. Gemüsescheiben getrennt in kochendem Salzwasser 2–3 Minuten blanchieren, anschließend in ein Sieb geben, kalt abspülen und abtropfen lassen.
2. Eier mit Parmesan verrühren. Gemüsescheiben zuerst mit Salz und Pfeffer bestreuen, dann in Mehl wenden und zuletzt durch die Käse-Eier-Masse ziehen, am Schüsselrand etwas abstreifen.
3. Speiseöl in einer Pfanne erhitzen. Die Gemüsescheiben darin von beiden Seiten bei schwacher Hitze etwa 10 Minuten braten.
4. Für die Sauce die Tomaten waschen, kreuzweise einschneiden und einige Sekunden in kochendes Wasser legen. Tomaten kurz in kaltes Wasser legen, enthäuten, halbieren, entkernen und die Stängelansätze herausschneiden. Tomatenhälften klein würfeln.
5. Zwiebeln und Knoblauch abziehen und ebenfalls klein würfeln.
6. Das Olivenöl in einer Pfanne erhitzen, Zwiebelwürfel darin andünsten, Tomatenwürfel unterheben und miterhitzen. Die Sauce mit Salz, Pfefferkörnern und Thymian würzen. Gemüse-Piccata mit der Tomatensauce anrichten.

Gemüserisotto mit Schinken und Käse

Risotto di verdure e prosciutto

4 Portionen

1 mittelgroße Zwiebel
2 Möhren (etwa 150 g)
1 rote Paprikaschote
40 g Butter
1 EL Tomatenmark
250 g Risotto-Reis
750 ml ($^3/_4$ l) heiße Gemüsebrühe
1 Lorbeerblatt
gerebelter Oregano
Salz
frisch gemahlener Pfeffer
Cayennepfeffer
evtl. etwas Brühe
100 g gekochter Schinken
50 g Butterkäse
1 EL gehackte Petersilie

Zubereitungszeit: 30 Minuten

Pro Portion:
E: 14 g, F: 13 g, Kh: 54 g,
kJ: 1666, kcal: 398

Gemüserisotto mit Schinken und Käse

Schnell

1. Zwiebel abziehen und klein würfeln. Möhren putzen, schälen, waschen, abtropfen lassen und ebenfalls in kleine Würfel schneiden. Paprika halbieren, entstielen, entkernen und die weißen Scheidewände entfernen. Die Schote waschen, trockentupfen und in kleine Würfel schneiden.
2. Butter in einem Topf zerlassen, Zwiebel- und Möhrenwürfel darin andünsten. Anschließend Paprikawürfel und Tomatenmark hinzufügen und mit andünsten.
3. Reis hinzugeben und unter Rühren glasig dünsten. Brühe, Lorbeerblatt, Oregano, Salz, Pfeffer und Cayennepfeffer hinzufügen, zum Kochen bringen. Den Reis nach Packungsanleitung ausquellen lassen (nicht umrühren, da er sonst breiig wird), eventuell etwas Brühe oder Wasser hinzufügen.
4. Schinken und Käse in kleine Würfel schneiden und unterheben. Nochmals mit den Gewürzen abschmecken. Gemüserisotto mit Petersilie bestreut servieren.

Gemüsespaghetti mit Käsesauce

Gemüsespaghetti mit Käsesauce

Spaghetti con verdure e formaggio

4 Portionen

200 g Blumenkohlröschen
200 g Möhren
150 g Zucchini
150 g Blattspinat
100 g TK-Erbsen

4 l Wasser, 4 gestr. TL Salz
400 g Spaghetti

40 g Butter

Für die Käsesauce:
2 Zwiebeln, 40 g Butter
500 g Schlagsahne
100 g frisch geriebener Käse (z.B. Edamer, Gouda)
frisch geriebene Muskatnuss, Salz

Zubereitungszeit: 50 Minuten, ohne Auftauzeit

Pro Portion:
E: 26 g, F: 64 g, Kh: 82 g, kJ: 4326, kcal: 1034

Für Kinder – vegetarisch

1. Die Blumenkohlröschen waschen. Möhren putzen, schälen, waschen und in dünne Scheiben schneiden. Zucchini waschen, abtrocknen und die Enden abschneiden. Zucchini in Scheiben schneiden. Blattspinat putzen, gründlich waschen und abtropfen lassen. Erbsen nach Packungsanleitung auftauen lassen.
2. Wasser in einem großen Topf mit geschlossenem Deckel zum Kochen bringen. Dann Salz und Nudeln zugeben. Die Nudeln im geöffneten Topf bei mittlerer Hitze nach Packungsanleitung kochen lassen, dabei zwischendurch 4–5 mal umrühren.
3. Etwa 5 Minuten vor Beendigung der angegebenen Garzeit die Blumenkohlröschen zu den Nudeln geben, mitgaren lassen. Etwa 3 Minuten vor Beendigung der Kochzeit die Möhren hinzufügen. Zucchini, Spinat und Erbsen etwa 1 Minute vor Beendigung der Kochzeit hinzugeben (bei der Gemüsezugabe zuerst immer wieder das Wasser zum Kochen bringen).
4. Anschließend die Gemüsespaghetti in ein Sieb geben, mit heißem Wasser abspülen und abtropfen lassen. Die Gemüsespaghetti in eine vorgewärmte Schüssel geben, Butter hinzufügen und durchschwenken, warm stellen.
5. Für die Sauce Zwiebeln abziehen und in kleine Würfel schneiden. Butter in einem kleinen Topf zerlassen, Zwiebelwürfel darin glasig dünsten. Sahne hinzugießen, zum Kochen bringen und cremig einkochen lassen. Käse hinzufügen und unter Rühren schmelzen lassen. Die Sauce mit Salz und Muskat abschmecken.
6. Gemüsespaghetti mit der Käsesauce sofort servieren.

Gemüse-Spaghetti-Nester

Nidi di spaghetti con verdure

4 Portionen

2 ½ l Wasser
2 ½ gestr. TL Salz
250 g lange Spaghetti

1 große Zucchini (etwa 250 g)
2 große Möhren (etwa 300 g)
2 EL Sojaöl
Salz, frisch gemahlener Pfeffer

Für die Sauce:
½ Bund Estragon
½ Bund Petersilie, ½ Bund Dill
3 EL Sojaöl
2 EL Weißweinessig
1 TL mittelscharfer Senf
250 ml (¼ l) Gemüsebrühe
200 g Blauschimmelkäse

Zubereitungszeit: 45 Minuten

Pro Portion:
E: 17 g, F: 35 g, Kh: 48 g,
kJ: 2408, kcal: 578

Raffiniert

1. Wasser in einem großen Topf mit geschlossenem Deckel zum Kochen bringen. Dann Salz und Spaghetti zugeben. Die Spaghetti im geöffneten Topf bei mittlerer Hitze nach Packungsanleitung kochen lassen, dabei zwischendurch 4-5-mal umrühren.
2. Anschließend die Spaghetti in ein Sieb geben, mit heißem Wasser abspülen und abtropfen lassen.
3. Zucchini waschen, abtrocknen und die Enden abschneiden. Möhren putzen, schälen, waschen und abtropfen lassen. Zucchini und Möhren in feine Streifen schneiden.
4. Das Sojaöl in einer Pfanne erhitzen. Die Zucchini- und Möhrenstreifen darin andünsten. Mit Salz und Pfeffer würzen. Die gegarten Spaghetti hineingeben, vermischen, mit Hilfe einer Gabel zu Nestern aufrollen und auf eine Platte legen. Nudelnester warm stellen.
5. Für die Sauce Estragon, Petersilie und Dill abspülen, trockentupfen. Die Blättchen bzw. Spitzen von den Stängeln zupfen. Blättchen und Spitzen klein schneiden.
6. Sojaöl in einem Topf erhitzen, den Topf von der Kochstelle nehmen. Essig, Senf und Brühe hinzufügen. Den Topf wieder auf die Kochstelle stellen und die Zutaten aufkochen lassen. Käse in Würfel schneiden, mit den Kräutern zur Brühe geben und unterrühren. Die Sauce mit Salz und Pfeffer würzen.
7. Die Spaghettinester mit der Sauce auf Tellern anrichten und sofort servieren.

Tipp:
Statt der Gemüsebrühe kann auch Schlagsahne verwendet werden.

Gemüse-Spaghetti-Nester

Gemüsesuppe
mit Ei und Käse

Gemüsesuppe mit Ei und Käse

Acqua cotta

4–6 Portionen

750 g Tomaten
200 g Steinpilze
2 Zwiebeln
2 Stangen Staudensellerie
1 Knoblauchzehe
6 EL Olivenöl, Salz
einige vorbereitete, frische Minzeblättchen
1 l Gemüsebrühe
8 dünne Scheiben Weißbrot
2 Eier (Größe M)
3 EL frisch geriebener Parmesan-Käse
frisch gemahlener Pfeffer

Zubereitungszeit: 25 Minuten
Garzeit: etwa 15 Minuten

Pro Portion:
E: 12 g, F: 20 g, Kh: 25 g, kJ: 1367, kcal: 326

Gut vorzubereiten

1. Tomaten waschen, kreuzweise einschneiden und einige Sekunden in kochendes Wasser legen. Tomaten kurz in kaltes Wasser legen, enthäuten, halbieren, entkernen und die Stängelansätze herausschneiden. Tomaten in Würfel schneiden. Steinpilze putzen, mit einem Pinsel gründlich säubern und in Scheiben schneiden.
2. Die Zwiebeln abziehen und in Würfel schneiden. Sellerie putzen und die harten Außenfäden abziehen. Sellerie waschen, abtropfen lassen und in kleine Stücke schneiden. Knoblauch abziehen.
3. Das Olivenöl in einem Topf erhitzen. Zwiebelwürfel, Selleriestücke und Knoblauch darin kurz unter Rühren anrösten. Knoblauch entfernen. Pilzscheiben hinzufügen und kurz anbraten. Mit Salz bestreuen. Tomatenwürfel und die klein geschnittenen Minzeblättchen hinzufügen. Brühe hinzugießen. Die Zutaten zum Kochen bringen und zugedeckt bei schwacher Hitze etwa 15 Minuten garen.
4. Weißbrotscheiben toasten und auf 4 Teller verteilen.
5. Eier in einer Suppenterrine verschlagen. Parmesan-Käse unterrühren. Die kochende Gemüsesuppe hinzugießen und mit der Eier-Käse-Mischung gut vermischen. Mit Pfeffer bestreuen.
6. Die Gemüsesuppe mit den Brotscheiben auf den Tellern anrichten und sofort servieren.

Gemüsesuppe mit Pesto
Zuppa di verdure con pesto
4 Portionen

250 g getrocknete, weiße Bohnen
2 Fleischtomaten
3 kleine, feste Zucchini (etwa 400 g)
2 Stangen Staudensellerie (etwa 100 g)
3 Zwiebeln, 250 g grüne Bohnen
1 l Gemüsebrühe
1 Kochbeutel (125 g) Langkornreis

Für das Pesto:
4 große Knoblauchzehen
3 Bund Basilikum
Salz, frisch gemahlener Pfeffer
4 EL geriebener Parmesan-Käse
125 ml ($^1/_8$ l) Olivenöl

Zubereitungszeit: 75 Minuten, ohne Einweichzeit

Pro Portion:
E: 20 g, F: 5 g, Kh: 53 g, kJ: 1471, kcal: 351

Raffiniert – vegetarisch

1. Bohnen über Nacht in reichlich kaltem Wasser einweichen.
2. Tomaten waschen, kreuzweise einschneiden und einige Sekunden in kochendes Wasser legen. Tomaten kurz in kaltes Wasser legen, enthäuten, halbieren, entkernen und die Stängelansätze herausschneiden. Tomatenhälften vierteln.
3. Zucchini waschen, abtrocknen und die Enden abschneiden. Staudensellerie putzen und die harten Außenfäden abziehen. Sellerie waschen, abtropfen lassen. Zucchini und Sellerie in Scheiben schneiden. Zwiebeln abziehen und vierteln. Von den Bohnen die Enden abschneiden, evtl. abfädeln. Bohnen waschen, abtropfen lassen und in Stücke schneiden oder brechen.
4. Die Brühe in einem Topf zum Kochen bringen. Die abgetropften, weißen Bohnen hinzufügen, zum Kochen bringen und zugedeckt bei mittlerer Hitze etwa 40 Minuten kochen lassen. Zucchini-, Selleriescheiben, Zwiebelviertel und grüne Bohnen hinzugeben und zugedeckt etwa 15 Minuten mitgaren lassen. Tomatenviertel etwa 5 Minuten vor Beendigung der Garzeit hinzufügen.
5. Reis in kochendem Salzwasser nach Packungsanleitung garen.
6. Für das Pesto Knoblauch abziehen. Basilikum abspülen und trockentupfen. Die Blättchen von den Stängeln zupfen. Basilikum mit Knoblauch, Salz und Pfeffer in einen hohen Rührbecher geben und mit einem Mixstab zu einer Paste verrühren. Parmesan unterarbeiten. Olivenöl nach und nach unterschlagen, nochmals mit Salz und Pfeffer abschmecken.
7. Den garen Reis in einem Sieb abtropfen lassen und den Beutel aufschneiden. Reis kurz vor dem Servieren in die Suppe geben und unterrühren.
8. Die Suppe mit 1–2 Teelöffeln Pesto verfeinern.

Gemüsesuppe mit Pesto

Gemüsesuppe mit weißen Bohnen
Minestrone di canellini
4 Portionen

$^1/_2$ Gemüsezwiebel
1 Knoblauchzehe
250 g (etwa 4 Stangen) Staudensellerie
1 kleine Dose weiße Bohnen (Abtropfgewicht 315 g)
4 EL Olivenöl, 1 l Gemüsebrühe
125 g Spaghetti
125 g TK-Erbsen
2 Tomaten
Salz, frisch gemahlener Pfeffer
gerebelter Oregano
etwas klein gehackte Petersilie

Zubereitungszeit: 50 Minuten
Garzeit: etwa 20 Minuten

Pro Portion:
E: 12 g, F: 11 g, Kh: 38 g, kJ: 1261, kcal: 301

Gemüsesuppe mit weißen Bohnen

Einfach – vegetarisch

1. Zwiebel und Knoblauch abziehen, in kleine Würfel schneiden. Staudensellerie putzen und die harten Außenfäden abziehen. Sellerie waschen, abtropfen lassen und in kleine Stücke schneiden. Bohnen in ein Sieb geben und abtropfen lassen.
2. Olivenöl in einem großen Topf erhitzen. Zwiebel-, Knoblauchwürfel und Selleriestücke darin andünsten. Brühe hinzugießen, zum Kochen bringen und zugedeckt etwa 10 Minuten kochen lassen.
3. Spaghetti einmal durchbrechen, mit den gefrorenen Erbsen in die Brühe geben und noch weitere etwa 10 Minuten unter gelegentlichem Rühren kochen lassen.
4. Tomaten waschen, trockentupfen, vierteln, entkernen und die Stängelansätze herausschneiden. Tomatenviertel in Würfel schneiden, zusammen mit den Bohnen in die Suppe geben und nochmals erhitzen. Mit Salz, Pfeffer und Oregano würzen.
5. Die Gemüsesuppe in eine Terrine füllen, mit Petersilie bestreuen und sofort servieren.

Gemüsesuppe nach Genueser Art

Minestrone alla genovese

4–6 Portionen

100 g getrocknete, weiße Bohnen

2 $^1/_2$ l Wasser
250 g Zucchini
2 kleine Auberginen (je etwa 300 g)
1 mittelgroßer Wirsing (etwa 500 g)
5 Tomaten, 15 g getrocknete Pilze oder 75 g frische Champignons
4 EL Olivenöl
Salz, frisch gemahlener Pfeffer
250 g kleine Muschelnudeln (z. B. Conchiglie)
50 g geriebener Parmesan-Käse

Zubereitungszeit: 60 Minuten, ohne Einweichzeit

Pro Portion:
E: 18 g, F: 13 g, Kh: 48 g, kJ: 1611, kcal: 385

Vegetarisch

1. Bohnen über Nacht in kaltem Wasser einweichen.
2. Wasser mit den eingeweichten Bohnen in einem Topf zum Kochen bringen und zugedeckt etwa 45 Minuten garen.
3. Zucchini und Auberginen waschen, abtrocknen und die Enden abschneiden. Zucchini und Auberginen in Würfel schneiden.
4. Von dem Wirsing die groben, äußeren Blätter lösen. Den Wirsing zuerst halbieren, dann vierteln und den Strunk herausschneiden. Wirsing in Streifen schneiden. Tomaten waschen, kreuzweise einschneiden und einige Sekunden in kochendes Wasser legen. Die Tomaten kurz in kaltes Wasser legen, enthäuten, halbieren, entkernen und die Stängelansätze herausschneiden. Tomaten in kleine Würfel schneiden.
5. Pilze einweichen und ausdrücken oder Champignons putzen, mit Küchenpapier abreiben, evtl. abspülen und abtropfen lassen. Pilze in Scheiben schneiden.
6. Die vorbereiteten Gemüsezutaten mit dem Olivenöl zu den Bohnen geben, mit Salz würzen. Das Gemüse zugedeckt in etwa 10 Minuten fast gar kochen lassen.
7. Muschelnudeln hinzufügen und nach Packungsanleitung in der Suppe ohne Deckel fertig garen. Mit Salz und Pfeffer abschmecken. Mit Parmesan-Käse bestreut servieren.

Tipp:
Die Suppe kurz vor dem Servieren mit Pesto verfeinern.

Geschmorter Hase

Geschmorter Hase

Stufato di lepre

6 Portionen

1 küchenfertiger Hase
(etwa 1,5 kg, mit Leber)
2–3 Zweige Rosmarin
1 Flasche (0,7 l) Rotwein
1 Bund Suppengemüse
4 EL Olivenöl
1 Glas (200 ml) Tafelrotwein
Salz
2 EL Tomatenmark

6 Scheiben Weißbrot
200 ml heiße Fleischbrühe

4 l Wasser, 4 gestr. TL Salz
500 g Pappardelle (Bandnudeln)

Zubereitungszeit: 2 ¼ Stunden, ohne Marinierzeit

Pro Portion:
E: 58 g, F: 16 g, Kh: 76 g, kJ: 3215, kcal: 768

Mit Alkohol

1. Hase eventuell enthäuten und entfetten. Leber beiseite legen. Den Hasen in etwa 20 Stücke teilen. Die Fleischstücke unter fließendem kalten Wasser abspülen, trockentupfen und in eine flache Schale legen.
2. Rosmarin abspülen und trockentupfen. Die Fleischstücke mit Rotwein übergießen, Rosmarin hinzufügen. Die Fleischstücke darin über Nacht marinieren.
3. Gemüse putzen, schälen, abspülen, abtropfen lassen, klein schneiden.
4. Olivenöl in einem Bratentopf erhitzen. Gemüsestücke darin andünsten. Rotwein hinzufügen, zum Kochen bringen und etwa 10 Minuten einkochen lassen. Fleischstücke aus der Marinade nehmen, trockentupfen und zum Gemüse geben, mit Salz würzen. Das Fleisch bei schwacher Hitze etwa 1 ½ Stunden köcheln lassen. Dabei nach und nach die Rotweinmarinade hinzugießen und etwas einkochen lassen.
5. Wenn die Rotweinmarinade etwas eingekocht ist, Tomatenmark und die abgespülte, klein geschnittene Leber unterrühren, etwa 5 Minuten kochen lassen.
6. Die Fleischstücke herausnehmen und mit Rosmarin auf gerösteten und in Fleischbrühe getauchten Brotscheiben anrichten. Mit etwas Sauce übergießen.

Pappardelle mit Hasensauce

Pappardelle alla lepre

1. Mit der restliche Sauce werden die „Pappardelle in Hasensauce" zubereitet.
2. Wasser in einem großen Topf mit geschlossenem Deckel zum Kochen bringen. Dann Salz und Nudeln zugeben. Die Nudeln im geöffneten Topf bei mittlerer Hitze nach Packungsanleitung kochen lassen, dabei zwischendurch 4–5-mal umrühren.
3. Anschließend die Nudeln in ein Sieb geben, mit heißem Wasser abspülen und abtropfen lassen.
4. Die Nudeln mit der Sauce vermengen und etwa 2 Minuten durchziehen lassen.
5. Hasenstücke mit den Nudeln servieren.

Geschmortes Lammfleisch mit Zucchini

Stufato d'agnello con zucchine

6 Portionen

800 g mageres Lammfleisch
(aus der Keule, ohne Knochen)
4 EL Olivenöl
2 Zwiebeln
4–6 Tomaten
2 Knoblauchzehen
Salz
frisch gemahlener Pfeffer
250 ml (¼ l) Fleischbrühe
2 mittelgroße Zucchini (je etwa 250 g)
4 EL Olivenöl
etwa 50 g frisch geriebener Käse
(z.B. Parmesan-Käse mit Mozzarella-Käse gemischt)

Zubereitungszeit: 30 Minuten
Garzeit: etwa 1 Stunde
Überbackzeit: 5–10 Minuten

Pro Portion:
E: 32 g, F: 23 g, Kh: 4 g,
kJ: 1451, kcal: 346

Für Gäste

1. Lammfleisch unter fließendem kalten Wasser abspülen, trockentupfen und in Würfel schneiden.
2. Olivenöl in einem großen Topf erhitzen. Fleischwürfel darin portionsweise von allen Seiten anbraten. Zwiebeln abziehen, in grobe Würfel schneiden, zu den Fleischwürfeln geben und glasig dünsten lassen.
3. Tomaten waschen, kreuzweise einschneiden und einige Sekunden in kochendes Wasser legen. Tomaten kurz in kaltes Wasser legen, enthäuten, halbieren, entkernen und die Stängelansätze herausschneiden. Tomaten grob zerkleinern und zum Fleisch geben.
4. Knoblauch abziehen, mit Salz zerdrücken und zur Fleischmasse geben. Mit Pfeffer würzen. Brühe hinzugießen, zum Kochen bringen und zugedeckt etwa 1 Stunde garen. Die Fleischmasse mit den Gewürzen abschmecken und in eine flache Auflaufform geben.
5. Zucchini waschen, abtrocknen und die Enden abschneiden. Zucchini in Scheiben schneiden.
6. Das Olivenöl in einer Pfanne erhitzen. Zucchinischeiben von beiden Seiten darin anbraten, herausnehmen und mit etwas Salz bestreuen. Zucchinischeiben auf dem Lammfleisch verteilen und mit Käse bestreuen. Die Form auf dem Rost in den vorgeheizten Backofen schieben und überbacken.

Ober-/Unterhitze: etwa 220 °C
Heißluft: etwa 200 °C
Backzeit: 5-10 Minuten.

Beilage:
Fladenbrot, Bauernbrot, Nudeln.

Gnocchi in Basilikumsahne

Gnocchi con verdure e basilico

4 Portionen

1 Zwiebel
500 g Champignons
300 g Zucchini
40 g getrocknete Tomaten in Öl (aus dem Glas)
3 EL Speiseöl
Salz, frisch gemahlener Pfeffer
3 Pck. Gnocchi (je 250 g, aus dem Kühlregal)
125 ml (1/8 l) Gemüsebrühe
100 g Schlagsahne
1 TL heller Saucenbinder
1 Topf Basilikum
1–2 EL Weißwein

Zubereitungszeit: 30 Minuten

Pro Portion:
E: 15 g, F: 17 g, Kh: 76 g,
kJ: 2187, kcal: 523

Gnocchi in Basilikumsahne

Einfach – mit Alkohol

1. Zwiebel abziehen und in kleine Würfel schneiden. Champignons putzen, mit Küchenpapier abreiben, evtl. abspülen, abtropfen lassen und je nach Größe halbieren oder vierteln.
2. Zucchini waschen, abtrocknen und die Enden abschneiden. Zucchini der Länge nach halbieren und in Scheiben schneiden. Tomaten abtropfen lassen, mit Küchenpapier trockentupfen und in Streifen schneiden.
3. Speiseöl in einer großen Pfanne oder in einem Topf erhitzen. Zwiebelwürfel, Champignons und Zucchinischeiben hinzufügen, unter Rühren andünsten. Mit Salz und Pfeffer würzen. Tomatenstreifen unterrühren.
4. Gnocchi, Brühe und Sahne hinzugeben, zum Kochen bringen und etwa 4 Minuten garen. Anschließend Saucenbinder unter Rühren einstreuen und aufkochen lassen.
5. Basilikum abspülen und trockentupfen. Die Blättchen von den Stängeln zupfen. Blättchen in Streifen schneiden.
6. Gnocchi mit Salz, Pfeffer und Weißwein würzen. Basilikumstreifen unterheben. Die Sauce mit den Gewürzen abschmecken.

Beilage:
Gebratenes Lammfilet.

Tipp:
Es kann statt des Speiseöls auch das Tomatenöl verwendet werden, dann das Öl aber nicht zu stark erhitzen, damit die Kräuter nicht verbrennen.
Die Sauce kann auch mit Speisestärke gebunden werden (dazu 2 Teelöffel Speisestärke mit 2 Teelöffeln kaltem Wasser anrühren). Wer keine Gnocchi bekommt, kann auch gekochte Bandnudeln verwenden.

Gnocchi in Salbeibutter

Gnocchi alla salvia

2 Portionen

500 g Kartoffeln, Salz
100 g Weizenmehl
2 Eier (Größe M)
2 Fleischtomaten
60 g Butter
1 EL in Streifen geschnittene Salbeiblätter

Zubereitungszeit: 70 Minuten

Pro Portion:
E: 18 g, F: 32 g, Kh: 73 g,
kJ: 2784, kcal: 664

Für Gäste

1. Kartoffeln waschen, schälen, abspülen, mit Salzwasser bedeckt zum Kochen bringen und zugedeckt in etwa 20 Minuten gar kochen. Kartoffeln abgießen und sofort durch eine Kartoffelpresse in eine Schüssel drücken, mit Mehl und Eiern zu einem Teig verarbeiten.
2. Den Teig auf einer mit Mehl bestäubten Arbeitsfläche zu länglichen Rollen formen und in etwa 2 cm lange Stücke schneiden. Mit der Gabel ein Muster eindrücken.
3. Gnocchi in kochendem Salzwasser etwa 6 Minuten gar ziehen lassen, bis sie an der Oberfläche schwimmen. Gnocchi mit einem Schaumlöffel herausnehmen.
4. Tomaten waschen, kreuzweise einschneiden und einige Sekunden in kochendes Wasser legen. Tomaten kurz in kaltes Wasser legen, enthäuten, halbieren, entkernen und die Stängelansätze herausschneiden. Tomatenhälften in Stücke schneiden.
5. Butter in einem Topf zerlassen, Tomatenstücke und Salbeiblätterstreifen darin andünsten, Gnocchi hinzufügen und kurz durchschwenken.

Gnocchi in Salbeibutter

Tipp:
Sie können die Gnocchi auch in einer fruchtigen Tomatensauce servieren.

Gnocchi mit Tomatensauce

Gnocchi al pomodoro

4 Portionen

1 Zwiebel, 1 Knoblauchzehe
2 EL Olivenöl
1 große Dose geschälte Tomaten (800 g)
100 ml trockener Rotwein
2 Pck. (je 500 g) Gnocchi (aus dem Kühlregal)
Salz, frisch gemahlener Pfeffer
gerebelter Oregano
getrockneter Rosmarin
Paprikapulver edelsüß
1 Prise Cayennepfeffer
1 Lorbeerblatt
1 TL flüssiger Honig

Zubereitungszeit: 35 Minuten

Pro Portion:
E: 12 g, F: 7 g, Kh: 100 g,
kJ: 2199, kcal: 524

Mit Alkohol

1. Zwiebel und Knoblauch abziehen und in kleine Würfel schneiden. Olivenöl in einem Topf erhitzen, Zwiebel- und Knoblauchwürfel darin andünsten.
2. Tomaten mit dem Saft und Rotwein zu den Zwiebelwürfeln geben, dabei die Tomaten mit einem Kochlöffel zerdrücken, zum Kochen bringen und so lange kochen lassen, bis die Sauce etwas sämig ist.
3. Die Gnocchi in kochendem Salzwasser nach Packungsanleitung garen. Gnocchi

Gnocchi mit Tomatensauce

in einem Sieb abtropfen lassen und in eine vorgewärmte Schüssel geben.

4. Tomatensauce mit Pfeffer, Oregano, Rosmarin, Paprika, Cayennepfeffer, Lorbeerblatt und Honig würzen. Lorbeerblatt entfernen. Die Gnocchi mit der Tomatensauce sofort servieren.

Tipp:
Einige schwarze Oliven in Scheiben schneiden und kurz vor dem Servieren unter die Sauce rühren. Dazu schmeckt frischer Salat aus Lollo Rossa, Friséesalat, roten Zwiebelringen, Paprikastreifen, Schafkäsewürfeln (aus dem Glas) und einer Essig-Öl-Vinaigrette. Gnocchi als Vorspeise servieren.

Gnocchi-Salat

Insalata di gnocchi con uva e verdure

12 Portionen

2 Pck. (je 500 g) Gnocchi (aus dem Kühlregal)
Salz
600 g Staudensellerie
400 g grüne Weintrauben
200 g Radicchio
150 g Blauschimmelkäse

Für die Sauce:
400 g Schlagsahne, 6 EL Zitronensaft
2 EL Zucker
frisch gemahlener, schwarzer Pfeffer
100 g Walnusskerne

Zubereitungszeit: 30 Minuten

Pro Portion:
E: 7 g, F: 21 g, Kh: 41 g,
kJ: 1633, kcal: 391

Für Gäste

1. Gnocchi in kochendem Salzwasser nach Packungsanleitung garen. Anschließend in einem Sieb abtropfen lassen und in eine große Schüssel geben. Staudensellerie putzen und die harten Außenfäden abziehen. Sellerie waschen, abtropfen lassen, Stangen und Blätter klein schneiden.
2. Weintrauben waschen, abtropfen lassen und entstielen. Radicchio putzen, halbieren, die Blätter vom Strunk lösen und in Stücke zupfen. Radicchio waschen und abtropfen lassen. Blauschimmelkäse in kleine Würfel schneiden. Die vorbereiteten Salatzutaten zu den Gnocchi geben.
3. Für die Sauce Sahne mit Zitronensaft, Zucker, Salz und Pfeffer verrühren. Die Sauce mit den Salatzutaten vermischen. Salat kurz durchziehen lassen und nochmals mit den Gewürzen abschmecken.
4. Den Salat kurz vor dem Servieren mit halbierten Walnusskernen bestreuen.

Salatbuffet

10 Personen

Bohnensalat mit Kapern 1 x (Seite 22)
Caprisalat 1 x (Seite 39)
Farfallesalat mit Putenfleisch 2 x (Seite 56)
Gnocchisalat $^1/_2$ x (Seite 91)
Nudelsalat mit Meeresfrüchten 2 x (Seite 167)
Spargelsalat mit Garnelen $^1/_2$ x (Seite 265)
Rucola mit Parmesan 2 x (Seite 230)

Zusätzlich:
Brot,
Italienische Käseplatte mit Trauben und Grissini

Gnocchi-Salat

Gorgonzola-Creme

Crema al gorgonzola

4 Portionen

100 g Gorgonzola (Blauschimmelkäse)
150 g saure Sahne
Salz
frisch gemahlener, weißer Pfeffer
2 EL Pistazienkerne

Zubereitungszeit: 10 Minuten

Pro Portion:
E: 7 g, F: 15 g, Kh: 2 g,
kJ: 738, kcal: 179

Schnell

1. Gorgonzola in einer kleinen Schüssel mit der Gabel zerdrücken. Nach und nach saure Sahne unterrühren. Vorsichtig mit Salz und Pfeffer würzen.
2. Die Gorgonzola-Creme vor dem Servieren mit grob gehackten Pistazienkernen bestreuen.

Tipp: Zu Staudensellerie, Karottenstreifen und Crackern servieren.

Granita von Erdbeeren

Granita di fragole

4 Portionen

500 ml ($^1/_2$ l) Wasser
125 g Zucker
400 g frische Erdbeeren
125 ml ($^1/_8$ l) Zitronensaft

Zubereitungszeit: 15 Minuten, ohne Gefrierzeit

Pro Portion:
E: 1 g, F: 0 g, Kh: 37 g,
kJ: 687, kcal: 164

Schnell – gut vorzubereiten

1. Wasser und Zucker in einem Topf zum Kochen bringen, bis der Zucker gelöst ist. Zuckerwasser abkühlen lassen.
2. Erdbeeren putzen, waschen, abtropfen lassen, entstielen und in einen hohen Rührbecher geben. Erdbeeren pürieren, Zitronensaft unterrühren. Zuckerwasser hinzufügen.
3. Die Erdbeermasse in Eisbehälter füllen, ins Gefrierfach stellen und etwa 5 Stunden oder über Nacht gefrieren lassen.
4. Granita vor dem Servieren mit einem Löffel herausschaben oder in Würfel schneiden.

Gorgonzola-Creme

Gratinierte Jakobsmuscheln

Cappesante gratinate

4 Portionen

20 Jakobsmuscheln
2 Fleischtomaten
1 Bund Petersilie
4 Zweige Majoran
Salz
frisch gemahlener Pfeffer
80 g Weißbrotkrumen
160 g Butter

Zubereitungszeit: 20 Minuten
Garzeit: etwa 10 Minuten

Pro Portion:
E: 8 g, F: 34 g, Kh: 15 g,
kJ: 1691, kcal: 404

Für Gäste – schnell

1. Die Jakobsmuscheln kurz abspülen, trockentupfen, in Stücke schneiden und in vier feuerfeste Förmchen oder Jakobsmuschelschalen verteilen.
2. Die Tomaten waschen, kreuzweise einschneiden und einige Sekunden in kochendes Wasser legen. Tomaten kurz in kaltes Wasser legen, enthäuten, halbieren, entkernen und die Stängelansätze herausschneiden. Tomatenhälften in kleine Würfel schneiden.
3. Petersilie und Majoran abspülen und trockentupfen. Die Blättchen von den Stängeln zupfen, die Blättchen klein schneiden.

Gratinierte Jakobsmuscheln

4. Muschelfleisch mit Salz und Pfeffer würzen. Tomatenwürfel mit Kräutern und Brotkrumen mischen und auf dem Muschelfleisch verteilen. Butterflöckchen daraufsetzen. Die Förmchen oder Schalen auf dem Rost in den vorgeheizten Backofen schieben.
Ober-/Unterhitze: etwa 200 °C
Heißluft: etwa 180 °C
Garzeit: etwa 10 Minuten.

Snackbuffet

15 Personen

Gebackene Kartoffeln mit Petersilienpesto 2 x (Seite 72)
Mozzarellaspieße, bunt 1 x (Seite 162)
Toast Toskana 2 x (Seite 282)
Gratinierte Jakobsmuscheln 3 x (Seite 92)
Kalbsrouladen mit Steinpilzen 6 x (Seite 116)
Minipizzen 2 x (Seite 160)
Ofenkartoffeln 1 x (Seite 170)
Torta della Nonna 2 x (Seite 288)

Graupensuppe mit Fenchel

Minestrone d'orzo e finocchio

4 Portionen

1 Zwiebel
2 Knoblauchzehen
80 g Südtiroler Speck
1 Möhre
1 kleine Fenchelknolle
2 EL Olivenöl
80 g Perlgraupen
1,5 l Fleischbrühe
1 Lorbeerblatt

1 Bund Petersilie
Salz, frisch gemahlener Pfeffer

4 Scheiben Bauernbrot
4 Scheiben Fontina-Käse (je etwa 30 g)

Zubereitungszeit: 45 Minuten
Garzeit: etwa 15 Minuten

Pro Portion:
E: 19 g, F: 21 g, Kh: 40 g, kJ: 1813, kcal: 433

Einfach

1. Zwiebel und Knoblauch abziehen. Zwiebel in schmale Streifen schneiden. Knoblauch durch eine Knoblauchpresse pressen. Speck in breite Streifen schneiden. Möhre putzen, schälen, abspülen und würfeln. Die Fenchelknolle putzen, braune Stellen und Blätter entfernen. Knolle waschen, abtropfen lassen und in Streifen schneiden.
2. Olivenöl in einem Topf erhitzen. Zwiebelstreifen, Knoblauch und Speckstreifen darin andünsten. Möhrenwürfel, Fenchelstreifen und Graupen hinzufügen. Brühe hinzugießen, zum Kochen bringen und das Lorbeerblatt hinzugeben. Die Suppe zugedeckt bei schwacher Hitze etwa 15 Minuten köcheln lassen.
3. In der Zwischenzeit Petersilie abspülen und trockentupfen. Die Blättchen von den Stängeln zupfen. Blättchen in Streifen schneiden.
4. Bauernbrot mit Fontina-Käse belegen und im vorgeheizten Backofen überbacken.
Ober-/Unterhitze: etwa 220 °C
Heißluft: etwa 200 °C.
5. Die Suppe mit Salz und Pfeffer abschmecken, mit Petersilie bestreut servieren. Überbackenes Bauernbrot dazureichen.

Graupensuppe mit Fenchel

Grießklößchen, römische Art

Grießklößchen römische Art

Gnocchi alla romana

4 Portionen

500 ml (1/2 l) Milch
150 g Hartweizengrieß
Salz, frisch gemahlener Pfeffer
frisch geriebene Muskatnuss
2 Eigelb (Größe M)
175 g geriebener Parmesan-Käse
40 g Semmelbrösel
50 g Butter

Zubereitungszeit: 30 Minuten, ohne Abkühlzeit
Backzeit: etwa 10 Minuten

Pro Portion:
E: 18 g, F: 30 g, Kh: 28 g, kJ: 1955, kcal: 467

Gut vorzubereiten

1. Milch in einem Topf zum Kochen bringen. Topf von der Kochstelle nehmen. Grieß unter Rühren einrieseln lassen. Mit Salz, Pfeffer und Muskat würzen. Milch wieder zum Kochen bringen und so lange unter ständigem Rühren kochen lassen, bis die Masse dicklich wird.
2. Eigelb und etwa zwei Drittel von dem Parmesan-Käse unterrühren.
3. Die Masse etwa 1/2 cm dick mit Hilfe eines Messers auf einem Backblech (30 x 40 cm, gefettet) verteilen, etwa 30 Minuten kalt stellen.
4. Aus der Grießmasse mit einem Ausstecher (Ø etwa 3 cm) Plätzchen ausstechen und in eine feuerfeste Form (gefettet) legen.
5. Mit restlichem Parmesankäse und Semmelbröseln bestreuen. Zerlassene Butter darauftäufeln.
6. Die Form auf dem Rost in den vorgeheizten Backofen schieben und die Grießklößchen überbacken.
Ober-/Unterhitze: etwa 220 °C
Heißluft: etwa 200 °C
Backzeit: etwa 10 Minuten.

Beilage:
Gemüsepfanne oder frische Salate.

Grissini

Italienische Brotstangen

Für den Hefeteig:

500 g Weizenmehl
(Type 405 oder 550)
1 Pck. Dr. Oetker Trockenbackhefe
250 ml (1/4 l) lauwarmes Wasser
40 g Butter oder Margarine
1 gestr. TL Salz

Zum Bestreichen:

1 Eigelb, 1 EL Milch

Zubereitungszeit: 45 Minuten
Backzeit: 12–15 Minuten

Insgesamt:

E: 57 g, F: 46 g, Kh: 363 g,
kJ: 8882, kcal: 2120

Gut vorzubereiten

1. Für den Teig Mehl in eine Rührschüssel sieben und mit der Trockenbackhefe sorgfältig vermischen. Wasser, Butter oder Margarine und Salz hinzufügen. Die Zutaten mit Handrührgerät mit Knethaken zunächst kurz auf niedrigster, dann auf höchster Stufe in etwa 5 Minuten zu einem glatten Teig verarbeiten. Den Teig zugedeckt so lange an einem warmen Ort gehen lassen, bis er sich sichtbar vergrößert hat.
2. Den Teig leicht mit Mehl bestäuben, aus der Schüssel nehmen und auf einer leicht bemehlten Arbeitsfläche nochmals kurz durchkneten. Aus dem Teig 50 etwa 20 cm lange, dünne Rollen formen. Die Teigröllchen auf ein Backblech (mit Backpapier belegt) legen und nochmals zugedeckt etwa 10 Minuten gehen lassen.
3. Zum Bestreichen Eigelb mit Milch verschlagen. Die Teigstangen damit bestreichen. Das Backblech in den vorgeheizten Backofen schieben.
   Ober-/Unterhitze: etwa 200 °C
   Heißluft: etwa 180 °C
   Backzeit: 12–15 Minuten
4. Die Grissini mit dem Backpapier von den Backblechen auf Kuchenroste ziehen. Grissini erkalten lassen.

Tipp:
Grissini ist eine italienische Brotspezialität, die als kleiner Snack mit hauchdünnen Scheiben Parmaschinken umwickelt angeboten wird.
Grissini kann vor dem Backen mit Sesamsamen, Mohnsamen, grobem Salz oder Kümmel bestreut werden.

Grissini

Grüne Bohnen, toskanisch

Fagiolini alla toscana

4 Portionen

750 g grüne Bohnen
Salz
5 Tomaten
50 g durchwachsener Speck
4 EL Olivenöl
2 Knoblauchzehen
1 Peperoncino (getrocknete Pfefferschote)
6 Blättchen frisches Basilikum

Zubereitungszeit: 25 Minuten
Garzeit: etwa 20 Minuten

Pro Portion:
E: 7 g, F: 14 g, Kh: 8 g, kJ: 786, kcal: 187

Raffiniert

1. Von den Bohnen die Enden abschneiden, eventuell abfädeln. Bohnen waschen und abtropfen lassen, nach Belieben in Stücke schneiden. Bohnen in kochendem Salzwasser etwa 15 Minuten garen. Anschließend in einem Sieb abtropfen lassen.
2. Tomaten waschen, kreuzweise einschneiden und einige Sekunden in kochendes Wasser legen. Tomaten kurz in kaltes Wasser legen, enthäuten, halbieren, entkernen und die Stängelansätze herausschneiden. Tomaten in Stücke schneiden.
3. Speck in Würfel schneiden. Olivenöl in einer Pfanne erhitzen. Speckwürfel darin auslassen. Knoblauch abziehen, in feine Scheiben schneiden und mit andünsten. Tomatenstücke hinzugeben und unter Wenden kurz anbraten. Bohnen untermengen. Mit Salz würzen. Pfefferschote zerbröseln und unterrühren. Etwas Wasser hinzugießen.
4. Basilikumblättchen abspülen, trockentupfen und klein schneiden. Die Bohnen mit Basilikum bestreut servieren.

Beilage:
Lammkoteletts.

Tipp:
Wenn frisches Bohnenkraut vorhanden ist, die Bohnen damit würzen.

Grüne Sauce

Grüne Sauce

Salsa verde

4 Portionen

1 Bund Petersilie
1 Schalotte
1 Knoblauchzehe
50 g Kapern
4 Sardellenfilets
75 ml Olivenöl
3 EL Zitronensaft
Salz
frisch gemahlener Pfeffer

Zubereitungszeit: 30 Minuten

Pro Portion:
E: 1 g, F: 19 g, Kh: 1 g, kJ: 756, kcal: 180

Für Gäste

1. Petersilie abspülen und trockentupfen. Die Blättchen von den Stängeln zupfen. Blättchen klein schneiden. Schalotte und Knoblauch abziehen, in kleine Würfel schneiden.
2. Kapern abtropfen lassen und klein schneiden. Sardellen kurz wässern, trockentupfen und in sehr kleine Würfel schneiden.
3. Die vorbereiteten Zutaten in einer Schüssel mischen. Olivenöl mit Zitronensaft verrühren und unter die Kräutermischung geben. Mit Salz und Pfeffer würzen.

Tipp:
Grüne Sauce zu gekochtem Fleisch oder Fisch reichen. Die Sauce hält sich gut gekühlt 2–3 Tage frisch.

Grüne Spaghetti in Gemüsesauce

Spaghetti verdi con salsa alle verdure

4 Portionen

2 kleine Zwiebeln
2 kleine Zucchini (je etwa 200 g)
1 Aubergine (etwa 250 g)
1 kleine Fenchelknolle (etwa 200 g)
4 mittelgroße Tomaten
5 l Wasser
5 gestr. TL Salz
600 g grüne oder weiße Spaghetti

2 EL Olivenöl
400 g frisches Lammhack
(evtl. beim Metzger vorbestellen)
Salz, frisch gemahlener Pfeffer
frische Thymian- und
Majoranblättchen

Zubereitungszeit: 40 Minuten

Pro Portion:
E: 41 g, F: 19 g, Kh: 113 g,
kJ: 3347, kcal: 800

Einfach

1. Zwiebeln abziehen. Zucchini waschen, abtrocknen und die Enden abschneiden. Aubergine waschen und den Stängelansatz entfernen. Von der Fenchelknolle den Stiel dicht oberhalb der Knolle abschneiden, braune Stellen und Blätter entfernen. Die Wurzelenden gerade schneiden. Die Knolle waschen und halbieren. Tomaten waschen, trockentupfen, halbieren und die Stängelansätze herausschneiden. Das vorbereitete Gemüse in kleine Würfel schneiden.
2. Wasser in einem großen Topf mit geschlossenem Deckel zum Kochen bringen. Dann Salz und Nudeln zugeben. Die Nudeln im geöffneten Topf bei mittlerer Hitze nach Packungsanleitung kochen lassen, dabei zwischendurch 4–5-mal umrühren.
3. Anschließend die Nudeln in ein Sieb geben, mit heißem Wasser abspülen und gut abtropfen lassen.
4. Olivenöl in einer großen Pfanne erhitzen. Lammhack, Zwiebel- und Fenchelwürfel darin anbraten. Zucchini-, Auberginen-, und Tomatenwürfel hinzufügen, gut durchdünsten lassen. Mit Salz und Pfeffer würzen, Thymian- und Majoranblättchen unterheben. Die Hackfleisch-Gemüse-Pfanne zugedeckt etwa 10 Minuten garen, evtl. etwas Wasser hinzugeben. Spaghetti vorsichtig unterrühren und einige Minuten ziehen lassen. Nochmals mit den Gewürzen abschmecken und servieren.

Grüne Spaghetti in Gemüsesauce

Hackbraten mit Schafkäse

Hackbraten mit Schafkäse

Polpettone al pecorino

4 Portionen

1 Brötchen (vom Vortag)
1 Zwiebel, 2 Knoblauchzehen
600 g Gehacktes (halb Rind-, halb Schweinefleisch)
2 Eier (Größe M), 2 EL Tomatenmark
Salz, frisch gemahlener Pfeffer
Paprikapulver edelsüß
getrockneter Oregano
1 Töpfchen Basilikum
200 g Schafkäse
8 Scheiben durchwachsener Speck (120 g)
125 ml ($^1/_8$ l) Rotwein

Zubereitungszeit: 30 Minuten
Garzeit: etwa 50 Minuten

Pro Portion:
E: 47 g, F: 46 g, Kh: 10 g,
kJ: 2740, kcal: 654

Raffiniert – mit Alkohol

1. Brötchen in kaltem Wasser einweichen und anschließend gut ausdrücken.
2. Zwiebel und Knoblauch abziehen, in kleine Würfel schneiden.
3. Gehacktes in eine Schüssel geben. Ausgedrücktes Brötchen, Eier und Tomatenmark gut unterarbeiten. Mit Salz, Pfeffer, Paprika und Oregano würzen.
4. Basilikum abspülen und trockentupfen. Die Blättchen von den Stängeln zupfen. Blättchen in feine Streifen schneiden. Schafskäse in kleine Würfel schneiden.
5. Basilikum und Schafkäsewürfel unter die Gehacktesmasse mischen und zu einem ovalen Laib formen. Speckscheiben darauflegen.
6. Den Hackbraten in einen Bräter legen. Rotwein hinzugießen. Den Bräter auf dem Rost in den vorgeheizten Backofen schieben.
   Ober-/Unterhitze: etwa 200 °C
   Heißluft: etwa 180 °C
   Garzeit: etwa 50 Minuten.
7. Während der Garzeit eventuell verdampfte Flüssigkeit durch Wasser ersetzen.
8. Den garen Hackbraten aus dem Bräter nehmen, etwa 10 Minuten ruhen lassen und anschließend in Scheiben schneiden.

Hackklößchen in Tomatensauce

Polpettine al sugo

4 Portionen

Für die Tomatensauce:
3 mittelgroße Zwiebeln
1 Knoblauchzehe
3 EL Olivenöl
1 Pck. (500 g) passierte Tomaten
1–2 EL Tomatenmark
Salz
frisch gemahlener Pfeffer
Cayennepfeffer
Zucker

Für die Hackklößchen:
2 mittelgroße Zwiebeln
1–2 Knoblauchzehen
500 g Rinderhackfleisch
1 Ei (Größe M)
Paprikapulver edelsüß
einige Spritzer Tabasco
1 TL gerebelter Majoran
2 EL Butter oder 4 EL Olivenöl

Zubereitungszeit: 50 Minuten
Garzeit: 15–20 Minuten

Pro Portion:
E: 29 g, F: 31 g, Kh: 10 g,
kJ: 1807, kcal: 431

Einfach

1. Für die Sauce Zwiebeln und Knoblauch abziehen und in Scheiben schneiden. Das Olivenöl in einer Pfanne erhitzen. Zwiebel- und Knoblauchscheiben darin bei schwacher Hitze etwa 5 Minuten dünsten. Passierte Tomaten und Tomatenmark hinzufügen. Mit Salz, Pfeffer, Cayennepfeffer und Zucker würzen. Die Zutaten zum Kochen bringen und etwa 10 Minuten kochen lassen.

Hackklößchen in Tomatensauce

Die Sauce anschließend in eine flache Auflaufform füllen.

2. Für die Hackklößchen Zwiebeln und Knoblauch abziehen. Zwiebeln in kleine Würfel schneiden. Knoblauch durch eine Knoblauchpresse drücken.
3. Hackfleisch in eine Schüssel geben. Ei, Zwiebelwürfel und Knoblauch gut unterarbeiten und mit Salz, Pfeffer, Cayennepfeffer, Paprika, Tabasco und Majoran kräftig würzen. Aus der Fleischmasse mit angefeuchteten Händen kleine Bällchen formen.
4. Butter oder Olivenöl in einer Pfanne erhitzen. Hackfleischklößchen darin von allen Seiten braun anbraten, herausnehmen und auf Küchenpapier abtropfen lassen.
5. Hackklößchen in die Sauce legen. Die Form auf dem Rost in den vorgeheizten Backofen schieben.
   Ober-/Unterhitze: etwa 180 °C
   Heißluft: etwa 160 °C
   Garzeit: 15–20 Minuten.

Beilage: Reis oder Nudeln und Salat.

Tipp:
Das Gericht kann gut eingefroren werden.

Hähnchenbrust mit Mozzarella

Petto di pollo con mozzarella

4 Portionen

4 Hähnchenbrustfilets ohne Haut (je etwa 150 g)
Salz
frisch gemahlener, schwarzer Pfeffer
2 große Tomaten
125 g Mozzarella-Käse
3 EL Speiseöl (z. B. Sonnenblumenöl)
einige vorbereitete Basilikumblättchen

Zubereitungszeit: 30 Minuten

Pro Portion:
E: 42 g, F: 9 g, Kh: 1 g, kJ: 1076, kcal: 257

Schnell

1. Den Backofengrill vorheizen. Hähnchenbrustfilets unter fließendem kalten Wasser abspülen und trockentupfen. Mit Salz und Pfeffer würzen.
2. Tomaten waschen, abtrocknen und die Stängelansätze herausschneiden. Tomaten jeweils in 4 Scheiben schneiden. Mozzarella abtropfen lassen und in 8 Scheiben schneiden.
3. Speiseöl in einer hitzebeständigen Pfanne erhitzen. Die Hähnchenbrustfilets darin etwa 10 Minuten von beiden Seiten braten.
4. Die Filets jeweils mit 2 Tomatenscheiben belegen und mit Pfeffer bestreuen. Dann je 2 Mozzarellascheiben darauflegen und ebenfalls mit Pfeffer bestreuen.
5. Die Pfanne auf dem Rost unter den vorgeheizten Grill in den Backofen schieben. Die Filets 5–10 Minuten übergrillen, bis der Käse anfängt zu zerlaufen (wer keine hitzebeständige Pfanne hat, kann die Filets auch nach dem Anbraten in eine Auflaufform umfüllen).
6. Die übergrillten Filets vor dem Servieren mit Basilikumblättchen garnieren.

Beilage:
Butterreis oder Knoblauchtoast und Eisbergsalat.

Tipp:
Wenn Sie keinen Backofengrill haben, die Pfanne (Auflaufform) bei etwa 220 °C (Ober-/Unterhitze), etwa 200 °C (Heißluft) oder Stufe 4–5 (Gas) auf dem Rost in den vorgeheizten Backofen schieben und 5–10 Minuten überbacken, bis der Käse zerläuft.

Hähnchenbrust mit Mozzarella

Hähnchenschnitzel in Kräuterpanade

Hähnchenschnitzel in Kräuterpanade

Cotoletta di pollo aromatizzato alle erbe

8–10 Portionen

250 g Semmelbrösel
2 Pck. TK-Kräuter der Provence
4 Eier (Größe M)
10 Hähnchenbrustfilets (je etwa 120 g)
Salz
frisch gemahlener Pfeffer
4 EL Weizenmehl
8 EL Speiseöl

Für die Fenchelnudeln:

5 l Wasser, 5 gestr. TL Salz
500 g feine Bandnudeln
oder Spaghetti
1 Fenchelknolle (etwa 300 g)
100 g Butter oder Margarine

Zubereitungszeit: 40 Minuten
Garzeit: etwa 20 Minuten

Pro Portion:
E: 44 g, F: 20 g, Kh: 58 g,
kJ: 2497, kcal: 597

Raffiniert

1. Semmelbrösel in einer Schüssel mit den Kräutern vermischen. Eier in einer Schüssel verschlagen.
2. Hähnchenbrustfilets unter fließendem kalten Wasser abspülen und trockentupfen. Danach mit Salz und Pfeffer bestreuen.
3. Filets zuerst in Mehl wenden, dann durch die verschlagenen Eier ziehen, am Schüsselrand etwas abstreifen und zuletzt in der Semmelbrösel-Kräuter-Mischung wenden. Die Panade fest andrücken.
4. Speiseöl in einer großen Pfanne erhitzen, Filets darin in 2 Portionen von beiden Seiten anbraten, herausnehmen und auf ein Backblech (gefettet) legen. Das Backblech in den vorgeheizten Backofen schieben.
   Ober-/Unterhitze: 180–200 °C
   Heißluft: 160–180 °C
   Garzeit: etwa 20 Minuten.
5. In der Zwischenzeit Wasser in einem großen Topf mit geschlossenem Deckel zum Kochen bringen. Dann Salz und Nudeln zugeben. Die Nudeln im geöffneten Topf bei mittlerer Hitze nach Packungsanleitung kochen lassen, dabei zwischendurch 4–5 mal umrühren.
6. Anschließend die Nudeln in ein Sieb geben, mit heißem Wasser abspülen und abtropfen lassen.
7. Von der Fenchelknolle die Stiele dicht oberhalb der Knolle abschneiden. Braune Stellen und Blätter entfernen. Wurzelende gerade schneiden. Knolle waschen, abtropfen lassen, halbieren, in feine Streifen oder in kleine Würfel schneiden.
8. Butter oder Margarine in einer großen Pfanne erhitzen, Fenchelstreifen oder -würfel darin andünsten. Nudeln hinzugeben und gut miteinander vermischen. Das ganze mit Salz und Pfeffer würzen.

Tipp:
Anstelle von Hähnchenbrustfilets kann auch Kalb- oder Schweinefleisch verwendet werden.
Zusätzlich noch frische Kräuter der Provence unter die Nudeln heben oder die Fenchelnudeln damit bestreuen.

Hähnchenschnitzel in Zitronen-Ei-Hülle

Cotoletta di pollo aromatizzato al limone

8–10 Portionen

8–10 Hähnchenbrustfilets (je etwa 125 g)
Salz
frisch gemahlener Pfeffer
1 Topf Zitronenmelisse
3 Eier (Größe M)
1 Pck. Dr. Oetker Finesse Geriebene Zitronenschale
100 g Weizenmehl
60 g Butter oder Margarine
3 EL Speiseöl

Für den Safranreis:

2 EL Speiseöl
500 g Langkornreis
1 Döschen (0,2 g) Safran
1 l Gemüsebrühe

Für das Frühlingsgemüse:

500 g grüner Spargel
250 ml ($^1/_4$ l) Wasser
$^1/_2$ gestr. TL Salz, etwas Zucker
500 g Kaiserschoten (Zuckerschoten)
80 g Butter

einige Zitronenmelisseblättchen

Zubereitungszeit: 80 Minuten
Garzeit: etwa 20 Minuten

Pro Portion:

E: 38 g, F: 15 g, Kh: 52 g,
kJ: 2077, kcal: 496

Für Gäste

1. Hähnchenbrustfilets unter fließendem kalten Wasser abspülen und trockentupfen. Die Filets in einen Gefrierbeutel legen, flachklopfen und herausnehmen. Hähnchenbrustfilets mit Salz und Pfeffer bestreuen.
2. Zitronenmelisse abspülen und trockentupfen. Die Blättchen von den Stängeln zupfen. Blättchen klein schneiden.
3. Eier in einer Schüssel verschlagen, Zitronenmelisse und Zitronenschale unterrühren.
4. Hähnchenbrustfilets zuerst in Mehl wenden, dann durch die Eiermasse ziehen und abtropfen lassen.
5. Butter oder Margarine in einer großen Pfanne zerlassen, Öl miterhitzen. Hähnchenbrustfilets darin in 2 Portionen von beiden Seiten 2–3 Minuten anbraten, herausnehmen und auf ein Backblech legen. Das Backblech in den vorgeheizten Backofen schieben.
   Ober-/Unterhitze: etwa 180 °C
   Heißluft: etwa 160 °C
   Garzeit: etwa 20 Minuten.
6. In der Zwischenzeit für den Safranreis Speiseöl in einem großen Topf erhitzen, Reis hinzufügen und unter Rühren darin anrösten. Safran unterrühren. Brühe hinzugießen und zum Kochen bringen. Den Reis unter gelegentlichem Rühren 15–20 Minuten ausquellen lassen. Der Reis soll dabei die gesamte Flüssigkeit aufsaugen. Reis mit Salz abschmecken.
7. Für das Gemüse von dem Spargel das untere Drittel schälen, die unteren Enden abschneiden. Spargel waschen, abtropfen lassen und in 2–3 cm lange Stücke schneiden. Wasser mit Salz und Zucker in einem Topf zum Kochen bringen. Spargelstücke hinzugeben und zugedeckt etwa 8 Minuten garen. Spargelstücke mit einem Schaumlöffel herausnehmen, in ein Sieb geben und abtropfen lassen.
8. Von den Kaiserschoten die Enden abschneiden. Die Schoten eventuell abfädeln. Schoten waschen und abtropfen lassen. Spargelwasser wieder zum Kochen bringen. Kaiserschoten darin etwa 3 Minuten blanchieren, in ein Sieb geben, mit kaltem Wasser übergießen und abtropfen lassen.
9. Butter in einer Pfanne zerlassen. Spargelstücke und Kaiserschoten kurz darin andünsten. Mit Salz und Pfeffer würzen.
10. Die Hähnchenschnitzel mit dem Safranreis und dem Frühlingsgemüse anrichten, mit Zitronenmelisseblättchen garnieren und sofort servieren.

Hähnchenschnitzel in Zitronen-Ei-Hülle

Hase in Tomatensauce

Hase in Tomatensauce

Lepre al sugo

6 Portionen

1 küchenfertiger Hase (1,5 kg)

Für die Marinade:

250 ml (1/4 l) Rotweinessig
250 ml (1/4 l) Wasser
1 Knoblauchzehe
50 g Knollensellerie
1 EL gerebelter Thymian
2 Lorbeerblätter
Salz, frisch gemahlener Pfeffer

20 g Weizenmehl
80 g Butterschmalz
125 ml (1/8 l) Weißwein
125 ml (1/8 l) Wildbrühe
2 EL Tomatenmark
1 Dose passierte Tomaten (400 g)
100 g durchwachsener Speck
3 EL Olivenöl, 1 Knoblauchzehe
4 EL Weinbrand
vorbereiteter Thymianzweig
vorbereitete, frische Lorbeerblätter

Zubereitungszeit: 50 Minuten, ohne Marinierzeit

Pro Portion:
E: 48 g, F: 29 g, Kh: 5 g, kJ: 2135, kcal: 510

Für Gäste – mit Alkohol

1. Hase enthäuten, unter fließendem kalten Wasser abspülen, trockentupfen und eventuell Fett entfernen. Den Hasen in 6 Portionsstücke schneiden.
2. Für die Marinade Essig mit Wasser in einer flachen Schale verrühren. Knoblauch abziehen, grob hacken und unterrühren. Sellerie schälen, waschen, trockentupfen und raspeln. Sellerieraspel ebenfalls unter die Marinade rühren. Thymian, Lorbeerblätter, Salz und Pfeffer hinzufügen. Die Fleischstücke hineinlegen und kalt gestellt etwa 24 Stunden marinieren.
3. Die Fleischstücke herausnehmen, trockentupfen und mit Mehl bestäuben.
4. Butterschmalz in einem Bräter erhitzen. Die Fleischstücke darin von allen Seiten gut anbraten, etwas Wein hinzugießen.
5. Fleischstücke zugedeckt etwa 1 Stunde garen. Dabei die Fleischstücke ab und zu mit dem Bratensatz begießen und verdampfte Flüssigkeit nach und nach durch Weißwein und Wildbrühe ersetzen.
6. Fleischstücke herausnehmen, auf eine vorgewärmte Platte legen und warm stellen. Restlichen Wein und Brühe zum Bratensatz geben und loskochen. Tomatenmark und passierte Tomaten unterrühren, etwas einkochen lassen.
7. Speck in Würfel schneiden. Olivenöl in einer Pfanne erhitzen. Speckwürfel darin braun braten und unter die Sauce rühren. Knoblauch abziehen, fein hacken und ebenfalls unterrühren.
8. Die Sauce mit Salz, Pfeffer und Weinbrand abschmecken und auf dem warm gestellten Fleisch verteilen. Mit Thymian und Lorbeerblättern garniert servieren.

Haselnusskuchen

Torta di nocciole

Zum Vorbereiten:

300 g gemahlene Haselnusskerne
12 g gesiebtes Kakaopulver

Für den Teig:

200 g Butter
250 g brauner Zucker (Rohrzucker)
4 Eigelb (Größe M)
75 g gesiebtes Weizenmehl
4 Eiweiß (Größe M)

Zum Verzieren:

Puderzucker

Zubereitungszeit: 30 Minuten, ohne Abkühlzeit
Backzeit: etwa 45 Minuten

Insgesamt:
E: 76 g, F: 385 g, Kh: 328 g, kJ: 21145, kcal: 5051

Haselnusskuchen

Gut vorzubereiten

1. Zum Vorbereiten Haselnusskerne auf ein Backblech geben und zum Rösten in den vorgeheizten Backofen schieben.
   Ober-/Unterhitze: etwa 180 °C
   Heißluft: etwa 160 °C
   Röstzeit: etwa 10 Minuten.
   Haselnusskerne während des Röstens gelegentlich umrühren.
2. Haselnusskerne abkühlen lassen und mit Kakao vermischen.
3. Für den Teig Butter und Zucker in eine Rührschüssel geben und mit Handrührgerät mit Rührbesen auf höchster Stufe etwa 6 Minuten schaumig rühren. Eigelb nach und nach unterrühren (jedes Eigelb knapp $^1/_2$ Minute).
4. Mehl mit der Haselnussmischung vermengen und unter die Zucker-Ei-Mischung heben. Eiweiß sehr steif schlagen und vorsichtig unterheben.
5. Den Teig in eine Springform (Ø 26 cm, gefettet) geben und glatt streichen. Die Form auf dem Rost in den vorgeheizten Backofen schieben.
   Ober-/Unterhitze: etwa 180 °C
   Heißluft: etwa 160 °C
   Backzeit: etwa 45 Minuten.
6. Den Kuchen aus der Form lösen und auf einen mit Backpapier belegten Kuchenrost stürzen. Kuchen erkalten lassen.
7. Zum Verzieren einen Kuchenrost auf die Kuchenoberfläche legen. Kuchenoberfläche mit Puderzucker bestäuben. Kuchenrost vorsichtig abnehmen.

Tipp:
Der Haselnusskuchen bleibt mindestens eine Woche frisch und saftig. Reichen Sie Zabaione oder steif geschlagene Schlagsahne dazu. Die Haselnusskerne können auch in einer Pfanne ohne Fett geröstet werden. Anstelle von selbst gerösteten Haselnusskernen können Sie auch fertig gekaufte, gemahlene Haselnusskerne verwenden.

Hausgemachtes toskanisches Weißbrot

Pane toscano fatto in casa

500 g Weizenmehl (Type 550)
$^1/_2$ Pck. (21 g) frische Hefe
1 TL Zucker
knapp 125 ml ($^1/_2$ l) lauwarmes Wasser
etwa 250 ml ($^1/_4$ l) Wasser

Zubereitungszeit: 25 Minuten, ohne Teiggehzeit
Backzeit: etwa 30 Minuten

Insgesamt:
E: 55 g, F: 6 g, Kh: 373 g, kJ: 7513, kcal: 1793

Klassisch

1. Für den Teig Mehl in eine Rührschüssel sieben, in die Mitte eine Vertiefung eindrücken. Hefe hineinbröckeln, Zucker und etwas von dem lauwarmen Wasser hinzufügen und anrühren. So viel Wasser unterkneten, dass ein geschmeidiger Teig entsteht.
2. Den Teig auf einer bemehlten Arbeitsfläche zu einem Laib formen, in eine Rührschüssel legen und die Oberfläche kreuzweise einschneiden. Den Teig zugedeckt bei Zimmertemperatur 20–30 Minuten gehen lassen, bis er sich verdoppelt hat. Den Vorgang noch einmal wiederholen.
3. Teig halbieren, durchkneten und mit Mehl bestäuben. Jeweils zu einem Laib formen, wieder kreuzweise einschneiden und nochmals zugedeckt etwa 15 Minuten gehen lassen. Teiglaibe auf ein Backblech (mit Backpapier belegt) legen und mit Wasser bestreichen. Das Backblech in den vorgeheizten Backofen schieben und die Weißbrote goldbraun backen.
   Ober-/Unterhitze: etwa 200 °C
   Heißluft: etwa 180 °C
   Backzeit: etwa 30 Minuten.
4. Die Brote nach gut der Hälfte der Backzeit nochmals mit Wasser bestreichen. Die fertigen Brote mit dem Backpapier vom Backblech auf einen Kuchenrost ziehen. Brote erkalten lassen.

Hinweis: Das toskanische Brot ist nicht gesalzen. Das Kreuzzeichen wird auf den Broten von jeher gemacht, als Symbol der christlichen Religion, und um das Gehen des Teiges zu unterstützen.

Heidelbeertorte

Torta ai mirtilli

Für den Knetteig:

300 g Weizenmehl
60 g Zucker, 1 Prise Salz
125 g Butter
4 EL trockener Sherry
1 EL Weizenmehl

Für die Füllung:

6 Blatt rote Gelatine
350 g frische Heidelbeeren
oder eine TK-Beerenmischung
125 ml (1/8 l) Wasser
Saft von 1/2 Zitrone
150 g Zucker
350 g frische Heidelbeeren
oder eine TK-Beerenmischung

Zubereitungszeit: 50 Minuten, ohne Kühlzeit
Backzeit: 15–20 Minuten

Insgesamt:

E: 48 g, F: 115 g, Kh: 482 g,
kJ: 13560, kcal: 3236

Mit Alkohol – fruchtig

Heidelbeertorte

1. Für den Teig Mehl in eine Rührschüssel sieben. Zucker, Salz, Butter und Sherry hinzufügen. Die Zutaten mit Handrührgerät mit Knethaken zunächst kurz auf niedrigster, dann auf höchster Stufe gut durcharbeiten.
2. Anschließend auf einer bemehlten Arbeitsfläche zu einem glatten Teig verkneten. Den Teig in Folie gewickelt etwa 1 Stunde kalt stellen.
3. Zwei Drittel des Teiges auf dem Boden einer Springform (Ø 26 cm, gefettet) ausrollen und den Springformrand darumlegen. Restlichen Teig mit einem Esslöffel Mehl verkneten und zu einer langen Rolle formen, sie als Rand auf den Teigboden legen und so an die Form legen, dass ein etwa 3 cm hoher Rand entsteht. Teigboden mehrmals mit einer Gabel einstechen. Die Form auf dem Rost in den vorgeheizten Backofen schieben.
   Ober-/Unterhitze: etwa 200 °C
   Heißluft: etwa 180 °C
   Backzeit: 15–20 Minuten.
4. Die Form auf einen Kuchenrost stellen. Den Springformrand lösen und entfernen. Den Tortenboden vom Springformboden lösen, aber darauf erkalten lassen. Tortenboden auf eine Platte legen.
5. Für die Füllung Gelatine in kaltem Wasser nach Packungsanleitung einweichen. Heidelbeeren verlesen, waschen, abtropfen lassen und in einen Topf geben. Wasser, Zitronensaft und Zucker hinzufügen. Die Zutaten zum Kochen bringen und bei schwacher Hitze unter mehrmaligem Rühren (mit einem Schneebesen) etwa 10 Minuten kochen lassen. Den Topf von der Kochstelle nehmen und die ausgedrückte Gelatine unter Rühren darin auflösen. Die Fruchtmasse kalt stellen.
6. Heidelbeeren verlesen, waschen und gut abtropfen lassen. Wenn die Fruchtmasse anfängt dicklich zu werden, Heidelbeeren vorsichtig unterheben und auf dem Tortenboden verteilen. Torte 3–4 Stunden kalt stellen.

Beilage:
Steif geschlagene Schlagsahne.

Herzmuscheln, gedünstet

Sugo di vongole

4 Portionen

1,5 kg Herzmuscheln
3 Knoblauchzehen, 5 EL Olivenöl
200 ml trockener Weißwein
200 ml Fischfond oder -brühe
Salz, frisch gemahlener Pfeffer
3 EL gewaschene, klein gehackte Petersilie, 1 EL Tomatenmark

Zubereitungszeit: 25 Minuten

Pro Portion:
E: 8 g, F: 13 g, Kh: 3 g,
kJ: 848, kcal: 203

Schnell – mit Alkohol

1. Die Herzmuscheln unter fließendem kalten Wasser gründlich waschen und abbürsten. Aufgebrochene oder zerbrochene Muscheln aussortieren.

Herzmuscheln, gedünstet

2. Knoblauch abziehen und durch eine Knoblauchpresse drücken.
3. Olivenöl in einem großen Topf erhitzen, die Herzmuscheln darin kurz andünsten. Wein und Fischfond oder -brühe hinzufügen und erhitzen. Mit Salz, Pfeffer, Petersilie, Tomatenmark und Knoblauch würzen. Die Muscheln 6–7 Minuten darin ziehen lassen (nicht kochen), bis sie sich öffnen.
4. Muscheln, die sich nach dem Garen nicht geöffnet haben, sind ungenießbar. Die Muscheln in einer vorgewärmten Schüssel anrichten. Den Kochsud mit den Gewürzen abschmecken und zu den Muscheln servieren.

Beilage:
Ofenfrisches Stangenbaguette.

Heuschreckenkrebse mit Knoblauch und Tomate

Cicale di mare con aglio e pomodori

2 Portionen

12 frische Heuschreckenkrebse
1 Knoblauchzehe
2 Schalotten
2 mittelgroße, reife Tomaten
2 EL Olivenöl
100 ml trockener Weißwein
1 EL Butter
2 EL gehackte Petersilie
Salz
frisch gemahlener Pfeffer
1 Bio-Zitrone (unbehandelt, ungewachst)

Zubereitungszeit: 30 Minuten

Pro Portion:
E: 57 g, F: 23 g, Kh: 9 g,
kJ: 2161, kcal: 515

Mit Alkohol

1. Die Krebse unter fließendem kalten Wasser abspülen und trockentupfen. Knoblauch und Schalotten abziehen. Knoblauch in dünne Scheiben schneiden. Schalotten zuerst in Scheiben schneiden, dann in Ringe teilen.
2. Tomaten waschen, abtrocknen, vierteln, entkernen und die Stängelansätze entfernen. Tomaten in kleine Würfel schneiden.
3. Olivenöl in einer breiten Pfanne erhitzen. Knoblauchscheiben und Schalottenringe darin andünsten. Krebse hinzufügen und unter Rütteln der Pfanne etwa 3 Minuten mitdünsten lassen.
4. Tomatenwürfel und Wein hinzugeben und weitere etwa 5 Minuten dünsten. Butter unterschwenken. Petersilie unterheben. Mit Salz und Pfeffer würzen.
5. Zitrone abwaschen, abtrocknen und in Scheiben schneiden. Mit Zitronenscheiben garnieren.

Beilage:
Brot für die Sauce zum Dippen.

Modernes italienisches Menü

6 Personen

Zitronenrisotto mit Hummer 1 x (Seite 302)
Klare Tomatensuppe mit Polentarauten 1 x (Seite 127)
Herzmuscheln gedünstet 1 x (Seite 105)
Kalbsleber venezianisch 1,5 x (Seite 115)
Granita von Erdbeeren 1 x (Seite 92)

Zusätzlich:
Erdbeeren als Garnitur

Himbeerparfait

Semifreddo al lampone

4 Portionen

Für das Himbeerparfait:
500 g Himbeeren
2 Eigelb (Größe M)
125 g Zucker
2 EL Zitronensaft
2 Eiweiß (Größe M)
500 g Schlagsahne

Zum Garnieren:
vorbereitete Himbeeren
vorbereitete Minzeblättchen

Zubereitungszeit: 25 Minuten, ohne Gefrierzeit

Pro Portion:
E: 8 g, F: 42 g, Kh: 41 g, kJ: 2495, kcal: 596

Für Gäste

1. Himbeeren verlesen, pürieren und durch ein feines Sieb streichen.
2. Eigelb und Zucker mit Handrührgerät mit Rührbesen etwa 5 Minuten sehr schaumig schlagen, Zitronensaft unterrühren.
3. Eiweiß und Sahne getrennt steif schlagen und unter die Eigelbcreme ziehen. Himbeerpüree vorsichtig unter die Creme heben, in eine Schüssel (mit Frischhaltefolie ausgelegt) geben und im Gefrierfach 3–4 Stunden gefrieren lassen.
4. Kurz vor dem Servieren das Parfait mit einem Messer vom Rand lösen und auf einen Teller stürzen, Frischhaltefolie entfernen.
5. Das Parfait mit Himbeeren und Minzeblättchen garnieren und anschließend servieren.

Himbeerparfait

Huhn mit Paprikaschoten

Pollo con peperoni

4 Portionen

1 küchenfertiges Huhn (etwa 1,25 kg)
Salz
4 EL Olivenöl
1 abgezogene Zwiebel
3 abgezogene Knoblauchzehen
je 1 grüne, rote und gelbe Paprikaschote
4 große Tomaten

Zubereitungszeit: 50 Minuten

Pro Portion:
E: 65 g, F: 41 g, Kh: 8 g, kJ: 2768, kcal: 662

Preiswert

1. Huhn unter fließendem kalten Wasser abspülen, trockentupfen und vierteln. Hühnerstücke mit Salz bestreuen.
2. Olivenöl in einer Pfanne erhitzen. Hühnerstücke von allen Seiten darin anbraten und herausnehmen.
3. Zwiebel und Knoblauch abziehen. Zwiebel in kleine Würfel schneiden. Knoblauch durch eine Knoblauchpresse drücken. Zwiebelwürfel und Knoblauch in der Pfanne andünsten.
4. Paprika halbieren, entstielen, entkernen und die weißen Scheidewände entfernen. Schotenhälften waschen, trockentupfen und in Streifen schneiden. Tomaten waschen, kreuzweise einschneiden und einige Sekunden in kochendes Wasser legen. Tomaten kurz in kaltes Wasser legen, enthäuten, halbieren, entkernen und die Stängelansätze herausschneiden.
5. Paprikastreifen und Tomatenhälften in der Pfanne kurz mit andünsten. Hühnerteile wieder hinzufügen. Die Zutaten zugedeckt bei schwacher Hitze etwa 30 Minuten garen.

Beilage:
Reis oder Gnocchi mit Feldsalat.

Huhn mit Paprikaschoten

Huhn nach Jäger-Art

Huhn nach Jäger-Art

Pollo alla cacciatore

4 Portionen

1 vorbereitetes Huhn (etwa 1 kg)
Salz, frisch gemahlener Pfeffer
3 EL Olivenöl, 60 g Butter
250 g Champignons
1 abgezogene Zwiebel
2 EL Weizenmehl
1 Glas (200 ml) Weißwein
1 EL Weinbrand
125 ml (1/8 l) Rindfleischbrühe
oder Instant-Fleischbrühe)
100 g Tomaten
3–4 EL gehackte Petersilie
gerebeltes Basilikum

Zubereitungszeit: 60 Minuten

Pro Portion:
E: 46 g, F: 40 g, Kh: 7 g,
kJ: 2575, kcal: 616

Mit Alkohol

1. Huhn unter fließendem kalten Wasser abspülen, trockentupfen und in 4 Stücke teilen. Mit Salz und Pfeffer bestreuen.
2. Olivenöl und Butter in einem Bräter erhitzen. Hühnerteile darin von allen Seiten anbraten, herausnehmen und warm stellen.
3. Champignons putzen, mit Küchenpapier abreiben, evtl. abspülen, abtropfen lassen und in Scheiben schneiden. Zwiebel halbieren, in kleine Würfel schneiden. Champignonscheiben und Zwiebelwürfel in dem verbliebenen Bratfett andünsten. Mehl hinzufügen und unter Rühren so lange erhitzen, bis es leicht gebräunt ist. Nach und nach Wein, Weinbrand und Brühe hinzugießen. Mit einem Schneebesen durchschlagen. Darauf achten, dass keine Klümpchen entstehen.
4. Tomaten waschen, kreuzweise einschneiden und einige Sekunden in kochendes Wasser legen. Tomaten kurz in kaltes Wasser legen, enthäuten, halbieren, entkernen und die Stängelansätze herausschneiden. Tomaten in Würfel schneiden, zu den Champignonscheiben geben, aufkochen lassen und bei schwacher Hitze etwa 8 Minuten dünsten lassen. Warm gestellte Hühnerteile hinzufügen, zum Kochen bringen und zugedeckt etwa 30 Minuten garen, eventuell zwischendurch noch etwas Wasser hinzufügen.
5. Hühnerteile herausnehmen und auf einer vorgewärmten Platte anrichten. Petersilie und Basilikum unter die Sauce rühren. Mit Salz und Pfeffer abschmecken.
6. Die Sauce auf den Hühnerteilen verteilen und sofort servieren.

Huhn nach Teufels-Art

Huhn nach Teufels-Art

Pollo alla diavola

4 Portionen

2 Hühnchen (je etwa 900 g)
2 EL scharfer Senf
Salz, frisch gemahlener Pfeffer
Cayennepfeffer, 2 Zweige Rosmarin
5 EL Speiseöl

Zubereitungszeit: 45 Minuten
Garzeit: 30–35 Minuten

Pro Portion:
E: 76 g, F: 42 g, Kh: 1 g,
kJ: 2845, kcal: 681

Preiswert

1. Hühnchen unter fließendem kalten Wasser abspülen und trockentupfen. Mit einer Geflügelschere entlang dem Rückgrat schneiden. Rückgrat heraustrennen.
2. Hühnchen mit einem Fleischklopfer leicht plattieren. Fleisch und Haut innen und außen mit Senf bestreichen, mit Salz, Pfeffer und Cayennepfeffer würzen.
3. Rosmarin abspülen und trockentupfen. Die Nadeln von den Stängeln zupfen. Nadeln klein schneiden. Hühnchen mit Rosmarin bestreuen.
4. Speiseöl in einem Bräter erhitzen. Das Hühnchen von beiden Seiten darin anbraten. Den Bräter auf dem Rost in den vorgeheizten Backofen schieben.
   Ober-/Unterhitze: 200–220 °C
   Heißluft: 180–200 °C
   Garzeit: 30–35 Minuten.
5. Während der Garzeit eventuell etwas Wasser hinzufügen.

Beilage:
Paprikagemüse und Strohkartoffeln.

Jakobsmuscheln mit kleinem Salat

Jakobsmuscheln mit kleinem Salat

Cappesante con insalata

4 Portionen

Für den Salat:

100 g Frisée-Salat
100 g Feldsalat
100 g junger Spinat
200 g Cocktailtomaten
4 EL Himbeeressig
1 abgezogene, fein gehackte Knoblauchzehe
Salz
frisch gemahlener Pfeffer
1 EL Kerbelspitzen
8 EL Olivenöl

24 Jakobsmuscheln (ohne Schale)
etwas Olivenöl
4 hart gekochte Wachteleier

Zubereitungszeit: 30 Minuten

Pro Portion:
E: 9 g, F: 22 g, Kh: 5 g,
kJ: 1111, kcal: 265

Raffiniert – für Gäste

1. Den Frisée-, Feldsalat und Spinat putzen, gründlich waschen und trockenschleudern oder trockentupfen. Die Cocktailtomaten waschen, trockentupfen, halbieren und eventuell die Stängelansätze entfernen.
2. Essig mit Knoblauch, Salz, Pfeffer und Kerbelspitzen verrühren, das Olivenöl unterschlagen.
3. Jakobsmuscheln abspülen und trockentupfen. Mit Salz und Pfeffer würzen. Olivenöl in einer Pfanne erhitzen. Jakobsmuscheln darin etwa 2 Minuten leicht anbraten.
4. Die vorbereiteten Salate mit Jakobsmuscheln, halbierten Wachteleiern und Tomatenhälften auf Tellern anrichten und mit der Marinade übergießen.

Jakobsmuscheln, überbacken

Cappesante al forno

4 Portionen

1 Pck. TK-Jakobsmuscheln
1 Fleischtomate
100 g Champignons
1–2 kleine Schalotten
2–3 Knoblauchzehen
Salz
frisch gemahlener Pfeffer
1 EL Butter
2 EL frisch geriebener Parmesan-Käse

Zubereitungszeit: 30 Minuten, ohne Auftauzeit
Backzeit: etwa 10 Minuten

Jakobsmuscheln, überbacken

Pro Portion:
E: 18 g, F: 8 g, Kh: 9 g,
kJ: 759, kcal: 181

Für Gäste

1. Jakobsmuscheln zugedeckt über Nacht im Kühlschrank auftauen lassen. Das Muschelfleisch evtl. kurz abspülen, trockentupfen, in Scheiben schneiden und in 4 Gratinförmchen oder Muschelschalen verteilen.
2. Die Tomate waschen, kreuzweise einschneiden und einige Sekunden in kochendes Wasser legen. Tomate kurz in kaltes Wasser legen, enthäuten, halbieren, entkernen und den Stängelansatz herausschneiden.
3. Champignons putzen, mit Küchenpapier abreiben, evtl. abspülen, trockentupfen und klein schneiden. Schalotten und Knoblauch abziehen, klein würfeln, mit den Tomatenhälften und den Champignons im Mixer pürieren, mit Salz und Pfeffer würzen.
4. Das Püree auf dem Muschelfleisch verteilen, Butter in Flöckchen daraufsetzen. Mit Parmesan bestreuen. Die Gratinformen oder Muschelschalen auf dem Rost in den vorgeheizten Backofen schieben.
   Ober-/Unterhitze: etwa 220 °C
   Heißluft: etwa 200 °C
   Backzeit: etwa 10 Minuten.

Beilage:
Ofenfrisches Baguette.

Tipp:
Eine zerdrückte Knoblauchzehe unter die Butter kneten. Statt Jakobsmuscheln können auch Miesmuscheln aus der Dose verwendet werden. Dazu das Muschelfleisch in ein Sieb geben und gut abtropfen lassen. Die Muscheln dann, wie im Rezept beschrieben, weiter verarbeiten.

Johannisbeer-Granita

Johannisbeer-Granita

Granita di ribes

4 Portionen

500 g rote Johannisbeeren
100 ml Wasser
Vanillemark von 1/2 Vanilleschote
5 EL flüssiger Honig
400 ml Marsala-Wein
vorbereitete Minzeblättchen

Zubereitungszeit: 35 Minuten, ohne Gefrierzeit

Pro Portion:
E: 1 g, F: 0 g, Kh: 32 g,
kJ: 961, kcal: 229

Für Gäste – mit Alkohol

1. Johannisbeeren verlesen, waschen, abtropfen lassen (einige Rispen zum Garnieren beiseite legen). Die Beeren von den Rispen abstreifen.
2. Johannisbeeren mit Wasser und Vanillemark in einem Topf zum Kochen bringen und bei schwacher Hitze etwa 10 Minuten kochen lassen. Anschließend die Johannisbeeren durch ein Sieb streichen und den Saft dabei auffangen.
3. Den aufgefangenen Johannisbeersaft mit Honig verrühren und durch ein Mulltuch geben, um den Saft zu klären. Johannisbeersaft in einer flachen Plastikschale etwa 4 Stunden einfrieren.
4. Wenn das Granita fest ist, mit einem Löffel in Flocken abkratzen oder in einem Eiscrasher zerkleinern, in vier Gläser geben und mit kaltem Marsala auffüllen.
5. Johannisbeer-Granita mit den beiseite gelegten Johannisbeeren und Minzeblättchen garnieren.

Kabeljaukoteletts auf Zucchini-Risotto

Kabeljaukoteletts auf Zucchini-Risotto

Merluzzo con zucchine

4 Portionen

2 Zwiebeln
1 gelbe oder grüne Zucchini (etwa 300 g)
1 Fenchelknolle (etwa 350 g)
4 EL Olivenöl
200 g Risottoreis (z. B. Arborio-Reis)
1 Glas (400 ml) Fischfond
200 g Schlagsahne oder 200 ml Gemüsebrühe
Salz, frisch gemahlener Pfeffer
Cayennepfeffer
4 Kabeljaukoteletts (je etwa 150 g)
1 EL Weizenmehl
3 EL Olivenöl

vorbereitete Dillspitzen

Zubereitungszeit: 45 Minuten

Pro Portion:
E: 33 g, F: 25 g, Kh: 48 g, kJ: 2299, kcal: 550

Für Gäste

1. Zwiebeln abziehen und in kleine Würfel schneiden. Zucchini waschen, abtrocknen und die Enden abschneiden. Zucchini ebenfalls klein würfeln.
2. Von der Fenchelknolle die Stiele dicht oberhalb der Knolle abschneiden, braune Stellen und Blätter entfernen (etwas Fenchelgrün beiseite legen). Das Wurzelende gerade schneiden. Die Knolle waschen, abtropfen lassen, vierteln, in kleine Würfel schneiden.
3. Olivenöl in einem Topf erhitzen. Zwiebelwürfel darin andünsten. Die vorbereiteten Gemüsezutaten mit dem Reis zu den Zwiebelwürfeln geben und mit andünsten. Nach und nach Fischfond und Sahne oder Gemüsebrühe hinzugießen. Den Reis nach Packungsanleitung garen. Mit Salz, Pfeffer und Cayennepfeffer würzen.
4. In der Zwischenzeit Kabeljaukoteletts unter fließendem kalten Wasser abspülen, trockentupfen, mit Salz bestreuen und mit Mehl bestäuben.
5. Olivenöl in einer Pfanne erhitzen. Kabeljaukoteletts darin von beiden Seiten etwa 10 Minuten braten.
6. Kabeljaukoteletts mit dem Zucchini-Risotto anrichten und mit Dillspitzen bestreuen.

Kaiserschmarrn mit Pinienkernen und Rosinen

Frittata dolce stracciata con pinoli e uvetta

2 Portionen

80 g Weizenmehl
125 ml ($^1/_8$ l) Milch
2 Eigelb (Größe L)
Salz
2 Eiweiß (Größe L)
1 EL Dr. Oetker Bourbon-Vanille-Zucker
30 g Rosinen
30 g Pinienkerne, 2 EL Butter

25 g Puderzucker zum Bestäuben

Zubereitungszeit: 25 Minuten
Backzeit: etwa 10 Minuten

Pro Portion:
E: 17 g, F: 33 g, Kh: 62 g, kJ: 2604, kcal: 622

Klassisch

Kaiserschmarrn mit Pinienkernen und Rosinen

1. Mehl in eine Rührschüssel sieben. Mit Milch, Eigelb und einer Prise Salz glatt rühren. Eiweiß mit Vanille-Zucker steif schlagen.
2. Eischnee mit Rosinen und Pinienkernen unter den Teig heben.
3. Butter in einer großen Pfanne zerlassen. Den Teig hineingeben und kurz auf der Unterseite backen lassen. Dann die Pfanne auf dem Rost in den vorgeheizten Backofen schieben.
   Ober-/Unterhitze: etwa 180 °C
   Heißluft: etwa 160 °C
   Garzeit: etwa 10 Minuten.
4. Den Kaiserschmarrn mit 2 Gabeln in Stücke zupfen und dick mit Puderzucker bestäuben.

Beilage: Preiselbeeren.

Tipp: In Südtirol wird Kaiserschmarrn meistens mit Preiselbeeren serviert. Er schmeckt aber auch mit anderen Beeren, Apfelkompott oder Eis.

Kalbfleisch in Weißwein und Tomatensauce

Vitello alla Marengo

4 Portionen

700 g Kalbsbrust
4–6 EL Olivenöl
1 Zwiebel
Salz
frisch gemahlener Pfeffer
1 EL Weizenmehl
250 ml (¼ l) Weißwein
250 ml (¼ l) Fleischbrühe
2 Knoblauchzehen
1 Lorbeerblatt
getrockneter Thymian
200 g frische Champignons
500 g Tomaten
3–4 EL gehackte Petersilie

Kalbfleisch in Weißwein und Tomatensauce

Zubereitungszeit: 35 Minuten
Garzeit: etwa 70 Minuten

Pro Portion:
E: 36 g, F: 29 g, Kh: 6 g,
kJ: 1964, kcal: 468

Für Gäste

1. Kalbsbrust unter fließendem kalten Wasser abspülen, trockentupfen und in große Würfel schneiden.
2. Das Olivenöl in einer Pfanne erhitzen. Fleischwürfel unter mehrmaligem Wenden darin anbraten. Zwiebel abziehen, in kleine Würfel schneiden, zu den Fleischwürfeln geben und mit anbraten. Mit Salz und Pfeffer bestreuen. Fleischwürfel mit Mehl bestäuben und unterrühren. Wein und Brühe hinzugießen.
3. Knoblauch abziehen, in kleine Würfel schneiden, zusammen mit dem Lorbeerblatt und Thymian hinzufügen. Die Zutaten unter Rühren zum Kochen bringen und zugedeckt bei mittlerer Hitze etwa 60 Minuten garen.
4. Champignons putzen, mit Küchenpapier abreiben, evtl. kurz abspülen, trockentupfen und in Scheiben schneiden. Tomaten waschen, kreuzweise einschneiden und einige Sekunden in kochendes Wasser legen. Tomaten kurz in kaltes Wasser legen, enthäuten, halbieren, entkernen und die Stängelansätze herausschneiden. Tomaten in Würfel schneiden.
5. Champignonscheiben und Tomatenwürfel zum gegarten Fleisch geben, zum Kochen bringen und weitere etwa 10 Minuten bei schwacher Hitze kochen lassen. Mit Petersilie bestreut servieren.

Beilage:
Weißbrot oder Bandnudeln.

Tipp:
Statt Kalbsbrust kann auch Hühner- oder Schweinefleisch verwendet werden.

Kalbshaxe aus dem Ofen

Osso buco al forno

4 Portionen

1 Kalbshaxe (1,5–2 kg)
Salz, frisch gemahlener Pfeffer
gemahlener Rosmarin
gerebelter Thymian
4 Tomaten, 2 Zwiebeln
2 Knoblauchzehen
gerebeltes Basilikum
125 ml (1/8 l) Weißwein

Für die Sauce:
1–2 EL Weizenmehl
3–4 EL kaltes Wasser
2 EL Schlagsahne
Weißwein, 1 Prise Zucker

Zubereitungszeit: 30 Minuten
Garzeit: etwa 2 Stunden

Pro Portion:
E: 59 g, F: 19 g, Kh: 8 g,
kJ: 1958, kcal: 468

Dauert länger – mit Alkohol – für Fortgeschrittene

1. Kalbshaxe unter fließendem kalten Wasser abspülen und trockentupfen. Mit Salz, Pfeffer, Rosmarin und Thymian würzen. Haxe in einen Bratentopf oder eine feuerfeste Form mit Deckel legen.
2. Tomaten waschen, trockentupfen, vierteln und die Stängelansätze entfernen. Zwiebeln und Knoblauch abziehen und vierteln.
3. Tomaten-, Zwiebel- und Knoblauchstücke um die Haxe legen. Mit Salz, Pfeffer und Basilikum bestreuen, Weißwein hinzugießen. Den Bratentopf oder die Form mit dem Deckel verschließen und auf dem Rost in den vorgeheizten Backofen schieben.

Kalbshaxe aus dem Ofen

Ober-/Unterhitze: 180–200 °C
Heißluft: 160–180 °C
Garzeit: etwa 2 Stunden.

4. Verdampfte Flüssigkeit nach und nach durch Wasser ersetzen. Nach etwa 1 Stunde Garzeit den Deckel entfernen. Die Haxe während der Garzeit ab und zu wenden, damit sie gleichmäßig bräunt.
5. Die gare Haxe herausnehmen, vom Knochen lösen, auf einer vorgewärmten Platte anrichten und warm stellen.
6. Für die Sauce den Bratensatz mit Wasser loskochen, durch ein Sieb streichen und in einen Topf geben. Evtl. mit Wasser auffüllen, zum Kochen bringen. Mehl mit Wasser anrühren, unter Rühren in die Flüssigkeit geben und zum Kochen bringen. Die Sauce unter mehrmaligem Rühren etwa 5 Minuten kochen lassen, die Sahne unterrühren.
7. Die Sauce mit Salz, Pfeffer, Thymian, Wein und Zucker abschmecken. Die Haxe mit der Sauce servieren.

Beilage:
Kartoffelbrei, Brokkoli.

Kalbshaxe mit Staudensellerie

Osso buco con sedano

4 Portionen

200 g durchwachsener Speck
1 kg Kalbshaxe (in etwa 3 cm dicke Scheiben geschnitten)
Salz
frisch gemahlener Pfeffer
4 Stangen Staudensellerie
1 Zwiebel
1 Knoblauchzehe
250 ml (1/4 l) Weißwein
1 Dose geschälte Tomaten (800 g)

Zubereitungszeit: 40 Minuten
Garzeit: etwa 2 Stunden

Pro Portion:
E: 39 g, F: 31 g, Kh: 7 g,
kJ: 2137, kcal: 509

Dauert länger – mit Alkohol

1. Speck in kleine Würfel schneiden und in einem Bräter glasig ausbraten.

Kalbshaxe unter fließendem kalten Wasser abspülen, trockentupfen und in dem heißen Speckfett rundherum gut anbraten. Mit Salz und Pfeffer würzen. Fleischstücke herausnehmen.

2. Staudensellerie putzen und die harten Außenfäden abziehen. Sellerie waschen, abtropfen lassen und in etwa 2 cm lange Stücke schneiden. Zwiebel und Knoblauch abziehen, in kleine Würfel schneiden.
3. Selleriestücke, Zwiebel- und Knoblauchwürfel in dem Bratensatz andünsten, Wein hinzugießen und aufkochen lassen. Die Fleischstücke wieder hinzufügen.
4. Tomaten mit dem Saft zum Fleisch geben. Mit Salz und Pfeffer würzen. Den Bräter auf dem Rost in den vorgeheizten Backofen schieben.
   Ober-/Unterhitze: etwa 180 °C
   Heißluft: 160 °C
   Garzeit: etwa 2 Stunden.
5. Während der Garzeit verdampfte Flüssigkeit nach und nach durch Wasser ersetzen.

Kalbshaxe mit Staudensellerie

Kalbskotelett Mailand

Kalbskotelett Mailand

Costolette di vitello alla milanese

6 Portionen

6 Kalbskoteletts (je etwa 160 g)
3 Eier (Größe M), 6 EL Olivenöl
80 g frisch geriebener Parmesan-Käse
80 g Semmelbrösel
30 g Butter
1 Bio-Zitrone (unbehandelt, ungewachst)

Zubereitungszeit: 30 Minuten

Pro Portion:
E: 30 g, F: 26 g, Kh: 8 g,
kJ: 1612, kcal: 384

Raffiniert – schnell

1. Kalbskoteletts unter fließendem kalten Wasser abspülen, trockentupfen und leicht klopfen. Koteletts evtl. am Rand einschneiden.
2. Eier mit 1 Teelöffel Olivenöl in einer flachen Schüssel verschlagen. Parmesan-Käse und Semmelbrösel in einem flachen Teller mischen.
3. Koteletts zuerst durch die verschlagenen Eier ziehen, am Schüsselrand etwas abstreifen und dann in der Käse-Brösel-Mischung wenden. Panade leicht andrücken.
4. Restliches Olivenöl und Butter in einer großen Pfanne erhitzen. Die Koteletts darin von beiden Seiten goldgelb braten, herausnehmen und auf einer vorgewärmten Platte anrichten.
5. Zitrone heiß abwaschen, abtrocknen und in Spalten schneiden.
6. Die Koteletts mit den Zitronenspalten garniert servieren.

Beilage:
Kartoffelkroketten oder Rösti.

Kalbskotelett Roma

Costolette di vitello alla romana

4 Portionen

4 Kalbskoteletts (je etwa 180 g)
Salz, frisch gemahlener Pfeffer
1 Scheibe Schinkenspeck
12 Schalotten
1 Knoblauchzehe
etwa 12 schwarze, entsteinte Oliven
2 EL frisch gehackter Kerbel
3 EL Speiseöl
75 ml Madeira-Wein
250 ml (1/4 l) Kalbsjus
50 g kalte Butter

Zubereitungszeit: 50 Minuten
Garzeit: etwa 10 Minuten

Pro Portion:
E: 29 g, F: 31 g, Kh: 8 g,
kJ: 1891, kcal: 452

Etwas teurer – mit Alkohol

1. Koteletts unter fließendem kalten Wasser abspülen und trockentupfen. Mit Salz und Pfeffer würzen.
2. Speck in kleine Würfel schneiden. Schalotten und Knoblauch abziehen, klein hacken. Oliven in kleine Würfel schneiden. Speckwürfel mit Schalotten-, Knoblauchstückchen, Olivenwürfeln und Kerbel mischen.
3. Speiseöl in einer hitzebeständigen Pfanne erhitzen. Koteletts darin von beiden Seiten anbraten. Speck-Schalotten-Oliven-Mischung auf den Koteletts verteilen. Die Pfanne auf dem Rost in den vorgeheizten Backofen schieben.
   Ober-/Unterhitze: etwa 180 °C
   Heißluft: etwa 160 °C
   Garzeit: etwa 10 Minuten.
4. Koteletts aus der Pfanne nehmen und warm stellen. Das Bratfett abgießen.
5. Den Bratensatz mit Madeira loskochen. Kalbsjus hinzufügen, zum Kochen bringen und etwa 8 Minuten kochen lassen, bis die Sauce sämig wird. Nach und nach Butter unterschlagen. Die Sauce mit Salz und Pfeffer abschmecken.

Tipp:
Statt der Oliven 1/2 Trüffel verwenden. Kalbskotelett durch Schweinekotelett ersetzen.

Kalbsleber mit Zwiebeln und Tomaten

Fegato alla livornese

4 Scheiben Kalbsleber (je etwa 125 g)
1 EL Weizenmehl
2 große Zwiebeln
4 EL Speiseöl
Salz
getrockneter Salbei
getrockneter Majoran
2 große Tomaten
200 g Schlagsahne

Zubereitungszeit: 35 Minuten

Pro Portion:
E: 26 g, F: 31 g, Kh: 11 g,
kJ: 1808, kcal: 432

Schnell – klassisch

1. Leber unter fließendem kalten Wasser abspülen, trockentupfen, von Haut, Sehnen und Röhren befreien. Leber in Streifen schneiden und mit Mehl bestäuben.
2. Die Zwiebeln abziehen und in Würfel schneiden. Etwas von dem Speiseöl in einer Pfanne erhitzen. Zwiebelwürfel darin anbraten, herausnehmen und beiseite stellen.
3. Restliches Speiseöl in die Pfanne geben und erhitzen. Die Leberstreifen in 2 Portionen unter mehrmaligem Wenden darin anbraten. Mit Salz, Salbei und Majoran würzen. Die beiseite gestellten Zwiebelwürfel hinzufügen.
4. Tomaten waschen, kreuzweise einschneiden und einige Sekunden in kochendes Wasser legen. Tomaten kurz in kaltes Wasser legen, enthäuten, halbieren, entkernen und Stängelansätze entfernen. Fruchtfleisch in Würfel schneiden und zu den Leberstreifen geben. Sahne hinzugießen. Die Zutaten unter Rühren einmal aufkochen lassen. Mit Salz, Salbei und Majoran abschmecken und sofort servieren.

Beilage:
Risotto mit Erbsen und gehackter Petersilie.

Kalbsleber mit Zwiebeln und Tomaten

Kalbsleber, venezianisch
Fegato alla veneziana

4 Portionen

500 g Zwiebeln
60 ml Speiseöl
600 g Kalbsleber
20 g Weizenmehl
Salz
frisch gemahlener Pfeffer

Zubereitungszeit: 35 Minuten

Pro Portion:
E: 32 g, F: 17 g, Kh: 16 g,
kJ: 1439, kcal: 344

Schnell

1. Zwiebeln abziehen und in dünne Scheiben schneiden. Etwas Speiseöl in einer Pfanne erhitzen. Zwiebelscheiben unter Rühren etwa 10 Minuten goldbraun dünsten. Zwiebelscheiben herausnehmen und warm stellen.
2. Von der Leber evtl. die weiße Haut und Sehnen entfernen. Leber unter fließendem kalten Wasser abspülen, trockentupfen, in Streifen schneiden und mit Mehl bestäuben.
3. Zwei Esslöffel von dem Speiseöl in der Pfanne erhitzen. Die Hälfte der Leberstreifen darin unter Rühren 1–2 Minuten braten. Mit Salz und Pfeffer bestreuen, herausnehmen und warm stellen. Restliche Leberstreifen mit dem restlichen Speiseöl auf die gleiche Weise zubereiten.
4. Leberstreifen mit den Zwiebelscheiben servieren.

Beilage:
Reis, Baguette oder Kartoffelpüree und gebratene Apfelscheiben.

Kalbsleber, venezianisch

Kalbsmedaillons in Gorgonzola
Medaglioni di vitello al gorgonzola

Für die Kalbsmedaillons:
800 g Kalbsfilet
Salz, frisch gemahlener Pfeffer
frisch gehackte Oregano- oder Majoranblättchen
2 EL Butterschmalz

Für die Gorgonzolasauce:
etwa 320 g Gorgonzola (Blauschimmelkäse)
500 g Schlagsahne
frisch gemahlener, weißer Pfeffer

Zubereitungszeit: 20 Minuten
Garzeit: 4–6 Minuten

Pro Portion:
E: 38 g, F: 53 g, Kh: 3 g,
kJ: 2717, kcal: 653

Raffiniert

1. Für die Medaillons Kalbsfilet von Haut und Sehnen befreien. Kalbsfilet unter fließendem kalten Wasser abspülen und trockentupfen. Das Kalbsfilet in 2–3 cm dicke Scheiben (Medaillons) schneiden. Medaillons mit Salz und Pfeffer würzen, mit Oregano- oder Majoranblättchen bestreuen.
2. Butterschmalz in einer Pfanne erhitzen. Medaillons hineingeben und von beiden Seiten 4–6 Minuten braten. Medaillons herausnehmen, auf vorgewärmten Tellern anrichten und warm stellen.
3. Für die Sauce Gorgonzola zerbröseln und zum Bratensatz in die Pfanne geben. Sahne hinzufügen und unter Rühren zum Kochen bringen. Die Sauce bei schwacher Hitze cremig einkochen lassen. Mit Salz und Pfeffer abschmecken.
4. Die Kalbsmedaillons mit der Gorgonzolasauce übergießen und sofort servieren.

Beilage:
Brokkoli, Romanesco, Stangenspargel, Salzkartoffeln oder Butternudeln.

Kalbsmedaillons in Gorgonzola

Kalbsröllchen Morandi

Involtini alla Morandi

8 Portionen

16 dünne Kalbsschnitzel (je etwa 50 g)
8 große Scheiben Schweizer-Käse
16 Scheiben Lachsschinken
Salz
frisch gemahlener, weißer Pfeffer
3 EL Olivenöl
250 ml ($^1/_4$ l) Marsala-Wein
evtl. etwas Weizenmehl

Außerdem:
Holzstäbchen

Zubereitungszeit: 35 Minuten

Pro Portion:
E: 35 g, F: 19 g, Kh: 1 g,
kJ: 1435, kcal: 342

Mit Alkohol

1. Kalbsschnitzel unter fließendem kalten Wasser abspülen, trockentupfen und leicht klopfen. Käsescheiben halbieren.
2. Die Kalbsschnitzel mit je einer Scheibe Lachsschinken und einer halbierten Scheibe Käse belegen. Dann die Kalbsschnitzel jeweils von der kürzeren Seite her aufrollen und mit Holzstäbchen feststecken. Die Röllchen mit Salz und Pfeffer bestreuen.
3. Olivenöl in einer Pfanne zerlassen. Kalbsröllchen von allen Seiten darin goldgelb anbraten. Nach und nach Wein hinzugießen, aufkochen lassen und 3–5 Minuten garen.
4. Die Sauce nach Belieben mit angerührtem Mehl binden.

Beilage:
Reis und Gemüse, z. B. Spargel, Brokkoli, Möhren.

Kalbsrouladen mit Steinpilzen

Kalbsrouladen mit Steinpilzen

Involitini di vitello

4 Portionen

2 rote Zwiebeln
8 Blättchen Salbei
5 EL Olivenöl
Salz, frisch gemahlener Pfeffer
4 dünne Kalbsschnitzel
(je etwa 100 g)
4 dünne Scheiben Provolone picante
(italienischer Kuhmilch-Hartkäse)
4 Scheiben Parmaschinken
2 Schalotten
2 EL Butter
2 cl Marsala-Wein
200 ml Fleischbrühe
200 g Schlagsahne

300 g frische Steinpilze
1 Knoblauchzehe

Außerdem:
Holzstäbchen

Zubereitungszeit: 50 Minuten
Garzeit: 10–15 Minuten

Pro Portion:
E: 32 g, F: 46 g, Kh: 4 g,
kJ: 2385, kcal: 570

Für Gäste – mit Alkohol

1. Zwiebeln abziehen und in Streifen schneiden. Salbeiblättchen abspülen, trockentupfen und in Streifen schneiden. 2 Esslöffel von dem Olivenöl in einer Pfanne erhitzen. Zwiebelwürfel darin glasig dünsten. Salbeistreifen unterrühren. Mit Salz und Pfeffer würzen.
2. Kalbsschnitzel unter fließendem kalten Wasser abspülen, trockentupfen, mit Salz und Pfeffer bestreuen. Kalbsschnitzel zuerst mit einer Scheibe Käse, dann mit einer Scheibe Parmaschinken belegen. Die angedünsteten Zwiebelstreifen darauf verteilen. Die Kalbsschnitzel von der schmalen Seite her zu Rouladen aufrollen und mit Holzstäbchen feststecken.

3. Schalotten abziehen und in kleine Würfel schneiden. Wieder 2 Esslöffel von dem Olivenöl in einer Pfanne erhitzen. Die Rouladen darin rundherum anbraten und aus der Pfanne nehmen. Butter in der Pfanne zerlassen. Schalottenwürfel darin etwa 3 Minuten dünsten lassen, mit Marsala ablöschen, Brühe und Sahne hinzugießen.
4. Die Rouladen in die Sauce legen und zugedeckt 10–15 Minuten garen.
5. In der Zwischenzeit Steinpilze putzen, abbürsten oder mit Küchenpapier abreiben. Steinpilze in dicke Scheiben schneiden. Knoblauch abziehen und durch eine Knoblauchpresse drücken.
6. Restliches Olivenöl in einer Pfanne erhitzen. Pilzscheiben und Knoblauch darin anbraten. Mit Salz und Pfeffer würzen. Die Involtini in der Sauce mit den Steinpilzen servieren.

Menü für besonderen Anlass
6–8 Personen

Carpaccio vom Fisch 2 x (Seite 41)
Venezianische Linsensuppe 1 x (Seite 298)
Kalbsrouladen mit Steinpilzen 2 x (Seite 116)
Amaretti-Pfirsiche 1 x (Seite 7)

Kalbsschnitzel Pizzaiola mit Rosmarinkartoffeln

Bistecca alla pizzaiola con patate al forno

4 Portionen

4 Fleischtomaten
8 kleine Kalbsschnitzel (je etwa 70 g)
3 EL Olivenöl
4 EL gehackte, schwarze Oliven
2 EL kleine Kapern
Salz, frisch gemahlener Pfeffer
evtl. Knoblauchpulver, 4 EL Butter
400 g gekochte Kartoffelwürfel
1 EL Rosmarinnadeln

Zubereitungszeit: 30 Minuten

Pro Portion:
E: 33 g, F: 34 g, Kh: 19 g, kJ: 2193, kcal: 523

Etwas teurer

1. Tomaten waschen, kreuzweise einschneiden und einige Sekunden in kochendes Wasser legen. Tomaten kurz in kaltes Wasser legen, enthäuten, halbieren, entkernen und die Stängelansätze herausschneiden. Tomaten in Würfel schneiden.
2. Kalbsschnitzel unter fließendem kalten Wasser abspülen und trockentupfen. Olivenöl in einer Pfanne erhitzen. Kalbsschnitzel darin von beiden Seiten etwa 4 Minuten braten, herausnehmen und warm stellen.
3. Tomatenwürfel in dem verbliebenen Öl andünsten. Olivenstückchen und Kapern mit andünsten. Mit Salz, Pfeffer und Knoblauch würzen.
4. Butter in einer weiteren Pfanne zerlassen. Kartoffelwürfel unter mehrmaligem Wenden darin braun braten. Mit Salz, Pfeffer und Rosmarinnadeln würzen.
5. Die Kalbsschnitzel mit den Rosmarinkartoffeln und dem Tomatengemüse anrichten.

Kalbsschnitzel Pizzaiola mit Rosmarinkartoffeln

Kalbsschulter Fiorentina

Kalbsschulter Fiorentina

Spalla di vitello alla fiorentina

6 Portionen

1,2 kg Kalbsschulter (ohne Knochen)
2 EL Speiseöl
Salz, frisch gemahlener Pfeffer
4 Knoblauchzehen
je 2 Stängel Thymian und Rosmarin
1/2 Bio-Limette (unbehandelt, ungewachst)
500 g kleine, fest kochende Kartoffeln
200 ml Kalbsfond oder -brühe

Zubereitungszeit: 40 Minuten
Garzeit: etwa 90 Minuten

Pro Portion:
E: 41 g; F: 14 g; Kh: 13 g; kJ: 1442, kcal: 344

Etwas teurer

1. Kalbfleisch unter fließendem kalten Wasser abspülen und trockentupfen.
2. Öl in einem Bräter erhitzen. Fleisch mit Salz und Pfeffer würzen, in den Bräter legen und von allen Seiten anbraten.
3. Knoblauch abziehen, Thymian und Rosmarin abspülen und trockentupfen. Die Stängel grob zerkleinern. Limette heiß abwaschen, abtrocknen und in sehr schmale Spalten schneiden. Vorbereitete Zutaten zum Fleisch geben.
4. Den Bräter ohne Deckel auf dem Rost in den vorgeheizten Backofen schieben.
   Ober-/Unterhitze: etwa 160 °C
   Heißluft: etwa 140 °C
   Garzeit: etwa 90 Minuten.
5. Das Fleisch während der Garzeit immer wieder mit dem Bratfett begießen.
6. In der Zwischenzeit Kartoffeln unter fließendem kalten Wasser gründlich abbürsten und abtropfen lassen. Nach etwa 30 Minuten Garzeit die Kartoffeln zum Fleisch geben, etwas anbraten lassen, Fond oder Brühe hinzugießen und zugedeckt fertig garen.

Kalbszunge mit pikanter Sauce

Lingua di vitello in salsa piccante

4 Portionen

1 frische Kalbszunge (etwa 1 kg)
250 ml (1/4 l) trockener Weißwein
Salz
10 Pfefferkörner
1 Lorbeerblatt
1 Bund Suppengrün (z. B. Sellerie, Porree (Lauch), Möhren)
1 Bund Petersilie

Für die Sauce:
750 g reife Tomaten
2 Schalotten
1 Knoblauchzehe
2 EL Olivenöl
1 Peperoncini (getrocknete Chilischote)
frisch gemahlener Pfeffer
1 Prise Zucker
2 EL feinste Kapern
2 gehackte Sardellenfilets

Zubereitungszeit: 90 Minuten
Garzeit: etwa 90 Minuten

Pro Portion:
E: 33 g, F: 27 g, Kh: 6 g, kJ: 1744, kcal: 417

Mit Alkohol

1. Kalbszunge unter fließendem kalten Wasser abspülen und trockentupfen. Mit Wein in einen Topf geben. So viel kaltes Wasser hinzufügen, dass die Kalbszunge bedeckt ist. Die Zutaten zum Kochen bringen. 1 Teelöffel Salz, Pfefferkörner und das Lorbeerblatt hinzugeben. Die Kalbszunge zugedeckt etwa 45 Minuten bei schwacher Hitze leicht köcheln lassen, dabei die

Brühe mehrmals mit einem Schaumlöffel abschöpfen.
2. In der Zwischenzeit Suppengrün putzen, eventuell schälen, waschen und abtropfen lassen. Das Gemüse grob zerkleinern. Petersilie abspülen und trockentupfen. Die Blättchen von den Stängeln zupfen. Blättchen klein schneiden. Suppengemüse nach etwa 45 Minuten Garzeit zur Kalbszunge in den Topf geben. Wieder zum Kochen bringen und zugedeckt weitere etwa 30 Minuten köcheln lassen.
3. Für die Sauce die Tomaten waschen, kreuzweise einschneiden und einige Sekunden in kochendes Wasser legen. Tomaten kurz in kaltes Wasser legen, enthäuten, halbieren, entkernen und die Stängelansätze herausschneiden. Tomatenhälften in grobe Würfel schneiden. Schalotten und Knoblauch abziehen und dann in kleine Würfel schneiden.
4. Das Olivenöl in einem Topf erhitzen. Schalotten- und Knoblauchwürfel darin andünsten. Peperoncini zerbröseln, mit den Tomatenwürfeln hinzufügen, zum Kochen bringen und etwa 15 Minuten bei mittlerer bis starker Hitze kräftig kochen lassen. Die Sauce mit Pfeffer, Zucker, Kapern und Sardellenstückchen abschmecken und Petersilie unterrühren.
5. Gegarte Zunge (die Zunge ist gar, wenn sie von der Gabel rutscht) herausnehmen und mit kaltem Wasser abschrecken. Die Zunge enthäuten und in Scheiben schneiden. Die Zunge auf einer vorgewärmten Platte anrichten und mit der Sauce servieren.

Beilage:
Rustikales Bauernbrot und Olivenöl.

Tipp:
Aus dem Fond Suppe kochen.

Kalbszunge mit pikanter Sauce

Kaninchen in Olivensauce

Coniglio in salsa di olive

4 Portionen

1 küchenfertiges Kaninchen (etwa 1,5 kg)
Salz, frisch gemahlener Pfeffer
1 Stängel Rosmarin
2 Möhren, 100 g Kollensellerie
2 Zwiebeln, 2 Tomaten
30 entsteinte, schwarze Oliven
4 EL Olivenöl
250 ml (1/4 l) Weißwein
20 g Olivenpaste
250 ml (1/4 l) Hühnerbrühe
250 g Crème fraîche

Zubereitungszeit: 25 Minuten
Garzeit: etwa 45 Minuten

Pro Portion:
E: 63 g, F: 64 g, Kh: 9 g,
kJ: 3892, kcal: 933

Mit Alkohol

1. Kaninchen unter fließendem kalten Wasser abspülen, trockentupfen, in acht Teile zerlegen. Mit Salz und Pfeffer würzen. Rosmarin abspülen und trockentupfen. Nadeln von den Stängeln zupfen, klein schneiden.
2. Möhren und Sellerie putzen, schälen, abspülen, abtropfen lassen und in Stücke schneiden. Zwiebeln abziehen und in kleine Würfel schneiden. Tomaten waschen, kreuzweise einschneiden und einige Sekunden in kochendes Wasser legen. Tomaten kurz in kaltes Wasser legen, enthäuten, halbieren, entkernen und die Stängelansätze herausschneiden. Tomaten grob zerkleinern. Oliven vierteln und entkernen.
3. Olivenöl in einem Bräter erhitzen. Kaninchenstücke darin von allen Seiten anbraten. Vorbereitetes Gemüse hinzugeben und mit andünsten. Wein hinzugießen. Olivenpaste unterrühren und die Brühe hinzufügen.
4. Die Zutaten zum Kochen bringen und zugedeckt etwa 45 Minuten garen.
5. Die Kaninchenteile herausnehmen, auf eine vorgewärmte Platte legen. Den Bratenfond mit dem Gemüse pürieren, Crème fraîche unterrühren und etwas einkochen lassen. Eventuell nochmals mit Salz und Pfeffer abschmecken.
6. Kaninchen mit der Olivensauce anrichten. Mit Rosmarinnadeln garnieren.

Beilage:
Bunte Nudeln, z. B. Sedanini.

Kaninchen in Olivensauce

Kaninchen in Tomatensauce

Coniglio al sugo

6 Portionen

1 küchenfertiges Kaninchen (1,5 kg)

Für die Marinade:

1 Knoblauchzehe
50 g Knollensellerie
250 ml (1/4 l) Rotweinessig
250 ml (1/4 l) Wasser
1 EL gerebelter Thymian
2 Lorbeerblätter
Salz, frisch gemahlener Pfeffer

2 EL Weizenmehl
80 g Butterschmalz
125 ml (1/8 l) Tomatensaft
125 ml (1/8 l) Wildbrühe
oder Fleischbrühe
2 EL Tomatenmark
1 Dose stückige Tomaten (400 g)
100 g durchwachsener Speck
3 EL Olivenöl
1 Knoblauchzehe
etwa 4 EL Weinbrand

Zubereitungszeit: 90 Minuten, ohne Marinierzeit
Garzeit: etwa 60 Minuten

Pro Portion:
E: 44 g, F: 37 g, Kh: 7 g,
kJ: 2394, kcal: 572

Mit Alkohol

Kaninchen in Tomatensauce

1. Kaninchen in 6 Portionsstücke teilen, evtl. Fett entfernen. Kaninchenteile unter fließendem kalten Wasser abspülen und trockentupfen.
2. Für die Marinade Knoblauch abziehen und grob hacken. Sellerie schälen, waschen, abtropfen lassen und raspeln.
3. Essig, Wasser, Knoblauch und Sellerieraspel in einer flachen Schale verrühren. Thymian, Lorbeerblätter, Salz und Pfeffer unterrühren. Kaninchenteile hineinlegen und kalt gestellt etwa 24 Stunden marinieren, dabei ab und zu wenden.
4. Fleisch herausnehmen, trockentupfen und mit Mehl bestäuben. Das Butterschmalz in einem Bräter erhitzen, die Kaninchenteile gut darin anbraten, etwas Tomatensaft hinzugießen.
5. Die Kaninchenteile etwa 1 Stunde garen, dabei ab und zu mit dem Bratensatz begießen und verdampfte Flüssigkeit nach und nach durch Tomatensaft und Brühe ersetzen.
6. Das gare Fleisch herausnehmen und warm stellen. Restlichen Tomatensaft zum Bratensatz geben und loskochen. Tomatenmark und stückige Tomaten unterrühren, zum Kochen bringen und etwas einkochen lassen.
7. Speck in Würfel schneiden. Olivenöl in einer Pfanne erhitzen. Speckwürfel darin braun braten und in die Sauce geben. Knoblauch abziehen, fein hacken und unter die Sauce rühren. Mit Salz, Pfeffer und dem Weinbrand abschmecken und mit den Kaninchenteilen anrichten.

Tipp:
Dazu passen Gnocchi (evtl. aus dem Kühlregal), die mit Butter und Salbei in einer Pfanne gebraten werden, und ein kräftiger Rotwein.

Kaninchenkeulen mit Oliven

Kaninchenkeulen mit Oliven

Coscetto di coniglio con olive

4 Portionen

4 Kaninchenkeulen (je etwa 200 g)
6 EL Olivenöl, Salz
100 g Perlzwiebeln oder Schalotten
2 Knoblauchzehen
2 Stängel Rosmarin
4 Blättchen Salbei
100 g grüne Oliven ohne Stein
100 g schwarze Oliven ohne Stein
2 EL grüner Pfeffer
400 ml trockener Weißwein

Zubereitungszeit: 65 Minuten
Garzeit: etwa 45 Minuten

Pro Portion:
E: 33 g, F: 39 g, Kh: 6 g,
kJ: 2467, kcal: 589

Raffiniert – mit Alkohol

1. Kaninchenkeulen unter fließendem kalten Wasser abspülen und trockentupfen. Die Hälfte des Olivenöls in einem Bräter erhitzen. Die Keulen darin von allen Seiten anbraten, herausnehmen und mit Salz würzen.
2. Perlzwiebeln oder Schalotten und Knoblauch abziehen. Rosmarin und Salbeiblättchen abspülen und trockentupfen. Zwiebeln oder Schalotten, Knoblauch, Rosmarin, Salbei, grüne und schwarze Oliven, restliches Olivenöl und grünen, abgetropften Pfeffer in den Bräter geben, etwas andünsten.
3. Kaninchenkeulen darauf verteilen, Weißwein hinzugießen. Den Bräter auf dem Rost (ohne Deckel) in den vorgeheizten Backofen schieben.
   Ober-/Unterhitze: etwa 200 °C
   Heißluft: etwa 180 °C
   Garzeit: etwa 45 Minuten.
4. Die Kaninchenkeulen aus dem Bräter nehmen, auf einer vorgewärmten Platte anrichten und warm stellen. Die Sauce verrühren, mit den Gewürzen abschmecken und zu den Kaninchenkeulen reichen.

Beilage:
Farfalle oder Tagliatelle.

Kaninchenragout

Spezzatino di coniglio

6 Portionen

1 küchenfertiges Kaninchen (2 kg)
Salz, frisch gemahlener Pfeffer
Weizenmehl, 5 EL Olivenöl
3 Knoblauchzehen, 500 ml (1/2 l) Rotwein
150 g durchwachsener Speck
1 Schalotte, 30 g Butter
6 Kartoffeln

Zubereitungszeit: 45 Minuten
Garzeit: etwa 60 Minuten

Pro Portion:
E: 59 g, F: 38 g, Kh: 20 g,
kJ: 3058, kcal: 731

Für Gäste – mit Alkohol

1. Kaninchen enthäuten, unter fließendem kalten Wasser abspülen, trockentupfen und in Stücke teilen. Kaninchenteile von den Knochen lösen. Mit Salz und Pfeffer bestreuen, in Mehl wenden.
2. Olivenöl in einem Bräter erhitzen. Fleisch darin rundherum anbraten.
3. Knoblauch abziehen, klein hacken und hinzugeben. Rotwein hinzugießen. Den Bräter auf dem Rost in den vorgeheizten Backofen schieben.
   Ober-/Unterhitze: etwa 200 °C
   Heißluft: etwa 180 °C
   Garzeit: etwa 60 Minuten.
4. In der Zwischenzeit Speck in kleine Würfel schneiden. Schalotte abziehen, ebenfalls klein würfeln. Butter in einer Pfanne zerlassen. Speck- und Schalottenwürfel darin andünsten.
5. Kartoffeln waschen, schälen, abspülen, in Würfel schneiden, mit der Speck-Schalotten-Masse mischen. Nach etwa 20 Minuten zum Fleisch geben und fertig garen.

Kapaun à la Chipolata

Kapaun à la Chipolata

Cappone ripieno

4 Portionen

1 Kapaun (Masthahn, etwa 1,5 kg)
Salz, frisch gemahlener Pfeffer
etwa 100 g fetter Speck (in Scheiben)
2 Zwiebeln
2 Möhren, 100 g Knollensellerie
100 g Butter
100 g durchwachsener Speck
12 geschälte Esskastanien
20 Perlzwiebeln
12 Cocktailwürstchen

Außerdem:
Küchengarn

Zubereitungszeit: 80 Minuten

Pro Portion:
E: 73 g, F: 85 g, Kh: 27 g,
kJ: 4877, kcal: 1166

Raffiniert

1. Kapaun von innen und außen unter fließendem kalten Wasser abspülen und trockentupfen. Kapaun von innen und außen mit Salz und Pfeffer würzen. Die Speckscheiben auf die Brust legen und mit Küchengarn umwickeln.
2. Zwiebeln abziehen. Möhren und Sellerie putzen, schälen, waschen, abtropfen lassen. Gemüse in große Würfel schneiden und mit der Butter in einen Bräter geben. Den Kapaun daraufsetzen. Den Bräter auf dem Rost in den vorgeheizten Backofen schieben.
   Ober-/Unterhitze: etwa 200 °C
   Heißluft: etwa 180 °C
   Garzeit: etwa 40 Minuten.
3. Den Kapaun aus dem Bräter nehmen, tranchieren, auf eine vorgewärmte Platte legen und warm stellen. Gemüse mit Bratensaft durch ein Sieb streichen.
4. Speck in Streifen schneiden und in einer Pfanne auslassen. Kastanien, Perlzwiebeln und Würstchen darin anbraten, passiertes Gemüse unterrühren und auf den Kapaun geben.

Beilage:
Gemischte Gemüse, Dauphin-Kartoffeln.

Tipp:
Kapaun ist die alte Bezeichnung für einen jungen, gemästeten, kastrierten Hahn.

Kartoffeln, überbacken

Patate al forno

4 Portionen

8 große, mehlig kochende Kartoffeln
Salz
125 ml (1/8 l) Milch
125 g Schlagsahne
50 g frisch geriebener Parmesan-Käse
50 g Butter

Zubereitungszeit: 20 Minuten
Garzeit: 40–50 Minuten
Überbackzeit: etwa 10 Minuten

Pro Portion:
E: 12 g, F: 26 g, Kh: 47 g, kJ: 2004, kcal: 478

Raffiniert

1. Kartoffeln unter fließendem kalten Wasser sehr gründlich abbürsten, trockentupfen und einen Deckel abschneiden. Die Schnittflächen leicht mit Salz bestreuen.
2. Kartoffeln auf ein Backblech legen. Das Backblech in den vorgeheizten Backofen schieben.
   Ober-/Unterhitze: etwa 200 °C
   Heißluft: etwa 180 °C
   Garzeit: 40–50 Minuten.
3. Das Backblech auf einen Rost stellen. Kartoffeln etwas abkühlen lassen, das Innere mit einem Löffel aushöhlen und in eine Schüssel geben.
4. Milch und Sahne erhitzen, zur Kartoffelmasse geben und zu einem Püree verarbeiten. Mit Salz würzen.
5. Die ausgehöhlten Kartoffeln mit dem Püree füllen und mit Parmesan-Käse bestreuen. Butter in einer Pfanne leicht bräunen. Die gefüllten Kartoffeln damit beträufeln.
6. Das Backblech wieder in den vorgeheizten Backofen schieben und die Kartoffeln überbacken, bis sich eine goldbraune Kruste gebildet hat.
   Ober-/Unterhitze: etwa 200 °C
   Heißluft: etwa 180 °C
   Garzeit: etwa 10 Minuten.

Kartoffelsalat mit Pesto

Insalata di patate con pesto

6 Portionen

1 kg Kartoffeln

Für die Pestosauce:
2 Bund Basilikum
4 Knoblauchzehen
80 g frisch geriebener Parmesan-Käse
40 g gemahlene Walnusskerne
1 TL Sherry medium
1 TL Salz, frisch gemahlener Pfeffer
150 ml Olivenöl

Zubereitungszeit: 40 Minuten, ohne Abkühl- und Durchziehzeit

Pro Portion:
E: 9 g, F: 34 g, Kh: 24 g, kJ: 1814, kcal: 433

Vegetarisch – mit Alkohol

1. Kartoffeln gründlich waschen, mit Wasser bedeckt zum Kochen bringen und zugedeckt in 20–25 Minuten gar kochen. Kartoffeln abgießen, mit kaltem Wasser abschrecken, abtropfen lassen, sofort pellen und lauwarm abkühlen lassen. Kartoffeln in dünne Scheiben schneiden und in eine große Schüssel geben.
2. Für die Sauce Basilikum waschen und trockentupfen. Die Blättchen von den Stängeln zupfen. Blättchen klein schneiden. Knoblauch abziehen, durch eine Knoblauchpresse drücken und mit Basilikum verrühren. Käse, Walnusskerne und Sherry hinzufügen, mit Salz und Pfeffer würzen. Nach und nach Olivenöl unterrühren.
3. Die Kartoffelscheiben mit der Pestosauce vorsichtig mischen. Den Salat kalt gestellt etwa 2 Stunden durchziehen lassen.

Kartoffelsalat mit Pesto

Kartoffelsalat mit Sardellen

Insalata di patate con acciughe

2 Portionen

125 g Pellkartoffeln
125 g Äpfel
125 g Fleischreste (z. B. gegartes Rindfleisch oder gekochter Schinken)
125 g Essiggurke
2 gewässerte Sardellen
1 Zwiebel
100 g gekochte Möhren
1 EL gehackte Kräuter (z. B. Petersilie, Dill, Schnittlauch, Pimpinelle)

Für die Mayonnaise:
1 Eigelb (Größe M)
1 EL Weißweinessig
1 TL mittelscharfer Senf
Salz, Zucker
125 ml ($^1/_8$ l) Speiseöl
2 schwach geh. EL Naturjoghurt
Weißweinessig

vorbereitete Salatblätter (z. B. Friseè, Kopfsalat)
Gurken-, Tomatenscheiben

Zubereitungszeit: 35 Minuten

Pro Portion:
E: 23 g, F: 70 g, Kh: 25 g,
kJ: 3474, kcal: 829

Gut vorzubereiten

1. Pellkartoffeln pellen. Äpfel schälen, vierteln und entkernen.
2. Fleischreste oder gekochten Schinken und Essiggurke in feine Streifen schneiden. Sardellen hacken. Zwiebel abziehen und in kleine Würfel schneiden. Möhren, Kartoffeln und Äpfel in Würfel oder Streifen schneiden. Die vorbereiteten Salatzutaten mit den Kräutern in einer Schüssel mischen.
3. Für die Mayonnaise Eigelb mit Essig, Senf, Salz und Zucker in einer Rührschüssel mit einem Schneebesen zu einer dicklichen Masse aufschlagen.
4. Speiseöl in Mengen von 1–2 Esslöffeln nach und nach darunter schlagen (bei dieser Zubereitung ist es nicht notwendig, das Öl tropfenweise zuzusetzen, die an das Eigelb gegebenen Gewürze verhindern eine Gerinnung). Joghurt unterrühren.
5. Mayonnaise mit den Salatzutaten vermengen. Den Salat mit Salz und Essig abschmecken und dann nach Belieben mit Salatblättern, Gurken- und Tomatenscheiben garnieren.

Kartoffelsalat mit Sardellen

Kartoffelsalat mit Wein

Insalata di patate profumate al vino

4 Portionen

1 kg Kartoffeln
je 2 Stängel Salbei und Rosmarin
3 Knoblauchzehen
250 ml ($^1/_2$ l) Rotwein
10 schwarze Pfefferkörner
Salz
frisch gemahlener Pfeffer
2 EL Olivenöl

Zubereitungszeit: 35 Minuten, ohne Durchziehzeit

Pro Portion:
E: 5 g, F: 5 g, Kh: 34 g,
kJ: 948, kcal: 226

Mit Alkohol

1. Kartoffeln unter fließendem kalten Wasser sehr gründlich abbürsten und abtropfen lassen. Salbei und Rosmarin abspülen und trockentupfen. Knoblauch abziehen.
2. Kartoffeln mit Rotwein, Salbei, Rosmarin, Knoblauch und Pfefferkörnern in einen Topf geben. Wasser hinzugießen, so dass die Kartoffeln bedeckt sind.
3. Die Kartoffeln zum Kochen bringen und zugedeckt in etwa 25 Minuten gar kochen. Kartoffeln abgießen, die Kochflüssigkeit dabei auffangen. Kartoffeln abdämpfen, pellen und in Scheiben schneiden.
4. Kartoffelscheiben in eine Schüssel geben. Mit Salz und Pfeffer würzen. Olivenöl und 250 ml (1/4 l) von der aufgefangenen Kochflüssigkeit hinzufügen und vorsichtig untermengen. Der Kartoffelsalat sollte schön feucht sein.

Tipp:
Statt Rotwein kann auch Weißwein verwendet werden.

Käse-Gemüse

Verdure con formaggio al forno

4 Portionen

4 Romatomaten (längliche Strauchtomaten, etwa 300 g)
1 Aubergine (etwa 300 g)
1 Zucchini (etwa 300 g)
750 g Halloumi-Käse (Käse aus Zypern)
1 Dose italienische, weiße Bohnen (Abtropfgewicht 250 g)
1 Topf Basilikum
Salz, frisch gemahlener Pfeffer
Knoblauchpulver
2 EL Olivenöl

Käse-Gemüse

Außerdem:
1 Stück Bratfolie oder Bratschlauch

Zubereitungszeit: 30 Minuten
Garzeit: 30–35 Minuten

Pro Portion:
E: 61 g, F: 67 g, Kh: 15 g, kJ: 3638, kcal: 876

Raffiniert

1. Tomaten waschen, trockentupfen und die Stängelansätze entfernen. Aubergine und Zucchini waschen, abtrocknen und jeweils den Stängelansatz abschneiden. Tomaten, Aubergine und Zucchini in gleich große Würfel schneiden. Käse ebenfalls in gleich große Würfel schneiden.
2. Bohnen in einem Sieb abtropfen lassen. Basilikum abspülen und trockentupfen. Die Blättchen von den Stängeln zupfen. Bohnen und Basilikumblättchen zu den Käse- und Gemüse-Würfeln geben, untermischen. Mit Salz, Pfeffer und Knoblauch würzen. Olivenöl hinzufügen.
3. Die Käse-Gemüse-Mischung auf ein großes Stück Bratfolie oder in den Bratschlauch geben, nach Packungsanleitung verschließen und auf ein Backblech legen. Das Backblech in den vorgeheizten Backofen schieben.
   Ober-/Unterhitze: 180–200 °C
   Heißluft: 160–180 °C
   Backzeit: 30–35 Minuten.
4. Die Folie aufschneiden. Käse-Gemüse herausnehmen und in einer vorgewärmten Schale anrichten.

Beilage:
Ofenwarmes Baguette oder frisch gebackenes Knoblauchbrot.

Käse-Kräuter-Nudeln mit Spinat und Champignons

Penne con erbe, spinaci e champignons

3 Portionen

2 ½ l Wasser, 2 ½ gestr. TL Salz
250 g Spätzle oder Penne
100 g Blattspinat
100 g Champignons
80 g Kräuterbutter
Salz, frisch gemahlener Pfeffer
1 abgezogene, zerdrückte Knoblauchzehe
80 g frisch geriebener Gouda-Käse

Zubereitungszeit: 30 Minuten

Pro Portion:
E: 20 g, F: 26 g, Kh: 58 g, kJ: 2278, kcal: 545

Für Kinder

1. Wasser in einem großen Topf mit geschlossenem Deckel zum Kochen bringen. Dann Salz und Nudeln zugeben. Die Nudeln im geöffneten Topf bei mittlerer Hitze nach Packungsanleitung kochen lassen, dabei zwischendurch 4–5-mal umrühren.
2. Anschließend die Nudeln in ein Sieb geben, mit heißem Wasser abspülen und abtropfen lassen.
3. Blattspinat putzen, gründlich waschen und in kochendem Wasser etwa 1 Minute blanchieren. Blattspinat mit kaltem Wasser abschrecken und in einem Sieb abtropfen lassen.
4. Champignons putzen, mit Küchenpapier abreiben, evtl. abspülen, trockentupfen und in Scheiben schneiden.
5. Kräuterbutter in einem Topf zerlassen. Champignonscheiben, Nudeln und Blattspinat darin andünsten. Mit Salz, Pfeffer und Knoblauch würzen.
6. Käse-Kräuter-Nudeln auf einem großen Teller anrichten und mit Käse bestreuen.

Kichererbsensuppe

Crema di ceci

8–10 Portionen

3 Zwiebeln, 3 Knoblauchzehen
350 g Staudensellerie
500 g Tomaten
2 Bund Petersilie, 6 EL Olivenöl
9–10 Dosen Kichererbsen (Abtropfgewicht je 240 g)
5 EL gekörnte Gemüsebrühe
getrockneter Majoran
Salz, frisch gemahlener Pfeffer
8–10 Scheiben Vollkorn-Toastbrot
8 EL Olivenöl
150–200 g geriebener Parmesan-Käse

Zubereitungszeit: 70 Minuten

Pro Portion:
E: 21 g, F: 27 g, Kh: 38 g, kJ: 2024, kcal: 484

Klassisch

1. Zwiebeln und Knoblauch abziehen, in kleine Würfel schneiden. Sellerie putzen und die harten Außenfäden abziehen. Sellerie waschen, abtropfen lassen und in Stücke schneiden.
2. Tomaten waschen, kreuzweise einschneiden und einige Sekunden in kochendes Wasser legen. Tomaten kurz in kaltes Wasser legen, enthäuten, halbieren, entkernen und die Stängelansätze herausschneiden. Tomatenhälften in Würfel schneiden.
3. Petersilie abspülen und trockentupfen. Die Blättchen von den Stängeln zupfen. Blättchen klein schneiden.

Kichererbsensuppe

4. Das Olivenöl in einem Topf erhitzen. Zwiebelwürfel darin glasig dünsten, Knoblauch-, Tomatenwürfel, Selleriestücke und Petersilie hinzugeben, zugedeckt etwa 10 Minuten dünsten. Etwas abkühlen lassen.
5. In der Zwischenzeit Kichererbsen in einem Sieb abtropfen lassen, die Flüssigkeit dabei auffangen, mit Wasser auf 2 ½–3 l auffüllen und in einem großen Topf zum Kochen bringen. Kichererbsen und gekörnte Gemüsebrühe hinzufügen, etwa 5 Minuten kochen lassen.
6. Die gedünstete Gemüsemischung pürieren und zu den Kichererbsen geben. Die Suppe mit Majoran, Salz und Pfeffer würzen, noch etwa 5 Minuten kochen lassen.
7. Toastbrot in kleine Würfel schneiden. Olivenöl in einer Pfanne erhitzen. Die Brotwürfel darin knusprig braun braten, in die Suppenteller geben und mit Parmesan-Käse bestreuen. Die sehr heiße Suppe darübergießen. Oder Brotwürfel und Parmesan-Käse getrennt zu der Suppe reichen.

Klare Tomatensuppe mit Polentarauten

Zuppa di pomodoro con rombi di polenta

4 Portionen

Für die Tomatensuppe:

2 mittelgroße Zwiebeln
3 Knoblauchzehen
50 ml Olivenöl, 1 kg Tomaten
1 Dose geschälte Tomaten (800 g)
250 ml (1/4 l) Tomatensaft
Salz, frisch gemahlener Pfeffer
4 Eiweiß (Größe M)
2 mittelgroße Tomaten
1 Topf Basilikum

Für die Polentarauten:

300 ml Gemüsebrühe
50 ml Milch
100 g Maisgrieß
1 Bund Schnittlauch
30 g frisch geriebener Parmesan-Käse
40 g Butter oder Margarine

Zubereitungszeit: 60 Minuten, ohne Abkühlzeit

Pro Portion:

E: 6 g, F: 25 g, Kh: 23 g, kJ: 1486, kcal: 355

Raffiniert

1. Für die Suppe Zwiebeln und Knoblauch abziehen, in kleine Würfel schneiden. Olivenöl in einer Pfanne erhitzen, Zwiebel- und Knoblauchwürfel darin andünsten.
2. Tomaten waschen, abtrocknen, halbieren und die Stängelansätze herausschneiden. Tomatenhälften in kleine Würfel schneiden, zusammen mit den geschälten Tomaten und dem Tomatensaft zu den Zwiebel- und Knoblauchwürfeln geben und unter Rühren aufkochen lassen. Mit Salz und Pfeffer würzen. Die Suppe etwa 30 Minuten bei schwacher Hitze kochen und dann erkalten lassen.
3. Eiweiß in die kalte Suppe geben, gut durchrühren und unter ständigem Rühren aufkochen lassen, die Hitze reduzieren. Die Suppe 2 Minuten ohne Rühren kochen lassen. Einen Durchschlag mit einem Leinentuch auslegen und in einen Topf hängen. Die Tomatensuppe durch das Tuch gießen.
4. Tomaten waschen, kreuzweise einschneiden und einige Sekunden in kochendes Wasser legen. Tomaten kurz in kaltes Wasser legen, enthäuten, halbieren, entkernen und die Stängelansätze herausschneiden. Tomaten der Länge nach in Streifen schneiden. Basilikum abspülen und trockentupfen. Die Blättchen von den Stängeln zupfen. Die durchgesiebte Suppe erhitzen, mit Salz, Pfeffer abschmecken.
5. Für die Polentarauten Brühe mit Milch in einem Topf aufkochen. Maisgrieß einstreuen und etwa 8 Minuten quellen lassen, mit Salz und Pfeffer würzen.
6. Schnittlauch abspülen und in kleine Röllchen schneiden. Schnittlauchröllchen und Parmesan-Käse unter den Grieß rühren. Die Polentamasse etwa 1 cm dick auf eine geölte Platte streichen. Erkalten lassen und in Rauten schneiden.
7. Butter oder Margarine in einer Pfanne zerlassen, die Polentarauten darin goldbraun braten, herausnehmen und in die Suppe geben. Die Suppe mit Tomatenstreifen, Basilikumblättchen und Polentarauten als Einlage servieren.

Klare Tomatensuppe mit Polentarauten

Knoblauch-Scampi

Kräuter-Knoblauch-Oliven

Olive marinate all'aglio ed erbe

500 g schwarze oder grüne Oliven
1–2 frische, milde Chilischoten
1 kleiner Zweig Thymian
1 Zweig Rosmarin, 3–4 Knoblauchzehen
2 Lorbeerblätter, 125 ml (1/8 l) Olivenöl

Zubereitungszeit: 30 Minuten, ohne Durchziehzeit

Pro Portion:
E: 10 g, F: 249 g, Kh: 20 g, kJ: 9890, kcal: 2361

Raffiniert

1. Oliven rundherum einige Male mit einer Gabel einstechen. Chilischoten halbieren, entkernen, waschen und trockentupfen. Thymian und Rosmarin abspülen und trockentupfen. Knoblauch abziehen und klein hacken.

Kräuter-Knoblauch-Oliven

Knoblauch-Scampi

Scampi aglio e olio

4 Portionen

24 King-Prawns (ohne Schale)
4–5 EL Speiseöl, 4 Knoblauchzehen
2 Fleischtomaten
1 Bund glatte Petersilie
80 g Butter
Salz, frisch gemahlener Pfeffer

Zubereitungszeit: 30 Minuten

Pro Portion:
E: 25 g, F: 20 g, Kh: 4 g, kJ: 1270, kcal: 304

Für Gäste

1. King-Prawns unter fließendem kalten Wasser abspülen und trockentupfen. Speiseöl in einer Pfanne erhitzen, King-Prawns hinzufügen und von beiden Seiten etwa 5 Minuten braten, herausnehmen, auf einer vorgewärmten Platte anrichten und warm stellen.
2. Knoblauch abziehen und klein hacken. Tomaten waschen, kreuzweise einschneiden und einige Sekunden in kochendes Wasser legen. Tomaten kurz in kaltes Wasser legen, enthäuten, halbieren, entkernen und die Stängelansätze herausschneiden. Tomatenhälften in Würfel schneiden.
3. Petersilie abspülen und trockentupfen. Die Blättchen von den Stängeln zupfen. Blättchen klein schneiden.
4. Butter in der gesäuberten Pfanne zerlassen. Knoblauch darin andünsten. Tomatenwürfel und Petersilie hinzugeben und mitdünsten lassen, mit Salz und Pfeffer abschmecken.
5. Die Tomatenmasse auf den King-Prawns verteilen und sofort servieren.

Beilage: Safranreis oder ofenfrisches Baguette und grüner Blattsalat.

2. Die Oliven mit Chilischotenhälfen, Thymian, Rosmarin und Knoblauch in ein gesäubertes Glas schichten und mit Olivenöl auffüllen. Das Glas gut verschließen und die Oliven mindestens 3 Tage durchziehen lassen.

Kräuter-Schinken-Spaghetti

Spaghetti con prosciutto ed erbe

4 Portionen

4 l Wasser
4 gestr. TL Salz
400 g Spaghetti

2 Bund glatte Petersilie
2 Bund Dill
1 Topf Basilikum
1 Bund Schnittlauch
250 g Schlagsahne
1 Knoblauchzehe
frisch gemahlener Pfeffer
Salz
frische geriebene Muskatnuss
6 Eier (Größe M)
250 g Katenschinken

Zubereitungszeit: 35 Minuten

Pro Portion:
E: 39 g, F: 32 g, Kh: 74 g, kJ: 3161, kcal: 755

Für Kinder

1. Wasser in einem großen Topf mit geschlossenem Deckel zum Kochen bringen. Dann Salz und Spaghetti zugeben. Die Spaghetti im geöffneten Topf bei mittlerer Hitze nach Packungsanleitung kochen lassen und dabei zwischendurch 4–5-mal umrühren.
2. Anschließend die Spaghetti in ein Sieb geben, mit heißem Wasser abspülen und abtropfen lassen.
3. Kräuter abspülen und trockentupfen. Die Blättchen bzw. Spitzen von den Stängeln zupfen. Blättchen und Spitzen grob zerkleinern und in einen hohen Rührbecher geben. Knoblauch abziehen und klein schneiden. Sahne und Knoblauch hinzufügen, mit einem Schneidstab pürieren oder die Zutaten im Mixer pürieren. Mit Salz, Pfeffer und Muskat abschmecken. Die Kräuter-Sahne-Masse mit den Eiern in einen Topf geben und langsam erhitzen (nicht kochen lassen). Spaghetti untermischen.
4. Schinken in Streifen schneiden und auf den Spaghetti verteilen. Anschließend sofort servieren.

Beilage:
Gemischter Salat mit Sauce Vinaigrette.

Tipp:
Die Eier gerinnen schnell in der Sauce, wenn sie zu stark erhitzt werden. Deshalb unbedingt bei schwacher Hitze erwärmen. Statt der Kräuter 150 g Blattspinat verwenden, der vor dem Pürieren blanchiert wurde. Frische Kräuter können durch 2 Päckchen (je 25 g) TK-Kräuter ersetzt werden.

Kräuter-Schinken-Spaghetti

Krusten- und Schalentiere, überbacken

Frutti di mare gratinati

4 Portionen

8 Riesengarnelen (mit Schale)
2 EL Speiseöl
150 g Suppengemüse
250 ml (1/4 l) Weißwein
250 ml (1/4 l) Wasser

Für die Sauce:
60 g Butter, 25 g Weizenmehl
125 g Schlagsahne, 2 Eigelb (Größe M)
Salz, frisch gemahlener Pfeffer

1 Stange Staudensellerie
2–3 Frühlingszwiebeln
12 Jakobsmuscheln
20 g Butterflöckchen
20 g junger, geriebener Gouda-Käse

4 Muschelschalen

Zubereitungszeit: 60 Minuten
Backzeit: etwa 8 Minuten

Pro Portion:
E: 18 g, F: 38 g, Kh: 9 g,
kJ: 2099, kcal: 502

Für Gäste – mit Alkohol

Krusten- und Schalentiere, überbacken

1. Von den Riesengarnelen die Schale und den Darm entfernen. Speiseöl in einer Pfanne erhitzen. Garnelen darin etwa 2 Minuten braten, herausnehmen und beiseite stellen.
2. Suppengemüse putzen, waschen, abtropfen lassen und in kleine Stücke schneiden. In die Pfanne geben und andünsten.
3. Wein und Wasser hinzugießen, zum Kochen bringen und etwa 15 Minuten bei schwacher Hitze köcheln lassen. Anschließend in ein Sieb geben, den Fond dabei auffangen und evtl. noch etwas einkochen lassen.
4. Für die Sauce 40 g von der Butter in einem Topf zerlassen. Mehl unter Rühren so lange darin erhitzten, bis es hellgelb ist. Nach und nach den Fond und die Sahne hinzugießen. Mit einem Schneebesen durchschlagen. Darauf achten, dass keine Klümpchen entstehen. Die Sauce zum Kochen bringen und etwa 5 Minuten kochen lassen. Den Topf von der Kochstelle nehmen.
5. Eigelb mit etwas Wasser verschlagen und in die Sauce rühren. Mit Salz und Pfeffer abschmecken. Sauce nicht mehr kochen lassen.
6. Staudensellerie putzen und die harten Außenfäden abziehen. Frühlingszwiebeln ebenfalls putzen. Sellerie und Frühlingszwiebeln waschen, abtropfen lassen und in Streifen oder Ringe schneiden. Restliche Butter in einem Topf zerlassen. Sellerie- und Frühlingszwiebelstreifen oder -ringe darin etwa 5 Minuten unter Rühren dünsten, mit Salz und Pfeffer abschmecken.
7. Jakobsmuscheln kurz unter fließendem kalten Wasser abspülen und trockentupfen. Die Jakobsmuscheln mit den Garnelen und dem Gemüse unter die heiße Sauce heben. Die Masse in vier Muschelschalen oder in vier kleine Gratinförmchen (beides gefettet) verteilen. Butterflöckchen daraufsetzen und mit Käse bestreuen. Die Schalen oder Förmchen auf dem Rost in den vorgeheizten Backofen schieben und goldgelb überbacken.
Ober-/Unterhitze: etwa 220 °C
Heißluft: etwa 200 °C)
Backzeit: etwa 8 Minuten.

Beilage:
Ofenwarmes Baguette.

Tipp:
Sehr gut schmeckt es auch, wenn Sie gegarte Fischwürfel oder blanchiertes Gemüse mit in die Sauce geben.

Kürbiscremesuppe mit Radicchio

Crema di zucca con radicchio

4 Portionen

gut, Radicchio passt super

1,5 kg Kürbis (vorbereitet gewogen etwa 1 kg)
2 Schalotten, 2 EL Walnussöl
1 l Gemüsebrühe, 1/2 EL Meersalz
1/2 TL gemahlener, weißer Pfeffer
1/2 TL Paprikapulver edelsüß
abgeriebene Schale von 1/2 Bio-Zitrone (unbehandelt, ungewachst)
1 Lorbeerblatt
1 Becher (150 g) Crème fraîche
150 g Radicchio

Zubereitungszeit: 60 Minuten

Pro Portion:
E: 5 g, F: 17 g, Kh: 15 g,
kJ: 976, kcal: 235

Vegetarisch

1. Kürbis schälen, halbieren und die Kerne mit einem Löffel herauskratzen. Das Fruchtfleisch fein würfeln.
2. Schalotten abziehen und in kleine Würfel schneiden. Walnussöl in einem Topf erhitzen. Kürbiswürfel darin andünsten. Brühe hinzugießen. Mit Salz, Pfeffer, Paprika, Zitronenschale und Lorbeerblatt würzen. Die Zutaten zum Kochen bringen und zugedeckt etwa 35 Minuten garen. Lorbeerblatt entfernen.
3. Die Suppe pürieren, Crème fraîche unterrühren. Die Suppe nochmals erhitzen und mit den Gewürzen abschmecken.
4. Radicchio putzen, waschen, trockentupfen und in sehr feine Streifen schneiden.
5. Die Suppe mit Radicchiostreifen bestreut servieren.

Kürbiscremesuppe mit Radicchio

Tipp:
Die Suppe lässt sich ohne die Radicchiostreifen gut einfrieren.

Kürbisrisotto

Risotto alla zucca profumato al rosmarino

6 Portionen

Zum Vorbereiten:
1 kg Kürbis (am besten orangefarbener, italienischer Gemüsekürbis)

Für das Risotto:
1 Knoblauchzehe, 2 Rosmarinzweige
4 EL Olivenöl
Salz, frisch gemahlener Pfeffer
100 g Butter
100 g Schalottenwürfel
400 g Risottoreis (z. B. Vialone-Reis)
1 1/4 l Geflügelbrühe
50 g Butter
30 g frisch geriebener Parmesan-Käse

Zubereitungszeit: 45 Minuten

Pro Portion:
E: 8 g, F: 30 g, Kh: 58 g,
kJ: 2262, kcal: 541

Kürbisrisotto

Preiswert

1. Zum Vorbereiten Kürbis schälen und halbieren. Die Kerne mit einem Löffel herauskratzen. Das Kürbisfleisch in 1 x 1 cm große Würfel schneiden.
2. Für das Risotto Knoblauch abziehen. Rosmarin abspülen und trockentupfen. Olivenöl in einem Topf erhitzen. Kürbiswürfel, Knoblauch und Rosmarinzweige hinzufügen. Mit Salz und Pfeffer würzen. Die Zutaten zum Kochen bringen und zugedeckt bei schwacher Hitze 5–10 Minuten garen.
3. Butter in einem großen Topf zerlassen. Schalottenwürfel darin kurz andünsten. Reis hinzufügen und mit andünsten.
4. Etwas von der Brühe hinzugießen. Den Reis zugedeckt unter gelegentlichem Rühren bei schwacher Hitze etwa 20 Minuten ausquellen lassen. Während des Garens immer wieder etwas von der restlichen Brühe hinzugießen.
5. Nach etwa 15 Minuten Garzeit die gedünsteten Kürbiswürfel und eventuell etwas Wasser hinzugeben.
6. Den Topf von der Kochstelle nehmen. Butter und Parmesan-Käse vorsichtig unterrühren. Mit Salz und Pfeffer abschmecken. Rosmarinzweige entfernen. Risotto in tiefen Tellern servieren.

Lachs-Cordon bleu auf Gorgonzolaspinat

Lachs-Cordon bleu auf Gorgonzolaspinat

Bistecca di salmone ripiena di gamberi

4 Portionen

4 Lachsfilets (entgrätet, Mittelstücke je etwa 150 g)
120 g Riesengarnelen (ohne Schwanz und Schale)
60 g weiche Kräuterbutter
300 g frischer Blattspinat
Salz, frisch gemahlener Pfeffer
etwas Zitronensaft
30 g Butter, 1 Schalotte
250 g Schlagsahne
60 g Gorgonzola (Blauschimmelkäse)
20 g Butter
Knoblauchsalz

Zum Garnieren:

vorbereitete Orangenfilets von 1 Orange
50 g eingelegte, abgetropfte Perlzwiebeln
2 gewürfelte Tomaten
30 g vorbereitete Porreeringe (Lauch)

Außerdem:

Holzstäbchen

Zubereitungszeit: 60 Minuten
Garzeit: 6–8 Minuten

Pro Portion:

E: 41 g, F: 54 g, Kh: 10 g, kJ: 2924, kcal: 702

Raffiniert

1. Lachsfilets und Garnelen unter fließendem kalten Wasser abspülen, trockentupfen. In die Lachsfilets seitlich eine kleine Tasche schneiden. Garnelen in Würfel schneiden, mit der Kräuterbutter gut vermengen.
2. Spinat putzen, gründlich waschen und in kochendem Salzwasser kurz blanchieren und in eiskaltem Wasser abschrecken. Einige größere Spinatblätter heraussuchen, auf Küchenpapier legen und trockentupfen. Restlichen Spinat in einem Sieb abtropfen lassen.
3. Garnelenbutter auf den Spinatblättern verteilen, einwickeln und in die vorbereitete Lachsfilet-Taschen stecken, eventuell mit Holzstäbchen feststecken. Lachsfiles mit Salz, Pfeffer und Zitronensaft würzen.
4. Etwas von der Butter in einer Pfanne zerlassen. Die Lachsfilets darin von beiden Seiten 6–8 Minuten braten. Der Fisch sollte innen glasig und die Garnelenbuttermasse erwärmt sein.
5. Schalotte abziehen und in kleine Würfel schneiden. Wieder etwas von der Butter in einem Topf zerlassen, Schalottenwürfel darin andünsten, Sahne hinzugießen, zum Kochen bringen und etwa 2 Minuten gut durchkochen lassen.
6. Gorgonzola und restliche Butter hinzugeben und mit einem Mixstab aufmixen. Restlichen blanchierten Spinat hinzugeben und langsam erwärmen. Mit Salz, Pfeffer und etwas Knoblauchsalz abschmecken.
7. Spinat auf einen großen, vorgewärmten Teller geben. Lachsfilets darauflegen.
8. Zum Garnieren die angegebene Zutaten vorsichtig erwärmen. Lachs-Cordon bleu damit garnieren.

Tipp:
Lachs-Cordon bleu nicht zu schnell und auch nicht zu lange braten, sonst wird der Fisch trocken und die Butter läuft aus.

Lamm mit Eiersauce

Agnello brodetto

4 Portionen

1 kg Lammfleisch (Keule oder Schulter, ohne Knochen)
1 große Zwiebel, 4 EL Olivenöl

50 g Schinkenwürfel
Salz, frisch gemahlener Pfeffer
Oregano
1 Glas (200 ml) trockener Weißwein
etwas Rindfleischbrühe
oder Instant-Fleischbrühe
4 Knoblauchzehen

3–4 EL gehackte Petersilie
3 Eigelb (Größe M)
1 EL Zitronensaft
2 EL frisch geriebener Parmesan-Käse

Zubereitungszeit: 45 Minuten
Garzeit: etwa 75 Minuten

Pro Portion:
E: 58 g, F: 32 g, Kh: 2 g,
kJ: 2356, kcal: 562

Mit Alkohol

1. Lammfleisch unter fließendem kalten Wasser abspülen, trockentupfen und in Würfel schneiden. Zwiebel abziehen und in Würfel schneiden.
2. Olivenöl in einem Bräter erhitzen. Zwiebelwürfel darin andünsten. Lamm- und Schinkenwürfel hinzufügen, unter mehrmaligem Wenden darin anbraten. Mit Salz, Pfeffer und Oregano würzen. Wein hinzugießen.
3. Den Bräter auf dem Rost in den vorgeheizten Backofen schieben.
   Ober-/Unterhitze: etwa 200 °C
   Heißluft: etwa 180 °C
   Garzeit: etwa 75 Minuten.
4. Während der Garzeit ab und zu etwas Brühe hinzugießen.
5. Das gegarte Lammfleisch aus dem Bräter nehmen, auf einer Platte anrichten und warm stellen.
6. Knoblauch abziehen, durch eine Knoblauchpresse drücken, mit der Petersilie zum Bratensatz geben und unter Rühren kurz aufkochen lassen.
7. Eigelb mit Zitronensaft und Parmesan-Käse verrühren. 3 Esslöffel von dem heißen Bratenfond unterrühren. Dann mit dem restlichen Bratenfond verrühren und unter Rühren erhitzen (kurz aufkochen lassen).
8. Die Sauce auf dem Lammfleisch verteilen und sofort servieren.

Lammkeule

Cosciotto d'agnello arrosto

6 Portionen

1 Lammkeule mit Knochen (etwa 1,5 kg)
Salz
frisch gemahlener Pfeffer
4 EL Speiseöl
1 Knoblauchzehe
Kräuter der Provence
2 mittelgroße Zwiebeln
3 Tomaten
125 ml (1/8 l) Rotwein
125 ml (1/8 l) Fleischbrühe

Zubereitungszeit: 45 Minuten, ohne Ruhezeit
Garzeit: etwa 90 Minuten

Pro Portion:
E: 44 g, F: 16 g, Kh: 3 g,
kJ: 1443, kcal: 344

Klassisch – mit Alkohol

1. Lammkeule unter fließendem kalten Wasser abspülen, trockentupfen, mit Salz und Pfeffer einreiben.
2. Speiseöl in einem Bräter erhitzen. Die Keule darin von allen Seiten gut anbraten.
3. Knoblauch abziehen und durch eine Knoblauchpresse drücken. Die Keule mit dem Knoblauchmus bestreichen und mit Kräutern der Provence bestreuen. Die Keule aus dem Bräter nehmen.
4. Zwiebeln abziehen und vierteln. Tomaten waschen, abtrocknen, vierteln und die Stängelansätze herausschneiden. Zwiebel- und Tomatenviertel in das Bratfett geben und gut anbraten. Keule wieder hineinlegen. Rotwein und Brühe hinzugießen. Den Bräter auf dem Rost in den vorgeheizten Backofen schieben.
   Ober-/Unterhitze: 180–200 °C
   Heißluft: 160–180 °C
   Garzeit: etwa 90 Minuten.
5. Die Keule aus dem Bräter nehmen und etwa 10 Minuten ruhen lassen.
6. Das Fleisch vom Knochen lösen, in Scheiben schneiden und auf einer vorgewärmten Platte anrichten. Den Bratensatz mit dem Gemüse durch ein Sieb passieren, evtl. mit Salz und Pfeffer abschmecken und zu der Keule reichen.

Tipp:
Eine besonders einfache Garmethode: Das gut angebratene Fleisch im vorgeheizten Backofen (Ober-/Unterhitze: etwa 80 °C) in etwa 4 Stunden garen. Die Temperaturangabe muss bei dieser Garmethode genau eingehalten werden, dafür evtl. ein Ofenthermometer benutzen.

Lammkeule

Lammkeule, lombardisch

Lammkeule, lombardisch

Agnello alla lombarda

4 Portionen

1 kleine Lammkeule
(etwa 800 g, ohne Knochen)

2 Knoblauchzehen
1 Bund Rosmarin, 1 Bund Basilikum
1 Bund Thymian
Salz, frisch gemahlener Pfeffer
4–5 EL Olivenöl
Küchengarn

Zubereitungszeit: 20 Minuten
Garzeit: etwa 65 Minuten

Pro Portion:
E: 40 g, F: 20 g, Kh: 1 g,
kJ: 1437, kcal: 343

Einfach

1. Lammkeule unter fließendem kalten Wasser abspülen, trockentupfen, von Haut und Sehnen befreien.
2. Knoblauch abziehen und fein hacken. Kräuter abspülen und trockentupfen. Die Nadeln bzw. Blättchen von den Stängeln zupfen. Nadeln und Blättchen klein schneiden.
3. Salz, Pfeffer, Knoblauch mit 1 Esslöffel Öl und den Kräutern verrühren, auf die Innenseite der Keule streichen. Das Fleisch aufrollen und mit Küchengarn umwickeln.
4. Restliches Olivenöl in einem Bräter erhitzen. Die Lammkeule darin von allen Seiten anbraten, etwas Wasser hinzufügen. Den Bräter in den vorgeheizten Backofen schieben.
   Ober-/Unterhitze: etwa 180 °C
   Heißluft: etwa 160 °C
   Garzeit: etwa 65 Minuten.
5. Die Lammkeule aus dem Bräter nehmen, 10 Minuten ruhen lassen und in Scheiben schneiden.
6. Die Sauce durchrühren, nochmals mit den Gewürzen abschmecken und eventuell etwas Wasser unterrühren.

Lammkeule Pasqualina

Cosciotto d'agnello alla pasqualina

4 Portionen

1 Bund glatte Petersilie
2 Knoblauchzehen
50 g durchwachsener Speck oder
50 g ungeräucherter, roher Schinken
1 Lammkeule mit Knochen
(etwa 1,2 kg)
3 EL Olivenöl
Salz, frisch gemahlener Pfeffer
150 ml trockener Weißwein
evtl. mittelscharfer Senf

Zubereitungszeit: 30 Minuten,
ohne Ruhezeit
Garzeit: etwa 90 Minuten

Pro Portion:
E: 55 g, F: 20 g, Kh: 1 g,
kJ: 1773, kcal: 423

Mit Alkohol

1. Petersilie abspülen und trockentupfen. Blättchen von den Stängeln zupfen und klein schneiden. Knoblauch abziehen und in sehr kleine Würfel schneiden. Petersilie und Knoblauch mischen. Anschließend Speck oder Schinken in Streifen schneiden.
2. Speckstreifen in der Petersilien-Knoblauch-Mischung wenden.

3. Lammkeule unter fließendem kalten Wasser abspülen, trockentupfen und mit einem scharfen Messer Einschnitte einschneiden. Die Speckstreifen in die Einschnitte stecken.
4. Olivenöl in einem Bräter erhitzen. Die Lammkeule darin bei starker Hitze von allen Seiten gut anbraten. Mit Salz und Pfeffer würzen, eventuell etwas Wasser hinzufügen. Die Lammkeule zugedeckt bei schwacher Hitze in etwa 90 Minuten fertig garen, dabei ab und zu etwas Wein hinzugießen.
5. Die Lammkeule aus dem Bräter nehmen, auf eine vorgewärmte Platte legen und etwa 15 Minuten ruhen lassen. Dann das Fleisch vom Knochen lösen und in Scheiben schneiden.
6. Die Sauce nach Belieben mit Senf verfeinern und mit den Gewürzen abschmecken. Die Sauce zur Lammkeule reichen.

Lammrückenfilet mit Artischocken-Bohnen-Gemüse

Filetto d'agnello con carciofi e fagioli

4 Portionen

650 g Lammrückenfilet
Salz, frisch gemahlener Pfeffer
3 EL Speiseöl (z. B. Rapsöl)

500 g grüne Bohnen
Wasser
1 gestr. TL Salz

4 Tomaten, 1 Zwiebel
2 Knoblauchzehen
1 Dose Artischockenherzen (Abtropfgewicht 240 g)
2–3 EL Olivenöl
1–2 Rosmarinstängel
1–2 Thymianstängel

Zubereitungszeit: 60 Minuten
Garzeit: etwa 40 Minuten

Pro Portion:
E: 41 g, F: 14 g, Kh: 8 g,
kJ: 1382, kcal: 329

Für Gäste

1. Den Backofen bei Ober-/Unterhitze auf 80 °C vorheizen. Einen großen feuerfesten Teller oder eine Auflaufform mit flachem Rand auf dem Rost (mittlere Schiene) miterwärmen.
2. Lammrückenfilet unter fließendem kalten Wasser abspülen und trockentupfen. Mit Salz und Pfeffer würzen.
3. Speiseöl in einer Pfanne erhitzen. Lammrückenfilet darin von allen Seiten in etwa 5 Minuten gut anbraten. Lammrückenfilet herausnehmen, auf dem vorgewärmten Teller oder in der Auflaufform **in den Backofen schieben und etwa 40 Minuten garen.** Pfanne mit dem Bratensatz beiseite stellen.
4. Von den Bohnen die Enden abschneiden, die Bohnen eventuell abfädeln, waschen, abtropfen lassen und in etwa 3 cm lange Stücke schneiden. Wasser mit Salz in einem Topf zum Kochen bringen. Bohnenstücke hinzufügen, zum Kochen bringen und etwa 10 Minuten kochen lassen. Bohnen in ein Sieb geben, mit eiskaltem Wasser abschrecken und abtropfen lassen.
5. Tomaten waschen, abtropfen lassen, kreuzweise einschneiden, kurz in kochendes Wasser legen und in kaltem Wasser abschrecken. Tomaten enthäuten, halbieren und Stängelansätze herausschneiden. Tomaten in größere Würfel schneiden. Zwie-bel und Knoblauch abziehen, klein würfeln. Artischockenherzen in einem Sieb abtropfen lassen und vierteln.
6. Beiseite gestellte Pfanne mit dem Bratensatz erhitzen, Olivenöl miterhitzen. Zwiebel- und Knoblauchwürfel darin andünsten. Tomatenwürfel und Bohnenstücke hinzu- fügen, zum Kochen bringen und etwa 5 Minuten schmoren lassen. Dann die Artischockenviertel unterrühren und miterwärmen.
7. Kräuterstängel abspülen und trockentupfen. Die Nadeln bzw. Blättchen von den Stängeln zupfen. Das Gemüse mit Salz, Pfeffer, Rosmarin und Thymian abschmecken.

Beilage:
Salzkartoffeln.

Lammrückenfilet mit Artischocken-Bohnen-Gemüse

Lammrückenfilet mit Rosmarin

Filetto d'agnello

4 Portionen

600 g Lammfilet oder Lammrückenfilet

Salz
frisch gemahlener Pfeffer
2 EL Olivenöl

4 Zucchini (etwa 480 g)
250 g Cocktailtomaten
4 Knoblauchzehen
2 kleine Zweige Rosmarin

Außerdem:
1 Stück Bratfolie oder Bratschlauch

Zubereitungszeit: 20 Minuten
Garzeit: 15–20 Minuten

Pro Portion:
E: 33 g, F: 10 g, Kh: 4 g,
kJ: 1012, kcal: 241

Für Gäste

Lammrückenfilet mit Rosmarin

1. Lammrückenfilet unter fließendem kalten Wasser abspülen und trockentupfen, mit Salz und Pfeffer bestreuen. Etwas Olivenöl in einer Pfanne erhitzen. Lammrückenfilet kurz von beiden Seiten darin braun anbraten, herausnehmen und beiseite legen.
2. Zucchini waschen, abtrocknen und die Enden abschneiden. Die Tomaten waschen, trockentupfen und evtl. die Stängelansätze herausschneiden. Die Zucchini und Tomaten in grobe Würfel schneiden. Knoblauch abziehen und klein würfeln.
3. Zucchini-, Tomaten- und Knoblauchwürfel in einer Schüssel mischen, mit Salz und Pfeffer würzen, restliches Olivenöl unterrühren. Rosmarinzweige abspülen und trockentupfen.
4. Die Gemüsemischung auf ein großes Stück Bratfolie oder in den Bratschlauch geben, das beiseite gelegte Lammrückenfilet und die Rosmarinzweige darauflegen. Die Bratfolie oder den Bratschlauch nach Packungsanleitung verschließen und auf ein Backblech legen.
5. Anschließend das Backblech in den vorgeheizten Backofen schieben.

Ober-/Unterhitze: etwa 200 °C
Heißluft: etwa 180 °C
Garzeit: 15–20 Minuten.

Beilage:
Bratkartoffeln oder Ofenkartoffeln mit Quark und Schnittlauch.

Lammsteaks mit Orangensauce

Bistecca d'agnello all'arancia

4 Portionen

500 g ausgelöstes Lammkarree
2 EL Olivenöl
Salz, frisch gemahlener Pfeffer
1 Rosmarinstängel
2 Knoblauchzehen
200 ml Weißwein
Schale und Saft von 2 Bio-Orangen (unbehandelt, ungewachst)
100 g Schlagsahne
Salz
frisch gemahlener Pfeffer
Currypulver
1–2 EL Cognac oder Metaxa

evtl. etwas Weizenmehl

Zubereitungszeit. 20 Minuten

Pro Portion:
E: 26 g, F: 30 g, Kh: 10 g,
kJ: 1934, kcal: 464

Mit Alkohol

1. Lammkarree unter fließendem kalten Wasser abspülen, trockentupfen, in 12 gleich große Medaillons schneiden und etwas flachdrücken.
2. Olivenöl in einer großen Pfanne erhitzen. Lammmedaillons hinzufügen

und von jeder Seite etwa 2 Minuten anbraten. Mit Salz und Pfeffer würzen. Lammfilets herausnehmen, auf einer vorgewärmten Platte anrichten und warm stellen.

3. Dann Rosmarinstängel abspülen und trockentupfen. Knoblauch abziehen und durch eine Knoblauchpresse drücken. Rosmarin und Knoblauch zum Bratensatz in die Pfanne geben und kurz andünsten lassen. Wein, Orangenschale, -saft und Sahne hinzugeben. Den Bratensatz unter Rühren vom Boden lösen und zum Kochen bringen. Die Sauce bis zur Hälfte einkochen lassen, bis sie leicht sämig ist, eventuell mit angerührtem Mehl andicken. Mit Salz, Pfeffer, Curry und Cognac oder Metaxa abschmecken.

Beilage: Rosmarinkartoffeln und Salat.

Lammsteaks mit Orangensauce

Lamm, toskanisch

Lamm, toskanisch

Agnello alla toscana

6 Portionen

1 $^1/_2$ kg Lammkeule, mit Knochen
12 abgezogene Knoblauchzehen
6 EL Olivenöl
1 Dose geschälte Tomaten (400 g)
gerebelter Rosmarin
Salz
frisch gemahlener Pfeffer
500 g feine Erbsen (frisch oder TK)

Zubereitungszeit: 25 Minuten
Garzeit: etwa 2 Stunden

Pro Portion:
E: 50 g, F: 20 g, Kh: 13 g,
kJ: 1816, kcal: 433

Raffiniert

1. Lammkeule unter fließendem kalten Wasser abspülen, trockentupfen und mit Knoblauchzehen spicken.
2. Das Olivenöl in einem Bräter erhitzen. Die Lammkeule darin von allen Seiten gut anbraten.
3. Tomaten mit dem Saft pürieren und in einen Topf geben. Mit Rosmarin, Salz und Pfeffer würzen. Tomatenpüree kurz aufkochen lassen und zu der Lammkeule in den Bräter geben. Den Bräter auf dem Rost in den vorgeheizten Backofen schieben.
   Ober-/Unterhitze: etwa 180 °C
   Heißluft: etwa 160 °C
   Garzeit: etwa 2 Stunden.
4. Während der Garzeit die Lammkeule zwischendurch wenden und eventuell etwas Wasser hinzufügen. Etwa 20 Minuten vor Ende der Garzeit die vorbereiteten oder gefrorenen Erbsen zur Lammkeule in den Bräter geben und mitgaren lassen.
5. Die Lammkeule herausnehmen und vom Knochen lösen. Fleisch in Scheiben schneiden, zusammen mit der Sauce servieren.

Beilage: Salzkartoffeln.

Langusten-Cocktail

Cocktail d'aragosta

4 Portionen

300 g Langustenschwänze (in Lake)
1 Knoblauchzehe
1/2 Bund gehackter Dill
2 EL Butter
Salz

Für die Sauce:
1 Becher (150 g) Crème fraîche
1 TL trockener Sherry
1–2 Spritzer Worcestersauce
1 TL Zitronensaft
frisch gemahlener Pfeffer
1 Prise Zucker
4 vorbereitete Salatblätter
gehackter Dill

Zubereitungszeit: 30 Minuten

Pro Portion:
E: 17 g, F: 21 g, Kh: 4 g,
kJ: 1128, kcal: 271

Mit Alkohol – raffiniert

1. Langustenschwänze in einem Sieb abtropfen lassen. Knoblauch abziehen und durch eine Knoblauchpresse drücken. Dill abspülen und trockentupfen. Die Spitzen von den Stängeln zupfen. Spitzen klein schneiden.
2. Butter in einer Pfanne zerlassen. Knoblauch und Dill kurz darin andünsten, Langustenschwänze hinzufügen und kurz mit andünsten. Mit Salz würzen, erkalten lassen und in Scheiben schneiden.
3. Für die Sauce Crème fraîche mit Sherry, Worcestersauce und Zitronensaft verrühren, mit Salz, Pfeffer und Zucker abschmecken.
4. Salatblätter in 4 Cocktailgläsern verteilen. Das Langustenfleisch in den Gläsern anrichten und die Sauce darauf verteilen. Mit Dill bestreut servieren.

Lasagne al forno

Lasagne

4 Portionen

2 Knoblauchzehen
1 große Zwiebel
2 EL Speiseöl
250 g Gehacktes (halb Rind-, halb Schweinefleisch)
3 EL Tomatenmark
Salz
frisch gemahlener Pfeffer
gerebelter Rosmarin
gerebelter Oregano
gerebelter Thymian
250 m (1/4 l) Rindfleischbrühe

Für die Sauce:
1 Becher (150 g) Crème fraîche
125 ml (1/8 l) Milch
40 g frisch geriebener Parmesan-Käse
250 g Lasagneblätter, ohne Vorgaren
40 g Butter

Zubereitungszeit: 45 Minuten
Garzeit: etwa 45 Minuten

Pro Portion:
E: 26 g, F: 40 g, Kh: 50 g,
kJ: 2806, kcal: 672

Klassisch

1. Knoblauch und Zwiebel abziehen, in kleine Würfel schneiden.
2. Speiseöl in einem Topf erhitzen, Zwiebel- und Knoblauchwürfel darin glasig dünsten. Gehacktes hinzufügen, unter ständigem Rühren etwa 5 Minuten darin anbraten, dabei die Fleischklümpchen mit einer Gabel zerdrücken. Das Tomatenmark unterrühren und mit andünsten. Mit Salz, Pfeffer, Rosmarin, Oregano und Thymian würzen. Brühe hinzugießen, zum Kochen bringen und einige Minuten kochen lassen.
3. Für die Sauce Crème fraîche mit Milch und Käse verrühren. Die Lasagneblätter abwechselnd, lagenweise mit der Fleischmasse und der Crème-fraîche-Sauce in eine flache, große Auflaufform schichten. Die oberste Schicht sollte aus Sauce bestehen (Lasagneblätter müssen bedeckt sein). Die Butter in Flöckchen daraufsetzen. Die Form auf dem Rost in den vorgeheizten Backofen schieben.
   Ober-/Unterhitze: etwa 200 °C
   Heißluft: etwa 180 °C
   Garzeit: etwa 45 Minuten.

Beilage: Tomatensalat.

Abwandlung:
Wollen Sie eine vegetarische Lasagne zubereiten, dünsten Sie je 300 g geputzte Auberginen- und Zucchinischeiben in 6 Esslöffeln Olivenöl an. Geben Sie nun 2 geputzte, in Ringe geschnittene Porree-(Lauch-)stangen dazu. Fügen Sie anschließend 1 Dose (Einwaage 800 g) geschälte

Tomaten mit der Flüssigkeit hinzu. Rühren Sie dann wie oben angegeben das Tomatenmark unter und lassen Sie das Gemüse etwa 5 Minuten schmoren. Würzen Sie mit Pfeffer, Rosmarin, Oregano und Thymian, gießen Sie Gemüsebrühe hinzu und lassen Sie alles noch etwa 5 Minuten kochen.

Tipp: Lasagne kann gut am Vorabend vorbereitet und im Kühlschrank aufbewahrt werden. Die Garzeit erhöht sich dann um etwa 15 Minuten.

Lasagne al forno

Lasagne mit Mangold

Lasagne con bietole

4 Portionen

300 g Mangold
6 EL Olivenöl
Salz, frisch gemahlener Pfeffer
frisch geriebene Muskatnuss
200 g Zwiebeln
375 g Gehacktes (halb Rind-, halb Schweinefleisch)
1 TL scharfer Senf
gerebelter Thymian
gerebelter Oregano
1 Dose geschälte Tomaten (400 g)
40 g Butter, 40 g Weizenmehl
625 ml Milch
40 g frisch geriebener Parmesan-Käse
250 g grüne Lasagneplatten, ohne Vorgaren
150 g frisch geriebener Gouda-Käse
1 EL Butterflöckchen

Zubereitungszeit: 75 Minuten
Garzeit: 30–35 Minuten

Pro Portion:
E: 47 g, F: 64 g, Kh: 64 g, kJ: 4347, kcal: 1039
Raffiniert

1. Mangold putzen, gründlich waschen und abtropfen lassen. Mangoldstiele in Stücke, die Blätter in 1–2 cm breite Streifen schneiden. Die Hälfte des Olivenöls in einem Topf erhitzen. Mangoldstiele etwa 5 Minuten darin dünsten, dann die Blätterstreifen hinzufügen. Mit Salz, Pfeffer und Muskat würzen. Mangold etwa 5 Minuten dünsten.
2. Zwiebeln abziehen und in kleine Würfel schneiden. Restliches Olivenöl in einer Pfanne erhitzen, Zwiebelwürfel darin andünsten. Gehacktes hinzufügen und kurz anbraten, dabei die Fleischklümpchen mit einer Gabel zerdrücken. Mit Salz, Pfeffer, Senf, Thymian und Oregano würzen. Tomaten mit dem Saft hinzufügen, Tomaten dabei etwas zerdrücken, zum Kochen bringen und 2–3 Minuten kochen lassen.
3. Butter in einem Topf zerlassen. Mehl unter Rühren darin so lange erhitzen, bis es hellgelb ist. Milch hinzugießen, mit einem Schneebesen durchschlagen. Darauf achten, daß keine Klümpchen entstehen. Die Sauce zum Kochen bringen und etwa 5 Minuten kochen lassen.
4. Parmesan-Käse unterrühren, mit Salz, Pfeffer und Muskat abschmecken. Den Boden einer länglichen Auflaufform (etwa 30 x 22 cm, gefettet) mit Lasagneplatten belegen. Dann lagenweise Mangold, Gehacktes, zwei Drittel der Sauce und Lasagneplatten einschichten. Die oberste Schicht sollte aus Lasagneplatten bestehen. Restliche Sauce darauf verteilen. Den Auflauf mit Gouda-Käse bestreuen und Butterflöckchen daraufsetzen. Die Form auf dem Rost in den vorgeheizten Backofen schieben.

Ober-/Unterhitze: etwa 200 °C
Heißluft: etwa 180 °C
Garzeit: 30–35 Minuten.

Lasagne mit Pilzen und Schinken

Lasagne mit Pilzen und Schinken

Lasagne con funghi e prosciutto

4 Portionen

Für die Pilzsauce:

70 g getrocknete Steinpilze
2 mittelgroße Zwiebeln
1 Knoblauchzehe
60 g Butter
1 Lorbeerblatt
200 ml Fleischbrühe
Salz, frisch gemahlener Pfeffer

Für die Béchamelsauce:

500 ml ($^1/_2$ l) Béchamelsauce (aus dem Tetrapack)
50 g frisch geriebener Parmesan-Käse
100 g Schlagsahne
frisch geriebene Muskatnuss
200 g gekochter Schinken

2 EL Butter für die Form
$^1/_2$ Pck. (225 g) Lasagneplatten, ohne Vorgaren
30 g Butter in Flöckchen

Zum Bestreuen:

60 g frisch geriebener Parmesan-Käse

Zum Garnieren:

vorbereitete Basilikumblättchen
Tomatenviertel

Zubereitungszeit: 45 Minuten, ohne Quellzeit
Backzeit: etwa 35 Minuten

Pro Portion:

E: 35 g, F: 68 g, Kh: 47 g,
kJ: 3946, kcal: 947

Etwas teurer

1. Steinpilze in eine flache Schale legen, mit Wasser übergießen und nach Packungsanleitung etwa 30 Minuten quellen lassen.
2. Zwiebeln und Knoblauch abziehen, Zwiebeln in kleine Würfel schneiden. Knoblauch durch eine Knoblauchpresse drücken. Butter in einer Pfanne zerlassen. Zwiebelwürfel darin andünsten, Knoblauch hinzufügen.
3. Steinpilze in einem Sieb abtropfen lassen. Steinpilze etwas zerkleinern, zusammen mit dem Lorbeerblatt zu den Zwiebelwürfeln geben und einige Minuten dünsten lassen. Brühe hinzugießen und kurz aufkochen lassen. Mit Salz und Pfeffer abschmecken.
4. Für die Béchamelsauce Béchamelsauce in eine Schüssel geben, mit Parmesan-Käse und Sahne verrühren. Mit Salz, Pfeffer und Muskat abschmecken. Fünf Esslöffel von der Béchamelsauce unter die Pilzsauce rühren.
5. Schinken in schmale Streifen schneiden und mit der Pilzsauce vermengen.
6. Den Boden einer flachen Auflaufform (gefettet) mit Lasagneplatten belegen, darauf einige Esslöffel der Pilzsauce geben. Danach einige Esslöffel der Béchamelsauce daraufstreichen, einige Butterflöckchen darauf verteilen. Nacheinander wieder Lasagneplatten, Pilzsauce, Béchamelsauce und Butterflöckchen einschichten. Die oberste Schicht soll aus Lasagneplatten bestehen, die mit Béchamelsauce bestrichen und mit Butterflöckchen belegt wird. Parmesan-Käse daraufstreuen.
7. Die Form auf dem Rost in den vorgeheizten Backofen schieben.
   Ober-/Unterhitze: etwa 200 °C
   Heißluft: etwa 180 °C
   Backzeit: etwa 35 Minuten.
8. Anschließend die Lasagne mit Basilikumblättchen und Tomatenvierteln garniert servieren.

Tipp:
Wenn die Béchamelsauce nicht mehr flüssig genug ist, um sie gleichmäßig zu verteilen, kann etwas Milch untergerührt werden.

Lasagne Verde

Lasagne verdi

4 Portionen

1 Zwiebel
3 EL Olivenöl
300 g frische, feine Bratwurst
Salz, frisch gemahlener Pfeffer
Oregano
150 g gekochter Schinken
1 Dose geschälte Tomaten (800 g)
2 enthäutete, entkernte Fleischtomaten
250 g grüne Lasagneblätter, ohne Vorgaren
250 g Schlagsahne
150 g frisch geriebener Edamer-Käse
125 g Mozzarella-Käse
2 EL in Streifen geschnittenes Basilikum

Zubereitungszeit: 25 Minuten
Garzeit: etwa 40 Minuten

Pro Portion:
E: 44 g, F: 69 g, Kh: 53 g,
kJ: 4276, kcal: 1021

Gut vorzubereiten

1. Zwiebel abziehen und in kleine Würfel schneiden. Olivenöl in einer Pfanne erhitzen. Zwiebelwürfel darin andünsten. Bratwurstbrät aus der Wurst drücken, hinzufügen und etwas anbraten. Dabei die Fleischklümpchen mit einer Gabel zerdrücken. Mit Salz, Pfeffer und Oregano würzen. Schinken in Streifen schneiden und unterrühren.
2. Tomaten mit der Flüssigkeit hinzufügen, dabei die Tomaten mit einer Gabel etwas zerdrücken. Die Zutaten zum Kochen bringen und mit den Gewürzen abschmecken. Fleischtomaten in Spalten schneiden und unterheben.
3. Die Lasagneblätter abwechselnd, lagenweise mit der Tomaten-Fleisch-Masse in eine große, eckige Auflaufform (gefettet) schichten. Sahne und Edamer-Käse verrühren, mit Salz und Pfeffer abschmecken und darauf verteilen.
4. Die Form auf dem Rost in den vorgeheizten Backofen schieben.

Lasagne Verde

Ober-/Unterhitze: 180–200 °C
Heißluft: 160–180 °C
Garzeit: etwa 40 Minuten.

5. Mozzarella abtropfen lassen und in Scheiben schneiden. Nach etwa 20 Minuten Garzeit Mozzarellascheiben auf der Lasagne verteilen, Basilikumstreifen daraufstreuen. Die Lasagne fertig garen.

Latte-Macchiato-Eis

Gelato al latte macchiato

6 Portionen

3 Eier (Größe M)
90 g Zucker
70 ml Espresso
600 g Schlagsahne
3 Pck. Dr. Oetker Vanillin-Zucker

Nach Belieben:
Kakaopulver zum Bestäuben

Zubereitungszeit: 30 Minuten, ohne Abkühlzeit
Gefrierzeit: etwa 5 Stunden

Pro Portion:
E: 6 g, F: 34 g, Kh: 22 g,
kJ: 1787, kcal: 427

Raffiniert

1. Eier mit Zucker und Espresso in einem Topf verschlagen und bei mittlerer Hitze unter ständigem Rühren mit einem Schneebesen aufschlagen, bis eine dicklich, cremige Masse entsteht. Die Masse darf dabei nicht kochen.
2. Den Topf sofort in eiskaltes Wasser stellen. Die Masse unter Rühren erkalten lassen.
3. 400 g Sahne sehr steif schlagen und unter die erkaltete Masse heben.

Latte-Macchiato-Eis

Latte-Macchiato-Creme zu gleichen Teilen in 6 gefriergeeignete Gläser füllen. Dabei darauf achten, dass die Gläser nur zu zwei Dritteln gefüllt sind. Gläser zudecken, die Latte-Macchiato-Creme etwa 4 Stunden tiefgefrieren.
4. Restliche Sahne mit Vanillin-Zucker steif schlagen. Vanille-Sahne auf dem Eis in den Gläsern verteilen. Das Eis etwa eine weitere Stunde tiefgefrieren.
5. Nach Belieben das Latte-Macchiato-Eis mit Kakao bestäubt servieren.

Tipp:
Sie können unter Punkt 1 die Eier mit Zucker und Espresso auch in einer hitzebeständigen Schüssel verschlagen und dann im heißen Wasserbad (85–90 °C) mit einem Schneebesen zu einer dicklich, cremigen Masse aufschlagen. Diese Methode des Aufschlagens dauert länger (etwa 20–30 Minuten), aber so können auch Ungeübte sicher sein, dass Ihnen die Masse nicht anbrennt.

Ligurischer Salat

Insalata ligure

4 Portionen

1 Kopfsalat
4 Tomaten
1 grüne Paprikaschote
1 Möhre
1/2 Salatgurke
2 Sardellen
10 Silberzwiebeln (aus dem Glas)
10 schwarze Oliven

Für die Salatsauce:

1 Knoblauchzehe
2 EL Weißweinessig
4 EL Olivenöl
Salz, frisch gemahlener Pfeffer
3–4 gehackte Basilikumblättchen

Zubereitungszeit: 30 Minuten, ohne Durchziehzeit

Pro Portion:
E: 3 g, F: 15 g, Kh: 8 g,
kJ: 761, kcal: 181

Ligurischer Salat

Für Gäste

1. Vom Kopfsalat die äußeren Blätter entfernen, die restlichen Blätter vom Strunk lösen. Die großen Blätter teilen und die Herzblättchen ganz lassen. Den Salat waschen und gut abtropfen lassen.
2. Tomaten waschen, trockentupfen, halbieren und die Stängelansätze herausschneiden. Tomaten in Scheiben schneiden. Paprika halbieren, entstielen, entkernen und die weißen Scheidewände entfernen. Schotenhälften waschen, trockentupfen und in Streifen schneiden.
3. Möhre putzen, schälen, waschen, abtropfen lassen und in feine Streifen schneiden. Salatgurke waschen, trockentupfen und in Scheiben schneiden. Sardellen klein schneiden. Silberzwiebeln in einem Sieb abtropfen lassen. Oliven evtl. entsteinen. Die vorbereiteten Salatzutaten in einer Schüssel mischen.
4. Für die Sauce Knoblauch abziehen, in kleine Würfel schneiden und mit Essig verrühren. Olivenöl unterschlagen. Mit Salz und Pfeffer würzen, Basilikum unterrühren.
5. Die Salatzutaten mit der Sauce vermengen. Den Salat etwas durchziehen lassen.

Rustikales Buffet

12–15 Personen

Champignons mariniert 1 x (Seite 43)
Gebackene Sardinen 1 x (Seite 72)
Ligurischer Salat 2 x (Seite 142)
Gemüsesuppe nach Genueser Art 2 x (Seite 87)
Schmorbraten Mailänder Art 3 x (Seite 238)
Spinatklöße auf Tomaten-Salbei-Sauce 1 x (Seite 267)
Cassatatorte 2 x (Seite 42)

Ligurisches Stockfischmus

Baccalà alla vicentina

6 Portionen (als Vorspeise)

Ligurisches Stockfischmus

500 g Stockfisch (in Salz eingelegter Kabeljau) ohne Haut und Gräten
1 l Milch, 1 Bund glatte Petersilie
3 Sardellenfilets
2 Knoblauchzehen
500 ml (1/2 l) Olivenöl
frisch gemahlener, schwarzer Pfeffer

Zubereitungszeit: 35 Minuten, ohne Einweichzeit
Garzeit: etwa 20 Minuten

Pro Portion:
E: 64 g, F: 86 g, Kh: 1 g, kJ: 4280, kcal: 1022

Für Gäste

1. Den Stockfisch in eine flache Schale legen und in kaltem Wasser etwa 24 Stunden einweichen. Dabei das Wasser mindestens 2-mal erneuern.
2. Den Stockfisch herausnehmen, grob zerpflücken oder schneiden und unter fließendem kalten Wasser abspülen. Fischstücke in einem Sieb abtropfen lassen.
3. Milch in einem Topf zum Kochen bringen, Fischstücke hinzufügen, wieder zum Kochen bringen und etwa 20 Minuten bei schwacher Hitze leicht kochen lassen.
4. In der Zwischenzeit Petersilie abspülen und trockentupfen. Die Blättchen von den Stängeln zupfen. Blättchen klein schneiden. Sardellenfilets mit einer Gabel zerdrücken. Knoblauch abziehen und dann durch eine Knoblauchpresse drücken.
5. Die Fischstücke mit einer Schaumkelle aus der Milch nehmen und in eine Schüssel geben. Petersilie, Sardellenmus und Knoblauch hinzufügen. Die Zutaten mit Handrührgerät mit Rührbesen zu einer geschmeidigen Masse verrühren. Dabei das Olivenöl langsam nach und nach hinzugießen. Die Masse etwa 10 Minuten weiterschlagen, bis eine feste Püreemasse entstanden ist (wie Kartoffelpüree).
6. Stockfischmus kräftig mit Pfeffer abschmecken und heiß servieren.

Tipp: In Italien wird dieses Gericht mit gebratener Polenta als Vorspeise gereicht.

Mailänder Risotto

Risotto alla milanese

4 Portionen

1 Zwiebel, 1 EL Butter
250 g italienischer Rundkornreis
125 ml (1/8 l) Weißwein
1 Msp. Safranpulver
500 ml (1/2 l) heiße Fleischbrühe
100–150 g Crème fraîche
40 g frisch geriebener Parmesan-Käse
Salz, frisch gemahlener Pfeffer

Zubereitungszeit: 40 Minuten

Pro Portion:
E: 9 g, F: 18 g, Kh: 51 g,
kJ: 1764, kcal: 423

Klassisch – mit Alkohol

1. Zwiebel abziehen und in kleine Würfel schneiden. Butter in einem Topf zerlassen, Zwiebelwürfel darin andünsten, Reis hinzufügen und unter Rühren darin glasig dünsten lassen.
2. Wein hinzugießen, Safran unterrühren, zum Kochen bringen und den Reis quellen lassen. Wenn die Flüssigkeit verkocht ist, nach und nach Fleischbrühe hinzugießen.
3. Risotto etwa 25 Minuten leicht sämig ausquellen lassen.
4. Crème fraîche und Parmesan unter den Reis rühren und miterhitzen. Risotto mit Salz und Pfeffer abschmecken.

Mailänder Spinatauflauf mit Kümmelkartoffeln

Sformato di spinaci alla milanese con patate al cumino

4 Portionen

Für den Spinatauflauf:
1 kg Blattspinat, 80 g Butter
Salz, frisch gemahlener Pfeffer
frisch geriebene Muskatnuss
125 g Schlagsahne
4 Eigelb (Größe M)
200 g frisch geriebener Käse (z. B. Parmesan)
1/2 TL Paprikapulver edelsüß
4 Eiweiß (Größe M)

Für die Kümmelkartoffeln:
6 gleich große Kartoffeln
1 EL Kümmelsamen, 3 EL Speiseöl

Zubereitungszeit: 35 Minuten
Garzeit: 20–25 Minuten.

Pro Portion:
E: 34 g, F: 56 g, Kh: 31 g,
kJ: 3265, kcal: 779

Preiswert

1. Für den Auflauf Spinat putzen, gründlich waschen, abtropfen lassen und trockentupfen. 40 g der Butter zerlassen, Spinat hinzugeben. Mit Salz, Pfeffer und Muskat würzen, zugedeckt etwa 5 Minuten dünsten.
2. Sahne mit Eigelb und Käse verschlagen, mit Salz und Paprika würzen und unter den Spinat rühren. Eiweiß steif schlagen und unterheben.
3. Spinat in eine längliche, feuerfeste Form geben. Restliche Butter in Flöckchen darauf verteilen.
4. Für die Kümmelkartoffeln Kartoffeln unter fließendem kalten Wasser

gründlich bürsten und ungeschält längs halbieren. Salz mit Kümmel mischen. Die Kartoffeln mit den Schnittflächen hineindrücken.
5. Die Kartoffelhälften mit den Schnittflächen auf ein Backblech (mit Backpapier belegt, Papier mit Speiseöl bestrichen) legen. Die Schale jeweils mit Speiseöl bestreichen.
6. Das Backblech mit den Kümmelkartoffeln und die Form mit der Spinatmasse ohne Deckel auf dem Rost zusammen in den Backofen schieben. Spinatauflauf auf die 2. Schiene von unten, Kümmelkartoffeln auf die 4. Schiene von unten.
   Ober-/Unterhitze: etwa 200 °C
   Heißluft: etwa 180 °C
   Garzeit: Kartoffeln etwa 45 Minuten, Auflauf etwa 25 Minuten.

Maisplätzchen
Biscotti di farina gialla

Maisplätzchen

Für den Teig:
300 g Weizenmehl
75 g Maismehl (Polenta)
200 g Zucker
1 EL abgeriebene Schale von 1 Bio-Zitrone (unbehandelt, ungewachst)
2 Eigelb (Größe M)
300 g Butter

Zubereitungszeit: 75 Minuten, ohne Kühlzeit
Backzeit: etwa 10 Minuten je Backblech

Insgesamt:
E: 48 g, F: 268 g, Kh: 475 g, kJ: 18815, kcal: 4494

Einfach

1. Für den Teig Weizenmehl mit Maismehl mischen und in eine Rührschüssel sieben. Zucker, Zitronenschale, Eigelb und Butter hinzufügen. Die Zutaten mit Handrührgerät mit Knethaken zunächst kurz auf niedrigster, dann auf höchster Stufe gut durcharbeiten.
2. Anschließend auf einer bemehlten Arbeitsfläche zu einem glatten Teig verkneten. Den Teig in Folie gewickelt etwa 1 Stunde kalt stellen.
3. Den Teig auf einer bemehlten Arbeitsfläche etwa 1 1/2 cm dick ausrollen und mit einer runden Ausstechform (Ø etwa 4 cm) Plätzchen ausstechen. Teigplätzchen auf Backbleche (mit Backpapier belegt) legen. Die Backbleche nacheinander (bei Heißluft zusammen) in den vorgeheizten Backofen schieben.
   Ober-/Unterhitze: etwa 180 °C
   Heißluft: etwa 160 °C
   Backzeit: etwa 10 Minuten je Backblech. (Die Plätzchen müssen goldgelb und am Rand etwas gebräunt sein).
4. Die Plätzchen mit dem Backpapier von den Backblechen auf Kuchenroste ziehen. Plätzchen erkalten lassen.

Tipp: Die Plätzchen in einer gut schließenden Dose aufbewahren.

Makkaroni in Tunfischsauce

Makkaroni in Tunfischsauce

Maccheroni al tonno

4 Portionen

2 Zwiebeln
4 Knoblauchzehen
350 g Zucchini
1 gelbe Paprikaschote
1 Chilischote
3 EL Speiseöl
1 Becher (150 g) Crème fraîche
2 Dosen Tunfisch naturell (je 185 g)
Salz
frisch gemahlener Pfeffer
gerebelter Oregano
gerebelter Thymian

4 l Wasser
4 gestr. TL Salz
400 g Makkaroni

Zubereitungszeit: 30 Minuten

Pro Portion:
E: 32 g, F: 32 g, Kh: 77 g,
kJ: 3029, kcal: 725

Raffiniert

1. Zwiebeln und Knoblauch abziehen, in kleine Würfel schneiden. Zucchini waschen, abtrocknen und die Enden abschneiden. Zucchini fein würfeln.
2. Paprika- und Chilischote längs halbieren, entstielen, entkernen und die weißen Scheidewände entfernen. Schoten waschen, trockentupfen und in kleine Würfel schneiden.
3. Speiseöl in einem Topf erhitzen, Zwiebel- und Knoblauchwürfel darin andünsten. Zucchiniwürfel hinzufügen und anbraten. Dann Paprika- und Chiliwürfel hinzugeben, Crème fraîche unterrühren.
4. Tunfisch abgießen, leicht zerpflücken und in die Sauce geben. Mit Salz, Pfeffer, Oregano und Thymian würzen. Die Sauce zugedeckt etwa 10 Minuten bei schwacher Hitze köcheln lassen, dabei ab und zu umrühren.
5. In der Zwischenzeit Wasser in einem großen Topf mit geschlossenem Deckel zum Kochen bringen. Dann Salz und Nudeln zugeben. Die Nudeln im geöffneten Topf bei mittlerer Hitze nach Packungsanleitung kochen lassen, dabei zwischendurch 4–5-mal umrühren.
6. Anschließend die Nudeln in ein Sieb geben, mit heißem Wasser abspülen und abtropfen lassen.
7. Die Nudeln auf Tellern verteilen. Die Tunfischsauce daraufgeben und sofort servieren.

Makkaroni mit Paprika-Feigen-Sauce

Maccheroni con peperoni e fichi

4 Portionen

Für die Sauce:
4 Paprikaschoten (grün und rot)
2 Stangen Staudensellerie
4 EL Olivenöl
100 ml Gemüsebrühe
Salz, frisch gemahlener Pfeffer
3 reife Feigen

4 l Wasser
4 gestr. TL Salz
400 g Makkaroni

Zubereitungszeit: 25 Minuten

Pro Portion:
E: 15 g, F: 12 g, Kh: 85 g,
kJ: 2164, kcal: 517

Vegetarisch

1. Für die Sauce Paprika halbieren, entstielen, entkernen und die weißen Scheidewände entfernen. Schoten waschen, gut abtropfen lassen und in kleine Würfel schneiden.
2. Selleriestangen putzen und die harten Außenfäden abziehen. Stangen waschen, abtropfen lassen und ebenfalls in kleine Würfel schneiden.
3. Olivenöl in einer Pfanne erhitzen, Gemüsewürfel darin unter Rühren andünsten, Brühe hinzugießen. Mit Salz und Pfeffer würzen. Die Zutaten zum Kochen bringen und etwa 10 Minuten garen.
4. Die Feigen schälen, in kleine Stücke schneiden und unter die Gemüsesauce rühren. Sauce warm stellen.
5. Wasser in einem großen Topf mit geschlossenem Deckel zum Kochen bringen. Dann Salz und Nudeln zugeben. Die Nudeln im geöffneten Topf bei mittlerer Hitze nach Packungsanleitung kochen lassen, dabei zwischendurch 4–5-mal umrühren.
6. Anschließend die Nudeln in ein Sieb geben, mit heißem Wasser abspülen und abtropfen lassen.
7. Die Nudeln mit der warm gestellten Sauce vermengen und auf Tellern anrichten.

Makkaroni mit Paprika-Feigen-Sauce

Makkaroni nach Siena Art

Makkaroni nach Siena Art

Maccheroni alla senese

4 Portionen

500 g Makkaroni oder Penne lisce
4 l Wasser
4 gestr. TL Salz
1 Topf Basilikum
120 g Walnusskerne
50 g Butter oder 4 EL Olivenöl
100 g gekochter Schinken
250 g Schlagsahne
Salz
frisch gemahlener Pfeffer
80 g frisch geriebener Parmesan-Käse

Zubereitungszeit: 45 Minuten

Pro Portion:
E: 33 g, F: 58 g, Kh: 93 g, kJ: 4329, kcal: 1035

Raffiniert – für Kinder

1. Makkaroni in fingerlange Stücke brechen. Wasser in einem großen Topf mit geschlossenem Deckel zum Kochen bringen. Dann Salz und Nudeln zugeben. Die Nudeln im geöffneten Topf bei mittlerer Hitze nach Packungsanleitung kochen lassen, dabei zwischendurch 4–5-mal umrühren.
2. Anschließend die Nudeln in ein Sieb geben, mit heißem Wasser abspülen und abtropfen lassen.
3. Basilikum abspülen und trockentupfen. Die Blättchen von den Stängeln zupfen (einige Blättchen zum Garnieren beiseite legen). Restliche Blättchen mit den Walnusskernen pürieren. Butter oder Olivenöl in einem Topf erhitzen, Basilikum-Nuss-Püree hinzufügen und unter Rühren bei schwacher Hitze kurz dünsten. Schinken in kleine Würfel schneiden und mit der Sahne unterrühren. Mit Salz und Pfeffer würzen.
4. Makkaroni hinzufügen und unter gelegentlichem Rühren bei schwacher Hitze miterhitzen.
5. Die Hälfte des Käses untermischen. Makkaroni in einer vorgewärmten Schüssel anrichten, mit Pfeffer und restlichem Parmesan-Käse bestreuen. Mit den beiseite gelegten Basilikumblättchen garniert servieren.

Makrelen auf Fischer Art

Sgombri alla marinara

6 Portionen

1 kg küchenfertige Makrelen
Salz
2 EL abgetropfte Kapern
1 EL Currypulver
Saft von 2 Zitronen
5 Lorbeerblätter
10 Pfefferkörner
100 ml Olivenöl

Zubereitungszeit: 20 Minuten, ohne Abkühlzeit
Garzeit: 15–20 Minuten

Pro Portion:
E: 25 g, F: 32 g, Kh: 0 g, kJ: 1632, kcal: 390

Pikant

1. Makrelen von innen und außen unter fließendem kalten Wasser abspülen und trockentupfen. Von innen und außen mit Salz bestreuen.
2. Makrelen mit Kapern, Curry, Zitronensaft, Lorbeerblättern und Pfefferkörnern in eine feuerfeste Form oder in eine Auflaufform legen. So viel Wasser hinzugießen, dass die Makrelen knapp bedeckt sind.
3. Die Form auf dem Rost in den vorgeheizten Backofen schieben.
   Ober-/Unterhitze: etwa 200 °C
   Heißluft: etwa 180 °C
   Garzeit: 15–20 Minuten.
4. Die Form auf einen Rost stellen. Die Makrelen in dem Sud erkalten lassen. Anschließend den Sud abgießen. Makrelen mit Olivenöl übergießen.

Beilage:
Bauernbrot.

Makrelen auf Mittelmeerart

Makrelen auf Mittelmeerart

Sgombri alla mediterranea

8 Portionen

8 küchenfertige Makrelen (je etwa 350 g)
Salz, frisch gemahlener Pfeffer

Für die Füllung:
6 Fleischtomaten
30 schwarze, entsteinte Oliven
getrockneter Oregano
2 Bund glatte Petersilie

Außerdem:
Alufolie

Zubereitungszeit: 55 Minuten
Grillzeit: etwa 30 Minuten

Pro Portion:
E: 55 g, F: 36 g, Kh: 4 g, kJ: 2338, kcal: 557

Einfach

1. Makrelen innen und außen unter fließendem kalten Wasser abspülen und trockentupfen. Makrelen von innen und außen mit Salz und Pfeffer bestreuen.
2. Für die Füllung Tomaten waschen, kreuzweise einschneiden und einige Sekunden in kochendes Wasser legen. Tomaten kurz in kaltes Wasser legen, enthäuten, halbieren, entkernen und die Stängelansätze herausschneiden. Tomaten in Würfel schneiden.
3. Oliven vierteln, mit Oregano zu den Tomatenwürfeln geben. Petersilie abspülen und trockentupfen. Die Blättchen

von den Stängeln zupfen. Blättchen klein schneiden und untermengen.

4. Die Makrelen mit der Tomaten-Oliven-Masse füllen. Jeweils 1 gefüllte Makrele auf je ein Stück Alufolie legen und fest verschließen.
5. Die Makrelen in der Folie auf den heißen Grill legen und unter gelegentlichem Wenden etwa 30 Minuten grillen.

Mangoldblätter in Tomatensauce

Bietola in umido

4 Portionen

2 Knoblauchzehen
2 EL Olivenöl
1 Dose passierte Tomaten (800 g)
500 g blanchierte Mangoldblätter
Salz
frisch gemahlener Pfeffer
Cayennepfeffer

Zubereitungszeit: 25 Minuten

Pro Portion:
E: 5 g, F: 6 g, Kh: 8 g,
kJ: 464, kcal: 110

Schnell – vegetarisch

1. Knoblauch abziehen und durch eine Knoblauchpresse drücken. Olivenöl in einem Topf erhitzen. Knoblauch darin andünsten.
2. Tomaten hinzugeben, zum Kochen bringen und etwa 5 Minuten bei schwacher Hitze unter gelegentlichem Rühren einkochen lassen.
3. Mangoldblätter in der Sauce erhitzen. Mit Salz, Pfeffer und Cayennepfeffer abschmecken.

Tipp: Schmeckt gut zu Nudelgerichten.

Marinierte Paprikaschoten

Peperoni marinati all'aglio e limone

4 Portionen

je 3 rote und gelbe Paprikaschoten
1 EL Speiseöl

Für die Marinade:
3 Knoblauchzehen
3 EL Zitronensaft
8–10 EL Olivenöl
Salz
frisch gemahlener, weißer Pfeffer
1 Prise Zucker
grob gehackte, glatte Petersilie

Zubereitungszeit: 40 Minuten, ohne Durchziehzeit

Pro Portion:
E: 3 g, F: 24 g, Kh: 13 g,
kJ: 1181, kcal: 282

Klassisch

1. Paprikaschoten vierteln, entstielen, entkernen und die weißen Scheidewände entfernen. Schotenstücke waschen, trockentupfen und nebeneinander auf ein Backblech (gefettet) legen. Das Backblech in den vorgeheizten Backofen schieben.
   Ober-/Unterhitze: etwa 220 °C
   Heißluft: etwa 200 °C
   Backzeit: etwa 10 Minuten.
2. Das Backblech auf einen Rost stellen. Paprikastücke sofort mit einem feuchten Küchentuch zudecken und abkühlen lassen.
3. Anschließend die Haut abziehen. Schotenstücke in eine flache Schüssel legen.
4. Für die Marinade Knoblauch abziehen, in Scheiben schneiden und auf den Paprikastücken verteilen. Zitronensaft und Olivenöl verrühren, mit Salz, Pfeffer und Zucker würzen. Die Marinade auf den Paprikastücken verteilen und mindestens 6 Stunden oder über Nacht durchziehen lassen.
5. Die marinierten Paprikastücke mit Petersilie bestreut servieren.

Marinierte Paprikaschoten

Marinierte Tintenfischringe

Calamari marinati con fagioli e pomodorini

4 Portionen

400 g TK-Tintenfischringe (natur)
Salz, 250 g Cocktailtomaten
1 kleine Dose rote Bohnen
(Abtropfgewicht 250 g)
1 Bund glatte Petersilie

Für die Marinade:
1 Knoblauchzehe
4 EL Balsamico-Essig
frisch gemahlener Pfeffer
8 EL Olivenöl

Zubereitungszeit: 25 Minuten, ohne Auftau- und Durchziehzeit

Pro Portion:
E: 20 g, F: 21 g, Kh: 7 g,
kJ: 1260, kcal: 301

Einfach

1. Tintenfischringe nach Packungsanleitung auftauen. Anschließend in kochendem Salzwasser etwa 10 Minuten blanchieren. Tintenfischringe in ein Sieb geben, mit kaltem Wasser übergießen und abtropfen lassen.
2. Tomaten waschen, trockentupfen, vierteln, entkernen und eventuell die Stängelansätze herausschneiden. Bohnen in einem Sieb abtropfen lassen. Petersilie abspülen und trockentupfen. Die Blättchen von den Stängeln zupfen. Blättchen grob hacken.
3. Für die Marinade Knoblauch abziehen und durch eine Knoblauchpresse drücken. Mit Essig, Salz und Pfeffer verrühren, das Olivenöl unterschlagen. Tintenfischringe mit Tomatenvierteln, Bohnen und Petersilie in einer großen Schüssel mischen. Marinade untermengen und herzhaft abschmecken. Tintenfischringe 1–2 Stunden kalt stellen und durchziehen lassen.

Beilage:
Kleine Pizzabrötchen mit Oliven. Dafür 1 Päckchen (175 g) Pizzateig nach Packungsanleitung zubereiten. Zusätzlich etwa 2 Esslöffel Olivenscheiben unter den Teig kneten. Aus dem Teig kleine Brötchen formen, auf ein Backblech (mit Backpapier belegt) legen und zugedeckt an einem warmen Ort 10–15 Minuten gehen lassen, bis sie sich sichtbar vergrößert haben. Die Brötchen im vorgeheizten Backofen bei Ober-/Unterhitze: etwa 180 °C, Heißluft: etwa 160 °C in etwa 15 Minuten knusprig braun backen.

Marinierte Tintenfischringe

Marinierte Waldpilze

Funghi porcini sott'olio

8–10 Portionen

2 kg frische kleine Steinpilze
(oder Pilze der Saison)
6 Knoblauchzehen
2 Stängel Rosmarin
4 Stängel Thymian
4 Petersilienstängel
1,2 l Wasser, 400 ml Weißweinessig
600 ml Weißwein
150 g flüssiger Waldblütenhonig
4 gestr. TL Meersalz
20 weiße Pfefferkörner
etwa 500 ml ($^1/_2$ l) Olivenöl

8 Twist-off-Gläser (300 ml Inhalt)

Zubereitungszeit: 50 Minuten, ohne Abkühlzeit

Insgesamt:
E: 58 g, F: 504 g, Kh: 9 g,
kJ: 19773, kcal: 4725

Mit Alkohol

1. Pilze putzen, mit Küchenpapier abreiben, evtl. kurz abspülen und trockentupfen. Pilze je nach Größe halbieren oder vierteln. Knoblauch abziehen.

Rosmarin, Thymian und Petersilie abspülen und trockentupfen.

2. Wasser, Essig, Wein, Honig, Salz, Knoblauch und Pfefferkörner in einem großen Topf zum Kochen bringen. Dann Pilze und Kräuter hinzugeben, wieder zum Kochen bringen und etwa 8 Minuten ohne Deckel sprudelnd kochen lassen.
3. Pilze mit einem Schaumlöffel aus der Kochflüssigkeit heben, auf mehrfach zusammengelegtem Küchenpapier abtropfen und erkalten lassen.
4. Die Pilze in vorbereitete Gläser füllen und mit dem Olivenöl begießen, so dass die Pilze ganz bedeckt sind. Gläser mit gereinigten „Twist-off-Deckeln" verschließen, kalt und dunkel gestellt aufbewahren.

Tipp:
Die marinierten Waldpilze halten sich kalt gestellt (Kühlschrank) etwa 4 Monate. Die Pilze mit Fladenbrot oder zu gegrilltem Fleisch servieren.

Marinierte Waldpilze

Marsalahuhn

Marsalahuhn

Pollo al marsala

4 Portionen

1 küchenfertiges Huhn (etwa 1,2 kg)
1 Zwiebel, 1 Knoblauchzehe
1 Bund glatte Petersilie
1 TL Salz
½ TL gemahlener Kümmel
1 EL mittelscharfer Senf
2 TL Currypulver
3 EL Speiseöl
2 EL Marsala-Wein

Für den Reis:
2 Tassen (300 g) Brühreis
4 Tassen (600 ml) Salzwasser
30 g Butter

Zubereitungszeit: 25 Minuten
Garzeit: 45–50 Minuten

Pro Portion:
E: 56 g, F: 39 g, Kh: 61 g,
kJ: 3446, kcal: 824

Für Gäste

1. Das Huhn unter fließendem kalten Wasser abspülen, trockentupfen und in Viertel schneiden. Zwiebel und Knoblauch abziehen und in kleine Würfel schneiden. Petersilie abspülen und trockentupfen. Die Blättchen von den Stängeln zupfen, die Blättchen klein schneiden.
2. Zwiebel-, Knoblauchwürfel und Petersilie mit Salz, Kümmel, Senf, Curry, Speiseöl und Marsala vermengen. Die Hühnerteile damit bestreichen und in eine feuerfeste Form oder in eine Auflaufform legen.
3. Für den Reis den Brühreis mit Salzwasser und Butter in eine runde, feuerfeste Form geben. Die Form mit dem Deckel verschließen.
4. Die Form mit den Hühnerteilen (ohne Deckel) und die Form mit dem Reis (mit Deckel) auf dem Rost in den Backofen schieben.
   Ober-/Unterhitze: etwa 200 °C
   Heißluft: etwa 180 °C
   Backzeit: 45–50 Minuten.
5. Während der Garzeit eventuell etwas Wasser oder Hühnerbrühe hinzufügen.

Marsalasauce

Marsalasauce

Salsa al marsala

4 Portionen

4 Eigelb (Größe M)
80 g Zucker
10 g Speisestärke
Saft von $^1/_2$ Zitrone
250 ml ($^1/_4$ l) Marsala-Wein

Zubereitungszeit: 15 Minuten

Pro Portion:
E: 3 g, F: 6 g, Kh: 25 g,
kJ: 932, kcal: 223

Klassisch – schnell – mit Alkohol

1. Eigelb mit Zucker, Speisestärke, Zitronensaft und Wein in einen Edelstahltopf oder eine Edelstahlschüssel geben und mit einem Handrührgerät mit Rührbesen auf niedrigster Stufe im heißen Wasserbad so lange schlagen, bis die Masse durch und durch schaumig ist (das Volumen muss sich etwa verdoppeln – Wasser und Weinschaum nicht kochen lassen, da die Sauce sonst gerinnt).

Tipp: Marsala ist ein italienischer Dessertwein. Sie können stattdessen auch einen hellen Sherry oder Portwein verwenden. Die Sauce zu kalten und warmen Süßspeisen reichen.

Mascarponebecher

Coppa al mascarpone

4 Portionen

400 g Mascarpone
(italienischer Frischkäse)
abgeriebene Schale und Saft
von $^1/_2$ Bio-Zitrone (unbehandelt, ungewachst)
2 Eigelb (Größe M)
100 g Zucker, 2 Eiweiß (Größe M)
300 g frische Erdbeeren
20 ml Orangenlikör
einige Pistazienkerne oder vorbereitete Zitronenmelisseblättchen

Zubereitungszeit: 20 Minuten

Pro Portion:
E: 8 g, F: 46 g, Kh: 39 g,
kJ: 2855, kcal: 637

Für Gäste – mit Alkohol

1. Mascarpone mit Zitronenschale, -saft, Eigelb und 80 g Zucker mit Schneebesen oder Handrührgerät mit Rührbesen sehr cremig rühren. Eiweiß steif schlagen und unterheben.
2. Erdbeeren putzen, waschen, abtropfen lassen und halbieren. Erdbeerhälften mit restlichem Zucker und Orangenlikör vermischen.
3. Die Hälfte der Erdbeeren in 4 Becher geben, die Hälfte der Mascarponecreme daraufgeben. Dann restliche Erdbeeren darauflegen und restliche Mascarponecreme darauf verteilen.
4. In die Mitte jedes Bechers einen abgezogenen Pistazienkern oder ein Zitronenmelisseblättchen legen.

Tipp:
Nur ganz frische Eier verwenden, die nicht älter als 5 Tage sind (Legedatum beachten!). Die Hälfte der Mascarponecreme durch Speisquark (Magerstufe) ersetzen. Der Mascarponebecher kann auch ohne Eier zubereitet werden. Dann zuletzt 250 g steif geschlagene Schlagsahne unterheben.

Mascarponebecher

Mascarpone mit Rum

Crema di mascarpone al rum

4 Portionen

250 g Mascarpone
(italienischer Frischkäse)
2 Eigelb (Größe M)
50 g Zucker
gemahlener Zimt
4 EL Rum, 2 Eiweiß (Größe M)

Zubereitungszeit: 25 Minuten, ohne Durchziehzeit

Pro Portion:
E: 6 g, F: 29 g, Kh: 15 g,
kJ: 1609, kcal: 384

Mit Alkohol

1. Mascarpone mit Eigelb und Zucker zu einer cremigen Masse aufschlagen. Zimt und Rum unterrühren.
2. Eiweiß steif schlagen und vorsichtig unter die Creme ziehen. Die Creme in Schälchen füllen, kalt stellen und kurz durchziehen lassen. Eiskalt servieren.

Meeräsche, gedünstet

Meeräsche, gedünstet

Cefalo al cartoccio profumato al timo

4 Portionen

2-4 Meeräschen (je 1–1,25 kg,
ersatzweise Makrelen)
6 EL Olivenöl
5 EL Zitronensaft, Salz
evtl. frisch gemahlener Pfeffer
1 EL gehackter Thymian
1 EL gehackte Petersilie
2 Tomaten
1 EL gehackte Petersilie

Alufolie

Zubereitungszeit: 35 Minuten
Garzeit: etwa 20 Minuten

Pro Portion:
E: 88 g, F: 33 g, Kh: 2 g,
kJ: 2817 , kcal: 673

Schnell

1. Fische schuppen, ausnehmen, Flossen und Schwänze entfernen. Die Fische von innen und außen unter fließendem kalten Wasser abspülen und trockentupfen. Die Fische innen mit etwas Olivenöl bestreichen.
2. Zitronensaft mit Salz verrühren, restliches Olivenöl unterschlagen. Nach Belieben mit Pfeffer würzen.
3. Die Fische einzeln auf je einen Bogen Alufolie legen. Die Marinade darauf verteilen, gehackte Kräuter daraufstreuen.
4. Die Fische in der Alufolie einwickeln, verschließen und auf ein Backblech legen. Das Backblech in den vorgeheizten Backofen schieben.
   Ober-/Unterhitze: etwa 200 °C
   Heißluft: etwa 180 °C
   Garzeit: etwa 20 Minuten.
5. Tomaten waschen, abtrocknen, halbieren und Stängelansätze entfernen. Tomatenhälften in Scheiben schneiden.
6. Meeräsche aus der Folie nehmen und auf einer Platte mit Tomatenscheiben garniert und Petersilie bestreut servieren.

Beilage:
Tomatensalat.

Meeräsche in der Salzkruste mit Artischocken

Meeräsche in der Salzkruste mit Artischocken

Cefalo in crosta di sale con carciofi

2 Portionen

1 küchenfertige Meeräsche, ungeschuppt (etwa 700 g)
2 Stängel Rosmarin
2 Knoblauchzehen
1 Bio-Zitrone (unbehandelt, ungewachst)
1,5 kg grobes Meersalz
etwa 50 ml Wasser
1 Eiweiß (Größe M)
1 kleine Zucchini (etwa 150 g)
1 Glas Artischockenherzen (Abtropfgewicht 280 g)
4 Stängel Thymian
Salz
frisch gemahlener Pfeffer

Zubereitungszeit: 40 Minuten
Garzeit: etwa 25 Minuten

Pro Portion:
E: 51 g, F: 29 g, Kh: 6 g,
kJ: 2035, kcal: 487

Gut vorzubereiten

1. Meeräsche von innen und außen unter fließendem kalten Wasser abspülen und trockentupfen. Rosmarin abspülen, trockentupfen und in Stücke schneiden. Knoblauch ungeschält grob zerhacken. Zitrone heiß abwaschen, abtrocknen und die Schale mit einem Sparschäler abschälen.
2. Rosmarin, Knoblauch und Zitronenschale in die Bauchhöhle der Meeräsche füllen.
3. Salz mit Wasser und Eiweiß zu einem Teig verrühren. Den Boden einer feuerfesten Form oder eines Backblechs mit $^1/_3$ des Salzteiges belegen. Die gefüllte Meeräsche darauflegen und mit dem restlichen Salzteig so belegen, dass der Fisch komplett verhüllt ist.
4. Die Form auf dem Rost oder das Backblech in den vorgeheizten Backofen schieben.
   Ober-/Unterhitze: etwa 180 °C
   Heißluft: etwa 160 °C
   Garzeit: etwa 25 Minuten.
5. Zucchini waschen, abtrocknen und die Enden abschneiden. Zucchini in etwa 5 mm dicke Scheiben schneiden. Die Artischockenherzen in einem Sieb abtropfen lassen, das Öl dabei auffangen. Artischockenherzen halbieren. Thymian abspülen und trockentupfen. Die Blättchen von den Stängeln zupfen.
6. Das aufgefangene Öl in einer Pfanne erhitzen. Zucchinischeiben darin von beiden Seiten braten. Artischockenherzen und Thymian hinzufügen, etwa 2 Minuten mitbraten lassen. Mit Salz und Pfeffer würzen.
7. Zum Servieren die Salzkruste aufschlagen und vorsichtig vom Fisch lösen.

Tipp:
Für Fische in der Salzkruste nur ungeschuppte Fische verwenden. Die Schuppen schützen das Fischfleisch vor dem Salz.

Meeresfrüchte-Risotto

Risotto al frutti di mare

4 Portionen

1 Zwiebel
150 g Porree (Lauch)
100 g Staudensellerie
1 Knoblauchzehe
4 EL Olivenöl
200 g italienischer Rundkornreis (z. B. Arborio-Reis)
500 ml (1/2 l) Gemüsebrühe
1 TL gehacktes Basilikum
1 TL gehackter Oregano
Salz
frisch gemahlener Pfeffer
Zitronensaft
Worcestersauce
100 g Shrimps
75 g Garnelen
75 g Muschelfleisch (aus dem Glas)
2 enthäutete, entkernte, gewürfelte Tomaten

2 EL gehackte Petersilie
50 g frisch geriebener Parmesan-Käse

Zubereitungszeit: 35 Minuten

Pro Portion:
E: 19 g, F: 16 g, Kh: 43 g,
kJ: 1655, kcal: 396

Raffiniert

1. Die Zwiebel abziehen und in kleine Würfel schneiden. Porree putzen, die Stange längs halbieren, gründlich waschen, abtropfen lassen und in Streifen schneiden. Sellerie putzen und die harten Außenfäden abziehen. Sellerie waschen, abtropfen lassen und ebenfalls in Streifen schneiden. Knoblauch abziehen und in kleine Würfel schneiden.
2. Olivenöl in einem Topf erhitzten. Zwiebelwürfel darin andünsten. Porree-, Selleriestreifen und Knoblauchwürfel hinzufügen, unter gelegentlichem Rühren mitdünsten lassen.
3. Reis unterrühren und glasig dünsten. Brühe hinzugießen und zum Kochen bringen. Den Reis etwa 25 Minuten ausquellen lassen. Mit Basilikum, Oregano, Salz, Pfeffer, Zitronensaft und Worcestersauce würzen.
4. Shrimps und Garnelen abspülen und trockentupfen. Muschelfleisch abtropfen lassen. Die Tomatenwürfel mit Shrimps, Garnelen und Muschelfleisch unter den Reis heben. Mit Petersilie und Parmesan-Käse bestreuen, sofort servieren.

Meeresfrüchte-Risotto

Miesmuscheln
in Tomatensauce

Miesmuscheln in Tomatensauce

Cozze al sugo

4 Portionen

1,5 kg Miesmuscheln
4 EL Olivenöl, 1 EL Zwiebelwürfel
1 EL Staudensellerie, in Würfeln
1 EL Möhren, in Würfeln
100 ml trockener Weißwein
100 ml Fischfond oder -brühe
250 g enthäutete, gewürfelte Tomaten
1 EL grob gehackter Salbei
1 EL grob gehacktes Basilikum
1 EL grob gehackte Petersilie
1 abgezogene Knoblauchzehe
Salz, frisch gemahlener Pfeffer

Zubereitungszeit: 45 Minuten
Garzeit: etwa 13 Minuten

Pro Portion:
E: 8 g, F: 11 g, Kh: 4 g,
kJ: 705, kcal: 168

Gut vorzubereiten – mit Alkohol

1. Miesmuscheln in reichlich kaltem Wasser gründlich waschen und einzeln abbürsten, bis sie nicht mehr sandig sind (Muscheln, die sich beim Waschen öffnen, sind ungenießbar). Eventuell die Fäden (Bartbüschel) entfernen.
2. Olivenöl in einem großen Topf erhitzen. Muscheln, Zwiebel-, Sellerie- und Möhrenwürfel darin andünsten. Wein und Fischfond oder -brühe hinzufügen, zum Kochen bringen und zugedeckt etwa 10 Minuten bei schwacher Hitze kochen lassen.
3. Muscheln mit einer Schaumkelle herausnehmen (Muschel, die sich nicht geöffnet haben, sind ungenießbar) und warm stellen.
4. Tomatenwürfel, Kräuter und Knoblauch zum Sud geben. Mit Salz und Pfeffer würzen. Den Sud zum Kochen bringen und etwa 3 Minuten kochen lassen.
5. Miesmuscheln hinzugeben und mehrmals durchschwenken.

Beilage:
Baguette oder Pumpernickel mit Käse.

Miesmuscheln mit Oliven und Sardellen

Cozze con olive e acciughe

4–6 Portionen

800 g Miesmuschelfleisch, gekocht in Lake
6 große, reife Tomaten
2 Knoblauchzehen
4 Schalotten
2 Stangen Staudensellerie
1 große Möhre
1 Bund glatte Petersilie
8 Sardellenfilets
3 EL Olivenöl
250 ml ($^1/_4$ l) Fischfond
20 grüne Oliven
20 rötliche Oliven
frisch gemahlener Pfeffer
Zitronensaft
Salz

Zubereitungszeit: 30 Minuten

Pro Portion:
E: 20 g, F: 15 g, Kh: 12 g,
kJ: 1112, kcal: 266

Miesmuscheln mit Oliven und Sardellen

Preiswert

1. Muschelfleisch in ein Sieb geben, mit kaltem Wasser übergießen und abtropfen lassen.
2. Tomaten waschen, kreuzweise einschneiden und einige Sekunden in kochendes Wasser legen. Tomaten kurz in kaltem Wasser abschrecken, enthäuten, vierteln, entkernen und Stängelansätze entfernen. Tomatenviertel würfeln.
3. Knoblauch und Schalotten abziehen. Knoblauch in dünne Scheiben schneiden. Schalotten zuerst in Scheiben schneiden, dann in Ringe teilen.
4. Staudensellerie putzen und die harten Außenfäden abziehen. Sellerie waschen, abtropfen lassen und in Würfel schneiden. Möhre putzen, waschen, abtropfen lassen und ebenfalls klein würfeln. Petersilie abspülen und trockentupfen. Die Blättchen von den Stängeln zupfen. Blättchen klein schneiden. Sardellenfilets grob hacken.
5. Olivenöl in einem weiten Topf erhitzen. Knoblauchscheiben und Schalottenringe darin andünsten. Sellerie- und Möhrenwürfel hinzufügen und mit andünsten. Fischfond hinzugießen und zum Kochen bringen. Sellerie- und Möhrenwürfel so lange dünsten lassen, bis sie weich sind.
6. Muschelfleisch, grüne und rötliche Oliven zu der Gemüsemasse geben. Mit Pfeffer kräftig würzen. Das Muschelfleisch und die Oliven unter Rühren erhitzen. Tomatenspalten, Sardellenstückchen und Petersilie unterrühren, 2–3 Minuten bei schwacher Hitze kochen lassen. Mit Zitronensaft, Salz und Pfeffer abschmecken.

Wichtig:
Vorsichtig mit Salz würzen, da die Sardellen salzig sind.

Miesmuscheln nach Seemannsart

Miesmuscheln nach Seemannsart

Cozze alla marinara

4 Portionen

2 kg Miesmuscheln
2 EL Olivenöl
1 Zwiebel
2 Knoblauchzehen
250 ml (1/4 l) Weißwein

2 Zwiebeln
1 Knoblauchzehe
4 EL Olivenöl
1 Glas (etwa 100 ml) Weißwein oder Saft von 1 Zitrone
Salz, frisch gemahlener Pfeffer
1 Bund Petersilie

Zubereitungszeit: 45 Minuten
Backzeit: etwa 15 Minuten

Pro Portion:
E: 10 g, F: 16 g, Kh: 4 g, kJ: 1084, kcal: 259

Raffiniert – mit Alkohol

1. Miesmuscheln in reichlich kaltem Wasser gründlich waschen und einzeln abbürsten, bis sie nicht mehr sandig sind (Muscheln, die sich beim Waschen öffnen, sind ungenießbar). Eventuell die Fäden (Bartbüschel) entfernen.
2. Zwiebel und Knoblauch abziehen, in kleine Würfel schneiden. Olivenöl in einem Topf erhitzen. Zwiebel- und Knoblauchwürfel darin andünsten. Wein hinzugießen und zum Kochen bringen.
3. Muscheln hinzugeben und zugedeckt bei schwacher Hitze etwa 10 Minuten garen. Muscheln mit einer Schaumkelle aus dem Sud nehmen, gut abtropfen lassen und beiseite legen (Muscheln, die sich nach dem Garen nicht öffnen, sind ungenießbar). Den Sud durch ein feines Sieb geben.
4. Zwiebeln und Knoblauch abziehen und in kleine Würfel schneiden. Olivenöl in einem zweiten Topf erhitzen. Zwiebel- und Knoblauchwürfel darin andünsten.
5. Wein oder Zitronensaft und den Muschelsud hinzugießen, mit Salz und Pfeffer abschmecken. Den Sud zum Kochen bringen und beiseite gelegte Muscheln in den Sud geben.
6. Petersilie abspülen und trockentupfen. Die Blättchen von den Stängeln zupfen. Blättchen klein schneiden. Petersilie unter die Muscheln heben. Nochmals erhitzen.

Minestrone

Minestrone

4-6 Portionen

200 g Möhren
300 g vorwiegend fest kochende Kartoffeln
150 g Zucchini
200 g Porree (Lauch)
100 g Staudensellerie
100 g grüne Bohnen
2 Zwiebeln
75 g durchwachsener Speck
2 Fleischtomaten
2 EL Olivenöl
1 l Gemüsebrühe
100 g TK-Erbsen
50 g Hörnchennudeln oder Gabelspaghetti
2 EL gehackte Petersilie
2 EL gehackte Basilikumblättchen
Salz, Paprikapulver rosenscharf
40 g frisch geriebener Parmesan-Käse

Zubereitungszeit: 55 Minuten
Garzeit: 15–19 Minuten

Pro Portion:
E: 15 g, F: 15 g, Kh: 29 g, kJ: 1306, kcal: 312

Klassisch

1. Möhren putzen, schälen, waschen und abtropfen lassen. Kartoffeln waschen, schälen und abspülen. Möhren und Kartoffeln in kleine Würfel schneiden.
2. Zucchini waschen, abtrocknen und die Enden abschneiden. Zucchini in Scheiben schneiden. Porree putzen, die Stange längs halbieren, gründlich waschen, abtropfen lassen und in Ringe schneiden.
3. Staudensellerie putzen und die harten Außenfäden abziehen. Sellerie waschen, abtropfen lassen und in Scheiben schneiden.
4. Von den Bohnen die Enden abschneiden, eventuell Fäden abziehen. Bohnen waschen, abtropfen lassen und in Stücke schneiden oder brechen. Zwiebeln abziehen, zuerst in Scheiben schneiden, dann in Ringe teilen. Speck in kleine Würfel schneiden.
5. Tomaten waschen, kreuzweise einschneiden und einige Sekunden in kochendes Wasser legen. Tomaten kurz in kaltes Wasser legen, enthäuten, halbieren, entkernen und die Stängelansätze herausschneiden. Tomaten klein schneiden.
6. Olivenöl in einem großen Topf erhitzen. Speck- und Zwiebelwürfel unter Rühren darin andünsten. Möhren-, Kartoffelwürfel, Selleriescheiben und Bohnen hinzugeben und mit andünsten.
7. Brühe hinzugießen, zum Kochen bringen und zugedeckt 10–12 Minuten kochen lassen. Dann Zucchinischeiben, Porreeringe, die gefrorenen Erbsen und Nudeln hinzufügen, unter Rühren wieder zum Kochen bringen und nochmals zugedeckt 5–7 Minuten garen.
8. Tomatenwürfel mit Petersilie und Basilikum in die Suppe geben und erhitzen. Die Suppe mit Salz und Paprika würzen, mit Parmesan-Käse bestreut servieren.

Tipp: Die Nudeln immer nur knapp gar kochen (Packungsanleitung beachten), da sie in der heißen Suppe noch nachgaren. Die Minestrone ist ohne Nudeln gefriergeeignet. Die Nudeln dann extra garen und vor dem Servieren in die Suppe geben.
Für eine vegetarische Variante den Speck weglassen und 2 Esslöffel Olivenöl oder Butter zusätzlich verwenden.

Familienmenü

4 Personen

Minestrone 1 x (Seite 159)
Hähnchenbrust mit Mozarella 1 x (Seite 99)
Gebackene Kartoffeln mit Petersilienpesto 1 x (Seite 72)
Schokoladen-Tiramisu 1 x (Seite 240)

Minestrone

Mini-Pizzen

Pizzette

6 Portionen

Für den Hefeteig:

300 g Vollkorn-Weizenmehl
1/2 Pck. (21 g) frische Hefe
1 TL Zucker
200 ml lauwarmes Wasser
1 EL Maiskeimöl
1/2 gestr. TL Salz
1 Bund Petersilie
1 Bund Sauerampfer
2 Knoblauchzehen

Für den Belag:

300 g Möhren
1 EL Maiskeimöl
Salz
300 g kleine, feste Tomaten
300 g kleine Zucchini
300 g Mozzarella-Käse
frisch gemahlener Pfeffer

Zum Bestreuen:

1 EL gehacktes Basilikum

Zubereitungszeit: 50 Minuten, ohne Teiggehzeit
Backzeit: etwa 15 Minuten je Backblech

Pro Portion:

E: 18 g, F: 15 g, Kh: 35 g, kJ: 1454, kcal: 347

Raffiniert

1. Für den Teig Mehl in eine Rührschüssel geben. In die Mitte eine Vertiefung drücken. Hefe hineinbröckeln, Zucker und etwas warmes Wasser hinzufügen. Die drei Zutaten mit etwas von dem Mehl mit einer Gabel vorsichtig verrühren und etwa 15 Minuten gehen lassen.
2. Restliches Mehl, Wasser, Maiskeimöl und Salz hinzufügen. Die Zutaten mit Handrührgerät mit Knethaken in etwa 5 Minuten zu einem glatten Teig verkneten.
3. Petersilie und Sauerampfer abspülen, trockentupfen. Die Blättchen von den Stängeln zupfen und klein schneiden.
4. Knoblauch abziehen, fein hacken und mit den Kräutern unter den Teig kneten. Den Teig zugedeckt so lange an einem warmen Ort gehen lassen, bis er sich sichtbar vergrößert hat.
5. Den Teig in 12 Portionen teilen, mit bemehlten Händen 12 runde, dünne Pizzaböden formen und auf Backbleche (mit Backpapier belegt) legen.
6. Für den Belag Möhren putzen, schälen, waschen, abtropfen lassen und in Scheiben schneiden. Maiskeimöl in einem kleinen Topf erhitzen, Möhrenscheiben darin andünsten, mit wenig Salz würzen und in etwa 6 Minuten halbgar dünsten lassen.
7. Tomaten waschen, abtrocknen, halbieren und die Stängelansätze entfernen. Die Tomaten in Scheiben schneiden. Zucchini waschen, abtrocknen und die Enden abschneiden. Zucchini n Scheiben schneiden. Mozzarella abtropfen lassen und in Würfel schneiden.
8. Je 4 Pizzen dachziegelartig mit Zucchinischeiben, 4 mit Möhrenscheiben und die restlichen Pizzen mit den Tomaten dicht belegen. Mozzarellawürfel darauf verteilen. Mit Salz und Pfeffer bestreuen. Die Backbleche nacheinander (bei Heißluft zusammen) in den vorgeheizten Backofen schieben.
   Ober-/Unterhitze: 180–200 °C
   Heißluft: 160–180 °C
   Backzeit: ca. 15 Minuten je Backblech.
9. Die Pizzen mit Basilikum bestreuen und heiß servieren.

Beilage: Bunter Blattsalat.

Mini-Pizzen

Mokkacreme mit Mascarpone

Mokkacreme mit Mascarpone

Budino con mascarpone e caffè

4 Portionen

1 Pck. Dr. Oetker Pudding-Pulver Vanille-Geschmack
60 g Zucker
2 Eigelb (Größe M)
500 ml (1/2 l) Milch
2–4 EL Mokkalikör
250 g Mascarpone (italienischer Frischkäse)
125 g Löffelbiskuits
125 ml (1/8 l) starker Mokka (Espresso)
1 TL Kakaopulver

Zubereitungszeit: 90 Minuten

Pro Portion:
E: 12 g, F: 36 g, Kh: 56 g,
kJ: 2639, kcal: 630

Für Gäste – mit Alkohol

1. Pudding-Pulver mit Zucker, Eigelb und etwas Milch anrühren. Restliche Milch zum Kochen bringen. Angerührtes Pudding-Pulver in die von der Kochstelle genommene Milch rühren, unter Rühren gut aufkochen lassen. Den Topf von der Kochstelle nehmen. Pudding erkalten lassen, dabei zwischendurch umrühren.
2. Likör und Mascarpone unter den Pudding rühren. Knapp die Hälfte der Pudding-Mascarpone-Masse in eine flache Schüssel geben. Löffelbiskuits darauf verteilen. Mokka daraufträufeln.
3. Restliche Pudding-Mascarpone-Masse mit einem großen Löffel als Nocken darauf verteilen. Die Mitte mit Kakao bestäuben.

Möhren mit Käse

Carote gratinate

4 Portionen

800 g Möhren
50 g Butter
250 g Schlagsahne
Salz
100 g Bel Paese-Käse (ersatzweise Emmentaler-Käse)

Zubereitungszeit: 40 Minuten

Pro Portion:
E: 9 g, F: 38 g, Kh: 8 g,
kJ: 1732, kcal: 414

Schnell

1. Möhren putzen, schälen, waschen, abtropfen lassen und in Scheiben schneiden. Butter in einer Pfanne zerlassen. Möhrenscheiben hinzugeben, Sahne hinzugießen. Mit Salz würzen. Die Möhrenscheiben zugedeckt bei schwacher Hitze etwa 20 Minuten dünsten.
2. Käse reiben, auf den Möhrenscheiben verteilen und zugedeckt etwa 5 Minuten mitdünsten lassen, bis der Käse geschmolzen ist.

Beilage:
Kurz gebratenes Fleisch, z. B. Hähnchenbrustfilets oder Schweinemedaillons.

Mozzarellaspieße

Mozzarellaspieße

Spiedini alla caprese

6 Stück

24 Mini-Mozzarella-Kugeln (500 g)
24 Cocktailtomaten
24 Basilikumblättchen
frisch gemahlener Pfeffer
Balsamico-Essig

6 Holzspießchen

Zubereitungszeit: 15 Minuten

Pro Stück:
E: 17 g, F: 17 g, Kh: 3 g,
kJ: 960, kcal: 229

Schnell

1. Mozzarella-Kugeln abtropfen lassen. Tomaten waschen, abtrocknen, halbieren und entstielen. Basilikumblättchen abspülen und trockentupfen.
2. Mozzarellakugeln, Tomatenhälften und Basilikumblättchen abwechselnd auf Holzspießchen stecken und auf einer Platte anrichten.
3. Mozzarellaspieße mit Pfeffer bestreuen und mit Balsamico-Essig beträufeln.

Mozzarellaspieße, bunt

Spiedini di mozzarella con verdure miste

6–8 Stück

1 rote oder gelbe Paprikaschote
1 kleine Zucchini
18–24 kleine Mozzarella-Kugeln
12 grüne, mit Mandeln gefüllte Jumbo-Oliven

Zum Bestreuen und Beträufeln:
$^1/_2$ Bund Basilikum
frisch gemahlener bunter Pfeffer
75 ml Olivenöl

6–8 dünne Holzspieße

Zubereitungszeit: 30 Minuten

Pro Stück:
E: 6 g, F: 19 g, Kh: 2 g,
kJ: 861, kcal: 206

schnell – gut vorzubereiten

1. Paprikaschote halbieren, entstielen, entkernen, die weißen Scheidewände entfernen, Schote waschen und in etwa 12 mundgerechte Stücke schneiden. Zucchini waschen, abtrocknen, die Enden abschneiden und Zucchini in Scheiben schneiden.
2. Mozzarella-Kugeln, Oliven, Paprikastücke und Zucchinischeiben in bunter Reihenfolge auf die Holzspieße aufstecken.
3. Basilikum abspülen, trockentupfen und die Blättchen von den Stängeln zupfen. Spieße in eine flache Schale legen, mit Pfeffer und Basilikumblättchen bestreuen und mit Olivenöl beträufeln.

Mozzarellaspieße, bunt

Mozzarella-Toast

Mozzarella-Toast

Mozzarella in carrozza

4–6 Portionen

20 Scheiben Toastbrot
2 Pck. (je 125 g) Mozzarella-Käse
3 Eier (Größe M)
200 ml Milch
Salz
frisch gemahlener Pfeffer
Paprikapulver edelsüß
75 g Semmelbrösel
125 ml (1/8 l) Speiseöl

Zubereitungszeit: 45 Minuten

Pro Portion:
E: 20 g, F: 29 g, Kh: 47 g,
kJ: 2209, kcal: 528

Preiswert

1. Aus den Toastscheiben mit einem Glas runde Scheiben (Ø 6–8 cm) ausstechen. Mozzarella abtropfen lassen und in etwa 1 cm dicke Scheiben schneiden.
2. Eier mit 70 ml Milch in einer flachen Schüssel verschlagen. Mit Salz, Pfeffer und Paprika würzen. Restliche Milch und Semmelbrösel getrennt in je einen tiefen Teller geben.
3. Jeweils eine Mozzarellascheibe (Mozzarellascheibe muss etwas kleiner als die Toastscheibe sein) auf eine runde Toastscheibe legen. Mit einer zweiten Toastscheibe belegen und leicht andrücken.
4. Zuerst die Toastränder (Kanten zusammendrücken) rundherum in Milch tauchen. Dann die Ränder mit Semmelbröseln panieren und etwas andrücken. Zuletzt die Mozzarella-Toastscheiben ganz durch die Eiermilch ziehen.
5. Speiseöl in einer Pfanne erhitzen. Die Toastscheiben von beiden Seiten goldbraun ausbacken. Mit einem Pfannenwender herausnehmen und danach auf Küchenpapier abtropfen lassen. Mozzarella-Toast sofort servieren.

Muscheln im Weinsud

Cozze al vino

4 Portionen

2 kg Miesmuscheln
2 Zwiebeln, 1 Bund Suppengrün
50 g Butter oder Margarine
500 ml (1/2 l) trockener Weißwein
Salz, frisch gemahlener Pfeffer

Zubereitungszeit: 60 Minuten

Pro Portion:
E: 9 g, F: 11 g, Kh: 2 g,
kJ: 1026, kcal: 245

Klassisch – mit Alkohol

1. Miesmuscheln in reichlich kaltem Wasser gründlich waschen und einzeln abbürsten, bis sie nicht mehr sandig sind (Muscheln, die sich beim Waschen öffnen, sind ungenießbar). Eventuell die Fäden (Bartbüschel) entfernen.
2. Zwiebeln abziehen, zuerst in Scheiben schneiden, dann in Ringe teilen. Suppengrün vorbereiten: Knollensellerie schälen und schlechte Stellen herausschneiden. Möhren schälen, Grün und Spitzen abschneiden. Sellerie und Möhren waschen und abtropfen lassen. Porree putzen, die Stange längs halbieren, gründlich waschen und abtropfen lassen. Die vorbereiteten Zutaten grob zerkleinern.
3. Butter oder Margarine in einem Topf zerlassen. Zwiebelringe und klein geschnittenes Suppengrün darin kurz unter Rühren andünsten. Wein hinzugießen, mit Salz und Pfeffer würzen. Die Zutaten einmal aufkochen lassen. Die Muscheln hinzufügen und zugedeckt unter gelegentlichem Rühren so lange (etwa 10 Minuten) darin erhitzen (nicht kochen), bis sie sich öffnen (Muscheln, die sich nach dem Garen nicht öffnen, sind ungenießbar).
4. Die Muscheln mit einer Schaumkelle aus der Kochflüssigkeit herausnehmen und in einer vorgewärmten Schüssel anrichten. Die Kochflüssigkeit durch ein Sieb gießen, nochmals mit den Gewürzen abschmecken und zu den Muscheln reichen.

Beilage: Vollkornbrot mit Butter.

Muscheln mit Knoblauch

Muscheln mit Knoblauch

Cozze aglio e olio

4 Portionen

28 große Miesmuscheln
1 Schalotte
125 ml (1/8 l) Wasser
125 ml (1/8 l) Weißwein
1 TL getrocknete, gemischte Kräuter (z.B. Thymian, Estragon, Basilikum)
3 Knoblauchzehen, Salz
3 EL gehackte, glatte Petersilie
120–150 g weiche Butter

Zubereitungszeit: 30 Minuten
Backzeit: etwa 3 Minuten

Pro Portion:
E: 5 g, F: 29 g, Kh: 2 g,
kJ: 1213, kcal: 290

Preiswert – mit Alkohol

1. Miesmuscheln in reichlich kaltem Wasser gründlich waschen und einzeln abbürsten, bis sie nicht mehr sandig sind (Muscheln, die sich beim Waschen öffnen, sind ungenießbar). Eventuell die Fäden (Bartbüschel) entfernen. Schalotte abziehen und in kleine Würfel schneiden.
2. Wasser, Wein, Schalottenwürfel und Kräuter in einem großen Topf zum Kochen bringen. Muscheln hinzufügen, wieder zum Kochen bringen und zugedeckt 6–8 Minuten kochen lassen. Miesmuscheln mit einer Schaumkelle herausnehmen (Muscheln, die sich nach dem Garen nicht öffnen, sind ungenießbar). Leere Schalenhälften entfernen.
3. Die Schalenhälften mit dem Muschelfleisch in eine feuerfeste Form legen.
4. Knoblauch abziehen, durch eine Knoblauchpresse drücken, mit Salz und Petersilie unter die Butter rühren. Die Kräuterbutter auf den Muschelhälften verteilen. Die Form auf dem Rost in den vorgeheizten Backofen schieben und die Muscheln überbacken.
   Ober-/Unterhitze: etwa 220 °C
   Heißluft: etwa 200 °C
   Backzeit: etwa 3 Minuten.

Muscheln nach Livorneser Art

Cozze alla livornese

2 Portionen

1 kg Miesmuscheln, 1 Zwiebel
1 Knoblauchzehe, 3 Tomaten
4 EL Olivenöl
1 Peperoni (aus dem Glas)
100 ml Gemüsebrühe oder Weißwein
Salz, frisch gemahlener Pfeffer
1 Bio-Zitrone (unbehandelt, ungewachst)

Zubereitungszeit: 60 Minuten

Pro Portion:
E: 11 g, F: 21 g, Kh: 10 g,
kJ: 1287, kcal: 307

Für Gäste – mit Alkohol

1. Miesmuscheln in reichlich kaltem Wasser gründlich waschen und einzeln abbürsten, bis sie nicht mehr sandig sind (Muscheln, die sich beim Waschen öffnen, sind ungenießbar). Eventuell die Fäden (Bartbüschel) entfernen.
2. Zwiebel und Knoblauch abziehen, Zwiebel in kleine Würfel schneiden. Knoblauch durch eine Knoblauchpresse drücken. Tomaten waschen, kreuzweise einschneiden und einige Sekunden in kochendes Wasser legen. Tomaten kurz in kaltes Wasser legen, enthäuten, halbieren, entkernen und die Stängelansätze herausschneiden. Tomatenhälften in Würfel schneiden.
3. Olivenöl in einem hohen Topf erhitzen. Zwiebelwürfel und Knoblauch darin andünsten. Peperoni in kleine Würfel schneiden und kurz mit andünsten. Tomatenwürfel und Brühe oder Wein hinzufügen, zum Kochen bringen.
4. Miesmuscheln hinzugeben und zugedeckt etwa 10 Minuten dünsten, dabei ab und zu umrühren. Mit Salz und Pfeffer würzen. Muscheln, die sich nach dem Garen nicht öffnen, sind ungenießbar.
5. Zitrone heiß abwaschen, abtrocknen und vierteln. Die Muscheln mit den Zitronenvierteln garniert servieren.

Beilage:
Vollkornbrot mit Butter, Baguette.

Muscheln nach Livorneser Art

Nudel-Porree-Auflauf mit Gorgonzola

Tagliatelle al forno con porri e gorgonzola

6 Portionen

400 g Bandnudeln, Salz
1,5 kg Porree (Lauch)
40 g Butter
125 ml ($^1/_8$ l) Weißwein
250 ml ($^1/_4$ l) Milch
200 g Crème fraîche
125 g Gorgonzola (Blauschimmelkäse)
1 EL Speisestärke
frisch gemahlener Pfeffer

Zubereitungszeit: 60 Minuten

Pro Portion:
E: 14 g, F: 19 g, Kh: 55 g,
kJ: 2029, kcal: 483

Vegetarisch – mit Alkohol

1. Nudeln in Salzwasser 8–10 Minuten kochen, abgießen und abtropfen lassen.
2. Porree putzen, gründlich waschen und in 1 cm breite Ringe schneiden. Butter

Nudeln in Kürbisrahm

Tagliatelle con salsa di zucca

2–3 Portionen

2 $^1/_2$ l Wasser
2 $^1/_2$ gestr. TL Salz
250 g Bandnudeln

1 Glas (etwa 150 g) Kürbis, süß-sauer
20 kleine Salbeiblättchen
2 EL Butter
40 g grüne Kürbiskerne
2 EL Korinthen
125 g Schlagsahne

Zubereitungszeit: 30 Minuten

Pro Portion:
E: 18 g, F: 39 g, Kh: 81 g,
kJ: 3179, kcal: 760

Vegetarisch

1. Wasser in einem großen Topf mit geschlossenem Deckel zum Kochen bringen. Dann Salz und Nudeln zugeben. Die Nudeln im geöffneten Topf bei mittlerer Hitze nach Packungsanleitung kochen lassen, dabei zwischendurch 4-5-mal umrühren.
2. Anschließend die Nudeln in ein Sieb geben, mit heißem Wasser abspülen, abtropfen lassen und warm stellen.
3. Kürbis in einem Sieb abtropfen lassen und in kleine Stücke schneiden. Salbeiblättchen abspülen und trockentupfen.
4. Die Butter in einer Pfanne erhitzen. Kürbiskerne und Salbeiblättchen darin andünsten. Kürbisstückchen und Korinthen hinzufügen, einige Minuten mitdünsten lassen.
5. Sahne hinzugießen, zum Kochen bringen und kurz einkochen lassen. Die warm gestellten Nudeln in der Kürbiscreme schwenken, sofort servieren.

zerlassen, Porree darin andünsten, mit Wein ablöschen und mit Salz würzen.

3. Porree noch etwa 3 Minuten garen, abgießen, die Flüssigkeit auffangen und mit Milch und Crème fraîche erhitzen.
4. Gorgonzola hineinbröckeln und unter Rühren schmelzen lassen. Speisestärke mit 1–2 Esslöffeln kaltem Wasser anrühren, die Flüssigkeit damit binden und mit Pfeffer abschmecken.
5. Die Hälfte der Nudeln, des Porrees und der Sauce in eine gefettete Auflaufform schichten, die zweite Hälfte darübergeben, mit Sauce abschließen. Den Auflauf auf dem Rost in den vorgeheizten Backofen schieben.
   Ober-/Unterhitze: etwa 200 °C
   Heißluft: etwa 180 °C
   Gas: etwa Stufe 3
   Backzeit: etwa 25 Minuten.

Nudelsalat mit Meeresfrüchten

Insalata di tagliatelle e frutti di mare

4 Portionen

3 l Wasser
3 gestr. TL Salz
250 g Bandnudeln
500 g reife Tomaten
1 Pck. (275 g) Frutti di Mare, gekocht
125 ml (1/8 l) Weißwein
125 ml (1/8 l) Wasser

Für das Dressing:
2 Zwiebeln
3 Knoblauchzehen
6 EL Olivenöl
2 EL Zitronensaft
Salz, frisch gemahlener Pfeffer

1 Bund Petersilie

Nudelsalat mit Meeresfrüchten

Zubereitungszeit: 50 Minuten

Pro Portion:
E: 20 g, F: 18 g, Kh: 49 g,
kJ: 1942, kcal: 463

Für Gäste – mit Alkohol

1. Meeresfrüchte auftauen lassen. Wasser in einem großen Topf mit geschlossenem Deckel zum Kochen bringen. Dann Salz und Nudeln zugeben. Die Nudeln im geöffneten Topf bei mittlerer Hitze nach Packungsanleitung kochen lassen, dabei zwischendurch 4–5-mal umrühren.
2. Anschließend die Nudeln in ein Sieb geben, mit heißem Wasser abspülen und abtropfen lassen.
3. Tomaten waschen, kreuzweise einschneiden und einige Sekunden in kochendes Wasser legen. Tomaten kurz in kaltes Wasser legen, enthäuten, halbieren, entkernen und die Stängelansätze herausschneiden. Tomatenhälften in Würfel schneiden.
4. Für das Dressing Zwiebeln und Knoblauch abziehen, in kleine Würfel schneiden. Das Olivenöl in einem Topf erhitzen, Zwiebel- und Knoblauchwürfel darin andünsten und erkalten lassen. Zitronensaft unter die Zwiebel- und Knoblauchwürfel rühren. Mit Salz und Pfeffer würzen.
5. Die Nudeln, Tomatenwürfel und Meeresfrüchte in einer Schüssel mischen, Dressing vorsichtig unterheben.
6. Petersilie abspülen und trockentupfen. Die Blättchen von den Stängeln zupfen. Blättchen klein schneiden. Den Salat mit Petersilie bestreut servieren.

Tipp:
Sie können auch Muscheln Ihrer Wahl für diesen Salat verwenden, z. B. Miesmuscheln oder Jakobsmuscheln.

Obstsalat mit Asti Spumante

Obstsalat mit Asti Spumante

Macedonia di frutta con spumante

4 Portionen

500 g Erdbeeren
4 reife Pfirsiche
400 g grüne Weintrauben
Zucker nach Geschmack
etwa 1/2 Flasche Asti Spumante

Nach Belieben zum Garnieren:
1 Ananashälfte
vorbereitete Minzeblättchen

Zubereitungszeit: 30 Minuten, ohne Durchziehzeit

Pro Portion:
E: 3 g, F: 1 g, Kh: 44 g,
kJ: 1104, kcal: 264

Gut vorzubereiten – mit Alkohol

1. Erdbeeren waschen, trockentupfen und entstielen. Große Erdbeeren halbieren. Pfirsiche mit heißem Wasser überbrühen, enthäuten, halbieren, vom Stein lösen, würfeln.
2. Weintrauben waschen, abtrocknen, halbieren und entkernen, eventuell vorher häuten. Die vorbereiteten Früchte mischen und mit Zucker abschmecken. Mit Sekt begießen und etwa 1 Stunde kalt stellen.
3. Den Obstsalat nach Belieben in einer halbierten, ausgehöhlten Ananas anrichten und mit Minzeblättchen garnieren.

Tipp:
Dazu leicht gezuckerte Mascarpone und Amarettini reichen.

Obstsalat mit Maraschino

Obstsalat mit Maraschino

Macedonia di frutta al maraschino

4-6 Portionen

1 kleine Dose Aprikosenhälften (Abtropfgewicht 240 g)
oder 5 frische Aprikosen
4 reife Pfirsiche
2 Mandarinen
2 reife Birnen
2 mittelgroße Äpfel
je 125 g blaue und grüne Weintrauben
2 Scheiben frische Ananas
oder Ananasscheiben aus der Dose
2 EL Maraschino-Kirschen
2 EL gesiebter Puderzucker
2–3 EL Zitronensaft
2 EL Maraschino (Kirschlikör)

Zubereitungszeit: 45 Minuten, ohne Durchziehzeit

Pro Portion:
E: 2 g, F: 1 g, Kh: 46 g
kJ: 890, kcal: 212

Klassisch – mit Alkohol

1. Aprikosenhälften in einem Sieb abtropfen lassen. Frische Aprikosen und Pfirsiche kurz in heißes Wasser legen und in kaltem Wasser abschrecken. Aprikosen und Pfirsiche enthäuten, halbieren und entkernen. Pfirsiche in Spalten schneiden. Mandarinen pellen, in Spalten teilen und evtl. entkernen. Birnen und Äpfel schälen, halbieren, entkernen und in Spalten schneiden. Weintrauben waschen, abtropfen lassen, halbieren und entkernen. Frische Ananascheiben in Stücke schneiden oder Ananasscheiben aus der Dose in einem Sieb abtropfen lassen und ebenfalls in Stücke schneiden.
2. Das vorbereitete Obst und die Maraschino-Kirschen in einer Schüssel gut vermengen. Puderzucker mit Zitronensaft und Maraschino verrühren und hinzufügen.
3. Den Obstsalat in eine Glasschüssel füllen, kalt stellen und gut durchziehen lassen.

Tipp:
Den Obstsalat vor dem Servieren mit gehackten Walnusskernen, Pistazienkernen oder Mandeln bestreuen und mit Melisseblättchen garnieren.

Ofenkartoffeln

Patate al forno

4 Portionen

4 große Kartoffeln (etwa 800 g)
4 EL Olivenöl
375 ml ($^3/_8$ l) trockener Weißwein
3-4 Knoblauchzehen
3-4 Stängel Rosmarin, etwas Salz

Zubereitungszeit: 55 Minuten

Pro Portion:
E: 4 g, F: 10 g, Kh: 24 g,
kJ: 1140, kcal: 272

Vegetarisch – mit Alkohol

1. Kartoffeln waschen, schälen, abspülen, abtropfen lassen und in kleine Würfel schneiden.
2. Kartoffelwürfel in eine Fettfangschale (30 x 40 cm) geben. Olivenöl mit Wein verrühren und auf den Kartoffelwürfeln verteilen.
3. Knoblauch abziehen. Rosmarin abspülen und trockentupfen. Die Nadeln von den Stängeln zupfen. Knoblauch, Rosmarinnadeln und Salz auf den Kartoffelwürfeln verteilen. Die Fettfangschale in den vorgeheizten Backofen schieben.
Ober-/Unterhitze: etwa 200 °C
Heißluft: etwa 180 °C
Garzeit: 30-40 Minuten.

Tipp:
Im Chianti reicht man die Kartoffeln zu im Ofen gegrilltem Fleisch, z. B. Taube, das auf einem Bratrost über der Fettpfanne zubereitet wird. Das herabtropfende Fett macht die Kartoffeln besonders lecker. Ersatzweise kann man die Kartoffeln ab und zu mit Olivenöl beträufeln.

Olivenpaste

Olivenpaste

Tapenade

4 Portionen

200 g schwarze Oliven
2 Knoblauchzehen
1 EL Kapern
1-2 Chilischoten
100 g abgezogene, enthäutete Tomaten
75-100 ml Olivenöl
frisch gemahlener Pfeffer
gerebelter Thymian

Zubereitungszeit: 20 Minuten

Pro Portion:
E: 2 g, F: 39 g, Kh: 6 g
kJ: 1592, kcal: 380

Schnell – für Gäste

1. Oliven entkernen und eventuell in kleine Stücke schneiden. Knoblauch abziehen. Kapern abtropfen lassen. Chilischoten waschen, trockentupfen, längs aufschneiden und entkernen.
2. Olivenstücke, Knoblauch, Kapern, Chilischoten, Tomaten und Olivenöl in einen hohen Rührbecher geben. Die Zutaten mit einem Mixstab pürieren. Mit Pfeffer und Thymian abschmecken.

Tipp: Die Olivenpaste mit Baguettescheiben servieren.

Omelett mit Mozzarella

Omelette alla mozzarella

2 Portionen

2 Tomaten
1 Knoblauchzehe
125 g Mozzarella-Käse
6 Eier (Größe M)
Salz
frisch gemahlener Pfeffer
20 g Butter
frisch gehackte Basilikumblättchen

Zubereitungszeit: 35 Minuten

Pro Portion:
E: 34 g, F: 39 g, Kh: 4 g,
kJ: 2112, kcal: 504

Preiswert

1. Die Tomaten waschen, abtrocknen, halbieren und die Stängelansätze herausschneiden. Tomatenhälften in dünne Scheiben schneiden. Knoblauch abziehen, durch eine Knoblauchpresse drücken und auf den Tomatenscheiben verteilen.
2. Mozzarella abtropfen lassen und in Scheiben schneiden.
3. Für die Omeletts Eier gut verschlagen, mit Salz und Pfeffer würzen. Die Hälfte der Butter in einer Pfanne zerlassen, die Hälfte der Eiermasse hinzugeben und bei schwacher Hitze 4–5 Minuten mit Deckel stocken lassen. Die untere Seite muss bräunlich gebacken sein.
4. Das Omelett auf einen vorgewärmten Teller gleiten lassen und warm stellen. Das zweite Omelett auf die gleiche Weise zubereiten.
5. Jeweils die Hälfte der Tomaten- und Mozzarellascheiben dachziegelartig auf die Omeletts legen. Mit Basilikumblättchen garniert sofort servieren.

Omelett mit Mozzarella

Tipp:
Bratkartoffeln mit Zwiebeln dazureichen.

Omelett mit Tomatensauce

Omelette al pomodoro

4 Portionen

Für die Tomatensauce:
1 Dose geschälte Tomaten (400 g)
3–4 abgezogene, zerdrückte Knoblauchzehen
einige Basilikumblättchen

Für die Omeletts:
8 Eier (Größe M)
4 TL Olivenöl

Zubereitungszeit: 25 Minuten

Pro Portion:
E: 15 g, F: 17 g, Kh: 4 g,
kJ: 938, kcal: 223

Für Kinder

1. Für die Tomatensauce die Tomaten in einen Topf geben. Knoblauch abziehen, durch eine Knoblauchpresse drücken und hinzufügen. Mit Salz würzen.
2. Die Tomaten zum Kochen bringen und 3–5 Minuten bei schwacher Hitze köcheln lassen. Basilikumblättchen abspülen, trockentupfen und kurz vor Ende der Kochzeit unter die Sauce rühren.
3. Für die Omeletts Eier mit etwas Salz verschlagen. 1 Teelöffel Olivenöl in einer kleinen Pfanne erhitzen. Ein Viertel der Eiermasse hineingeben. Das Omelett von jeder Seite etwa 1 Minute goldgelb braten und herausnehmen. Von der restlichen Eiermasse weitere 3 Omeletts braten.
4. Die Omeletts zur Hälfte zusammenlegen und die heiße Tomatensauce darauf verteilen.

Tipp:
Etwas Mineralwasser in den Eierteig geben, dann werden die Omeletts lockerer.

Orangenblüten Bavaroise

Bavarese all'arancia

6 Portionen

3 Eigelb (Größe M)
3 EL flüssiger Honig
250 ml (1/4 l) Milch
4 Blatt weiße Gelatine
100 ml Orangenblütenwasser
3 Eiweiß (Größe M)
40 g Zucker
1 Pck. Dr. Oetker Vanillin-Zucker
250 g Schlagsahne

Zum Garnieren:
Obst- oder Kräuterblüten

Zubereitungszeit: 35 Minuten, ohne Kühlzeit

Pro Portion:
E: 7 g, F: 17 g, Kh: 19 g, kJ: 1111, kcal: 266

Für Gäste

1. Eigelb und Honig in einer Edelstahlschüssel schaumig schlagen. Milch erhitzen und unterrühren.
2. Die Masse mit einem Schneebesen oder einem Handrührgerät mit Rührbesen auf niedrigster Stufe bei mittlerer Hitze im heißen Wasserbad so lange durchschlagen, bis die Masse dicklich wird.
3. Die Gelatine in kaltem Wasser nach Packungsanleitung einweichen. Die Gelatine leicht ausdrücken und in der heißen Creme unter Rühren auflösen. Orangenblütenwasser unterrühren, kalt stellen.
4. Eiweiß steif schlagen, Zucker und Vanillin-Zucker kurz unterschlagen. Sahne ebenfalls steif schlagen.
5. Wenn die Creme anfängt dicklich zu werden, Eiweiß und Sahne unterheben. Die Creme in eine Schüssel füllen und kalt stellen.
6. Zum Garnieren Obst- oder Kräuterblüten vorsichtig abspülen und trockentupfen. Bavaroise vor dem Servieren mit den Obst- und Kräuterblüten garnieren.

Tipp: Zum Garnieren eignen sich besonders gut Blüten von Borretsch oder Kapuzinerkresse. Nur ganz frische Eier verwenden, die nicht älter als 5 Tage sind (Legedatum beachten!).

Orangen-Campari-Sorbet

Sorbetto d'arancia e campari

6 Portionen

60 g Zucker
60 ml Wasser
500 ml (1/2 l) frisch gepresster Orangensaft (von etwa 5 Orangen)
40 ml Campari

Zum Garnieren:
2 Bio-Orangen (unbehandelt, ungewachst)

Zubereitungszeit: 20 Minuten, ohne Abkühlzeit
Gefrierzeit: 4-5 Stunden

Pro Portion:
E: 0 g, F: 0 g, Kh: 23 g, kJ: 481, kcal: 115

Mit Alkohol

1. Zucker mit Wasser in einem Topf verrühren, zum Kochen bringen und kurz aufkochen lassen. Topf von der Kochstelle nehmen. Zuckerlösung erkalten lassen.
2. Die Zuckerlösung mit Orangensaft und Campari verrühren und in eine gefriergeeignete Schüssel füllen. Schüssel zudecken, die Sorbetflüssigkeit etwa 4-5 Stunden tiefgefrieren, dabei das Sorbet alle 30 Minuten kräftig durchrühren oder pürieren.
3. Dann zum Garnieren Orangen heiß abwaschen und abtrocknen. Von der Schale schmale Streifen abschälen, so dass Spiralen entstehen.
4. Anschließend die Orangen so schälen, dass die weiße Haut mitentfernt wird. Orangenfruchtfleisch mit einem scharfen Messer filetieren.

Orangen-Campari-Sorbet

Orangen-Feigen-Salat

5. Orangen-Campari-Sorbet in Gläsern anrichten und mit den Orangenfilets garniert servieren. Die Glasränder mit den Orangenspiralen garnieren.

Orangen-Feigen-Salat

Insalata d'arancia e fichi freschi

4 Portionen

4 Orangen, 5 Feigen
200 g Korinthen oder Rosinen
2 EL Zucker, Zitronensaft oder Wein
abgezogene, halbierte Mandeln
Rosinen

Zubereitungszeit: 15 Minuten

Pro Portion:
E: 5 g, F: 4 g, Kh: 69 g,
kJ: 1473, kcal: 352

Schnell – gut vorzubereiten

1. Orangen so schälen, dass die weiße Haut vollständig mitentfernt wird. Orangen in Scheiben schneiden. Feigen waschen, abtrocknen und vierteln. Korinthen oder Rosinen kurz unter fließendem kaltem Wasser abspülen und abtropfen lassen.
2. Die vorbereiteten Zutaten mit Zucker in eine Glasschüssel schichten. Nach Belieben mit Zitronensaft oder Wein übergießen.
3. Mit Mandeln und Rosinen garniert servieren.

Adventbuffet

10 Personen

Orangen-Feigen-Salat
2 x (Seite 173)
Spinatsalat mit Granatapfel
2 x (Seite 269)
Tunfischsalat 2 x (Seite 292)
Terlaner Weinsuppe 2 x (Seite 279)
Bandnudeln mit Ente 2 x (Seite 15)
Cassata 1 x (Seite 42)
Sizilianischer Königskuchen
1 x (Seite 247)

Orangen mit Maraschino

Arance al maraschino

4 Portionen

6 Orangen
100 g Zucker
6 cl Maraschino (Kirschlikör)

Zubereitungszeit: 25 Minuten, ohne Kühlzeit

Pro Portion:
E: 2 g, F: 0 g, Kh: 49 g,
kJ: 1061, kcal: 253

Schnell – mit Alkohol

1. Orangen so schälen, dass die weiße Haut vollständig mitentfernt wird. Die Orangen in dünne Scheiben schneiden, dabei die Kerne entfernen und den Saft auffangen.
2. Orangenscheiben in eine Glasschale schichten. Jede einzelne Lage mit Zucker bestreuen und mit dem aufgefangenen Orangensaft beträufeln.
3. Mit dem Maraschino übergießen und kalt stellen. Kalt servieren.

Tipp: Sehr lecker zu Eis oder mit angeschlagener Schlagsahne.

Orangensalat

Insalata d'arancia

4 Portionen

6 Orangen
1 Gemüsezwiebel
6 EL Olivenöl
frisch gemahlener, schwarzer Pfeffer
12 schwarze Oliven

Zubereitungszeit: 40 Minuten

Pro Portion:
E: 3 g, F: 21 g, Kh: 24 g,
kJ: 1277, kcal: 305

Raffiniert

1. Orangen so schälen, dass die weiße Haut vollständig mit entfernt wird. Orangen in dünne Scheiben schneiden. Zwiebel abziehen, in dünne Scheiben schneiden und mit den Orangenscheiben mischen.
2. Den Salat mit Olivenöl beträufeln und mit Pfeffer bestreuen. Oliven entsteinen. Den Salat mit Oliven garniert servieren.

Tipp: Der Salat passt sehr gut zu Schweine-fleischgerichten.

Orangensirup mit Feigen

Orangensirup mit Feigen

Fichi freschi con salsa d'arancia e panna montata

6 Portionen

4 Bio-Orangen (unbehandelt, ungewachst)
1 Zitrone
250 g Zucker
12 reife, blaue Feigen
250 g Schlagsahne
1 Pck. Dr. Oetker Vanillin-Zucker
Zucker nach Geschmack

etwas Schokolade

Zubereitungszeit: 35 Minuten, ohne Durchziehzeit

Pro Portion:
E: 3 g, F: 15 g, Kh: 75 g,
kJ: 1946, kcal: 465

Gut vorzubereiten

1. Orangen mit heißem Wasser abwaschen und gut trockenreiben. Schale von 3 Orangen abreiben und beiseite legen. Die Schale von der restlichen Orange hauchdünn abschälen und in sehr dünne Streifen schneiden.
2. Orangen und Zitrone auspressen, mit Zucker in einen Topf geben. Beiseite gelegte, geriebene Orangenschale unterrühren. Den Saft bei schwacher Hitze sirupartig einkochen lassen.

3. Feigen schälen, vierteln und auf einem Teller anrichten. Den heißen Orangensirup darauf verteilen und mit den Orangenstreifen bestreuen. Mit Frischhaltefolie zugedeckt am besten über Nacht kalt stellen und durchziehen lassen.
4. Sahne mit Vanillin-Zucker halbsteif schlagen und eventuell zuckern.
5. Die Feigen mit dem Sirup und der Sahne anrichten. Sahne mit geriebener Schokolade bestreuen, eiskalt servieren.

Orangen-Tiramisu

Orangen-Tiramisu

Tiramisu all'arancia

10 Portionen

500 g Cantuccini (italienisches Mandelgebäck)
125 ml (1/8 l) starker Kaffee
8–10 Orangen
125 ml (1/8 l) Cointreau
40 g Puderzucker, 500 g Naturjoghurt
500 g Vanillejoghurt
500 g Schlagsahne
etwas Kakaopulver zum Bestäuben

Zubereitungszeit: 60 Minuten, ohne Durchziehzeit

Pro Portion:
E: 10 g, F: 26 g, Kh: 67 g, kJ: 2472, kcal: 589

Mit Alkohol

1. Cantuccini in eine große, flache Auflaufform legen und mit Kaffee tränken.
2. Orangen schälen und filetieren. Orangenfilets in Stücke schneiden, auf den Cantuccini verteilen, mit Cointreau beträufeln und mit Puderzucker bestäuben, 1–2 Stunden durchziehen lassen.
3. Beide Joghurtsorten miteinander verrühren, Sahne steif schlagen und unterheben. Die Joghurtsahne auf den Orangenfilets verteilen. Tiramisu bis zum Servieren kalt stellen.
4. Tiramisu vor dem Servieren mit Kakao bestäuben.

Tipp:
Bestreuen Sie die Joghurtsahne mit 1 Päckchen Finesse Orangenfrucht, bevor das Tiramisu kalt gestellt wird. Garnieren Sie die Oberfläche mit einigen Orangenzesten (Streifen).

Orangen-Weinschaum-Speise

Schiuma di vino bianco e arance

4 Portionen

2 Orangen (je etwa 150 g)
4 EL Orangenlikör
2 gestr. TL gemahlene weiße Gelatine
3 EL kaltes Wasser
100 ml Orangensaft
2 Eigelb (Größe M), 80 g Zucker
125 ml ($^1/_8$ l) Weißwein
2 Eiweiß (Größe M)
125 g Schlagsahne

Zubereitungszeit: 35 Minuten, ohne Kühlzeit

Pro Portion:
E: 6 g, F: 13 g, Kh: 31 g,
kJ: 1327, kcal: 317

Gut vorzubereiten – mit Alkohol

1. Orangen so schälen, dass die weiße Haut vollständig entfernt wird. Orangen filetieren und in Stücke schneiden.
2. Die Orangenstücke in 4 Dessertgläser verteilen und mit Likör beträufeln.
3. Gelatine mit kaltem Wasser in einem kleinen Topf anrühren, 10 Minuten quellen lassen. Alles unter Rühren erwärmen (nicht kochen), bis die Gelatine völlig gelöst ist, Orangensaft unterrühren.
4. Eigelb mit Zucker cremig schlagen. Nach und nach Wein hinzufügen. Die Gelatineflüssigkeit unterrühren, kalt stellen.
5. Das Eiweiß und Sahne getrennt steif schlagen. Wenn die Masse anfängt dicklich zu werden, Eiweiß und Sahne unterheben. Dann die Creme in den Gläsern verteilen, kalt stellen und fest werden lassen.

Tipp:
Orangen-Weinschaum-Speise mit Orangenfilets, -schale und Minzeblättchen garnieren. Nur ganz frische Eier verwenden, die nicht älter als 5 Tage sind (Legedatum beachten!).

Orangen-Weinschaum-Speise

Osso Buco

Kalbshaxe

4 Portionen

4 Kalbshaxenscheiben mit Knochen (je etwa 200 g)
1 Möhre
1 Stange Staudensellerie
1 kleine Stange Porree (Lauch)
1 Knoblauchzehe
1 Zwiebel
3 Fleischtomaten
100 ml Olivenöl
30 g Butter
100 ml Weißwein
Salz, frisch gemahlener Pfeffer
500 ml (1/2 l) Fleischbrühe
1 Bund Petersilie
1/2 TL geriebene Schale von
1 Bio-Zitrone (unbehandelt, ungewachst)

Zubereitungszeit: 30 Minuten
Garzeit: etwa 90 Minuten

Pro Portion:
E: 30 g, F: 11 g, Kh: 6 g,
kJ: 1129, kcal: 270

Klassisch – mit Alkohol

1. Haxenscheiben unter fließendem kalten Wasser abspülen und trockentupfen. Nun Möhre, Sellerie und Porree putzen. Dann Möhre schälen, von der Selleriestange die harten Außenfäden abziehen. Porreestange längs halbieren. Das Gemüse waschen, abtropfen lassen und in Streifen schneiden.
2. Knoblauch und Zwiebel abziehen, in kleine Würfel schneiden. Tomaten waschen, kreuzweise einschneiden und einige Sekunden in kochendes Wasser legen. Tomaten kurz in kaltes Wasser legen, enthäuten, halbieren, entkernen und die Stängelansätze herausschneiden. Tomaten ebenfalls in Würfel schneiden.
3. Olivenöl in einer Pfanne erhitzen. Die Fleischscheiben darin von beiden Seiten gut anbraten. Butter in einem Bräter zerlassen. Zwiebelwürfel, Möhren-, Sellerie- und Porreestreifen darin andünsten, Wein hinzugießen.
4. Fleischscheiben aus der Pfanne nehmen, mit Salz und Pfeffer würzen und auf das Gemüse in den Bräter legen. Brühe und Tomatenwürfel hinzufügen. Den Bräter zugedeckt auf dem Rost in den vorgeheizten Backofen schieben.
Ober-/Unterhitze: etwa 180 °C
Heißluft: etwa 160 °C
Garzeit: etwa 1 1/2 Stunden.
5. Petersilie abspülen und trockentupfen. Die Blättchen von den Stängeln zupfen und danach Blättchen klein schneiden.
6. Petersilie, Knoblauch und Zitronenschale kurz vor Ende der Garzeit in den Bräter geben. Mit Salz und Pfeffer abschmecken.

Osso Buco

Panettone

Italienischer Hefekuchen

Für den Hefeteig:

1 Pck. Dr. Oetker Trockenbackhefe
100 g Zucker
250 g lauwarme Schlagsahne
500 g Weizenmehl (Type 550)
2 Pck. Dr. Oetker Vanillin-Zucker
1 Prise Salz
abgeriebene Schale von 1 Bio-Zitrone (unbehandelt, ungewachst)
5 Eigelb (Größe M)
150 g zerlassene, abgekühlte Butter

100 g Orangeat, fein gewürfelt
100 g Zitronat, fein gewürfelt
150 g Rosinen
75 g abgezogene, gehackte Mandeln

Zubereitungszeit: 30 Minuten, ohne Teiggehzeit
Backzeit: 60–70 Minuten

Insgesamt:

E: 94 g, F: 286 g, Kh: 736 g,
kJ: 25051, kcal: 5982

Klassisch – zum Verschenken

1. Für den Teig Trockenbackhefe mit etwas Zucker und etwas lauwarmer Sahne in einer kleinen Schüssel gut verrühren und zugedeckt etwa 10 Minuten gehen lassen. Mehl in eine Rührschüssel sieben. Restlichen Zucker, Vanillin-Zucker, Salz, Zitronenschale, Eigelb, Butter, restliche lauwarme Sahne und den Vorteig hinzufügen.
2. Die Zutaten mit Handrührgerät mit Knethaken zunächst kurz auf niedrigster, dann auf höchster Stufe in etwa 5 Minuten zu einem glatten Teig verarbeiten. Orangeat-, Zitronatwürfel, Rosinen und Mandeln unterarbeiten. Den Teig zugedeckt so lange an einem warmen Ort gehen lassen, bis er sich sichtbar vergrößert hat.
3. Eine Springform (Ø 18 cm, gefettet) mit einem doppelt gefalteten etwa 15 cm hohen Backpapierstreifen erhöhen, mit Büroklammern fixieren.
4. Den Teig leicht mit Mehl bestäuben, aus der Schüssel nehmen, auf einer bemehlten Arbeitsfläche nochmals kurz durchkneten und in die Form geben. Den Teig nochmals zugedeckt so lange an einem warmen Ort gehen lassen, bis er sich sichtbar vergrößert hat. Die Form auf dem Rost in den vorgeheizten Backofen schieben.
   Ober-/Unterhitze: 180–200 °C
   Heißluft: 160–180 °C
   Backzeit: 60–70 Minuten.
5. Den Kuchen evtl. einige Zeit vor dem Ende der Backzeit mit Backpapier belegen, damit die Oberfläche nicht zu stark bräunt.
6. Den Kuchen etwa 10 Minuten in der Form stehen lassen, dann aus der Form lösen und auf einen mit Backpapier belegten Kuchenrost stürzen. Kuchen erkalten lassen.

Panna cotta

Panna cotta

4 Portionen

Für die Creme:

600 g Schlagsahne
1 Vanilleschote
1 Prise Salz
2 Stück Zitronenschale von 1 Bio-Zitrone (unbehandelt, ungewachst)
2 EL Zucker
6 Blatt weiße Gelatine

Für die Vanillesauce:

1 Pck. Saucenpulver Vanille-Geschmack zum Kochen
30 g Zucker
500 ml (1/2 l) Milch

Für die Fruchtsauce:

300 g frische Erdbeeren
Vanillin-Zucker

Zum Garnieren:

einige vorbereitete, frische Beerenfrüchte
vorbereitete Minzeblättchen

Panettone

Zubereitungszeit: 50 Minuten, ohne Kühlzeit

Pro Portion:
E: 10 g, F: 51 g, Kh: 34 g,
kJ: 2754, kcal: 658

Für Gäste

1. Für die Creme Sahne mit Vanilleschote, Salz, Zitronenschale und dem Zucker in einem kalt ausgespülten Topf zum Kochen bringen und anschließend bei schwacher Hitze etwa 10 Minuten kochen lassen.
2. Gelatine in kaltem Wasser nach Packungsanleitung einweichen. Die Vanilleschote und Zitronenschale aus der Sahne nehmen. Gelatine ausdrücken und in der heißen Sahne unter Rühren vollständig auflösen. Die Sahne in kalt ausgespülte Förmchen gießen, abkühlen lassen und mindestens 3 Stunden (oder über Nacht) kalt stellen.
3. Für die Vanillesauce aus Saucenpulver, Zucker und Milch nach Packungsanleitung eine Sauce zubereiten, kalt stellen, dabei von Zeit zu Zeit gut durchrühren.
4. Für die Fruchtsauce Erdbeeren putzen, waschen, abtropfen lassen (einige Erdbeeren zum Garnieren beiseite legen) und die Stängelansätze heraussschneiden. Die Erdbeeren pürieren und mit Vanillin-Zucker abschmecken.
5. Panna cotta mit einem Messer vom Rand lösen, kurz in sehr heißes Wasser tauchen und auf Dessertteller stürzen. Die Erdbeersauce als Spiegel um eine Hälfte der Creme geben, die Vanillesauce auf die andere Hälfte gießen und mit einem Holzstäbchen die beiden Saucen ineinander ziehen.
6. Panna cotta mit den beiseite gelegten Erdbeeren, Beerenfrüchten und Minzeblättchen garniert servieren.

Panna cotta

Panna-cotta-Eis

Gelato al gusto di panna cotta

6–8 Portionen

3 Eigelb (Größe M)
90 g gesiebter Puderzucker
2 Pck. Dr. Oetker Vanillin-Zucker
1 Pck. Dr. Oetker Bourbon-Vanille-Zucker
3 Becher (je 125 g) Crème double

Zum Garnieren:
250 g Himbeeren
30 g gesiebter Puderzucker
einige Melisseblättchen

Zubereitungszeit: 40 Minuten, ohne Abkühlzeit
Gefrierzeit: etwa 5 Stunden

Pro Portion:
E: 3 g, F: 26 g, Kh: 24 g,
kJ: 1419, kcal: 342

Für Gäste

1. Eigelb mit Puderzucker, Vanillin-Zucker und Bourbon-Vanille-Zucker in einer hitzebeständigen Schüssel verschlagen und im heißen Wasserbad mit einem Schneebesen zu einer dicklich, cremigen Masse aufschlagen. Die Masse darf dabei nicht kochen.
2. Die Schüssel sofort in eiskaltes Wasser stellen. Die Masse unter Rühren erkalten lassen.
3. Crème double unter die erkaltete Eiermasse rühren. Die Creme in gefriergeeignete, kleine Formen füllen. Formen zudecken, das Eis etwa 5 Stunden tiefgefrieren.
4. Zum Garnieren Himbeeren verlesen, eventuell kurz abspülen und gut abtropfen lassen oder trockentupfen. Einige Himberen zum Garnieren beiseite legen. Restliche Himbeeren mit Puderzucker pürieren und nach Belieben durch ein Sieb streichen. Melisseblättchen abspülen und trockentupfen.
5. Das Eis mit einem Messer vom Rand lösen und auf Teller stürzen. Mit der Himbeersauce, den beiseite gelegten Himbeeren und Melissenblättchen garniert servieren.

Tipp:
Statt Crème double 250 g steif geschlagene Sahne unterheben.

Panna-Cotta-Eis

Panzarotti

Panzanella

Italienischer Brotsalat

4 Portionen

6 Scheiben italienisches Weißbrot (vom Vortag)
3 rote Zwiebeln
3 feste Tomaten
300 g Salatgurke
6 Knoblauchzehen
je 1 Bund glatte Petersilie und Basilikum
4 EL Balsamico-Essig
Salz
frisch gemahlener Pfeffer
8 EL Olivenöl

Zubereitungszeit: 45 Minuten, ohne Durchziehzeit

Pro Portion:
E: 5 g, F: 21 g, Kh: 27 g, kJ: 1332, kcal: 318

Preiswert

1. Brotscheiben in eine Schale legen, mit Wasser beträufeln und einweichen. Brotscheiben ausdrücken und in eine Schüssel geben.
2. Zwiebeln abziehen, halbieren und in dünne Streifen schneiden. Tomaten waschen, abtrocknen, vierteln und die Stängelansätze entfernen. Tomatenviertel in Stücke schneiden.
3. Gurke schälen, halbieren, entkernen und in kleine Würfel schneiden. Knoblauch abziehen und ebenfalls klein würfeln. Petersilie und Basilikum abspülen und trockentupfen. Die Blättchen von den Stängeln zupfen. Blättchen in feine Streifen schneiden. Die vorbereiteten Salatzutaten zum Brot in die Schüssel geben.
4. Essig mit Salz und Pfeffer verrühren. Olivenöl unterschlagen. Die Marinade mit den Salatzutaten vermengen. Den Salat etwa 15 Minuten durchziehen lassen.

Panzarotti

Gefüllte Teigtaschen

4 Portionen

i.O., kartoffelig → braucht viel Fett (s. Bild)

1 kg mehlig kochende Kartoffeln
Salz, 2 Salbeiblättchen
125 g frisch geriebener Parmesan-Käse
1 Ei (Größe M)
1 Eigelb (Größe M)
4–5 EL gehackte, glatte Petersilie
frisch gemahlener Pfeffer
etwa 125 g Mozzarella-Käse
Vollkorn-Semmelbrösel
100 g Butter
4 EL Speiseöl

Zubereitungszeit: 60 Minuten
Garzeit: etwa 10 Minuten

Pro Portion:
E: 24 g, F: 41 g, Kh: 39 g, kJ: 2608, kcal: 623

Vegetarisch

1. Kartoffeln waschen, schälen, abspülen und in grobe Würfel schneiden. Kartoffelwürfel mit Salzwasser bedeckt zum Kochen bringen und in 20–25 Minuten gar kochen lassen. Kartoffelwürfel abgießen, abdämpfen und sofort durch eine Kartoffelpresse drücken oder zerstampfen, etwas abkühlen lassen.

2. Salbeiblättchen abspülen, trockentupfen und klein schneiden. Salbei, Parmesan-Käse, Ei, Eigelb und Petersilie zur Kartoffelmasse geben und gut unterkneten. Mit Salz und Pfeffer würzen.
3. Mozzarella abtropfen lassen und in 16 gleich große Würfel schneiden. Den Kartoffelteig zu einer Rolle formen, in 16 gleich große Stücke teilen. In jedes Teigstück einen Käsewürfel drücken. Das Teigstück zu einem Kloß formen, flach drücken und in Semmelbröseln wenden.
4. Butter in einer Pfanne zerlassen, das Speiseöl hinzufügen und miterhitzen. Panzarotti von beiden Seiten etwa 5 Minuten braten.

Beilage: Bunte Salatplatte.

Paprika mit Reis

Peperoni ripieni al forno

6 Portionen

1 Zwiebel
200 g gekochter Schinken
50 g Salami
4 EL Olivenöl
300 g italienischer Rundkorn- oder Langkornreis
750 ml (3/4 l) heiße Fleischbrühe oder Instant-Fleischbrühe
1 Knoblauchzehe
100 g Mozzarella-Käse
1 Bund Petersilie
Salz
frisch gemahlener Pfeffer
6 gelbe oder rote Paprikaschoten
2 EL Olivenöl

Zubereitungszeit: 45 Minuten
Garzeit: etwa 35 Minuten

Pro Portion:
E: 18 g, F: 18 g, Kh: 49 g,
kJ: 1825, kcal: 436

Einfach

1. Zwiebel abziehen und in kleine Würfel schneiden. Schinken und Salami in kleine Stücke schneiden. Olivenöl in einem Topf erhitzen. Zwiebelwürfel darin andünsten. Reis hinzufügen und unter Rühren glasig dünsten. Schinken- und Salamistücke unterrühren. Brühe hinzugießen, zum Kochen bringen und Reis bei schwacher Hitze nach Packungsanleitung garen.
2. Knoblauch abziehen und in dünne Scheiben schneiden. Mozzarella abtropfen lassen und in Würfel schneiden. Petersilie abspülen und trockentupfen. Die Blättchen von den Stängeln zupfen. Blättchen klein schneiden.
3. Knoblauchscheiben, Mozzarellawürfel und Petersilie unter die Reismasse rühren. Mit Salz und Pfeffer würzen.
4. Paprika halbieren, entstielen, entkernen und die weißen Scheidewände entfernen. Paprikahälfen waschen, trockentupfen, mit der Reismasse füllen und in eine Auflaufform setzen. Mit Olivenöl beträufeln. Die Form auf dem Rost in den vorgeheizten Backofen schieben.
   Ober-/Unterhitze: etwa 200 °C
   Heißluft: etwa 180 °C
   Garzeit: etwa 35 Minuten.

Paprika-Risotto mit Speck

Risotto con peperoni e speck

4 Portionen

1 Zwiebel, 4 EL Olivenöl
300 g Rundkornreis (z. B. Arborio-Reis)
250 ml (1/4 l) Weißwein
600 ml heiße Gemüsebrühe
je 1 rote, gelbe, grüne Paprikaschote
120 g durchwachsener Speck
1/2 Bund Schnittlauch
Salz, frisch geriebene Muskatnuss
frisch gemahlener Pfeffer
2 EL Crème fraîche
50 g geriebener Parmesan-Käse

Zubereitungszeit: 35 Minuten

Pro Portion:
E: 17 g, F: 28 g, Kh: 66 g,
kJ: 2623, kcal: 627

Raffiniert – mit Alkohol

1. Zwiebel abziehen und in kleine Würfel schneiden. Die Hälfte des Olivenöls in einem Topf erhitzen, Zwiebelwürfel darin andünsten. Reis hinzugeben und unter Rühren glasig dünsten. Etwas von dem Wein hinzugießen. Sobald der Reis die Flüssigkeit aufgenommen hat, wieder Wein und Brühe hinzugießen. Den Reis bei schwacher Hitze unter gelegentlichem Rühren etwa 20 Minuten garen (er sollte noch etwas Biss haben), eventuell noch etwas Wasser hinzufügen.
2. Paprika halbieren, entstielen, entkernen und die weißen Scheidewände entfernen. Schoten waschen, abtrocknen und in kleine Rauten schneiden. Restliches Olivenöl in einem Topf erhitzen. Paprikastücke darin einige Minuten dünsten lassen.
3. Speck in kleine Würfel schneiden und in einer Pfanne ohne Fett knusprig braten. Schnittlauch abspülen, trockentupfen und in kleine Röllchen schneiden.
4. Den gegarten Reis mit Salz, Muskat und Pfeffer würzen. Crème fraîche unterrühren. Paprikastücke, Speckwürfel und Schnittlauchröllchen unter den Reis heben. Mit Parmesan bestreut servieren.

Paprikaschoten-Salat
Insalata di peperoni
4 Portionen

3 grüne Paprikaschoten
3 gelbe oder rote Paprikaschoten
3 Knoblauchzehen
6 EL Olivenöl
Salz
frisch gemahlener Pfeffer

Zubereitungszeit: 25 Minuten, ohne Durchziehzeit

Pro Portion:
E: 3 g, F: 16 g, Kh: 10 g,
kJ: 798, kcal: 190

Gut vorzubereiten

1. Paprikaschoten halbieren, entstielen, entkernen und die weißen Scheidewände entfernen. Die Schoten waschen, trockentupfen und mit der Hautseite nach oben auf ein Backblech (gefettet) legen. Das Backblech in den Backofen schieben.
   Ober-/Unterhitze: etwa 220 °C
   Heißluft: etwa 200 °C
   Garzeit: 10–15 Minuten.
2. Die Paprikahälften so lang braten, bis die Haut Blasen wirft. Das Backblech aus dem Backofen nehmen, die Schotenhälften mit einem feuchten Tuch belegen und etwas abkühlen lassen. Dann die Haut abziehen.
3. Paprikahälften in Streifen schneiden und in eine Schüssel geben. Knoblauch abziehen, sehr klein schneiden und mit den Paprikastreifen mischen.
4. Olivenöl mit Salz und Pfeffer verrühren und über den Salat gießen. Den Salat kalt gestellt durchziehen lassen.

Beilage: Fladenbrot.

Parmaschinken mit Melone
Prosciutto di Parma e melone
6 Portionen

1 Honigmelone
12 Scheiben Parmaschinken (dünn geschnitten)
frisch gemahlener, schwarzer Pfeffer

Zubereitungszeit: 15 Minuten

Pro Portion:
E: 5 g, F: 1 g, Kh: 18 g,
kJ: 463, kcal: 111

Schnell – für Gäste

1. Die Melone einige Stunden im Kühlschrank durchkühlen lassen. Melone halbieren, entkernen und in jeweils 6 Spalten schneiden.
2. Jede Melonenspalte mit einer Schinkenscheibe belegen und mit Pfeffer bestreuen.

Penne mit Gorgonzola
Penne al gorgonzola
4 Portionen

Für die Sauce:
250 g Gorgonzola (Blauschimmelkäse)
200 g Schlagsahne
Salz, frisch gemahlener Pfeffer
4 l Wasser
4 gestr. TL Salz
500 g Penne-Nudeln
60 g Butter
40 g frisch gehobelter Parmesan-Käse

Zubereitungszeit: 25 Minuten

Pro Portion:
E: 32 g, F: 52 g, Kh: 90 g,
kJ: 4056, kcal: 975

Vegetarisch – schnell

1. Für die Sauce Gorgonzola in eine Rührschüssel geben und mit einer Gabel zerdrücken. Sahne hinzufügen und zu

Penne mit Gorgonzola

einer geschmeidigen Masse verrühren. Anschließend mit Salz und Pfeffer abschmecken.
2. Wasser in einem großen Topf mit geschlossenem Deckel zum Kochen bringen. Dann Salz und Nudeln zugeben. Die Nudeln im geöffneten Topf bei mittlerer Hitze nach Packungsanleitung kochen lassen, dabei zwischendurch 4-5-mal umrühren.
3. Anschließend die Nudeln in ein Sieb geben, mit heißem Wasser abspülen, abtropfen lassen und in eine vorgewärmte Schüssel geben.
4. Butter zerlassen und unter die Nudeln mischen.
5. Die Gorgonzolasauce und den Parmesan-Käse auf den Nudeln verteilen und gut untermischen.

Penne mit Hühnerleber

Penne con fegatini di pollo alla salvia

4 Portionen

1 Zwiebel, 1 Knoblauchzehe
150 g Champignons
300 g Hühnerleber
3 EL Olivenöl
150 g Schlagsahne
15 kleine Salbeiblättchen
12 Cocktailtomaten
Salz
frisch gemahlener Pfeffer
4 l Wasser
4 gestr. TL Salz
400 g Penne-Nudeln

Zubereitungszeit: 30 Minuten

Pro Portion:
E: 30 g, F: 24 g, Kh: 78 g, kJ: 2752, kcal: 657

Für Gäste

Penne mit Hühnerleber

1. Zwiebel und Knoblauch abziehen, in kleine Würfel schneiden. Champignons putzen, mit Küchenpapier abreiben, eventuell abspülen, trockentupfen und in Scheiben schneiden.
2. Hühnerleber unter fließendem kalten Wasser abspülen, trockentupfen und in 2 x 2 cm große Würfel schneiden, dabei eventuell Sehnen entfernen.
3. Olivenöl in einem Topf erhitzen, Leberwürfel darin anbraten. Dann Zwiebel- und Knoblauchwürfel mit andünsten. Champignonscheiben hinzufügen, ebenfalls mit andünsten. Sahne hinzugießen.
4. Salbeiblättchen abspülen, trockentupfen und klein schneiden. Tomaten abspülen und trockentupfen. Salbei und Tomaten zur Sauce geben, aufkochen lassen. Mit Salz und Pfeffer würzen. Sauce warm stellen.
5. Wasser in einem großen Topf mit geschlossenem Deckel zum Kochen bringen. Dann Salz und Nudeln zugeben. Die Nudeln im geöffneten Topf bei mittlerer Hitze nach Packungsanleitung kochen lassen, dabei zwischendurch 4-5-mal umrühren.
6. Anschließend die Nudeln in ein Sieb geben, mit heißem Wasser abspülen und abtropfen lassen.
7. Nudeln in eine Schüssel geben, mit der Sauce vermischen und sofort servieren.

Tipp:
Statt Hühnerleber können Sie Rinderleber oder Kalbsleber verwenden.

Penne mit Kürbis und Kapern

Penne con zucca e capperi

3 Portionen

3 l Wasser
3 gestr. TL Salz
300 g Penne-Nudeln
(oder Nudeln Ihrer Wahl)
2 Schalotten
2 Fleischtomaten (etwa 300 g)
100 g eingelegte Kürbisstückchen
(aus dem Glas)
$^{1}/_{2}$ Röhrchen Kapern
(Abtropfgewicht 25 g)
3 EL Olivenöl
einige Stängel Minze
Salz
frisch gemahlener Pfeffer
frisch geriebene Muskatnuss

Penne mit Kürbis und Kapern

Zubereitungszeit: 25 Minuten

Pro Portion:
E: 14 g, F: 12 g, Kh: 75 g,
kJ: 1947, kcal: 465

Raffiniert

1. Wasser in einem großen Topf mit geschlossenem Deckel zum Kochen bringen. Dann Salz und Nudeln zugeben. Die Nudeln im geöffneten Topf bei mittlerer Hitze nach Packungsanleitung kochen lassen, dabei zwischendurch 4-5-mal umrühren.
2. Anschließend die Nudeln in ein Sieb geben, mit heißem Wasser abspülen und abtropfen lassen.
3. Schalotten abziehen und in Scheiben schneiden. Tomaten waschen, abtrocknen und die Stängelansätze herausschneiden. Tomaten in Stücke schneiden. Kürbis und Kapern abtropfen lassen.
4. Das Olivenöl in einem Topf erhitzen. Schalottenscheiben darin andünsten. Kürbisstücke, Kapern und Tomatenstücke hinzufügen, mit andünsten.
5. Minze abspülen und trockentupfen. Die Blättchen von den Stängeln zupfen (einige Blättchen beiseite legen). Die Blättchen in Streifen schneiden.
6. Die Nudeln mit dem gedünsteten Gemüse vermengen und nochmals kurz erhitzen. Mit Salz, Pfeffer und Muskat würzen. Die Minzestreifen unterheben.
7. Penne mit den beiseite gelegten Minzeblättchen garniert servieren.

Beilage:
Geröstetes, italienisches Weißbrot.

Tipp:
Zusätzlich gebratene Scampi und Muscheln unter die Nudeln heben.

Peperonata

Peperonata

Paprikagemüse

4 Portionen

400 g Cocktailtomaten
je 1 rote, gelbe und grüne
Paprikaschote (etwa 500 g)
2 mittelgroße Zucchini (etwa 400 g)
2 milde Peperoni
3-4 Knoblauchzehen
1 Bund Majoran
2 EL Olivenöl
4 EL süße Chilisauce
Salz
frisch gemahlener Pfeffer

Außerdem:
1 Stück Bratfolie oder Bratschlauch

Zubereitungszeit: 35 Minuten
Garzeit: etwa 40 Minuten

Pro Portion:
E: 4 g, F: 6 g, Kh: 13 g,
kJ: 550, kcal: 131

Raffiniert

1. Die Tomaten waschen, trockentupfen, halbieren, entkernen und die Stängelansätze herausschneiden. Tomaten evtl. vierteln. Die Paprika halbieren, entstielen, entkernen und die weißen Scheidewände entfernen. Die Schoten waschen, trockentupfen und in große Stücke schneiden.
2. Zucchini waschen, abtrocknen und die Enden abschneiden. Zucchini in Stücke schneiden. Peperoni abspülen, trockentupfen, längs halbieren, entkernen und ebenfalls in Stücke schneiden. Knoblauch abziehen und in sehr kleine Würfel schneiden. Majoran abspülen und trockentupfen. Die Blättchen von den Stängeln zupfen, Blättchen klein schneiden.
3. Die vorbereiteten Gemüsezutaten in einer Schüssel mischen, Olivenöl und Chilisauce daraufgeben, mit Salz und Pfeffer würzen.
4. Die Gemüsemischung auf ein großes Stück Bratfolie oder in einen Bratschlauch geben. Die Bratfolie oder den Bratschlauch nach Packungsanleitung verschließen und auf ein Backblech legen.
5. Das Backblech in den vorgeheizten Backofen schieben.
   Ober-/Unterhitze: etwa 200 °C
   Heißluft: etwa 180 °C
   Garzeit: etwa 40 Minuten.
6. Die Folie aufschneiden, das Gemüse herausnehmen und auf einem vorgewärmten Teller anrichten.

Beilage:
Frisch geröstetes Knoblauchbrot. Dafür Grau- oder Weißbrotbaguette in Scheiben schneiden. Knoblauchbutter in einer großen Pfanne zerlassen. Die Brotscheiben darin von beiden Seiten hellbraun rösten.

Osterbuffet
15–18 Personen

Parmaschinken mit Melone
1 x (Seite 182)
Spargel mit Parmesan-Käse
1 x (Seite 263)
Überbackene Basilikumtomaten
2 x (Seite 296)
Kalbsschulter Fiorentina
2 x (Seite 118)
Kaninchenragout 2 x (Seite 121)
Peperonata 2 x (Seite 184)
Polenta 1 x (Seite 206)
Panetone 1 x (Seite 178)
Obstsalat mit Asti Spumante
2 x (Seite 168)

Perlhuhn in Wacholderrahm

Faraona al ginepro

4 Portionen

1 Perlhuhn (1 kg)

Für die Marinade:
4 Knoblauchzehen
einige Salbeiblättchen
500 ml (1/2 l) Weißwein
eine Hand voll Wacholderbeeren

4 EL Olivenöl
1 geh. EL Semmelbrösel
Fleischbrühe
125 g saure Sahne

Zubereitungszeit: 25 Minuten, ohne Marinierzeit
Garzeit: etwa 45 Minuten

Pro Portion:
E: 48 g, F: 30 g, Kh: 7 g,
kJ: 2438, kcal: 582

Raffiniert – mit Alkohol

1. Perlhuhn von innen und außen unter fließendem kalten Wasser abspülen, trockentupfen, in 8 gleich große Stücke teilen und in eine flache Schale legen. Leber beiseite legen.
2. Für die Marinade Knoblauch abziehen. Salbeiblättchen abspülen und trockentupfen. Weißwein mit Knoblauch, Salbeiblättchen und 10 Wacholderbeeren verrühren. Dann die Marinade auf den Fleischstücken verteilen. Perlhuhnstücke darin etwa 4 Stunden marinieren.
3. Perlhuhnstücke aus der Marinade nehmen und trockentupfen. Olivenöl in einer großen Pfanne erhitzen. Die Perlhuhnstücke darin von beiden Seiten goldbraun anbraten.
4. Beiseite gelegte Leber und restliche Wacholderbeeren klein hacken, mit den Semmelbröseln zu den Perlhuhnstücken geben und gut unterrühren. Die Marinade und etwas Brühe hinzugießen und zum Kochen bringen. Saure Sahne unterrühren. Die Perlhuhnstücke etwa 45 Minuten bei schwacher Hitze garen.

Beilage: Spätzle oder Bandnudeln.

Perlhuhn in Wacholderrahm

Perlhuhn mit Rum

Faraona al rum

6 Portionen

1 Perlhuhn (etwa 1,2 kg)
Salz, frisch gemahlener Pfeffer

Für die Füllung:
75 g Korinthen
4 EL Rum
100 g Geflügelleber
1 Perlhuhnleber
30 g Butter
150 g roher Schinken
100 g Weißbrot (vom Vortag)
125 ml (1/8 l) Milch
2 Petersilienstängel
2 Knoblauchzehen
100 g Doppelrahm-Frischkäse
1 Ei (Größe M)

1 EL Butter für die Form
und zum Bestreichen
4 Schalotten, 100 ml Rum
125 ml (1/8 l) warme Geflügelbrühe

Perlhuhn mit Rum

50 g Butter
2 EL Speiseöl
4–5 Scheiben Toastbrot (vom Vortag)

Zubereitungszeit: 40 Minuten
Garzeit: etwa 60 Minuten

Pro Portion:
E: 50 g, F: 35 g, Kh: 28 g,
kJ: 2869, kcal: 685

Dauert länger – mit Alkohol

1. Perlhuhn unter fließendem kalten Wasser abspülen und trockentupfen. Das Huhn von innen und außen mit Salz und Pfeffer einreiben.
2. Für die Füllung Korinthen in Rum einweichen. Geflügel- und Perlhuhnleber unter fließendem kalten Wasser abspülen und gut trockentupfen. Butter in einer Pfanne zerlassen, Geflügelleber und Perlhuhnleber darin von allen Seiten kurz anbraten, herausnehmen, etwas abkühlen lassen und in sehr kleine Würfel schneiden. Schinken in kleine Würfel schneiden und hinzufügen.
3. Weißbrot zerbröseln und in Milch einweichen. Anschließend die Milch abgießen. Petersilie abspülen und trockentupfen. Die Blättchen von den Stängeln zupfen. Blättchen klein schneiden. Knoblauch abziehen und klein hacken.
4. Frischkäse in eine Rührschüssel geben. Ei, eingeweichtes Brot, Petersilie, Knoblauch und die Leber-Schinken-Mischung hinzufügen. Die Zutaten gut vermischen. Rum-Korinthen unterrühren. Mit Salz und Pfeffer würzen.
5. Das Perlhuhn mit zwei Drittel der Masse füllen. Die Öffnung zunähen oder zustecken. Das Perlhuhn mit etwas Butter bestreichen, mit Salz und Pfeffer bestreuen und in eine feuerfeste, Form (gefettet) legen.
6. Schalotten abziehen, in kleine Würfel schneiden und mit in die Form legen. Die Form auf dem Rost in den vorgeheizten Backofen schieben.
   Ober-/Unterhitze: etwa 200 °C
   Heißluft: etwa 180 °C
   Garzeit: etwa 60 Minuten.
7. Das Perlhuhn während der Garzeit zwischendurch mit etwas Rum und Geflügelbrühe begießen.
8. Butter und Speiseöl in einer Pfanne erhitzen. Toastbrot darin von beiden Seiten goldgelb rösten und mit der restlichen Füllung bestreichen. Die Toastscheiben etwa 10 Minuten vor Ende der Garzeit ebenfalls auf dem Rost in den Backofen schieben.
9. Das Perlhuhn tranchieren und auf dem Brot anrichten. Die Füllung in Scheiben schneiden und darumlegen.
10. Den Bratensatz mit dem restlichen Rum flambieren und dazu servieren.

Perlhuhn mit Tomaten

Faraona al pomodoro

6 Portionen

2 kleine, küchenfertige Perlhühner
oder Poularden
2 Zweige Rosmarin
2 Zweige Thymian
2 Zweige Salbei
Salz
frisch gemahlener Pfeffer
4 EL Olivenöl

Für die Tomaten:
600 g Strauchtomaten
2 Schalotten
1 Knoblauchzehe
3 EL Olivenöl

1 Topf Basilikum

Perlhuhn mit Tomaten

Zubereitungszeit: 60 Minuten
Garzeit: etwa 50 Minuten

Pro Portion:
E: 46 g, F: 22 g, Kh: 3 g,
kJ: 1629, kcal: 388

Etwas teurer

1. Perlhühner oder Poularden von innen und außen unter fließendem kalten Wasser abspülen und trockentupfen. Die Perlhühner oder Poularden auf die Brust legen. Mit einer Geflügelschere rechts und links am Rückenknochen entlangschneiden, so dass dieser entfernt wird.
2. Fleisch umdrehen und so weit wie möglich auseinanderklappen, mit der Hand die Brust flach drücken. Kräuterzweige abspülen und trockentupfen. Die Blättchen von den Stängeln zupfen und klein schneiden. Die Haut jeweils von der Brust hochheben. Die Kräuter zwischen Brust und Haut verteilen.
3. Die Fleischstücke von beiden Seiten mit Salz und Pfeffer würzen und nebeneinander in einen großen Bräter legen. Fleischstücke mit Olivenöl bestreichen. Den Bräter auf dem Rost in den vorgeheizten Backofen schieben.
Ober-/Unterhitze: etwa 200 °C
Heißluft: etwa 180 °C
Garzeit: etwa 50 Minuten.
4. Während des Garens zwischendurch etwas Wasser hinzufügen.
5. Für die Tomaten Tomaten waschen, kreuzweise einschneiden und einige Sekunden in kochendes Wasser legen. Tomaten kurz in kaltes Wasser legen, enthäuten, vierteln, entkernen und die Stängelansätze herausschneiden.
6. Schalotten und Knoblauch abziehen, in kleine Würfel schneiden. Olivenöl in einem Topf erhitzen. Schalotten- und Knoblauchwürfel darin andünsten. Tomatenviertel hinzufügen, mit Salz und Pfeffer würzen. Die Tomatenviertel etwa 5 Minuten schmoren.
7. Basilikum abspülen und trockentupfen. Die Blättchen (einige Blättchen zum Garnieren beiseite legen) von den Stängeln zupfen. Blättchen klein schneiden.
8. Basilikum unter die geschmorten Tomaten heben, mit den beiseite gelegten Basilikumblättchen garnieren und mit dem Perlhuhn servieren.

Pesto

Basilikumsauce

2 EL Pinienkerne
2 Bund Basilikum
1 Bund Petersilie
50 g Parmesan-Käse
$^1/_2$ TL Salz
10 EL Olivenöl
3 Knoblauchzehen

30 g Olivenöl

Zubereitungszeit: 20 Minuten
Haltbarkeit: gekühlt etwa 6 Wochen

Insgesamt:
E: 25 g, F: 162 g, Kh: 6 g,
kJ: 6530, kcal: 1561

Klassisch

1. Pinienkerne in einer Pfanne ohne Fett goldbraun rösten, herausnehmen und auf einem Teller erkalten lassen. Basilikum und Petersilie abspülen und trockentupfen. Die Blättchen von den Stängeln zupfen. Parmesan-Käse grob zerkleinern.
2. Pinienkerne, Basilikum, Petersilie, Parmesan-Käse, Salz und Olivenöl in einen hohen Rührbecher geben und sehr fein pürieren. Knoblauch abziehen, in sehr kleine Würfel schneiden und unterrühren.
3. Pesto in vorbereitete Gläser füllen und mit Olivenöl begießen. Die Gläser mit Twist-off-Deckeln verschließen und kalt stellen.

Pesto

Pfefferminz-Granita

Granita alla menta

4–6 Portionen

2–3 frische Stängel Pfefferminze
500 ml Wasser
90 g Zucker
1 EL flüssiger Honig
(z.B. Lindenblütenhonig)
60 g Schoko-Minz-Täfelchen

Zum Garnieren:
1–2 frische Stängel Pfefferminze

Zubereitungszeit: 30 Minuten, ohne Abkühlzeit
Gefrierzeit: 4–5 Stunden

Pro Portion:
E: 0 g, F: 2 g, Kh: 30 g,
kJ: 564, kcal: 135

Für Kinder

1. Die Pfefferminzstängel abspülen und abtropfen lassen. Wasser mit Zucker in einem Topf verrühren, zum Kochen bringen und einmal kurz aufkochen lassen. Den Topf von der Kochstelle nehmen.
2. Die Pfefferminzstängel etwa 2 Minuten in die Zuckerlösung legen und wieder herausnehmen. Honig in die Pfefferminz-Zucker-Lösung rühren und erkalten lassen.
3. Anschließend die erkaltete Pfefferminz-Zucker-Lösung in eine gefriergeeignete Schüssel füllen, zudecken und 4–5 Stunden tiefgefrieren. Dabei die Masse in regelmäßigen Abständen etwa 8-mal mit einem Schneebesen kräftig durchrühren.
4. Die Schoko-Minz-Täfelchen ebenfalls etwa 30 Minuten tiefgefrieren, dann in kleine Stücke schneiden und unter das Pfefferminz-Granite rühren.
5. Zum Garnieren Pfefferminzstängel abspülen und trockentupfen. Die Blättchen von den Stängeln zupfen. Pfefferminz-Granita nach Belieben in Gläser füllen und mit Pfefferminzblättchen garniert servieren.

Pfefferminz-Granita

Pfirsiche im Ofen

Pesche al forno

6 Portionen

6 große, gelbe Pfirsiche
125 g Amaretti
(ital. Mandelmakronen)
100 g Zucker, 2 Eigelb (Größe M)
2 cl (1 Schnapsglas) Maraschino
(Kirschlikör)
2 Gläser (200 ml) Weißwein

Zubereitungszeit: 20 Minuten
Backzeit: etwa 15 Minuten

Pro Portion:
E: 4 g, F: 8 g, Kh: 40 g,
kJ: 1166, kcal: 279

Mit Alkohol

1. Pfirsiche waschen, abtrocknen, halbieren und entsteinen. Aus der Mitte mit einem Löffel etwas Fruchtfleisch für die Füllung herausheben und etwas zerkleinern.
2. Makronen in einen Gefriebeutel geben, Beutel verschließen. Makronen mit einer Teigrolle zerbröseln.
3. Die Makronenbrösel mit Zucker, Eigelb und Maraschino mischen. Die Pfirsichhälften damit füllen und in eine Auflaufform (gefettet) geben, Wein hinzugießen. Die Form auf dem Rost in den vorgeheizten Backofen schieben und die Pfirsiche goldbraun überbacken.
Ober-/Unterhitze: etwa 200 °C
Heißluft: etwa 180 °C
Backzeit: etwa 15 Minuten.

Pfirsiche mit Gorgonzola
Pesche al gorgonzola
4 Portionen

8 Pfirsichhälften (aus der Dose)
oder 4 frische Pfirsiche
Saft von 1 Zitrone
50 g Gorgonzola (Blauschimmelkäse)
30 g Butter
2 EL zerstoßene Walnusskerne
1 Becher (150 g) Crème fraîche

Zubereitungszeit: 20 Minuten, ohne Durchziehzeit

Pro Portion:
E: 5 g, F: 26 g, Kh: 18 g,
kJ: 1382, kcal: 332

Für Gäste - schnell

1. Pfirsichhälften aus der Dose gut abtropfen lassen. Frische Pfirsiche kurz in kochendes Wasser legen, in kaltem Wasser abschrecken, enthäuten, halbieren und entsteinen.
2. Zitronensaft mit Gorgonzola, Butter und den Walnusskernen zu einer geschmeidigen Masse verrühren und in die Pfirsichhälften füllen.
3. Die gefüllten Pfirsichhälften kalt stellen.
4. Die Pfirsiche vor dem Servieren mit Crème fraîche übergießen.

Piccata vom Lammrücken mit Ratatouille
Piccata d'agnello
4 Portionen

Für das Ratatouille:
1 Zwiebel, 1 Knoblauchzehe
je 1 rote und grüne Paprikaschote
(je etwa 200 g)
1 Aubergine (etwa 350 g)
1 große Zucchini (etwa 300 g)
2 Tomaten
3 EL Olivenöl
1 EL Tomatenmark
getrockneter Rosmarin
gerebelter Thymian
Salz
frisch gemahlener Pfeffer

Für die Piccata:
500 g Lammrückenfilet
(ohne Knochen)
2 EL Weizenmehl
2 Eier (Größe M)
1 EL frisch geriebener Parmesan-Käse
3 EL Olivenöl

Zubereitungszeit: 55 Minuten

Pro Portion:
E: 31 g, F: 39 g, Kh: 10 g,
kJ: 2324, kcal: 555

Raffiniert – für Gäste

Piccata vom Lammrücken mit Ratatouille

1. Für das Ratatouille Zwiebel und Knoblauch abziehen und in kleine Würfel schneiden. Paprika halbieren, entstielen, entkernen und die weißen Scheidewände entfernen. Schoten waschen und abtropfen lassen. Die Aubergine waschen, abtrocknen und den Stängelansatz entfernen.
2. Zucchini waschen, abtrocknen und die Enden abschneiden. Danach Tomaten waschen, kreuzweise einschneiden und einige Sekunden in kochendes Wasser legen. Tomaten kurz in kaltes Wasser legen, enthäuten, halbieren, entkernen und die Stängelansätze herausschneiden. Vorbereitete Gemüsezutaten in Würfel schneiden.
3. Olivenöl in einem Topf erhitzen. Zwiebel-, Knoblauch- und Paprikawürfel darin andünsten. Auberginen- und Zucchiniwürfel hinzufügen. Die Gemüsezutaten etwa 10 Minuten dünsten. Tomatenwürfel und Tomatenmark unterheben. Ratatouille mit Rosmarin, Thymian, Salz und Pfeffer würzen.
4. Für die Piccata Lammrückenfilet unter fließendem kalten Wasser abspülen und trockentupfen. Lammrückenfilet in Stücke von etwa 40 g schneiden und flach drücken. Filetscheiben mit Salz und Pfeffer bestreuen und in Mehl wenden.
5. Eier mit Parmesan-Käse in einer Schüssel verschlagen. Die Filetscheiben durch die Käse-Eier-Masse ziehen und am Schüsselrand abstreifen.
6. Olivenöl in einer Pfanne erhitzen. Die Filetscheiben darin von beiden Seiten goldgelb braten.
7. Ratatouille auf 4 Teller verteilen und die Filetscheiben darauf anrichten.

Tipp: Ratatouille in einer halbierten Paprikaschote anrichten.

Piccata vom Rotbarsch

Piccata vom Rotbarsch

Piccata di scorfano

4 Portionen

2 ½ l Wasser
2 ½ gestr. TL Salz
250 g Spaghetti
3 Eier (Größe M)
50 g frisch geriebener Parmesan-Käse
8 Rotbarsch-Filetstücke (je etwa 70 g)
Salz
frisch gemahlener Pfeffer
35 g Weizenmehl
4 EL Olivenöl
40 g Butter
1 kleine Dose gehackte, geschälte Tomaten (Abtropfgewicht 400 g)
1 Knoblauchzehe
1 Bund Basilikum

Zubereitungszeit: 45 Minuten

Pro Portion:
E: 42 g, F: 29 g, Kh: 51 g,
kJ: 2665, kcal: 636

Für Kinder

1. Wasser in einem großen Topf mit geschlossenem Deckel zum Kochen bringen. Dann Salz und Spaghetti zugeben. Die Spaghetti im geöffneten Topf bei mittlerer Hitze nach Packungsanleitung kochen lassen, dabei zwischendurch 4–5-mal umrühren.
2. Anschließend die Spaghetti in ein Sieb geben, mit heißem Wasser abspülen und abtropfen lassen.
3. Eier in einer Schüssel oder einem tiefen Teller mit Parmesan-Käse verrühren. Rotbarsch-Filetstücke unter fließendem kalten Wasser abspülen und trockentupfen. Mit Salz und Pfeffer bestreuen. Rotbarschfilets zuerst in Mehl wenden, dann durch die Eier-Parmesan-Masse ziehen, am Schüsselrand etwas abstreifen.
4. Zwei Esslöffel Olivenöl mit Butter in einer beschichteten Pfanne erhitzen. Rotbarschfilets darin von beiden Seiten etwa 5 Minuten braten.
5. Restliches Olivenöl in einem Topf erhitzen. Spaghetti und Tomatenstücke mit der Flüssigkeit darin unter vorsichtigem Umrühren erhitzen. Knoblauch abziehen, klein würfeln oder durch eine Knoblauchpresse drücken und hinzufügen. Mit Salz und Pfeffer würzen.
6. Basilikum abspülen und trockentupfen. Die Blättchen von den Stängeln zupfen. Die Nudel-Tomaten-Mischung auf Tellern verteilen. Den Fisch darauf anrichten und mit Basilikumblättchen garnieren.

Tipp:
Statt Spaghetti können auch andere Nudelsorten verwendet werden.
Nach Belieben zusätzlich einige frische Tomatenwürfel unter die Spaghetti-Tomaten-Mischung heben.

Pikante Fisch-Tomaten-Spieße

Spiedini di pesce e pomodoro

4–6 Portionen

Für die Marinade:
Saft von 1 Zitrone
je 1 TL mittelscharfer Senf, Tabasco oder Worcestersauce
Salz
frisch gemahlener, weißer Pfeffer
Paprikapulver edelsüß

3 EL Speiseöl
1–2 TL fein gehackter Dill

Für die Spieße:
300 g Lachsfilet
200 g Kabeljaufilet
200 g große Scampi
12 Cocktailtomaten
$^{1}/_{4}$ Salatgurke (etwa 200 g)

60 g Margarine oder 4 EL Speiseöl
Zitronenachtel

Außerdem:
4–6 Holz- oder Schaschlikspieße

Zubereitungszeit: 30 Minuten, ohne Marinierzeit
Garzeit: etwa 10 Minuten

Pro Portion:
E: 25 g, F: 8 g, Kh: 4 g,
kJ: 809, kcal: 193

Raffiniert – für Gäste

1. Für die Marinade Zitronensaft mit Senf, Tabasco oder Worcestersauce verrühren. Mit Salz, Pfeffer und Paprika verrühren, Speiseöl unterschlagen. Dill unterrühren.

Pikante Fisch-Tomaten-Spieße

2. Für die Spieße Lachs- und Kabeljaufilet unter fließendem kalten Wasser abspülen, trockentupfen und in gleich große Würfel schneiden.
3. Scampi aus den Schalen lösen, längs einschneiden und jeweils den Darm entfernen. Scampi kurz unter fließendem kalten Wasser abspülen und trockentupfen. Lachs-, Kabeljaufiletwürfel und Scampi in die Marinade legen und etwa 30 Minuten durchziehen lassen, dabei ab und zu wenden.
4. Lachs-, Kabeljaufiletwürfel und Scampi aus der Marinade nehmen und abtropfen lassen.
5. Tomaten waschen, abtrocknen und evtl. Stängelansätze entfernen. Salatgurke waschen, abtrocknen und in etwa $^{1}/_{2}$ cm dicke Scheiben schneiden. Die fünf Zutaten abwechselnd auf 4–6 Spieße stecken.
6. Margarine oder Öl in einer Pfanne erhitzen. Die Spieße darin von allen Seiten bei mittlerer Hitze etwa 10 Minuten braten. Mit Salz und Pfeffer würzen, mit Zitronenachteln garnieren.

Pilze, gegrillt

Funghi alla griglia

4 Portionen

8 große Steinpilze
oder 16 große Champignons
Salz, frisch gemahlener Pfeffer
4 EL Olivenöl, 1 Bund Petersilie
2 Knoblauchzehen

Zubereitungszeit: 25 Minuten
Grillzeit: 5–8 Minuten

Pro Portion:
E: 6 g, F: 10 g, Kh: 1 g,
kJ: 487, kcal: 117

Einfach

Pilze, gegrillt

1. Pilze putzen, mit Küchenpapier abreiben und die Stiele von den Champignons herausdrehen (nur die Köpfe verwenden). Steinpilze in etwa 1 cm dicke Scheiben schneiden.
2. Pilze in eine feuerfeste Form legen. Mit Salz und Pfeffer bestreuen, mit Olivenöl bestreichen. Die Form auf dem Rost unter den vorgeheizten Grill des Backofens schieben. Die Pilze je nach Größe 5–8 Minuten grillen.
3. In der Zwischenzeit Petersilie abspülen und trockentupfen. Die Blättchen von den Stängeln zupfen. Blättchen klein schneiden. Knoblauch abziehen und in kleine Stücke schneiden.
4. Petersilie und Knoblauch kurz vor Ende der Grillzeit auf den Pilzen verteilen.

Tipp:
Sie können die Pilze auch in der Pfanne schmoren. Dann Pilze in Scheiben schneiden. 4 Esslöffel Olivenöl in einer Pfanne erhitzen. Klein geschnittenen Knoblauch darin goldgelb dünsten und herausnehmen. Pilze in das Knoblauchöl geben und unter Rühren 3–5 Minuten anbraten. Mit Salz und Pfeffer würzen und mit Petersilie bestreut servieren.

Pilze, geschmort
Funghi stufati
6 Portionen

1 1/2 kg Steinpilze oder Champignons
6 Knoblauchzehen
375 ml (3/8 l) Olivenöl
1 Bund Petersilie
Salz
frisch gemahlener Pfeffer

Zubereitungszeit: 35 Minuten

Pro Portion:
E: 9 g, F: 63 g, Kh: 1 g,
kJ: 2473, kcal: 591

Einfach

1. Steinpilze oder Champignons putzen, mit Küchenpapier abreiben, evtl. abspülen, abtropfen lassen und in dünne Scheiben schneiden.
2. Knoblauch abziehen. Die Hälfte des Olivenöls in einer Pfanne erhitzen. Drei Knoblauchzehen darin goldgelb rösten und herausnehmen.
3. Pilzscheiben in dem Knoblauchöl etwa 2 Minuten anbraten, dann herausnehmen und in einem Sieb abtropfen lassen. Petersilie abspülen und trockentupfen. Die Blättchen von den Stängeln zupfen. Blättchen klein schneiden.
4. Restliches Olivenöl in der Pfanne erhitzen, restliche Knoblauchzehen darin andünsten und herausnehmen. Abgetropfte Pilzscheiben und zwei Drittel der Petersilie wieder in die Pfanne geben und anschließend unter mehrmaligem Rühren weitere 2 Minuten braten.
5. Pilze mit Salz und Pfeffer würzen und mit restlicher Petersilie bestreut anrichten.

Pilze, mariniert
Funghi marinati
4 Portionen

250 ml (1/4 l) Olivenöl
125 ml (1/8 l) Wasser
Saft von 2 Zitronen
1 Lorbeerblatt
6 Pfefferkörner
1/2 gestr. TL Salz
etwas Thymian
2 abgezogene Knoblauchzehen
500 g Champignons

Zubereitungszeit: 25 Minuten, ohne Marinierzeit

Pro Portion:
E: 5 g, F: 2 g, Kh: 0 g,
kJ: 146, kcal: 35

Raffiniert

1. Olivenöl mit Wasser, Zitronensaft, Lorbeerblatt, Pfefferkörnern, Salz, Thymian und zerdrücktem Knoblauch in einen Topf geben. Die Zutaten bei schwacher Hitze zum Kochen bringen und zugedeckt etwa 15 Minuten leicht kochen lassen. Marinade durch ein Sieb gießen.
2. Champignons putzen, mit Küchenpapier abreiben, evtl. abspülen und abtropfen lassen. Champignons in die Marinade geben, kurz aufkochen und erkalten lassen.
3. Die Champignons in der Marinade kalt stellen und einige Stunden durchziehen lassen.
4. Die Champignons mit einem Schaumlöffel aus der Marinade nehmen, abtropfen lassen und anrichten.

Tipp: Marinierte Champignons passen sehr gut zu einem Antipasti-Buffet.

Pilzlasagne

Pilzlasagne
Lasagne ai funghi con erbe
4 Portionen

Für die Pilzsauce:
3 Knoblauchzehen
3 Zwiebeln
400 g braune Champignons
350 g Stein- oder Austernpilze
120 g Knollensellerie
60 g Butter
1 Glas (400 ml) Pilzfond
100 g Schlagsahne
1 EL Zitronensaft
3 Zweige Thymian
1 Zweig Rosmarin
1 Zweig Salbei
20 g Butter
1 EL Weizenmehl
Salz
frisch gemahlener Pfeffer

Für die Béchamelsauce:
40 g Butter
40 g Weizenmehl

250 ml (1/4 l) Gemüsebrühe
300 ml Milch
1 Ei (Größe M)
frisch geriebene Muskatnuss
gerebelter Thymian
2 Eigelb (Größe M)

250 g Lasagneplatten, ohne Vorgaren

150 g geriebener Edamer-Käse

Zubereitungszeit: 45 Minuten
Garzeit: etwa 45 Minuten

Pro Portion:
E: 33 g, F: 52 g, Kh: 62 g,
kJ: 3600, kcal: 861

Dauert länger

1. Für die Sauce Knoblauch und Zwiebeln abziehen und in kleine Würfel schneiden. Champignons und Stein- oder Austernpilze putzen, mit Küchenpapier abreiben, evtl. abspülen, abtropfen lassen und in Scheiben schneiden. Knollensellerie putzen, schälen, waschen, abtropfen lassen und ebenfalls in kleine Würfel schneiden.
2. Butter in einem Topf zerlassen. Knoblauch- und Zwiebelwürfel darin andünsten. Pilzscheiben und Selleriewürfel hinzufügen, mit andünsten. Pilzfond, Sahne und Zitronensaft hinzugießen, aufkochen lassen.
3. Kräuterzweige abspülen und trockentupfen. Die Blättchen oder Nadeln von den Stängeln zupfen. Butter mit Mehl verkneten, kleine Kugeln formen und zum Binden zur Pilz-Sellerie-Masse geben. Thymian, Rosmarinnadeln und Salbeiblättchen unterrühren. Mit Salz und Pfeffer würzen.
4. Für die Béchamelsauce Butter in einem Topf zerlassen. Mehl unter Rühren so lange darin erhitzten, bis es hellgelb ist. Nach und nach Brühe und Milch hinzugießen. Mit einem Schneebesen durchschlagen. Darauf achten, dass keine Klümpchen entstehen. Die Sauce unter Rühren aufkochen lassen. Mit Salz, Pfeffer, Muskat und Thymian abschmecken. Die Sauce 2–3 Minuten unter Rühren kochen lassen, dann Eigelb unterrühren.
5. Ein Drittel der Béchamelsauce in eine große, rechteckige Auflaufform geben und mit Lasagneplatten belegen. Die Hälfte der Pilzsauce darauf verteilen und wieder mit Lasagneplatten belegen. Restliche Pilzsauce darauf verteilen und die restlichen Lasagneplatten darauflegen. Restliche Béchamelsauce als letzte Schicht daraufgeben.
6. Die Lasagne mit Käse bestreuen. Die Form auf dem Rost in den vorgeheizten Backofen schieben.
Ober-/Unterhitze: etwa 200 °C
Heißluft: etwa 180 °C
Garzeit: etwa 45 Minuten.

Pilzrisotto

Risotto ai funghi

4 Portionen

4 EL Olivenöl
je 100 g in Würfel geschnittene Champignons, Steinpilze und Austernpilze
400 g Risottoreis (Avorio- oder Vialone-Reis)
1 l Gemüse- oder Pilzfond
1 Bund glatte Petersilie
2 Knoblauchzehen
Salz
frisch gemahlener Pfeffer
80 g Parmesan-Käse

Zubereitungszeit: 45 Minuten
Garzeit: etwa 30 Minuten

Pro Portion:
E: 17 g, F: 18 g, Kh: 79 g,
kJ: 2288, kcal: 547

Einfach – vegetarisch

1. Olivenöl in einem Topf erhitzen, Pilzwürfel darin anbraten. Risottoreis unterrühren und unter Rühren glasig dünsten. Nach und nach Gemüse- oder Pilzfond hinzugießen. Den Reis etwa 30 Minuten bei schwacher Hitze ausquellen lassen, dabei ab und zu umrühren, eventuell noch etwas Wasser hinzufügen.
2. Petersilie abspülen und trockentupfen. Die Blättchen von den Stängeln zupfen. Blättchen klein schneiden. Knoblauch abziehen und durch eine Knoblauchpresse drücken.
3. Petersilie und Knoblauch unter die Risottomasse rühren. Mit Salz und Pfeffer würzen. Pilzrisotto mit Parmesan-Käse bestreut servieren.

Beilage: Feldsalat.

Pilzrisotto

Pimonteser Gemüsefondue

Bagna Cauda alla piemontese

4 Portionen

1 kleiner Blumenkohl
200 g Brokkoli
200 g kleine Möhren
200 g Champignons
300 g kleine Kartoffeln, Salz
100 g Fenchel
je 1 kleine rote, grüne und gelbe Paprikaschote
4 Stangen Staudensellerie

Für die Sauce:
12 Knoblauchzehen
100 g Sardellenfilets
60 g Butter
250 ml (1/4 l) Olivenöl
evtl. kräftiger Rotwein, weißer Trüffel oder Nussöl

Zubereitungszeit: 45 Minuten

Pro Portion:
E: 15 g, F: 78 g, Kh: 23 g,
kJ: 3547, kcal: 848

Für Gäste

Pimonteser Gemüsefondue

1. Vom Blumenkohl und Brokkoli die Blätter und schlechten Stellen entfernen. Jeweils den Strunk entfernen. Blumenkohl und Brokkoli waschen, abtropfen lassen und in kleine Röschen teilen. Möhren putzen, schälen, waschen, abtropfen lassen und halbieren. Champignons putzen, mit Küchenpapier abreiben, evtl. abspülen und trockentupfen.
2. Kartoffeln waschen, schälen, abspülen und in kochendem Salzwasser etwa 15 Minuten garen. Kartoffeln abgießen und abkühlen lassen. Fenchel putzen, waschen, abtropfen lassen und in Scheiben schneiden.
3. Paprika halbieren, entstielen, entkernen und die weißen Scheidewände entfernen. Schotenhälften waschen, trockentupfen und in schmale Streifen schneiden. Selleriestangen putzen und die harten Außenfäden abziehen. Stangen waschen, abtropfen lassen und in etwa 5 cm lange Stücke schneiden.
4. Für die Sauce Knoblauch abziehen und in kleine Würfel schneiden. Sardellenfilets unter fließendem kalten Wasser abspülen, abtrocknen und in sehr kleine Stücke schneiden.
5. Butter in einem Topf zerlassen. Knoblauchwürfel darin glasig dünsten. Olivenöl nach und nach hinzugießen. Sardellenstückchen unterrühren.
6. Die Sauce nach Belieben mit Rotwein, weißem Trüffel oder Nussöl verfeinern.
7. Die vorbereiteten Gemüsezutaten dekorativ auf einer Platte anrichten. Die Sauce in einen Fonduetopf gießen und auf einem Rechaud warm halten.
8. Die Gemüsestücke auf Fonduegabeln stecken und kurz in die Sauce tauchen. Das Gemüse soll nur etwas Geschmack annehmen, nicht garen.

Beilage:
Knuspriges Bauernbrot und ein kräftiger Rotwein.

Pinienkern-Makronen

Pinienkern-Makronen

Amaretti di tivoli

Für den Teig:

5 Eiweiß (Größe M)
150 g Zucker
50 g gesiebter Puderzucker
1 Vanillestange
1 gestr. TL gemahlener Zimt
50 g gesiebte Speisestärke
150 g abgezogene, gehackte Mandeln

Zum Bestreuen:

etwa 150 g Pinienkerne

Zubereitungszeit: 50 Minuten
Backzeit: 25–30 Minuten

Insgesamt:

E: 84 g, F: 158 g, Kh: 263 g,
kJ: 11663, kcal: 2786

Einfach

1. Für den Teig Eiweiß in einer Schüssel im Wasserbad erhitzen, dabei das Eiweiß mit Handrührgerät mit Rührbesen auf höchster Stufe fast steif schlagen. Nach und nach Zucker unterschlagen. Die Eischneemasse noch etwa 1 Minute weiterschlagen.
2. Anschließend die Schüssel mit der Eischneemasse in kaltes Wasser setzen und mit einem Schneebesen kalt schlagen. Puderzucker unterschlagen.
3. Vanillestange längs aufschneiden, Vanillemark herauskratzen, mit Zimt, Speisestärke und Mandeln mischen und unter die Eischneemasse rühren.
4. Die Masse in einen Spritzbeutel ohne Tülle füllen und walnussgroße Tuffs auf Backbleche (gefettet, mit Backpapier belegt) spritzen. Die Tuffs mit Pinienkernen bestreuen (je Tuff etwa 8 Pinienkerne). Die Backbleche nacheinander (bei Heißluft zusammen) in den vorgeheizten Backofen schieben.
   Ober-/Unterhitze: etwa 160 °C
   Heißluft: etwa 140 °C
   Backzeit: 25–30 Minuten.
5. Die Makronen mit dem Backpapier von den Backblechen auf einen Kuchenrost ziehen und erkalten lassen.
6. Die Makronen vom Backpapier lösen und in einer gut schließenden Dose aufbewahren.

Pinzimonio

Rohkost-Dressing

8 Portionen, etwa 325 ml

Saft von 1 Zitrone
300 ml kalt gepresstes Olivenöl
Salz, frisch gemahlener Pfeffer

Zubereitungszeit: 10 Minuten
Haltbarkeit: 3–4 Monate

Insgesamt:

E: 0 g, F: 299 g, Kh: 2 g,
kJ: 11132, kcal: 2659

Schnell

1. Zitrone durchschneiden und den Saft auspressen. Zitronensaft mit etwas Olivenöl, Salz und Pfeffer in einen hohen Rührbecher geben und mit einem Mixstab so lange schlagen, bis das Salz aufgelöst ist.
2. Restliches Olivenöl mit der Zitronen-Öl-Mischung verschlagen (nicht zu lange schlagen, das Olivenöl wird sonst trübe).
3. Die Sauce in vorbereitete Flaschen füllen und verschließen. (Die Sauce vor jedem Gebrauch schütteln.)

Tipp:

Pinzimonio eignet sich gut zum Dippen von Rohkoststicks (Möhren, Kohlrabi, Staudensellerie), Chicoréeblättern oder frischen Artischockenblättern. Man kann auch gebratenen oder gegrillten Fisch, Fleischspieße oder Maiskolben mit dem Pinzimonio beträufeln.

Pinzimonio

Pizza (Grundrezept)
Pizza
8-10 Portionen

Für den Hefeteig:
600 g Weizenmehl
2 Pck. Dr. Oetker Trockenbackhefe
1 gestr. TL Zucker
2 gestr. TL Salz
6 EL Speiseöl
250 ml (1/4 l) lauwarmes Wasser

Für Pizza Salami:
2 Gläser Champignonscheiben (Abtropfgewicht je 280 g)
2 Dosen Pizza-Tomaten (je 400 g)
gerebelter Oregano
200 g Salami in Scheiben
300 g frisch geriebener Pizza-Käse

Oder für Pizza Tonno:
6 rote Zwiebeln
4 EL Olivenöl
2 Dosen Pizza-Tomaten (je 400 g)
4 Dosen Tunfisch in Öl (Abtropfgewicht je 160 g)
300 g frisch geriebener Gouda-Käse

Oder für Pizza mit Schinken:
je 1 rote und grüne Paprikaschote
3 Zwiebeln
2 Dosen Gemüsemais (Abtropfgewicht je 140 g)
200 g gekochter Schinken
2 Dosen Pizza-Tomaten (je 400 g)
gerebelter Oregano
300 g frisch geriebener Gouda-Käse

Zubereitungszeit: 50 Minuten, ohne Teiggehzeit
Backzeit: 25–30 Minuten je Backblech

Pro Portion (Salami):
E: 23 g, F: 26 g, Kh: 52 g,
kJ: 2235, kcal: 534

Pro Portion (Tonno):
E: 32 g, F: 35 g, Kh: 53 g,
kJ: 2738, kcal: 654

Pro Portion (Schinken):
E: 23 g, F: 20 g, Kh: 57 g,
kJ: 2148, kcal: 513

Klassisch

1. Für den Teig Mehl in eine Rührschüssel sieben und mit der Trockenbackhefe sorgfältig vermischen. Zucker, Salz, Speiseöl und Wasser hinzufügen. Die Zutaten mit Handrührgerät mit Knethaken zunächst kurz auf niedrigster, dann auf höchster Stufe in etwa 5 Minuten zu einem glatten Teig verarbeiten. Den Teig zugedeckt so lange an einem warmen Ort gehen lassen, bis er sich sichtbar vergrößert hat.
2. Den gegangenen Teig leicht mit Mehl bestäuben, aus der Schüssel nehmen, auf einer leicht bemehlten Arbeitsfläche nochmals durchkneten und halbieren. Die Teighälften auf je einem Backblech (30 x 40 cm, gefettet) ausrollen.
3. Für die Pizza Salami Champignons in einem Sieb abtropfen lassen. Pizza-Tomaten auf den Teigen verteilen und mit Oregano bestreuen. Salami- und Champignonscheiben auf die Tomatenmasse legen und mit Käse bestreuen.
4. Für die Pizza Tonno Zwiebeln abziehen, halbieren und in Scheiben schneiden. Olivenöl in einer Pfanne erhitzen, Zwiebelscheiben darin andünsten. Pizza-Tomaten auf den Teigen verteilen und mit den Zwiebelscheiben belegen. Tunfisch abtropfen lassen, etwas zerpflücken und darauflegen. Mit Käse bestreuen.
5. Für die Pizza mit Schinken Paprika halbieren, entstielen, entkernen und die weißen Scheidewände entfernen. Schoten waschen, trockentupfen und in dünne Streifen schneiden. Zwiebeln abziehen, zuerst in Scheiben schneiden, dann in Ringe teilen. Mais in einem Sieb abtropfen lassen. Schinken in Würfel schneiden. Pizza-Tomaten auf den Teigen verteilen, mit Oregano bestreuen und mit Paprikastreifen, Zwiebelringen, Mais und Schinkenwürfeln belegen. Käse daraufstreuen.
6. Die Backbleche nacheinander (bei Heißluft zusammen) in den vorgeheizten Backofen schieben.
   Ober-/Unterhitze: etwa 200 °C
   Heißluft: etwa 180 °C
   Backzeit: 25–30 Minuten je Backblech.

Pizza alla napoletana
Pizza auf neapoletanische Art
4 Portionen

Für den Quark-Öl-Teig:
200 g Weizenmehl
3 gestr. TL Dr. Oetker Backin
100 g Speisequark (Magerstufe)
4 EL Milch
4 EL Speiseöl
1 gestr. TL Salz

Für den Belag:
4 EL Speiseöl
8 EL Tomatenketchup
1 Dose Tomaten (800 g)
1 Glas Champignons (Abtropfgewicht 425 g)
2 Zwiebeln
1 gestr. TL Salz
frisch gemahlener Pfeffer
1 TL gerebelter Oregano
12 Scheiben Salami
100 g geraspelter Edamer-Käse

Zubereitungszeit: 40 Minuten
Backzeit: etwa 25 Minuten

Pro Portion:
E: 23 g, F: 34 g, Kh: 55 g,
kJ: 2634, kcal: 628

Für Kinder

1. Für den Teig Mehl mit dem Backpulver mischen und in eine Rührschüssel sieben. Quark, Milch, Speiseöl und Salz hinzufügen. Die Zutaten mit Handrührgerät mit Knethaken zunächst kurz auf niedrigster, dann auf höchster Stufe zu einem glatten Teig verarbeiten (nicht zu lange, Teig klebt sonst).
2. Den Teig auf einer bemehlten Arbeitsfläche zu einer Rolle formen und auf einem Backblech (30 x 40 cm, gefettet) ausrollen.
3. Für den Belag den Teig mit Speiseöl und Ketchup bestreichen. Tomaten abgießen und in Würfel schneiden. Die Champignons in einem Sieb gut abtropfen lassen und in Scheiben schneiden. Zwiebeln abziehen und ebenfalls in Scheiben schneiden.
4. Tomatenwürfel, Champignon- und Zwiebelscheiben gleichmäßig auf dem Teig verteilen. Mit Salz, Pfeffer und Oregano würzen. Mit Salamischeiben belegen und mit Käse bestreuen.
5. Das Backblech in den vorgeheizten Backofen schieben.

Ober-/Unterhitze: etwa 200 °C
Heißluft: etwa 180 °C
Backzeit: etwa 25 Minuten.

Kinderfete
6-8 Personen

Baguette mit Tomaten und Mozzarella 1,5 x (Seite 14)
Farfallesalat mit Putenfleisch 1 x (Seite 56)
Pizza alla napoletana 1 x (Seite196)
Erdbeer-Tiramisu (den Alkohol weglassen und durch Orangensaft ersetzen) 1 x (Seite 54)

Pizza alla napoletana

Pizza alla romana

Pizza auf römische Art

4 Portionen

Für den Hefeteig:

300 g Weizenmehl
½ TL Zucker
1 Pck. Dr. Oetker Trockenbackhefe
4 EL Speiseöl, 1 gestr. TL Salz
125 ml (⅛ l) lauwarmes Wasser

Für den Belag:

4 Tomaten
je 1 rote, grüne und gelbe Paprikaschote
1 Gemüsezwiebel
250 g gekochter Schinken
3 EL Tomatenketchup
200 g frisch geriebener, mittelalter Gouda-Käse

Zubereitungszeit: 40 Minuten, ohne Teiggehzeit
Backzeit: etwa 30 Minuten

Pro Portion:

E: 36 g, F: 34 g, Kh: 70 g, kJ: 3120, kcal: 745

Für Gäste – klassisch

1. Für den Teig Mehl in eine Rührschüssel sieben, mit Zucker und Trockenbackhefe sorgfältig vermischen. Speiseöl, Salz und Wasser hinzufügen. Die Zutaten mit Handrührgerät mit Knethaken zunächst kurz auf niedrigster, dann auf höchster Stufe zu einem glatten Teig verarbeiten. Den Teig so lange an einem warmen Ort gehen lassen, bis er sich sichtbar vergrößert hat.
2. Den Teig auf einer bemehlten Arbeitsfläche nochmals kurz durchkneten und auf einem Backblech (30 x 40 cm, gefettet) ausrollen.
3. Für den Belag Tomaten waschen, abtrocknen und die Stängelansätze entfernen. Tomaten in Scheiben schneiden. Paprika halbieren, entstielen, entkernen und die weißen Scheidewände entfernen. Schotenhälften waschen, trockentupfen und in kleine Würfel schneiden. Zwiebel abziehen, halbieren und in Streifen schneiden. Schinken in Würfel schneiden.
4. Den Teig mit Ketchup bestreichen. Die vorbereiteten Zutaten darauf verteilen. Das Backblech in den vorgeheizten Backofen schieben. Nicht noch einmal gehen lassen.
   Ober-/Unterhitze: 200–220 °C
   Heißluft: 180–200 °C
   Backzeit: etwa 30 Minuten.

Pizza auf Bauernart

Pizza contadina

6 Portionen

Für den Teig:

250 g Weizenmehl
2 TL Zucker
150 g Schweineschmalz
1 Ei (Größe M)
50 ml warmes Wasser
Salz

Für den Belag:

250 g Ricotta (italienischer Frischkäse)
2 Eier (Größe M)
2 EL gehackte Petersilie
100 g frisch geriebener Parmesan-Käse
125 g Mozzarella-Käse
100 g Provolone-Käse (Käse mit sahnigem Geschmack)
200 g gekochter Schinken
frisch gemahlener Pfeffer

Zum Bestreichen

1 Eigelb
1 EL Wasser

Zubereitungszeit: 90 Minuten, ohne Ruhezeit
Backzeit: etwa 45 Minuten

Pro Portion:

E: 33 g, F: 52 g, Kh: 33 g, kJ: 3078, kcal: 736

Raffiniert

1. Für den Teig Mehl in eine Rührschüssel sieben. Schmalz, Zucker, Ei, Wasser und Salz hinzufügen. Die Zutaten mit Handrührgerät mit Knethaken zunächst kurz auf niedrigster, dann auf höchster Stufe zu einem Teig verarbeiten. Der Teig soll fest, aber geschmeidig sein. Den Teig zu einer Kugel formen und etwa 30 Minuten ruhen lassen.
2. Für den Belag Ricotta in eine Schüssel geben, zerdrücken und Eier unterrühren. Petersilie und Parmesan-Käse ebenfalls unterrühren.
3. Mozzarella abtropfen lassen, mit Provolone und Schinken in kleine Würfel schneiden, zur Ricottamasse geben und untermischen. Mit Salz und Pfeffer kräftig würzen.
4. Teig dritteln. Ein Teigdrittel auf dem Boden einer Springform (Ø 22–24 cm, gefettet) ausrollen, den Springformrand darumlegen. Die Form auf dem Rost in den vorgeheizten Backofen schieben und den Boden anschließend vorbacken.
   Ober-/Unterhitze: etwa 200 °C
   Heißluft: etwa 180 °C
   Backzeit: etwa 10 Minuten.
   Aus einem Teigdrittel eine Rolle formen und an den leicht abgekühlten Formrand legen.

5. Die vorbereiteten Belagzutaten auf den vorgebackenen Teigboden geben.
6. Restlichen Teig auf der bemehlten Arbeitsfläche zu einer runden Platte (etwa Ø 24 cm) ausrollen und auf den Belag legen. Teigdeckel und Teigrand gut zusammendrücken und den Deckel mehrfach einstechen.
7. Zum Bestreichen Eigelb mit Wasser verschlagen. Die Teigdecke damit bestreichen. Die Form auf dem Rost in den vorgeheizten Backofen schieben.

Ober-/Unterhitze: 180–200 °C
Heißluft: 160–180 °C
Backzeit: etwa 50 Minuten.

8. Die Pizza aus der Form lösen und auf einen Kuchenrost legen. Die Pizza auf Bauernart warm oder kalt servieren.

Pizza auf Bauernart

Pizzabrot

Focaccia

Für den Hefeteig:

500 g Weizenmehl
½ Würfel (21 g) frische Hefe
250 ml (¼ l) lauwarmes Wasser
1 gestr. TL Salz
30 g Butter oder Margarine

Zum Bestreichen:

3 EL Olivenöl

Zum Bestreuen:

gerebelter Oregano
getrockneter Thymian

Zubereitungszeit: 40 Minuten, ohne Teiggehzeit
Backzeit: etwa 12 Minuten je Backblech

Insgesamt:

E: 54 g, F: 60 g, Kh: 362 g, kJ: 9320, kcal: 2228

Für Gäste

1. Für den Teig Mehl in eine Rührschüssel sieben. In die Mitte eine Vertiefung drücken. Hefe hineinbröckeln und etwas Wasser hinzufügen. Mit einer Gabel vorsichtig verrühren und etwa 10 Minuten gehen lassen.
2. Salz, Butter oder Margarine und restliches Wasser hinzufügen. Die Zutaten mit Handrührgerät mit Knethaken zunächst kurz auf niedrigster, dann auf höchster Stufe in etwa 5 Minuten zu einem Teig verarbeiten. Den Teig zugedeckt so lange an einem warmen Ort gehen lassen, bis er sich sichtbar vergrößert hat.
3. Den gegangenen Teig leicht mit Mehl bestäuben, aus der Schüssel nehmen und auf einer bemehlten Arbeitsfläche nochmals kurz durchkneten. Den Teig in 12 Portionen teilen. Die Teigportionen jeweils zu ovalen Fladen ausrollen.
4. Die Fladen auf Backbleche (gefettet, mit Backpapier belegt) legen. Mit einem Löffelstiel Vertiefungen in die Fladen drücken, mit Olivenöl bestreichen und dann mit den getrockneten Kräutern bestreuen.
5. Die Backbleche nacheinander (bei Heißluft zusammen) in den vorgeheizten Backofen schieben. Die Fladen goldbraun backen.
   Ober-/Unterhitze: etwa 220 °C
   Heißluft: etwa 200 °C
   Backzeit: etwa 12 Minuten je Backblech.
6. Die Pizzabrote mit dem Backpapier von den Backblechen auf Kuchenroste ziehen. Pizzabrote erkalten lassen.

Tipp: Pizzabrote auf Vorrat backen und einzeln einfrieren. Gut angetaut bei Ober-/Unterhitze: etwa 200 °C oder Heißluft: etwa 180 °C etwa 8 Minuten aufbacken. Sie schmecken wie frisch. Pizzabrote mit gefüllten Oliven, Weinbergblättern und Tomaten servieren.

Pizzafladen mit Rosmarin und Oliven

Focaccia alle olive e rosmarino

8–10 Portionen (4 Stück)

Für den Hefeteig:

500 g Weizenmehl
2 Pck. Dr. Oetker Trockenbackhefe
1 ½ gestr. TL Salz
250 ml (¼ l) lauwarmes Wasser
2 EL Olivenöl
100 g trocken eingelegte, schwarze Oliven
2 EL frisch gehackter oder getrockneter Rosmarin

Außerdem:

8 EL Olivenöl
2–3 TL grobes Meersalz

Zubereitungszeit: 40 Minuten, ohne Teiggehzeit
Backzeit: etwa 15 Minuten je Backblech

Pro Portion:

E: 7 g, F: 17 g, Kh: 42 g, kJ: 1466, kcal: 350

Raffiniert

1. Für den Teig Mehl in eine Rührschüssel sieben und mit Trockenbackhefe sorgfältig vermischen. Salz, Wasser und Olivenöl hinzufügen.
2. Die Zutaten mit Handrührgerät mit Knethaken zunächst kurz auf niedrigs-

ter, dann auf höchster Stufe in etwa 5 Minuten zu einem glatten Teig verarbeiten. Den Teig zugedeckt so lange an einem warmen Ort gehen lassen, bis er sich sichtbar vergrößert hat.

3. In der Zwischenzeit Oliven entsteinen und in Würfel schneiden.
4. Den gegangenen Teig leicht mit Mehl bestäuben, aus der Schüssel nehmen und auf einer leicht bemehlten Arbeitsfläche nochmals kurz durchkneten. Den Teig halbieren. Unter eine Teighälfte Olivenwürfel und unter die andere Teighälfte Rosmarin kneten.
5. Beide Teigportionen nochmals halbieren und jeweils auf der bemehlter Arbeitsfläche rund ausrollen (Ø etwa 20 cm). Je zwei Fladen auf ein Backblech (30 x 40 cm, gefettet) legen und mit dem Daumen mehrere Vertiefungen in den Teig drücken.
6. Olivenöl auf den Fladen verteilen, so dass es sich in den Vertiefungen sammelt. Die Rosmarinfladen mit Meersalz bestreuen. Die Backbleche nacheinander (bei Heißluft zusammen) in den vorgeheizten Backofen schieben.
   Ober-/Unterhitze: etwa 220 °C
   Heißluft: etwa 200 °C
   Backzeit: etwa 15 Minuten je Backblech.
7. Die Fladen von den Backblechen lösen und auf einem Kuchenrost abkühlen lassen.

Vorbereitungstipp:
Sie können die Pizzafladen auch hell vorbacken, erkalten lassen und einfrieren. Die aufgetauten Fladen dann im vorgeheizten Backofen etwa 5 Minuten bei Ober-/Unterhitze: etwa 180 °C, Heißluft: etwa 160 °C aufbacken.

Tipp:
Die Pizzafladen als Vorspeise mit Tsatsiki reichen.

Pizzafladen mit Rosmarin und Oliven

Pizza Margherita

Pizza Margherita

4 Portionen

Für den Hefeteig:
300 g Weizenmehl
1 Pck. Dr. Oetker Trockenbackhefe
1/2 TL Zucker
1 gestr. TL Salz
3 EL Speiseöl
125 ml (1/8 l) lauwarmes Wasser

Für den Belag:
400 g Tomaten
250 g Mozzarella-Käse
Salz
frisch gemahlener Pfeffer
12 Basilikumblättchen
50 g frisch geriebener Parmesan-Käse
3 EL Olivenöl

Zubereitungszeit: 60 Minuten, ohne Teiggehzeit
Backzeit: 25–30 Minuten

Pro Portion:
E: 25 g, F: 35 g, Kh: 58 g, kJ: 2713, kcal: 648

Klassisch

1. Für den Teig Mehl in eine Rührschüssel sieben, mit Trockenbackhefe sorgfältig vermischen. Zucker, Salz, Speiseöl und Wasser hinzufügen. Die Zutaten mit Handrührgerät mit Knethaken zunächst kurz auf niedrigster, dann auf höchster Stufe in etwa 5 Minuten zu einem glatten Teig verarbeiten. Den Teig zugedeckt so lange an einem warmen Ort gehen lassen, bis er sich sichtbar vergrößert hat.
2. Den gegangenen Teig leicht mit Mehl bestäuben, aus der Schüssel nehmen, auf einer bemehlten Arbeitsfläche nochmals kurz durchkneten und auf einem Backblech (30 x 40 cm, gefettet) ausrollen.
3. Für den Belag Tomaten waschen, kreuzweise einschneiden und einige Sekunden in kochendes Wasser legen. Tomaten kurz in kaltes Wasser legen, enthäuten, halbieren, entkernen und die Stängelansätze herausschneiden. Tomatenhälften in Scheiben schneiden. Mozzarella abtropfen lassen und in Scheiben schneiden.
4. Tomaten- und Mozzarellascheiben auf dem Teig verteilen. Mit Salz und Pfeffer bestreuen. Basilikum abspülen und trockentupfen. Die Blättchen von den Stängeln zupfen. Blättchen klein schneiden und auf die Pizza legen. Mit Parmesan bestreuen und mit Olivenöl beträufeln.
5. Das Backblech in den vorgeheizten Backofen schieben.
   Ober-/Unterhitze: etwa 200 °C
   Heißluft: etwa 180 °C
   Backzeit: 25–30 Minuten.

Beilage: Grüner Salat.

Pizza mit Auberginen und Steinpilzen

Pizza alla boscaiola

8–10 Portionen

Für den Hefeteig:

750 g Weizenmehl
1 Pck. (42 g) frische Hefe
1 gestr. TL Zucker
375 ml (3/8 l) lauwarmes Wasser
3 gestr. TL Salz
6 EL Olivenöl

Für den Belag:

2–3 Auberginen (je etwa 300 g)
Salz, 10 EL Olivenöl
500 g Steinpilze
60 g Butter
frisch gemahlener Pfeffer
3 EL gehackte Petersilie
700–800 g Tomaten
375–500 g Mozzarella-Käse

Zubereitungszeit: 50 Minuten, ohne Teiggehzeit
Backzeit: etwa 20 Minuten je Backblech

Pro Portion:
E: 21 g, F: 31 g, Kh: 64 g, kJ: 2603, kcal: 622

Für Gäste

Pizza mit Auberginen und Steinpilzen

1. Für den Teig Mehl in eine Rührschüssel sieben, in die Mitte eine Vertiefung drücken und Hefe hineinbröckeln. Zucker und etwas Wasser hinzugeben, mit einer Gabel vorsichtig verrühren und etwa 10 Minuten gehen lassen.
2. Restliches Wasser, Salz und Olivenöl hinzufügen. Die Zutaten mit Handrührgerät mit Knethaken zunächst kurz auf niedrigster, dann auf höchster Stufe zu einem glatten Teig verkneten. Den Teig zugedeckt so lange an einem warmen Ort gehen lassen, bis er sich sichtbar vergrößert hat.
3. Für den Belag Auberginen waschen, abtrocknen und die Enden abschneiden. Auberginen in Scheiben schneiden, mit Salz bestreuen, etwa 10 Minuten stehen lassen und trockentupfen.
4. Olivenöl portionsweise in einer Pfanne erhitzen. Auberginenscheiben darin portionsweise von beiden Seiten anbraten, herausnehmen und auf Küchenpapier abtropfen lassen.
5. Steinpilze putzen, mit Küchenpapier abreiben, evtl. abspülen, trockentupfen und in Scheiben schneiden. Butter in einer Pfanne zerlassen, Pilzscheiben darin anbraten. Mit Salz und Pfeffer würzen. Petersilie unterrühren. Tomaten waschen, abtrocknen, vierteln und die Stängelansätze herausschneiden. Tomaten in Würfel schneiden.
6. Den gegangenen Teig leicht mit Mehl bestäuben, aus der Schüssel nehmen, auf einer leicht bemehlten Arbeitsfläche nochmals kurz durchkneten und halbieren. Die Teighälften jeweils auf einem Backblech (30 x 40 cm, gefettet) ausrollen und mit den Tomatenwürfeln belegen. Auberginen- und Pilzscheiben darauf verteilen. Mozzarella abtropfen lassen, in Scheiben schneiden und darauflegen.
7. Die Backbleche nacheinander (bei Heißluft zusammen) in den vorgeheizten Backofen schieben.
   Ober-/Unterhitze: 200–220 °C
   Heißluft: 180–200 °C
   Backzeit: etwa 20 Minuten je Backblech.

Tipp:
Anstelle der Steinpilze können Sie auch Austernpilze oder Champignons verwenden. Zusätzlich 300 g Hähnchenbrustfilet in Streifen schneiden, kurz anbraten, mit Salz und Pfeffer würzen und auf die Pizza legen.

Pizza San Domenico

Pizza San Domenico

4 Portionen

Für den Knetteig:
250 g Weizenmehl
150 g Schweineschmalz
2 TL Zucker
1 Eiweiß (Größe M)
2 Eigelb (Größe M), Salz

Für den Belag:
200 g Tomaten
200 g Mozzarella-Käse
2 EL Olivenöl
frisch gemahlener Pfeffer
10 Sardellenfilets (aus der Dose)
6 Knoblauchzehen
50 g frisch geriebener Parmesan-Käse
getrockneter Majoran
3 EL Olivenöl

Zubereitungszeit: 30 Minuten, ohne Kühlzeit
Backzeit: etwa 15 Minuten je Backblech

Pro Portion:
E: 25 g, F: 71 g, Kh: 51 g,
kJ: 3927, kcal: 938

Raffiniert

1. Für den Teig Mehl in eine Rührschüssel sieben. Schmalz, Zucker, Eiweiß, Eigelb und Salz hinzufügen. Die Zutaten mit Handrührgerät mit Rührbesen zunächst kurz auf niedrigster, dann auf höchster Stufe gut durcharbeiten.
2. Anschließend auf einer bemehlten Arbeitsfläche zu einem glatten Teig verkneten. Den Teig in Folie gewickelt etwa 30 Minuten kalt stellen.
3. Den Teig halbieren und jeweils zu einer runden Platte (ø 28 cm) ausrollen. Die Teigplatten auf je ein Backblech (gefettet) legen. Den Rand nach oben drücken.
4. Für den Belag die Tomaten waschen, kreuzweise einschneiden und einige Sekunden in kochendes Wasser legen. Tomaten kurz in kaltes Wasser legen, enthäuten, halbieren, entkernen und die Stängelansätze herausschneiden. Tomatenhälften in Scheiben schneiden. Mozzarella abtropfen lassen und ebenfalls in Scheiben schneiden.
5. Die Teigplatten zuerst mit Olivenöl bestreichen. Dann Tomaten- und Mozzarellascheiben darauf verteilen. Mit Pfeffer bestreuen.
6. Sardellenfilets abtropfen lassen und kreuzweise auf den Teig legen. Knoblauch abziehen, in Scheiben schneiden und auf den Pizzen verteilen.
7. Die Pizzen mit Parmesan-Käse und Majoran bestreuen. Die Backbleche nacheinander (bei Heißluft zusammen) in den vorgeheizten Backofen schieben.
   Ober-/Unterhitze: etwa 200 °C
   Heißluft: etwa 180 °C
   Backzeit: etwa 15 Minuten je Backblech.
8. Die Pizzen von den Backblechen lösen und sofort servieren.

Pizza San Domenico

Pizza-Variationen

Pizza-Variationen

Pizza per tutti i gusti

2 Stück

Für den Hefeteig:

300 g Weizenmehl
1 Pck. Dr. Oetker Trockenbackhefe
1 gestr. TL Salz, 4 EL Speiseöl
150 ml lauwarmes Wasser

Für die Sauce:

1 Dose geschälte Tomaten (Einwaage 800 g)
1 abgezogene, durchgepresste Knoblauchzehe
1 gestr. TL Salz
frisch gemahlener Pfeffer
Oregano, Basilikum, Rosmarin

Für die Variation „Fisch klassisch":

2 Tomaten
150 g Tunfisch in Öl (aus der Dose)
1/2 Gemüsezwiebel, in Scheiben
30 g gefüllte, grüne Oliven
200 g geraspelter Gouda-Käse

Für die Variation „pur":

500 g Brokkoli, in Röschen geteilt, gedünstet
2 Tomaten
250 g Bel Paese (italienischer Weichkäse), in kleinen Stücken
70 g schwarze Oliven

Für die Variation „klassisch":

2 Tomaten
75 g italienische Salamischeiben
180 g Artischockenherzen (aus der Dose), geviertelt
230 g Champignonscheiben (aus dem Glas)
200 g geriebener Gouda-Käse

Für die Variation „Gemüse edel":

100 g geriebener Gouda-Käse
2 Tomaten
300 g grüner Spargel, gedünstet
50 g Parmaschinken
1 Zucchini, in Scheiben, gedünstet
50 g Austernpilze, in Stücke, kurz in Butter angebraten
20 g geriebener Gouda-Käse

Für die Variation „fruchtig":

50 g geriebener Gouda-Käse
2 Tomaten
70 g Erbsen
1 Dose Pfirsichspalten (Abtropfgewicht 235 g)
13 Kaiser-Kirschen (aus dem Glas)
250 g geräucherte Putenbrust, in Streifen geschnitten
50 g geriebener Gouda-Käse

Für die Variation „edel":

50 g geriebener Gouda-Käse
50 g geriebener Parmesan-Käse (beide Käse mischen, die Hälfte davon auf die Sauce geben)
2 Tomaten
150 g Krabben
200 g Spinat, in Butter 3–5 Minuten gedünstet
Rührei (aus 3 Eiern und 2 EL Milch)
restliche Käsemischung (s. o.)

Zubereitungszeit: 90 Minuten, ohne Teiggehzeit
Backzeit: 20–30 Minuten je Backblech

Insgesamt: „Fisch klassisch"
E: 106 g, F: 111 g, Kh: 131 g, kJ: 8224, kcal: 1963

Insgesamt: „pur"
E: 92 g, F: 125 g, Kh: 134 g, kJ: 8660, kcal: 2067

Insgesamt: „klassisch"
E: 99 g, F: 105 g, Kh: 130 g, kJ: 7828, kcal: 1867

Insgesamt: „Gemüse edel"
E: 73 g, F: 64 g, Kh: 133 g, kJ: 5932, kcal: 1415

Insgesamt: „fruchtig"
E: 105 g, F: 63 g, Kh: 188 g, kJ: 7424, kcal: 1774

Insgesamt: „edel"
E: 107 g, F: 87 g, Kh: 129 g, kJ: 7325, kcal: 1747

Für Gäste

1. Für den Teig Mehl in eine Rührschüssel sieben, mit Trockenbackhefe sorgfältig vermischen. Restliche Zutaten hinzufügen und mit Handrührgerät mit Knethaken auf höchster Stufe in etwa 5 Minuten zu einem glatten Teig verarbeiten. Den Teig zugedeckt so lange an einem warmen Ort gehen lassen, bis er sich sichtbar vergrößert hat (etwa 20 Minuten).
2. Den gegangenen Teig leicht mit Mehl bestäuben, aus der Schüssel nehmen und auf einer bemehlten Arbeitsfläche nochmals kurz durchkneten. Zwei runde Platten (Ø etwa 30 cm) ausrollen und auf Backbleche (mit Back-

papier belegt) legen. Oder den ganzen Teig auf einem Backblech (30 x 40 cm, gefettet) ausrollen.

3. Für die Sauce die angegebenen Zutaten mit den Gewürzen in einem Topf unter Rühren zum Kochen bringen und bei schwacher Hitze unter gelegentlichem Rühren zu einer dicklichen Masse einkochen, abkühlen lassen. Den Teig damit bestreichen und mit je einer der 6 Variationen belegen. Nochmals so lange an einem warmen Ort gehen lassen, bis der Teig sich sichtbar vergrößert hat.
4. Die Backbleche nacheinander (bei Heißluft zusammen) in den vorgeheizten Backofen schieben.
   Ober-/Unterhitze: 200–220 °C
   Heißluft: 180–200 °C
   Backzeit: 20–30 Minuten je Backblech.

Tipp:
Die Mengenangaben einer Variation reichen für eine runde Pizza.

Pizza „Vier Jahreszeiten"

Pizza quattro stagioni

4 Portionen

Für den Hefeteig:
250 g Weizenmehl
$^{1}/_{2}$ Pck. (21 g) frische Hefe
125 ml ($^{1}/_{8}$ l) lauwarmes Wasser
$^{1}/_{2}$ TL Zucker
2 EL Olivenöl, $^{1}/_{2}$ gestr. TL Salz

Für die Sauce:
1 Zwiebel, 1 Knoblauchzehe
2 EL Olivenöl, 1 EL Tomatenmark
1 Dose pürierte Tomaten (400 g)
getrockneter Rosmarin
getrockneter Oregano
Salz, frisch gemahlener Pfeffer

Pizza „Vier Jahreszeiten"

Für den Belag:
1 Dose Artischockenherzen (Abtropfgewicht 180 g)
1 Tomate
1 Dose Champignons (Abtropfgewicht 175 g)
1 kleine, rote Paprikaschote
1 kleine, grüne Paprikaschote
50 g gewürfelter Kochschinken
gerebelter Oregano
100 g frisch geriebener Edamer-Käse
125 g abgetropfte Mozzarellastücke

Zubereitungszeit: 70 Minuten, ohne Teiggehzeit
Backzeit: etwa 25 Minuten

Pro Portion:
E: 32 g, F: 34 g, Kh: 56 g,
kJ: 2772, kcal: 662

Klassisch – für Gäste

1. Für den Teig Mehl in eine Rührschüssel sieben. In die Mitte eine Vertiefung drücken. Hefe hineinbröckeln, etwas Wasser und Zucker hinzufügen. Mit einer Gabel vorsichtig verrühren und etwa 10 Minuten gehen lassen.
2. Olivenöl, restliches Wasser und Salz hinzufügen. Die Zutaten mit Handrührgerät mit Knethaken zunächst kurz auf niedrigster, dann auf höchster Stufe in etwa 5 Minuten zu einem Teig verarbeiten. Den Teig zugedeckt so lange an einem warmen Ort gehen lassen, bis er sich sichtbar vergrößert hat.
3. Den gegangenen Teig leicht mit Mehl bestäuben, aus der Schüssel nehmen, auf einer bemehlten Arbeitsfläche nochmals kurz durchkneten und zu einer runden Platte ausrollen. Teigplatte auf ein Backblech (gefettet) legen.
4. Für die Sauce Zwiebel und Knoblauch abziehen, in kleine Würfel schneiden. Olivenöl in einer Pfanne erhitzen, Zwiebel- und Knoblauchwürfel darin andünsten.
5. Tomatenmark und pürierte Tomaten hinzufügen. Mit Rosmarin, Oregano, Salz und Pfeffer würzen. Die Zutaten zum Kochen bringen und zu einer Sauce einkochen lassen, abkühlen lassen. Die Sauce auf der Teigplatte verteilen.
6. Für den Belag Artischockenherzen in einem Sieb abtropfen lassen. Tomate waschen, abtrocknen und den Stängelansatz entfernen. Tomate in Scheiben schneiden. Champignons abtropfen lassen und in Scheiben schneiden.
7. Paprika halbieren, entkernen und die weißen Scheidewände entfernen. Schoten waschen, trockentupfen und in feine Streifen schneiden.
8. Ein Viertel der Pizza mit Artischocken, $^{1}/_{4}$ mit Champignonscheiben, $^{1}/_{4}$ mit Paprikastreifen und $^{1}/_{4}$ mit Schinkenwürfeln belegen.
9. Die Pizza mit Oregano, Salz und Pfeffer bestreuen. Die Käsesorten beliebig darauf verteilen. Das Backblech in den vorgeheizten Backofen schieben.
   Ober-/Unterhitze: 200–220 °C
   Heißluft: 180–200 °C
   Backzeit: etwa 25 Minuten.

Polenta (Grundrezept)

Italienischer Maiskuchen

4 Portionen

1 l Gemüsebrühe
1 gestr. TL Meersalz
150 g Maisgrieß

Zubereitungszeit: 20 Minuten

Pro Portion:
E: 4 g, F: 1 g, Kh: 28 g,
kJ: 573, kcal: 137

Klassisch

1. Die Brühe mit Salz in einem Topf zum Kochen bringen. Maisgrieß unter Rühren langsam einrieseln lassen. Wieder zum Kochen bringen und zugedeckt bei schwacher Hitze nach Packungsanleitung ausquellen lassen. Dabei ab und zu umrühren.
2. Die Maismasse in eine Kastenform (30 x 11 cm, mit Pergamentpapier ausgelegt) geben und fest werden lassen.
3. Den fest gewordenen Maiskuchen (Polenta) aus der Form stürzen, Pergamentpapier entfernen. Den Maiskuchen in Scheiben schneiden.

Polenta, gebraten

Beilage: Gegrilltes Fleisch und ein bunter Blattsalat.

Tipp: Olivenöl in einer Pfanne erhitzen. Polentascheiben darin von beiden Seiten anbraten.

Polenta, gebraten

Polenta fritta

4 Portionen

750 ml ($^3/_4$ l) Gemüsebrühe
250 g Maisgrieß
Salz
2 EL Speiseöl für die Form
75 g Butter
50 g frisch geriebener Parmesan-Käse

vorbereitete Salatblätter
1 vorbereiteter Thymianzweig

Zubereitungszeit: 60 Minuten

Pro Portion:
E: 9 g, F: 25 g, Kh: 37 g,
kJ: 1710, kcal: 409

Für Kinder

1. Brühe in einem Topf zum Kochen bringen. Grieß unter Rühren in die kochende Brühe einrieseln lassen, bei schwacher Hitze 10–15 Minuten garen, mit Salz abschmecken.
2. Die Masse in einer flachen, mit Speiseöl bestrichenen Form verteilen (etwa 1 cm dick). Masse erkalten lassen.
3. Aus der Polentamasse Halbmonde schneiden. Butter in einer Pfanne zerlassen. Polenta-Halbmonde darin von beiden Seiten goldbraun braten.
4. Polenta mit Parmesan-Käse bestreut auf einem Teller anrichten. Mit Salatblättern, dem Bratfett und einem Thymianzweig garniert servieren.

Polenta, gegrillt mit Lardo

Polenta fritta con lardo

6 Portionen

750 ml ($^{3}/_{4}$ l) Fleischbrühe
225 g Maisgrieß
750 ml ($^{3}/_{4}$ l) Wasser
1 gestr. TL Salz
1 Stängel Rosmarin
6 EL Olivenöl
100 g Lardo (gewürzter fetter Speck, hauchdünn geschnitten)
frisch gemahlener, schwarzer Pfeffer

Zubereitungszeit: 45 Minuten

Pro Portion:
E: 4 g, F: 25 g, Kh: 28 g, kJ: 1482, kcal: 354

Klassisch

1. Brühe in einem Topf zum Kochen bringen. Maisgrieß mit Wasser verrühren, in die kochende Brühe geben und unterrühren. Mit Salz würzen. Mit einem Schneebesen so lange rühren, bis die Masse anfängt dicklich zu werden.
2. Die Grießmasse bei schwacher Hitze unter ständigem Rühren 2–3 Minuten kochen lassen, bis sie sehr dick ist.
3. Masse in eine Kastenform (30 x 11 cm, mit Olivenöl gefettet oder mit Frischhaltefolie ausgelegt) geben, glatt streichen und kalt stellen.
4. Rosmarin abspülen und trockentupfen. Die Nadeln von dem Stängel zupfen, Nadeln klein schneiden.
5. Wenn die Polenta fest geworden ist, sie aus der Form stürzen und in etwa 1 cm breite Scheiben schneiden. Olivenöl in einer Pfanne erhitzen. Polentascheiben darin von beiden Seiten kross braten, herausnehmen und auf einer Platte anrichten. Speckscheiben darauf verteilen. Mit Pfeffer und Rosmarin bestreuen.

Tipp: Kann als Vorspeise oder als Beilage zu geschmortem Fleisch serviert werden.

Polenta, gegrillt mit Lardo

Polenta Genueser Art

Polenta alla genovese

4 Portionen

1 l Wasser, Salz
250 g Maisgrieß
50 g frisch geriebener Parmesan-Käse
50 g zerlassene Butter

Zubereitungszeit: 20 Minuten

Pro Portion:
E: 10 g, F: 15 g, Kh: 46 g,
kJ: 1526, kcal: 365

Einfach

1. Wasser mit Salz in einem Topf zum Kochen bringen. Maisgrieß unter Rühren langsam einrieseln lassen. Wieder zum Kochen bringen und zugedeckt bei schwacher Hitze nach Packungsanleitung ausquellen lassen. Dabei ab und zu umrühren.
2. Parmesan-Käse gut unterrühren. Die Maismasse auf eine Platte geben. Butter in einer Pfanne bräunen. Die Polenta damit übergießen und sofort servieren.

Polentagratin

Polentagratin

Polenta gratinata con funghi

4 Portionen

1 l Gemüsebrühe
1 gestr. TL Salz
250 g Maisgrieß
50 g Butter
60 g frisch geriebener Parmesan-Käse
1 Zwiebel
400 g Champignons
2 EL Olivenöl
Salz
frisch gemahlener Pfeffer
3 EL Basilikum
3 EL Schlagsahne
5 Tomaten
100 g Rucola (Rauke)
100 g Pecorino-Käse
1 EL Olivenöl

evtl. vorbereitete Basilikumblättchen

Zubereitungszeit: 40 Minuten
Garzeit: etwa 15 Minuten

Pro Portion:
E: 25 g, F: 40 g, Kh: 50 g,
kJ: 2778, kcal: 664

Für Gäste

1. Brühe in einem großen Topf zum Kochen bringen. Salz hinzufügen. Maisgrieß unter Rühren einrieseln und nach Packungsanleitung garen.
2. Butter und Parmesan-Käse unter den noch heißen Maisbrei rühren. Die Hälfte des Maisbreis in einer flachen Auflaufform verteilen. Restlichen Maisbrei auf ein Stück Alufolie (gefettet) streichen.
3. Zwiebel abziehen und in kleine Würfel schneiden. Champignons putzen, mit Küchenpapier abreiben, evtl. abspülen, trockentupfen, in Scheiben schneiden.

4. Olivenöl in einer Pfanne erhitzen. Zwiebelwürfel darin andünsten. Champignonscheiben hinzufügen und mit andünsten. Mit Salz und Pfeffer würzen, Basilikum und Sahne unterrühren.
5. Tomaten waschen, kreuzweise einschneiden und einige Sekunden in kochendes Wasser legen. Tomaten kurz in kaltes Wasser legen, enthäuten, halbieren, entkernen und die Stängelansätze herausschneiden. Tomaten in kleine Würfel schneiden. Rucola putzen, waschen und abtropfen lassen.
6. Tomatenwürfel mit Rucola und Champignonsscheiben mischen, leicht mit Salz und Pfeffer würzen. Die Tomaten-Champignon-Mischung in die Auflaufform auf den Maisbrei geben.
7. Pecorino reiben und etwa ein Drittel davon auf die Gemüsemischung streuen. Den Maisbrei von der Alufolie in Streifen schneiden und auf die Gemüsemischung legen. Mit restlichem Pecorino bestreuen, mit Öl beträufeln.
8. Die Form auf dem Rost in den vorgeheizten Backofen schieben.
   Ober-/Unterhitze: etwa 200 °C
   Heißluft: etwa 180 °C
   Garzeit: etwa 15 Minuten.
9. Polentagratin in der Form servieren. Evtl. mit Basilikumblättchen garnieren.

Polenta-Kräuter-Suppe

Zuppa di polenta alle erbe

4 Portionen

2 Bund Suppengemüse
200 g durchwachsener Speck
70 g Maisgrieß
1 TL getrockneter Thymian
1/2 TL getrockneter Majoran
1 TL gemahlene Kurkuma (Gelbwurz)
1 1/2 l Gemüsebrühe
1 Bund glatte Petersilie
Salz, frisch gemahlener Pfeffer

Zubereitungszeit: 35 Minuten
Garzeit: etwa 12 Minuten

Pro Portion:
E: 14 g, F: 16 g, Kh: 21 g, kJ: 1175, kcal: 281

Einfach – schnell

1. Suppengemüse putzen, waschen, abtropfen lassen und in kleine Würfel oder Scheiben schneiden. Speck klein würfeln.
2. Speckwürfel in einem Topf ausbraten, mit einer Schaumkelle herausnehmen, auf Küchenpapier abtropfen lassen und beiseite legen.
3. Maisgrieß, Thymian, Majoran, Kurkuma und die vorbereiteten Gemüsewürfel in dem Speckfett unter Rühren anrösten.
4. Brühe hinzugießen. Die Zutaten zum Kochen bringen und zugedeckt bei schwacher Hitze etwa 12 Minuten garen.
5. In der Zwischenzeit Petersilie abspülen und trockentupfen. Die Blättchen von den Stängeln zupfen. Blättchen klein hacken. Die Suppe nochmals aufkochen lassen und die beiseite gelegten Speckwürfel hinzugeben. Mit Salz und Pfeffer würzen. Die Suppe mit Petersilie bestreut servieren.

Tipp:
Sie können die Suppe auch mit Hartweizengrieß zubereiten.
Für eine vegetarische Suppen-Variante lassen Sie den Speck weg, erhitzen stattdessen 2 Esslöffel Olivenöl in einem Topf und dünsten die Zutaten darin an. Dann 1 Esslöffel Butter hinzufügen.
Es können zum Schluss auch 2 Päckchen (je 25 g) gemischte TK-Kräuter in die Suppe gegeben werden.
Die Suppe dann nicht mehr kochen lassen, damit die Kräuter nicht braun werden.

Polenta-Kräuter-Suppe

Polenta mit Gorgonzola überbacken

Polenta e gorgonzola al forno

4 Portionen

1 1/4 l Wasser
Salz
270 g Maisgrieß
30 g Butter

Für die Füllung:
120 g Gorgonzola (Blauschimmelkäse)
100 g frisch geriebener Parmesan-Käse
50 g Butter

Außerdem:
Weizenmehl
150 ml Erdnussöl

Zubereitungszeit: 80 Minuten, ohne Abkühlzeit
Backzeit: etwa 20 Minuten

Pro Portion:
E: 21 g, F: 67 g, Kh: 59 g, kJ: 3879, kcal: 929

Raffiniert

1. Wasser mit Salz in einem Topf zum Kochen bringen. Maisgrieß unter Rühren langsam einrieseln lassen. Wieder zum Kochen bringen und zugedeckt bei schwacher Hitze nach Packungsanleitung ausquellen lassen. Dabei ab und zu umrühren.
2. Anschließend die Butter unter kräftigem Rühren unterarbeiten. Die Maismasse in ein hohes, mit Wasser ausgespültes Gefäß geben. Die Oberfläche mit einem Spatel glatt streichen. Maismasse erkalten lassen.
3. Die Polenta auf ein Holzbrett oder eine Platte stürzen und in gut 1/2 cm dicke Scheiben schneiden.
4. Für die Füllung Gorgonzola ebenfalls in Scheiben schneiden. Den Boden einer Auflaufform (mit Butter gefettet) mit einigen Polentascheiben belegen. Darauf einige Gorgonzolascheiben legen, mit Parmesan-Käse bestreuen und einige Butterflöckchen daraufsetzen.
5. Abwechselnd lagenweise die restlichen Polenta-, Gorgonzolascheiben, Parmesan-Käse und Butterflöckchen einschichten. Die oberste Schicht sollte aus Polentascheiben und Butterflöckchen bestehen.
6. Die Form auf dem Rost in den vorgeheizten Backofen schieben.
   Ober-/Unterhitze: etwa 180 °C
   Heißluft: etwa 160 °C
   Backzeit: etwa 20 Minuten.
7. Überbackene Polenta in etwa 4 x 4 cm große Würfel schneiden. Die Polentawürfel in Mehl wenden.
8. Erdnussöl in einem Topf auf etwa 180 °C erhitzen. Polentawürfel darin von allen Seiten goldgelb und knusprig ausbacken. Mit einem Schaumlöffel herausnehmen, auf Küchenpapier abtropfen lassen und servieren.

Polenta mit Gorgonzola überbacken

Putenröllchen, mit Tomate und Mozzarella gefüllt

Involtini di tacchino al pomodoro

4 Portionen

Für die Gemüserosetten:

4 mittelgroße Kartoffeln
4 kleine Flaschentomaten
1 Zucchini (etwa 250 g)
4 EL Olivenöl, Salz
frisch gemahlener Pfeffer
40 g frisch geriebener Parmesan-Käse
einige frische Thymianblättchen

500 g Putenbrust

Für die Füllung:

1 Pck. (125 g) Mozzarella-Käse
100 g Tomatenwürfel von enthäuteten, entkernten Tomaten
8 fein geschnittene Basilikumblätter

1 kleiner Rosmarinzweig
4 EL Olivenöl

Für die Sauce:

100 ml Weißwein
125 ml (1/8 l) Geflügelbrühe
50 g kalte Butter

Außerdem:

Holzstäbchen

Zubereitungszeit: 65 Minuten
Garzeit: etwa 20 Minuten

Pro Portion:

E: 43 g, F: 42 g, Kh: 19 g, kJ: 2697, kcal: 644

Für Gäste – mit Alkohol

1. Für die Rosetten Kartoffeln schälen, waschen, abspülen, abtropfen lassen und in dünne Scheiben schneiden. Tomaten waschen, trockentupfen, halbieren und die Stängelansätze herausschneiden. Tomatenhälften in dünne Scheiben schneiden. Zucchini waschen, abtrocknen und die Enden abschneiden. Zucchini ebenfalls in dünne Scheiben schneiden.
2. Olivenöl in einer Pfanne erhitzen. Kartoffel- und Zucchinischeiben darin von beiden Seiten anbraten, herausnehmen und auf Küchenpapier abtropfen lassen.
3. Abwechselnd Tomaten,- Zucchini- und Kartoffelscheiben auf einem Backblech (gefettet) zu 4 Kreisen legen. Mit Salz und Pfeffer würzen und mit frisch geriebenem Parmesan-Käse und etwas Thymian bestreuen. Das Backblech in den vorgeheizten Backofen schieben.
   Ober-/Unterhitze: etwa 200 °C
   Heißluft: etwa 180 °C
   Garzeit: etwa 10 Minuten.
4. Putenbrust unter fließendem kalten Wasser abspülen, trockentupfen und in 8 dünne Scheiben schneiden. Mit der flachen Seite eines breiten Messers leicht flach drücken, mit Salz und Pfeffer würzen.
5. Für die Füllung Mozzarella abtropfen lassen und in Würfel schneiden, mit Tomatenwürfeln und Basilikum mischen. Mit Salz und Pfeffer würzen. Die Füllung auf den Fleischscheiben verteilen, jeweils aufrollen und mit Holzstäbchen zusammenstecken. Die Putenröllchen mit Salz und Pfeffer bestreuen.
6. Rosmarin abspülen und trockentupfen. Olivenöl in einer hitzebeständigen Pfanne erhitzen. Die Putenröllchen und den Rosmarinzweig hinzufügen. Die Putenröllchen von allen Seiten anbraten.
7. Die Pfanne auf dem Rost in den vorgeheizten Backofen schieben. Die Putenröllchen **bei gleicher Backofeneinstellung in etwa 10 Minuten fertig garen.** Die Putenröllchen herausnehmen und warm stellen. Rosmarinzweig entfernen.
8. Für die Sauce den Bratensatz mit Wein ablöschen, Brühe hinzugießen. Die kalte Butter in Stückchen unterschlagen. Die Sauce evtl. mit Salz und Pfeffer abschmecken.
9. Die Gemüserosetten auf Tellern verteilen. Die Putenröllchen jeweils in die Mitte der Gemüserosetten legen und mit Sauce übergießen.

Tipp:
Das Gericht lässt sich gut vorbereiten. Man kann die angebratenen Röllchen mit den Gemüserosetten kurz vor dem Essen zusammen in den Backofen schieben. So ist es auch ein gutes Gericht, wenn Sie Gäste haben und es lässt sich auch problemlos für mehrere Gäste zubereiten.

Putenröllchen, mit Tomate und Mozzarella gefüllt

Radicchio, im Ofen gegart

Radicchio al forno

4 Portionen

400 g länglicher oder runder Radicchio
200 g Chicorée
Salz
frisch gemahlener, grober, bunter Pfeffer

Zubereitungszeit: 25 Minuten
Garzeit: 15–20 Minuten

Pro Portion:
E: 1 g, F: 10 g, Kh: 2 g,
kJ: 429, kcal: 102

Schnell – vegetarisch

1. Radicchio und Chicorée putzen, unter fließendem kalten Wasser abspülen und gut abtropfen lassen. Von dem Chicorée die bitteren Strünke keilförmig herausschneiden.
2. Dann Radicchio und Chicorée in eine Auflaufform (gefettet) geben. Mit Salz und Pfeffer bestreuen. Die Form auf dem Rost in den vorgeheizten Backofen schieben.
Ober-/Unterhitze: etwa 200 °C
Heißluft: etwa 180 °C
Garzeit: 15–20 Minuten.

Tipp:
100 g Weißbrotwürfel in Knoblauchöl braten und auf den Radicchio streuen. Radicchio zu kurzgebratenem Fleisch servieren.

Radicchio, im Ofen gegart

Radicchio mit Ziegenkäse

Radicchio con formaggio di capra

4 Portionen

200 g Radicchio
280 g mittelalter Ziegenkäse
8 EL Olivenöl
Salz, frisch gemahlener Pfeffer

Zubereitungszeit: 20 Minuten

Pro Portion:
E: 21 g, F: 43 g, Kh: 0 g,
kJ: 1896, kcal: 456

Einfach

1. Radicchio putzen, gründlich waschen und trockentupfen. Radicchio etwas zerpflücken und in eine Schüssel geben. Käse in Würfel schneiden und hinzugeben.
2. Olivenöl mit Salz und Pfeffer verrühren und auf dem Radicchio verteilen.

Beilage: Lammkoteletts.

Radieschen mit Tunfisch

Ravanelli con tonno

4–6 Portionen

2 Bund Radieschen
2 Dosen Tunfisch, naturell
(Abtropfgewicht je 215 g)
Salz, frisch gemahlener Pfeffer
4 EL Olivenöl
2 Frühlingszwiebeln

Zubereitungszeit: 25 Minuten

Pro Portion:
E: 24 g, F: 26 g, Kh: 2 g,
kJ: 1415, kcal: 338

Gut vorzubereiten – einfach

1. Die Radieschen putzen und die Wurzelenden abschneiden. Dann Radieschen waschen, trockentupfen, in feine Stifte schneiden und in eine Salatschüssel geben. Tunfisch abtropfen lassen, mit einer Gabel zerpflücken und zu den Radieschenstiften geben. Salat mit Salz und Pfeffer bestreuen, mit Olivenöl beträufeln.

Radieschen mit Tunfisch

2. Frühlingszwiebeln putzen, waschen, abtropfen lassen und in Ringe schneiden. Frühlingszwiebelringe auf dem Salat verteilen.

Beilage: Ofenfrisches Baguette.

Ravioli-Gratin

Ravioli gratinati

4 Portionen

300 g Tomaten
1 Zucchini (etwa 300 g)
500 g Ravioli mit Käsefüllung (aus dem Kühlregal)
1 Bund Basilikum
2 Pck. Tomatenpüree mit Knoblauch (je 370 g)
250 g Schlagsahne
100 g frisch geriebener Greyerzer-Käse
Salz
frisch gemahlener Pfeffer

Zubereitungszeit: 25 Minuten
Backzeit: etwa 20 Minuten

Pro Portion:
E: 28 g, F: 42 g, Kh: 74 g,
kJ: 3315, kcal: 789

Schnell – einfach

1. Tomaten waschen, trockentupfen, vierteln, entkernen und die Stängelansätze herausschneiden. Zucchini waschen, abtrocknen und die Enden abschneiden. Zucchini in dünne Scheiben schneiden.
2. Ravioli nach Packungsanleitung zubereiten. Ein Drittel der Ravioli in eine flache Auflaufform geben. Jeweils die Hälfte der Tomatenviertel und Zucchinischeiben darauflegen.
3. Basilikum abspülen und trockentupfen. Die Blättchen von den Stängeln zupfen. Blättchen in feine Streifen schneiden. Tomatenpüree mit den Basilikumstreifen mischen, auf den Tomatenvierteln und Zucchinischeiben verteilen. Wieder ein Drittel der Ravioli daraufgeben, dann die restlichen Tomatenviertel und Zucchinischeiben darauf verteilen. Mit den restlichen Ravioli belegen.
4. Sahne in einem Topf zum Kochen bringen. Die Hälfte des Käses hinzufügen und unter Rühren schmelzen lassen, mit Salz und Pfeffer würzen. Den Auflauf mit der Käse-Sahne-Sauce begießen. Restlichen Käse daraufstreuen. Die Form auf dem Rost in den vorgeheizten Backofen schieben.
Ober-/Unterhitze: etwa 200 °C
Heißluft: etwa 180 °C
Backzeit: etwa 20 Minuten.

Beilage: Gemischter Salat, Tomatensalat oder ein grüner Salat.

Ravioli-Gratin

Ravioli mit Frischkäse-Spinat-Füllung

Ravioli ripieni di stracchino

4 Portionen

Für den Nudelteig:

250 g Weizenmehl
1 Ei (Größe M), 2 Eigelb (Größe M)
2 EL Speiseöl
$^1/_2$ gestr. TL Salz
3–4 EL Wasser
etwas Weizenmehl

Für die Füllung:

500 g Blattspinat
40 g Butter
Salz
frisch gemahlener Pfeffer
frisch geriebene Muskatnuss
200 g Doppelrahm-Frischkäse
50 g geröstete Sesamsamen
Cayennepfeffer

Zubereitungszeit: 80 Minuten, ohne Ruhezeit
Garzeit: 6–8 Minuten

Ravioli mit Frischkäse-Spinat-Füllung

Pro Portion:

E: 20 g, F: 35 g, Kh: 49 g,
kJ: 2496, kcal: 597

Dauert länger – raffiniert

1. Für den Nudelteig Mehl in eine Rührschüssel sieben, in die Mitte eine Vertiefung drücken. Ei mit Eigelb, Speiseöl, Salz und Wasser verschlagen, in die Vertiefung geben und mit Handrührgerät mit Knethaken zu einem glatten Teig verkneten. Sollte er kleben, noch etwas Weizenmehl hinzugeben. Dann den Teig mit etwas Mehl bestäuben, in Frischhaltefolie wickeln und etwa 1 Stunde ruhen lassen.
2. Für die Füllung den Spinat verlesen, gründlich waschen und gut abtropfen lassen. Danach Butter in einem Topf zerlassen, Spinat hinzufügen. Mit Salz, Pfeffer und Muskat würzen. Spinat so lange dünsten, bis er zusammenfällt. Anschließend in einem Sieb abtropfen lassen.
3. Spinat mit Frischkäse und Sesam vermengen. Mit Salz und Cayennepfeffer abschmecken, abkühlen lassen.
4. Den Nudelteig zu Bahnen ausrollen (etwa 15 cm Breite) und in jeweils einer Handbreite Abstand 1 Esslöffel der Spinatfüllung geben. Eine Längskante des Teiges mit Wasser bestreichen, die andere Seite darüberschlagen. Nun die äußeren Ränder mit der Hand fest andrücken, mit einem gezackten Förmchen oder Teigrädchen Halbmonde ausschneiden, mit einer Gabel einmal einstechen. Die Ravioli in kochendes Salzwasser geben, leise kochend in 6–8 Minuten gar ziehen lassen.

Tipp:
Dazu gelbe Paprikasauce servieren.

Raviolisalat

Insalata di ravioli

4 Portionen

500 g Ravioli mit Käsefüllung (aus dem Kühlregal)
8 Stangen Staudensellerie
250 g Cocktailtomaten
2 rote Zwiebeln
etwa 25 entsteinte, schwarze Oliven

Für die Sauce:
2 Knoblauchzehen
3 geh. TL Crema di Rucola oder Pesto (aus dem Glas)
5 EL Olivenöl
Salz, frisch gemahlener Pfeffer
etwas Zitronensaft

40 g frisch gehobelter Parmesan-Käse

evtl. Basilikumblättchen

Zubereitungszeit: 35 Minuten, ohne Durchziehzeit

Pro Portion:
E: 21 g, F: 43 g, Kh: 65 g,
kJ: 3064, kcal: 730

Für Gäste

Raviolisalat

1. Ravioli in kochendem Salzwasser nach Packungsanleitung garen. Ravioli in ein Sieb geben, mit kaltem Wasser übergießen und gut abtropfen lassen.
2. Sellerie putzen und die harten Außenfäden abziehen. Sellerie waschen, abtropfen lassen und in Scheiben schneiden. Tomaten waschen, abtrocknen, evtl. Stängelansätze herausschneiden. Tomaten je nach Größe halbieren, vierteln oder achteln. Zwiebeln abziehen, halbieren und in Streifen schneiden. Oliven evtl. halbieren.
3. Für die Sauce Knoblauch abziehen und durch eine Knoblauchpresse drücken. Knoblauch mit Crema di Rucola oder Pesto und Olivenöl verrühren. Mit Salz, Pfeffer und Zitronensaft würzen.
4. Ravioli, Selleriescheiben, Tomatenstücke, Zwiebelstreifen und Oliven in eine Schüssel geben, mit der Sauce übergießen und gut vermischen. Den Salat etwa 1 Stunde durchziehen lassen.
5. Den Salat vor dem Servieren mit Käse bestreuen und nach Belieben mit Basilikumblättchen garnieren.

Beilage:
Fladenbrot.

Reis Mailänder Art

Risotto alla milanese

6 Portionen

1 kleine Zwiebel
80 ml Olivenöl
60 g Butter
125 ml (1/8 l) trockener Weißwein
400 g italienischer Rundkornreis
oder Langkornreis
Salz
1 Pck. (0,1 g) Safran
1 l Rindfleischbrühe
oder Instant-Fleischbrühe
60 g frisch geriebener
Parmesan-Käse

Zubereitungszeit: 35 Minuten

Pro Portion:
E: 9 g, F: 26 g, Kh: 53 g,
kJ: 2058, kcal: 492

Mit Alkohol

1. Zwiebel abziehen und in kleine Würfel schneiden. Olivenöl und 1 Teelöffel Butter in einem Topf erhitzen. Dann Zwiebelwürfel darin glasig dünsten. Weißwein hinzugießen und mit erhitzen.
2. Reis hinzugeben, mit Salz und Safran würzen und zum Kochen bringen. Den Reis in etwa 25 Minuten fertig garen. Dabei nach und nach die Brühe hinzugießen.
3. Restliche Butter und Parmesan-Käse unterheben. Den Reis nochmals mit den Gewürzen abschmecken.

Tipp:
Den Reis zu gegrilltem Fleisch reichen.

Reis mit Erbsen

Risi e bisi

6 Portionen

1 Zwiebel
150 g gekochter Schinken
80 g Butter
Salz
frisch gemahlener Pfeffer
350 g italienischer Rundkornreis
oder Langkornreis
750 ml (3/4 l) Hühner- oder
Rindfleischbrühe (oder Instant-Fleischbrühe)
150 g junge Erbsen oder TK-Erbsen
40 g frisch geriebener
Parmesan-Käse

Zubereitungszeit: 30 Minuten

Pro Portion:
E: 14 g, F: 15 g, Kh: 49 g,
kJ: 1636, kcal: 391

Einfach

1. Zwiebel abziehen und in kleine Würfel schneiden. Schinken in schmale Streifen schneiden.
2. Die Butter (etwa 2 Esslöffel beiseite stellen) in einer Pfanne zerlassen. Zwiebelwürfel und Schinkenstreifen darin leicht anbraten. Mit Salz und Pfeffer würzen.
3. Den Reis in kochendem Salzwasser nicht ganz gar kochen lassen. Dann Zwiebelwürfel und Schinkenstreifen hinzugeben. Brühe hinzugießen und Erbsen unterrühren. Anschließend den Reis mit den Zutaten zugedeckt bei schwacher Hitze nach Packungsanleitung garen.
4. Beiseite gestellte Butter in Flöckchen unterheben. Den Reis mit Parmesan-Käse bestreut servieren.

Reis mit Meeresfrüchten

Risotto ai frutti di mare

6 Portionen

500 g Miesmuscheln
1 kleine Zwiebel
6 EL Olivenöl, 50 g Butter
500 g Rundkornreis
250 ml (1/4 l) Weißwein
1 1/2 l Rindfleischbrühe
300 g Scampi (frisch oder TK,
ohne Schalen)
300 g Garnelen (Krabben,
frisch oder TK, ohne Schale)
250 g Schlagsahne
Salz, frisch gemahlener Pfeffer
100 g geriebener Parmesan-Käse

Zubereitungszeit: 45 Minuten

Pro Portion:
E: 34 g, F: 38 g, Kh: 68 g,
kJ: 3309, kcal: 791

Raffiniert – mit Alkohol

1. Miesmuscheln in reichlich kaltem Wasser gründlich waschen und einzeln abbürsten, bis sie nicht mehr sandig sind (Muscheln, die sich beim Waschen öffnen, sind ungenießbar). Eventuell die Fäden (Bartbüschel) entfernen.
2. Muscheln mit etwas Wasser in einen Topf geben und zugedeckt unter gelegentlichem Rühren darin etwa 10 Minuten erhitzen (nicht kochen), bis sie sich öffnen (Muscheln, die sich nach dem Garen nicht öffnen, sind ungenießbar). Muscheln in einem Sieb abtropfen lassen. Das Muschelfleisch aus den Schalen lösen.
3. Zwiebel abziehen und in kleine Würfel schneiden. Olivenöl und Butter in einer Pfanne erhitzen. Zwiebelwürfel darin glasig dünsten. Reis hinzufügen

und kurz mit andünsten. Weißwein und Fleischbrühe hinzugießen und zum Kochen bringen. Anschließend den Reis zugedeckt bei schwacher Hitze etwa 20 Minuten garen.

4. In der Zwischenzeit Scampi und Garnelen unter fließendem kalten Wasser gründlich abspülen und danach trockentupfen.
5. Ausgelöstes Muschelfleisch mit Scampi, Garnelen und Sahne zum gegarten Reis geben und kurz erhitzen. Mit Salz und Pfeffer würzen. Parmesan-Käse unterrühren.

Reis mit Erbsen

Reis mit Pilzen

Risotto ai funghi

6 Portionen

200 g Butter
30 g Rindermark
1/2 Zwiebel
frisch gemahlener Pfeffer
1 Glas (200 ml) trockener Weißwein
400 g frische Champignons
500 g italienischer Rundkornreis oder Langkornreis
Salz
1 l Rindfleischbrühe oder Instant-Fleischbrühe
120 g geriebener Parmesan-Käse

Zubereitungszeit: 40 Minuten

Pro Portion:
E: 16 g, F: 40 g, Kh: 65 g, kJ: 2978, kcal: 712

Mit Alkohol

1. 75 g von der Butter in einer Pfanne zerlassen. Rindermark darin erhitzen. Zwiebel abziehen, in kleine Würfel schneiden, hinzufügen, mit Pfeffer würzen und kurz aufkochen lassen.
2. Wein hinzugießen, zum Kochen bringen und zur Hälfte einkochen lassen.
3. Champignons putzen, mit Küchenpapier abreiben, evtl. abspülen, abtropfen lassen und in Scheiben schneiden.
4. Reis und Champignonscheiben in die Weinflüssigkeit geben, mit Salz würzen. Brühe hinzugießen und zum Kochen bringen. Anschließend den Reis unter gelegentlichem Rühren etwa 20 Minuten ausquellen lassen (der Reis muss weich sein).
5. Restliche Butter und Parmesan-Käse unter den Reis rühren und sofort servieren.

Reissalat

Insalata di riso

4 Portionen

300 g italienischer Rundkornreis oder Langkornreis
Salz, 1 rote Paprikaschote
3 Sardellenfilets
125 g geräucherte Zunge
1 Dose Tunfisch (etwa 150 g)
30 g Kapern, 50 g gegarte Erbsen
125 ml ($^1/_8$ l) Olivenöl
frisch gemahlener Pfeffer
12 schwarze Oliven

Zubereitungszeit: 30 Minuten, ohne Durchziehzeit

Pro Portion:
E: 21 g, F: 47 g, Kh: 65 g, kJ: 3183, kcal: 760

Für Gäste

1. Reis in kochendem Salzwasser nach Packungsanleitung garen. Reis in ein Sieb geben, mit kaltem Wasser übergießen und abtropfen lassen.
2. Paprika halbieren, entstielen, entkernen, die weißen Scheidewände entfernen. Schotenhälften waschen, trockentupfen, in Streifen schneiden.
3. Sardellenfilets und Zunge in kleine Stücke schneiden. Tunfisch abtropfen lassen und zerpflücken.
4. Reis in eine Schüssel geben, mit Paprikastreifen, Sardellen-, Zungenstückchen und Tunfisch vermengen. Kapern abtropfen lassen, mit den Erbsen unterheben.
5. Olivenöl mit Salz und Pfeffer verrühren und unter den Salat rühren. Den Salat kalt gestellt etwa 30 Minuten durchziehen lassen. Den Reissalat mit Oliven garniert servieren.

Ricotta-Eis

Ricotta-Eis

Gelato alla ricotta

8–10 Portionen

3 Eier (Größe M), 100 g Zucker
1 Pck. Dr. Oetker Bourbon-Vanille-Zucker
250 g Ricotta (italienischer Frischkäse)
400 g Schlagsahne
20 g gesiebter Puderzucker

Für den Pinienkrokant:
50 g Zucker, 30 g gehackte Pinienkerne

Nach Belieben:
1 Bio-Limette (unbehandelt, ungewachst)
etwas gesiebter Puderzucker

Zubereitungszeit: 30 Minuten, ohne Abkühlzeit
Gefrierzeit: etwa 5 Stunden

Pro Portion:
E: 7 g, F: 22 g, Kh: 21 g, kJ: 1304, kcal: 312

Für Gäste

1. Eier mit Zucker und Vanille-Zucker in einem Topf bei mittlerer Hitze unter ständigem Rühren mit einem Schneebesen zu einer dicklich, cremigen Masse aufschlagen. Die Masse darf dabei nicht kochen.
2. Den Topf sofort in eiskaltes Wasser stellen. Die Masse unter Rühren erkalten lassen. Ricotta unter die erkaltete Eiermasse rühren.
3. Sahne mit Puderzucker steif schlagen, unter die Ricottacreme rühren und in eine Eisbombenform (Inhalt etwa 1 l) oder in eine gefriergeeignete Schüssel füllen. Die Form oder Schüssel zudecken, die Creme etwa 5 Stunden tiefgefrieren.

4. Für den Krokant Zucker in einem kleinen Topf bei mittlerer Hitze karamellisieren lassen (dabei nicht umrühren). Pinienkerne hinzufügen und kurz anrösten lassen. Mit einem Teelöffel kleine Taler abstechen und auf Backpapier setzen. Krokant trocknen lassen.
5. Die Form oder Schüssel kurz in heißes Wasser tauchen und die Eisbombe auf einen Teller stürzen. Eisbombe in Portionsstücke schneiden und mit dem Pinienkrokant garnieren.
6. Limette heiß abwaschen, abtrocknen und die Schale mit einem Zestenreißer abziehen. Ricotta-Eis-Portionen zusätzlich mit Limettenschalenstreifen garnieren und mit etwas Puderzucker bestäubt servieren.

Tipp: Den Pinienkrokant maximal 2 Stunden vor dem Verzehr zubereiten, da er sonst weich wird. Oder den Krokant nach dem Trocknen in einer gut schließenden Dose aufbewahren.

Ricottaklößchen mit Spinat

Malfatti di ricotta con spinaci

6 Portionen

1 kg frischer Spinat
Salz
300 g Ricotta (italienischer Frischkäse)
1 Ei (Größe M)
50 g frisch geriebener Parmesan-Käse
frisch geriebene Muskatnuss

250 g Béchamelsauce (Tetra-Pack)
1 Dose Pizza-Tomaten (400 g)

Zubereitungszeit: 35 Minuten
Gratinierzeit: 5–10 Minuten

Pro Portion:
E: 13 g, F: 21 g, Kh: 4 g,
kJ: 1080, kcal: 259

Raffiniert

1. Spinat putzen, gründlich waschen und in kochendem Salzwasser kurz blanchieren, bis er zusammengefallen ist. Spinat gut abtropfen lassen, ausdrücken und anschließend in eine Schüssel geben.
2. Ricotta, Ei und 30 g von dem Parmesan-Käse hinzufügen und zu einem Teig verarbeiten. Mit Salz und Muskat würzen.
3. Aus der Masse mit angefeuchteten Händen etwa 24 Tischtennisball-große Klößchen formen und in eine große, flache Auflaufform geben. Béchamelsauce darauf verteilen, so dass die Klößchen bedeckt sind. Jeweils in die Mitte etwas von den Pizza-Tomaten geben. Restlichen Parmesan-Käse daraufstreuen.
4. Die Form auf dem Rost in den vorgeheizten Backofen schieben.
Ober-/Unterhitze: etwa 180 °C
Heißluft: etwa 160 °C
Gratinierzeit: 5–10 Minuten.
5. Die Klößchen so lange gratinieren, bis sich eine leichte Kruste gebildet hat.

Ricottaklößchen mit Spinat

Ricottaklößchen mit zwei Saucen

Malfatti di ricotta con salsa di pomodoro

4 Portionen

1 kg Spinat
40 g Butter
Salz, frisch gemahlener Pfeffer
frisch geriebene Muskatnuss
1 Knoblauchzehe
300 g Ricotta (italienischer Frischkäse)
1 Ei (Größe M)
60 g frisch geriebener Parmesan-Käse

Für die Béchamelsauce:
1 Zwiebel
35 g Butter
20 g Weizenmehl
125 ml (1/8 l) Fleischbrühe
125 g Schlagsahne
20 g Butter
2 Fleischtomaten

Zubereitungszeit: 45 Minuten
Garzeit: etwa 24 Minuten

Pro Portion:
E: 20 g, F: 42 g, Kh: 9 g,
kJ: 2110, kcal: 504

Preiswert – für Kinder

1. Spinat putzen und gründlich waschen. Butter in einem Topf zerlassen, Spinat tropfnass hinzugeben. Mit Salz, Pfeffer und Muskat würzen. Den Spinat zugedeckt etwa 4 Minuten dünsten, bis er zusammenfällt.
2. Knoblauch abziehen, durch eine Knoblauchpresse drücken und unter den Spinat rühren. Spinat in einem Sieb gut abtropfen lassen, eventuell nochmals ausdrücken und grob hacken.
3. Ricotta mit Ei verrühren, Spinat und die Hälfte des Parmesan-Käses unterrühren und mit Salz und Pfeffer abschmecken. Aus der Masse mit angefeuchteten Händen etwa 8 Klößchen formen und in eine Auflaufform (gefettet) geben.
4. Für die Béchamelsauce die Zwiebel abziehen und in kleine Würfel schneiden. Butter in einem Topf zerlassen, Zwiebelwürfel darin andünsten. Mehl unter Rühren so lange darin erhitzen, bis es goldgelb ist. Brühe und Sahne hinzufügen, mit dem Schneebesen durchschlagen. Darauf achten, dass keine Klümpchen entstehen. Die Sauce zum Kochen bringen und etwa 5 Minuten kochen lassen. Mit Salz und Pfeffer abschmecken.
5. Die Béchamelsauce auf den Klößen verteilen. Restlichen Parmesan-Käse daraufstreuen. Butter in Flöckchen daraufsetzen.
6. Die Form auf dem Rost in den vorgeheizten Backofen schieben.
   Ober-/Unterhitze: etwa 200 °C
   Heißluft: etwa 180 °C
   Garzeit: etwa 15 Minuten.
7. Tomaten waschen, kreuzweise einschneiden und einige Sekunden in kochendes Wasser legen. Tomaten kurz in kaltes Wasser legen, enthäuten, halbieren, entkernen und die Stängelansätze herausschneiden. Tomatenhälften in Stücke schneiden und pürieren. Mit Salz und Pfeffer abschmecken und anschließend das Tomatenpüree zu den Klößchen servieren.

Ricottatörtchen mit Himbeersauce

Tortina di ricotta con salsa di lamponi

4 Portionen

Für die Ricottatörtchen:
2 Blatt weiße Gelatine
2 EL Milch
250 g Ricotta (italienischer Frischkäse)
50–75 g Zucker
1 EL Vin Santo oder ein anderer Dessertwein
2 Eiweiß (Größe M)

Ricottatörtchen mit Himbeersauce

Für die Himbeersauce:
200 g frische Himbeeren
1–2 EL Zucker
2–3 EL Maraschino (Kirschlikör)

Zubereitungszeit: 25 Minuten, ohne Kühlzeit

Pro Portion:
E: 9 g, F: 10 g, Kh: 26 g,
kJ: 1071, kcal: 256

Mit Alkohol – für Gäste

1. Für die Törtchen Gelatine in kaltem Wasser nach Packungsanleitung einweichen. Milch in einem kleinen Topf erwärmen (nicht kochen). Gelatine leicht ausdrücken und anschließend in der Milch unter Rühren vollständig auflösen.
2. Den Ricotta mit Zucker und Vin Santo cremig rühren, die aufgelöste Gelatine unterrühren.
3. Eiweiß steif schlagen und vorsichtig unterheben.
4. Die Ricottacreme in 4 Förmchen (kalt ausgespült) füllen. Die Förmchen mit der Creme etwa 2 Stunden kalt stellen.
5. Für die Sauce Himbeeren verlesen, evtl. kurz abspülen, trockentupfen und in einen hohen Becher geben. Zucker und Likör hinzufügen. Himbeeren pürieren und anschließend durch ein Sieb streichen.
6. Die Törtchen mit einem spitzen Messer vorsichtig vom Rand lösen, dann auf je einen Teller stürzen und jeweils etwas von der Sauce (Zimmertemperatur) auf die Törtchen und daneben gießen.

Tipp:
Nur ganz frische Eier verwenden, die nicht älter als 5 Tage sind (Legedatum beachten!).

Rigatoni mit Roquefort

Rigatoni alla crema di Roquefort

4 Portionen

Für die Roquefort-Sahne-Sauce:
200 g Roquefort (Blauschimmelkäse)
500 g Schlagsahne, Salz
frisch gemahlener, weißer Pfeffer

250 g Champignons
60 g Butter, 4 l Wasser
4 gestr. TL Salz
400 g dreifarbige Rigatoni-Nudeln

Zubereitungszeit: 35 Minuten

Pro Portion:
E: 28 g, F: 67 g, Kh: 74 g,
kJ: 4334, kcal: 1036

Schnell – einfach

1. Für die Sauce den Roquefort zerbröseln und in einen kleinen Topf geben, Sahne hinzufügen und unter Rühren zum Kochen bringen, mit Salz und Pfeffer abschmecken. Die Sauce cremig einkochen lassen.
2. Champignons putzen, mit Küchenpapier abreiben, evtl. abspülen, abtropfen lassen und in dünne Scheiben schneiden.
3. Die Butter in einer Pfanne zerlassen, die Champignonscheiben darin kurz andünsten, mit Salz und Pfeffer würzen, warm stellen.
4. Wasser in einem großen Topf mit geschlossenem Deckel zum Kochen bringen. Dann Salz und Nudeln zugeben. Die Nudeln im geöffneten Topf bei mittlerer Hitze nach Packungsanleitung kochen lassen, dabei zwischendurch 4–5-mal umrühren.
5. Anschließend die Nudeln in ein Sieb geben, mit heißem Wasser abspülen, abtropfen lassen und zu den Champignonscheiben geben.
6. Die Roquefort-Sahne-Sauce unterrühren, evtl. nochmals ganz kurz erhitzen und sofort servieren.

Rigatoni mit Roquefort

Rigatoni mit Tomatensauce

Rigatoni al sugo profumati al timo

2 Portionen

2 l Wasser
2 gestr. TL Salz
200 g Rigatoni-Nudeln

Für die Sauce:

1 mittelgroße Zwiebel
1–2 Knoblauchzehen
2 EL Speiseöl
1 Zweig Thymian
7 enthäutete, geviertelte Tomaten oder 1 kleine Dose abgetropfte, geschälte Tomaten (400 g)
Salz, frisch gemahlener Pfeffer
1 Prise Zucker
5 EL Schlagsahne

Zubereitungszeit: 35 Minuten

Pro Portion:

E: 26 g, F: 20 g, Kh: 87 g,
kJ: 2686, kcal: 641

Vegetarisch

1. Wasser in einem großen Topf mit geschlossenem Deckel zum Kochen bringen. Dann Salz und Nudeln zugeben. Die Nudeln im geöffneten Topf bei mittlerer Hitze nach Packungsanleitung kochen lassen, dabei zwischendurch 4–5-mal umrühren.
2. Anschließend die Nudeln in ein Sieb geben, mit heißem Wasser abspülen und abtropfen lassen.
3. Für die Sauce Zwiebel und Knoblauch abziehen, klein würfeln. Speiseöl in einem Topf erhitzen. Zwiebel- und Knoblauchwürfel darin andünsten.
4. Thymian abspülen und trockentupfen, mit den Tomatenstückchen zu den Zwiebel- und Knoblauchwürfeln geben und etwa 5 Minuten mitdünsten lassen. Mit Salz, Pfeffer und Zucker würzen, Sahne unterrühren. Die Sauce mit den Nudeln anrichten.

Risotto (Grundrezept)

Risotto

4 Portionen

1 kleine Zwiebel
50 g Butter
200 g Risottoreis (z. B. Arborio-Reis)
600 ml heiße Gemüsebrühe
Salz
1 EL gemischte, gehackte Kräuter (z. B. Petersilie, Basilikum, Schnittlauch)

Zubereitungszeit: 30 Minuten

Pro Portion:

E: 4 g, F: 11 g, Kh: 40 g,
kJ: 1160, kcal: 277

Einfach

1. Zwiebel abziehen und in kleine Würfel schneiden. Butter in einem Topf zerlassen. Zwiebelwürfel darin andünsten. Risottoreis hinzufügen und glasig dünsten.
2. Etwas von der heißen Brühe hinzugießen und zum Kochen bringen. Den Reis zugedeckt bei schwacher Hitze unter gelegentlichem Umrühren etwa 20 Minuten quellen lassen, dabei nach und nach die restliche Brühe hinzufügen.
3. Risotto mit Salz abschmecken, in eine vorgewärmte Schüssel füllen und mit Kräutern bestreuen.

Tipp: Risotto als Beilage zu kurz gebratenem Fleisch oder Fisch oder mit einem gemischtem Salat als Hauptgericht servieren.

Abwandlung 1:
Für Risi Pisi etwa 5 Minuten vor Ende der Garzeit zusätzlich 150 g TK-Erbsen unter den Reis mischen und fertig garen. 3 Esslöffel geriebenen Parmesan-Käse und 20 g kalte Butter untermischen. Mit 1 Esslöffel gehackter Petersilie bestreuen.

Rigatoni mit Tomatensauce

Abwandlung 2:
Für einen Risotto mit Champignons zusätzlich 300 g geputzte, in Scheiben geschnittene Champignons mit den Zwiebelwürfeln in der Butter andünsten. Den Reis hinzufügen, mit 3 Esslöffeln Weißwein ablöschen, Brühe hinzugießen und wie oben angegeben garen. Zuletzt 1 Esslöffel geriebenen Greyerzer-Käse unterrühren, nochmals mit Salz abschmecken und mit 1 Esslöffel Schnittlauchröllchen bestreut servieren.

Abwandlung 3:
Für einen Mailänder Risotto 125 ml ($^1/_8$ l) Weißwein und 1 Messerspitze gemahlenen Safran zum glasig gedünsteten Reis geben, im offenen Topf zum Kochen bringen und bei schwacher Hitze etwa 20 Minuten garen. Wenn die Flüssigkeit verkocht ist, nach und nach etwa 500 ml ($^1/_2$ l) Gemüsebrühe hinzugießen. 30 g geriebenen Parmesan-Käse mit 1–2 Esslöffeln Crème fraîche verrühren und unter den fertigen Risotto mischen. Mit Salz und Pfeffer abschmecken.

Risotto grün und rot

Risotto grün und rot

Risotto rosso verde

4 Portionen

1 Zwiebel, 1 Knoblauchzehe
4 EL Speiseöl
400 g Rundkornreis oder Risottoreis
250 ml ($^1/_4$ l) kochende Fleischbrühe

Für den grünen Reis:
500 g Spinat
Salz
150 g ausgepalte, frische Erbsen
3 EL Wasser
1 EL Butter
frisch gemahlener Pfeffer

Für den roten Reis:
1 Fleischtomate
1 rote Paprikaschote
3 EL Speiseöl

40 g Butter, 40 g Parmesan-Käse

Zubereitungszeit: 55 Minuten

Pro Portion:
E: 16 g, F: 35 g, Kh: 87 g, kJ: 3065, kcal: 733

Raffiniert

1. Zwiebel und Knoblauch abziehen, in kleine Würfel schneiden. Speiseöl in einem Topf erhitzen. Zwiebel- und Knoblauchwürfel darin andünsten. Reis hinzugeben und kurz mit andünsten. Nach und nach die Brühe hinzugießen. Den Reis nach Packungsanleitung garen, eventuell noch etwas Wasser oder Brühe hinzufügen. Der Reis soll weich, jedoch nicht klebrig sein, warm stellen.
2. Für den grünen Reis Spinat verlesen, gründlich waschen und in kochendem Salzwasser so lange blanchieren, bis er zusammenfällt, Spinat abtropfen lassen. Erbsen etwa 5 Minuten in Wasser und Butter dünsten. Spinat und die Hälfte der Erbsen pürieren. Das Püree und die Erbsen mit der Hälfte des Reis vermengen und danach mit Salz und Pfeffer würzen.
3. Für den roten Reis Tomate waschen, kreuzweise einschneiden und einige Sekunden in kochendes Wasser legen. Tomate kurz in kaltes Wasser legen, enthäuten, halbieren, entkernen und den Stängelansatz herausschneiden. Tomatenhälften in Würfel schneiden. Paprika halbieren, entstielen, entkernen und die weißen Scheidewände entfernen. Schote waschen, abtropfen lassen und klein würfeln.
4. Das Speiseöl in einem Topf erhitzen, Gemüsewürfel darin andünsten und unter den restlichen Reis mengen, mit Salz und Pfeffer würzen. Butter und Parmesan-Käse unter den grünen und roten Reis ziehen.
5. Den grünen und roten Reis auf einem Teller anrichten.

Risotto mit Hähnchenbrust

Risotto con striscette di petto di pollo

4 Portionen

1 Zwiebel, 1 Knoblauchzehe
2 EL Olivenöl, 250 g Risottoreis
750 ml (3/4 l) Hühnerbrühe
1 große, gelbe Paprikaschote
2 Hähnchenbrustfilets (etwa 400 g)
2 EL Olivenöl, Salz
200 g Schmand (Sauerrahm)
2 Msp. Safran
125 ml (1/8 l) heiße Hühnerbrühe
10 schwarze Oliven, ohne Stein
frisch gemahlener Pfeffer

Zubereitungszeit: 35 Minuten

Pro Portion:
E: 30 g, F: 28 g, Kh: 56 g,
kJ: 2504, kcal: 592

Für Gäste

1. Zwiebel und Knoblauch abziehen, in kleine Würfel schneiden. Olivenöl in einem Topf erhitzen. Zwiebel- und Knoblauchwürfel darin andünsten. Reis hinzufügen und kurz mit andünsten. Hühnerbrühe nach und nach hinzugießen, zum Kochen bringen und zugedeckt nach Packungsanleitung garen.
2. Paprika vierteln, entstielen, entkernen und die weißen Scheidewände entfernen. Paprikaviertel waschen, abtropfen lassen und in große Stücke schneiden. Paprikastücke etwa 5 Minuten vor Ende der Garzeit zum Risottoreis geben und mitgaren lassen.
3. Hähnchenbrustfilet unter fließendem kalten Wasser abspülen, trockentupfen, längs vierteln und in Streifen schneiden.
4. Das Olivenöl in einer Pfanne erhitzen. Fleischstreifen darin in 2 Portionen gut anbraten, mit Salz bestreuen und herausnehmen.
5. Schmand und Safran in den Bratenfond rühren, Brühe hinzugießen, zum Kochen bringen und unter den Risottoreis rühren. Oliven evtl. in Spalten schneiden.
6. Die Fleischstreifen und Olivenspalten unter den Risottoreis rühren. Mit Salz und Pfeffer abschmecken.

Risotto mit Lachs

Risotto al salmone

4 Portionen

1 Zwiebel
1 Knoblauchzehe
400 g Lachsfilet
Zitronensaft
Salz
2 EL Wermut
30 g Butter
200 g Rundkornreis oder Risottoreis
1 Dose (0,2 g) Safran
125 ml (1/8 l) Weißwein
500 ml (1/2 l) heiße Gemüse- oder Hühnerbrühe
frisch gemahlenem Pfeffer
2 EL gehackter Petersilie

Zubereitungszeit: 30 Minuten, ohne Durchziehzeit

Pro Portion:
E: 23 g, F: 13 g, Kh: 41 g,
kJ: 1684, kcal: 403

Mit Alkohol

1. Zwiebel und Knoblauch abziehen, in kleine Würfel schneiden. Lachsfilet unter fließendem kalten Wasser abspülen, trockentupfen und in große Würfel schneiden. Lachswürfel zuerst mit Zitronensaft beträufeln, dann mit Salz bestreuen und zuletzt Wermut darauf verteilen. Die Lachswürfel zugedeckt etwas durchziehen lassen.
2. Butter in einem Topf zerlassen. Reis hinzugeben, mit Safran und Wein verrühren und zum Kochen bringen. Brühe nach und nach hinzugießen. Den Reis nach Packungsanleitung bissfest garen.
3. Lachswürfel auf den Reis legen und zugedeckt etwa 5 Minuten nachziehen lassen.
4. Risotto mit Lachs mit Pfeffer und Petersilie bestreuen und danach sofort servieren.

Risotto mit Tomaten

Risotto al pomodoro

4 Portionen

2 Zwiebeln
5 EL Speiseöl
3 Tomaten
250 g Rundkornreis oder Risottoreis
500 ml (1/2 l) Tomatensaft
(aus der Dose)
250 ml (1/4 l) heiße Fleischbrühe
Salz
frisch gemahlener Pfeffer
gerebelter Oregano
50 g geriebener Emmentaler-Käse

Zubereitungszeit: 30 Minuten

Pro Portion:
E: 9 g, F: 17 g, Kh: 54 g,
kJ: 1735, kcal: 415

Einfach – schnell

1. Die Zwiebeln abziehen und in kleine Würfel schneiden. Speiseöl in einem Topf erhitzen, Zwiebelwürfel darin andünsten. Tomaten waschen, kreuzweise einschneiden und einige Sekunden in kochendes Wasser legen. Die Tomaten kurz in kaltes Wasser legen, enthäuten, halbieren, entkernen und die Stängelansätze herausschneiden. Tomatenhälften in Würfel schneiden, zu den Zwiebelwürfeln geben und mitdünsten lassen.
2. Reis hinzugeben und unter Rühren leicht glasig dünsten lassen. Tomatensaft und Brühe nach und nach hinzugießen, mit Salz, Pfeffer und Oregano würzen. Den Reis zugedeckt nach Packungsanleitung garen, eventuell noch etwas Wasser hinzufügen. Käse unter den Reis rühren.

Tipp:
Risotto mit Tomaten zu kurz gebratenem Fleisch oder Fisch oder mit einem gemischten Salat als vegetarisches Gericht servieren.

Risotto mit Tomaten

Risotto nach Kartäuser Art

Risotto nach Kartäuser Art

Risotto alla certosina

4 Portionen

1 kleine Zwiebel
1 Bund gewaschene Petersilie
1 Stange gewaschener Porree (Lauch)
500 g große Garnelen
(ohne Kopf und mit Schale)
750 ml (3/4 l) Wasser
1 Lorbeerblatt
100 g Butter
2 EL Olivenöl
350 g Rundkornreis
Salz
frisch gemahlener Pfeffer
1 Knoblauchzehe
vorbereitete Basilikumblättchen

Zubereitungszeit: 60 Minuten
Garzeit: etwa 35 Minuten

Pro Portion:
E: 26 g, F: 28 g, Kh: 69 g,
kJ: 2684, kcal: 642

Klassisch – etwas teurer

1. Die Zwiebel abziehen und halbieren. Petersilie abspülen und trockentupfen. Dann Porree putzen, die Stange längs halbieren. Porree waschen, abtropfen lassen und in Stücke schneiden.
2. Die Garnelen abspülen und abtropfen lassen. Das Wasser in einem Topf zum Kochen bringen. Garnelen, Zwiebelhälfte, Petersilie, Porreestücke und Lorbeerblatt hinzufügen, wieder zum Kochen bringen und einige Minuten kochen lassen. Garnelen mit einer Schaumkelle herausnehmen und abkühlen lassen.
3. Garnelen schälen und das Fleisch beiseite legen. Die Schalen in einem Mörser zerstoßen, in den Kochsud zurückgeben und bei schwacher Hitze etwa 15 Minuten leicht weiterkochen. Anschließend die Brühe durch ein feines Sieb gießen.
4. 3 Esslöffel Butter in einem Topf zerlassen, Olivenöl miterhitzen. Restliche Zwiebelhälfte in kleine Würfel schneiden und in dem Butteröl goldgelb rösten.
5. Etwa drei Viertel der Brühe zu den Zwiebelwürfeln geben, zum Kochen bringen. Den Reis hinzufügen. Mit Salz und Pfeffer würzen. Knoblauch durch eine Knoblauchpresse drücken und zum Reis geben. Den Reis zugedeckt etwa 20 Minuten bei schwacher Hitze kochen lassen.
6. Restliche Butter unter den Reis geben und in einer Schüssel anrichten. Die Garnelen darauf verteilen und mit Basilikum garnieren.

Risotto-Salat

Insalata di riso con salsa di spinaci

4 Portionen

300 g Möhren
3 Zwiebeln
1–2 Knoblauchzehen
3 EL Olivenöl
170 g Risottoreis (z. B. Arborio)
400 ml heiße Gemüsebrühe

Für die Sauce:
100 ml Gemüsebrühe
3 EL Weißweinessig
Salz, frisch gemahlener Pfeffer
3 EL Olivenöl
1 Bund Radieschen
100 g gehackter TK-Blattspinat (Minis)

Zubereitungszeit: 40 Minuten,
ohne Abkühlzeit
Garzeit: etwa 20 Minuten

Pro Portion:
E: 6 g, F: 16 g, Kh: 39 g,
kJ: 1350, kcal: 323

Vegetarisch

1. Möhren putzen, schälen, waschen, abtropfen lassen und in Scheiben schneiden. Zwiebeln abziehen, halbieren und in Streifen schneiden. Knoblauch abziehen und in Scheiben schneiden.

Risotto-Salat

2. Olivenöl in einem Topf erhitzen. Reis, Zwiebelstreifen und Knoblauchscheiben darin andünsten. Etwas Gemüsebrühe hinzugießen. Den Reis zugedeckt etwa 5 Minuten bei schwacher Hitze garen. Dann Möhrenscheiben hinzugeben und zugedeckt noch etwa 15 Minuten garen. Während der Garzeit die restliche Brühe und evtl. etwas Wasser nach und nach hinzugießen.
3. Für die Sauce Brühe mit Essig, Salz und Pfeffer verrühren. Olivenöl unterschlagen.
4. Radieschen putzen, dabei die kleinen, zarten Blätter beiseite legen. Radieschen waschen, trockentupfen und in Scheiben schneiden. Die Radieschenblättchen waschen, trockentupfen und in kleine Stücke zupfen.
5. Den unaufgetauten Spinat unter den Risottoreis heben. Den Topf von der Kochstelle nehmen. Den Risottoreis lauwarm abkühlen lassen, dabei zwischendurch umrühren, damit der Spinat auftaut.
6. Radieschenscheiben und die Sauce unter den Risottoreis heben. Den Salat mit Salz und Pfeffer würzen und mit den Radieschenblättern garnieren.

Tipp:
Da sich die Radieschenscheiben schnell verfärben, sie erst kurz vor dem Verzehr unterheben und den Salat sofort servieren.

Roastbeef

Roastbeef marinato al Porto

4 Portionen

Für die Marinade:
5 EL Portwein, 2 EL Zitronensaft
2 TL Kapern, 2 EL Olivenöl
Salz, frisch gemahlener Pfeffer
8 Scheiben Roastbeef (etwa 150 g)

Zubereitungszeit: 20 Minuten, ohne Marinierzeit

Pro Portion:
E: 9 g, F: 7 g, Kh: 2 g,
kJ: 494, kcal: 118

Dauert länger – mit Alkohol

1. Für die Marinade den Portwein mit Zitronensaft und Kapern in einer flachen Schale verrühren, Olivenöl unterschlagen. Mit Salz und Pfeffer würzen.
2. Roastbeefscheiben in die Marinade legen und etwa 2 Stunden marinieren.
3. Roastbeef in der Marinade servieren.

Beilage:
Weißbrot.

Roastbeef

Römische Bohnen

Spezzatino di manzo con fagiolini

4 Portionen

500 g Rindfleisch
3 EL Speiseöl
Salz
frisch gemahlener Pfeffer
250 g Zwiebeln
125 ml (1/8 l) Fleischbrühe
750 g grüne Bohnen
2 Fleischtomaten

Zubereitungszeit: 45 Minuten
Garzeit: etwa 60 Minuten

Pro Portion:
E: 30 g, F: 19 g, Kh: 10 g,
kJ: 1380, kcal: 328

Gut vorzubereiten

1. Rindfleisch unter fließendem kalten Wasser abspülen, trockentupfen und in Würfel schneiden. Speiseöl in einem Topf erhitzen. Die Fleischwürfel darin von allen Seiten anbraten, mit Salz und Pfeffer bestreuen.
2. Zwiebeln abziehen, halbieren, in Scheiben schneiden, zu den Fleischwürfeln geben und kurz mit anbraten. Brühe hinzugießen, zum Kochen bringen und zugedeckt etwa 15 Minuten schmoren lassen.
3. Von den Bohnen die Enden abschneiden, eventuell abfädeln. Die Bohnen waschen, abtropfen lassen, in Stücke schneiden und zum Fleisch geben. Mit Salz und Pfeffer würzen. Den Bohnentopf etwa 45 Minuten garen, eventuell noch etwas Brühe hinzugießen.
4. Tomaten waschen, kreuzweise einschneiden und einige Sekunden in kochendes Wasser legen. Tomaten kurz in kaltes Wasser legen, enthäuten, halbieren, entkernen und die Stängelansätze herausschneiden. Tomaten in Würfel schneiden und etwa 10 Minuten vor Ende der Garzeit zum Bohnen-Fleisch-Topf geben.

Beilage: Pellkartoffeln, Kroketten, Kartoffelplätzchen.

Römische Bohnen

Römische Lammpfanne

Römische Lammpfanne

Spezzatino d'agnello al rosmarino ed origano

4 Portionen

750 g Lammfleisch aus der Keule (ohne Knochen)
2 Zwiebeln
4 Tomaten
3 EL Speiseöl
Salz
frisch gemahlener Pfeffer
2–3 EL Tomatenmark
2 Knoblauchzehen
125 ml (1/8 l) Rotwein
6 EL Schlagsahne
gerebelter Rosmarin
gerebelter Oregano
75 g frisch geriebener Parmesan-Käse

Zubereitungszeit: 75 Minuten
Garzeit: etwa 60 Minuten

Pro Portion:
E: 47 g, F: 27 g, Kh: 7 g,
kJ: 2002, kcal: 478

Gut vorzubereiten – dauert länger – mit Alkohol

1. Lammfleisch unter fließendem kalten Wasser abspülen, trockentupfen und in 2 x 2 cm große Würfel schneiden.
2. Zwiebeln abziehen und klein würfeln. Tomaten waschen, kreuzweise einschneiden und einige Sekunden in kochendes Wasser legen. Tomaten kurz in kaltes Wasser legen, enthäuten, halbieren, entkernen und die Stängelansätze herausschneiden. Tomaten in Würfel schneiden.
3. Das Speiseöl in einer Pfanne erhitzen, Fleischwürfel darin von allen Seiten anbraten, Zwiebelwürfel hinzufügen und glasig dünsten lassen. Mit Salz, Pfeffer und Tomatenmark würzen. Knoblauch abziehen, durch eine Knoblauchpresse drücken und unterrühren.
4. Rotwein hinzugießen. Die Zutaten zum Kochen bringen und zugedeckt etwa 60 Minuten garen. Etwa 15 Minuten vor Ende der Garzeit Tomatenwürfel und Sahne hinzugeben und erhitzen. Mit Salz, Pfeffer, Rosmarin und Oregano abschmecken. Die Lammpfanne mit Parmesan-Käse bestreut servieren.

Beilage:
Reis, Nudeln oder Käserisotto.

Tipp:
Mit den Tomatenwürfeln einige Zucchinischeiben hinzugeben. Sie können dieses Gericht auch mit ausgelöstem Lammrückenfilet zubereiten.

Römische Zucchini

Zucchine alla romana

4 Portionen

1 Zwiebel, 1 Knoblauchzehe
1 EL Sonnenblumenöl
500 g Tomaten
1 EL gehackte Oreganoblättchen
Meersalz, frisch gemahlener Pfeffer
500 g kleine Zucchini
2 EL Semmelbrösel
2 EL gehackte Petersilie
1 EL fein geschnittener Schnittlauch
1 EL fein gehackter Dill
40 g geriebener Parmesan-Käse
6 EL Schlagsahne

Zubereitungszeit: 60 Minuten
Garzeit: etwa 20 Minuten

Pro Portion:
E: 7 g, F: 11 g, Kh: 12 g,
kJ: 759, kcal: 181

Vegetarisch

1. Für die Sauce Zwiebel und Knoblauch abziehen, in kleine Würfel schneiden. Sonnenblumenöl in einer feuerfesten Form erhitzen. Zwiebel- und Knoblauchwürfel darin andünsten.
2. Tomaten waschen, kreuzweise einschneiden und einige Sekunden in kochendes Wasser legen. Tomaten kurz in kaltes Wasser legen, enthäuten, halbieren, entkernen und die Stängelansätze herausschneiden. Tomatenhälften grob zerkleinern, mit den Oreganoblättchen zu den Zwiebel- und Knoblauchwürfeln geben. Mit Salz und Pfeffer würzen. Die Zutaten so lange dünsten, bis eine dickliche Sauce entstanden ist.
3. Von den Zucchini die Enden abschneiden, Zucchini waschen, abtrocknen, längs halbieren und mit Salz bestreuen. Semmelbrösel mit Petersilie, Schnittlauch, Dill, Käse und Sahne zu einer streichfähigen Masse verrühren und auf den Zucchinihälften verteilen.
4. Zucchinihälften nebeneinander in die Tomatensauce setzen. Die Form auf dem Rost in den vorgeheizten Backofen schieben.
Ober-/Unterhitze: etwa 200 °C
Heißluft: etwa 180 °C
Garzeit: etwa 20 Minuten.

Beilage: Vollkornreis.

Römische Zucchini

Rotweincreme
Rossumada (Crema di vino rosso)
4 Portionen

2 Eiweiß (Größe M)
5 Eigelb (Größe M)
120 g Zucker, 1 Prise Zimt
300 ml Rotwein

50 g Raspelschokolade

Zubereitungszeit: 20 Minuten, ohne Kühlzeit

Pro Portion:
E: 7 g, F: 11 g, Kh: 38 g, kJ: 1353, kcal: 323

Einfach – mit Alkohol

1. Eiweiß steif schlagen. Eigelb, Zucker und Zimt in einer Schüssel im warmen Wasserbad mit Handrührgerät mit Rührbesen schaumig schlagen. Nach und nach unter ständigem Schlagen Rotwein hinzugießen. So lange weiterschlagen, bis die Creme anfängt fest zu werden. Danach Eischnee unterheben.
2. Die Creme in Portionsgläser füllen und kalt stellen. Mit Raspelschokolade bestreut servieren.

Tipp:
Nur ganz frische Eier verwenden, die nicht älter als 5 Tage sind (Legedatum beachten!).

Rucola mit Parmesan

Rucola mit Parmesan
Insalata di rucola pomodorini e parmigiano
4 Portionen

30 g Pinienkerne
125 g Rucola (Rauke)
200 g Cocktailtomaten
30 g Parmesan-Käse

Für die Sauce:
2–3 EL Balsamico-Essig
1/2 TL flüssiger Honig, 5 EL Olivenöl
Salz, frisch gemahlener Pfeffer

Zubereitungszeit: 25 Minuten, ohne Abkühlzeit

Pro Portion:
E: 5 g, F: 19 g, Kh: 3 g, kJ: 849, kcal: 203

Einfach

1. Pinienkerne in einer Pfanne ohne Fett goldbraun rösten und erkalten lassen.
2. Rucola verlesen, dicke Stängel abschneiden. Rucola waschen, trockentupfen oder trockenschleudern. Größere Blätter einmal durchschneiden. Cocktailtomaten waschen, abtrocknen, halbieren oder vierteln, eventuell Stängelansätze entfernen. Parmesan-Käse hobeln.
3. Für die Sauce Essig mit Honig verrühren. Olivenöl unterschlagen. Mit Salz und Pfeffer würzen.
4. Rucola auf einer Platte anrichten, Tomaten darauf verteilen und mit der Salatsauce beträufeln. Pinienkerne und Käse daraufstreuen.

Tipp:
Den Salat als Vorspeise, als Beilage zu Grillgerichten, zu kurz gebratenem Fleisch oder zu Risotto servieren.

Schnelles Buffet
12–15 Personen

Rucola mit Parmesan 2 x (Seite 230)
Staudensellerie mit Gorgonzola und Feigensenf 1 x (Seite 272)
Gebratene Mandeln und Oliven 1 x (Seite 73)
Chicoree-Hähnchen-Gratin 3 x (Seite 44)

Zusätzlich:
Italienischen Käse und italienische Wurst von der Frischetheke extra besorgen wie z.B. Mortadella, Salami, Taleggio, Parmesan u.ä.
1 kg Erdbeeren mit 500 g Mascarpone

Rumpsteak Pizzaiola

Rumpsteak Pizzaiola

Costata di bue alla pizzaiola

4 Portionen

4 Rumpsteaks (je etwa 200 g, etwa 2 cm dick)
3 EL Olivenöl
Salz
frisch gemahlener Pfeffer
3 Knoblauchzehen
1 Dose pürierte Tomaten mit Saft (400 g)
evtl. Kapern
evtl. getrockneter Oregano

Zubereitungszeit: 40 Minuten, ohne Ruhezeit

Pro Portion:
E: 46 g, F: 17 g, Kh: 3 g, kJ: 1447, kcal: 344

Schnell

1. Rumpsteaks kurz unter fließendem kalten Wasser abspülen, trockentupfen und jeweils den Fettrand etwas einschneiden.
2. Olivenöl in einer Pfanne erhitzen. Rumpsteaks von beiden Seiten in etwa 6 Minuten darin braten. Rumpsteaks herausnehmen, mit Salz und Pfeffer bestreuen und auf eine vorgewärmte Platte legen. Rumpsteaks zugedeckt im vorgeheizten Backofen ruhen lassen.
   Ober-/ Unterhitze: etwa 80 °C
   Heißluft: etwa 60 °C
   Ruhezeit: 20 Minuten
3. Knoblauch abziehen, durch eine Knoblauchpresse drücken und zum Bratensatz geben. Tomatenpüree mit dem Saft hinzufügen, zum Kochen bringen und unter gelegentlichen Rühren etwas einkochen lassen. Nach Belieben Kapern und Oregano unterrühren.
4. Rumpsteaks mit der Sauce anrichten und sofort servieren.

Beilage:
Nudeln oder Gnocchi.

Salat mit Walnusskernen

Salat mit Walnusskernen

Insalata con noci

4 Portionen

4 Stangen Staudensellerie
1 Kopf Endiviensalat
25 g Walnusskerne
4 hart gekochte Eier
100 g Tunfisch (aus der Dose)
4 Sardellenfilets

Für die Sauce:

1 EL Zitronensaft
1 TL Weißweinessig
3 EL Olivenöl
Salz
frisch gemahlener Pfeffer

Zubereitungszeit: 20 Minuten

Pro Portion:
E: 16 g, F: 22 g, Kh: 3 g,
kJ: 1151, kcal: 276

Schnell

1. Sellerie putzen und die harten Außenfäden abziehen. Sellerie waschen, abtropfen lassen und in etwa 1 cm große Stücke schneiden.
2. Endiviensalat putzen, von den Blättern die oberen grünen Teile entfernen. Blätter klein schneiden. Das Herz des Salates ganz lassen und senkrecht zuerst in Viertel und dann quer in Streifen schneiden. Salat gut waschen und trockentupfen oder -schleudern. Salat in eine Schüssel legen, Selleriestücke darauf verteilen.
3. Walnusskerne hacken. Eier pellen und in Scheiben schneiden. Tunfisch abtropfen lassen und mit einer Gabel zerzupfen. Walnusskerne, Eierscheiben und Tunfisch auf dem angerichteten Salat verteilen. Mit den zu Röllchen gedrehten Sardellen garnieren.
4. Für die Sauce Zitronensaft und Essig gut verrühren, Olivenöl unterschlagen. Mit Salz und Pfeffer würzen. Die Sauce über den Salat träufeln, sofort servieren.

Beilage: Ofenfrisches Baguette.

Salat von Sardellenfilets

Acciughe allo scalogno e olive

4 Portionen

1 Glas Sardellenfilets (Abtropfgewicht 180 g)
je 1 Glas grüne und schwarze Oliven ohne Stein (Abtropfgewicht je 170 g)
1 Bund Schnittlauch
2 Schalotten
4 EL (40 ml) Olivenöl
frisch gemahlener Pfeffer
Saft von 1 Limette

Zubereitungszeit: 30 Minuten

Pro Portion:
E: 11 g, F: 32 g, Kh: 4 g,
kJ: 1463, kcal: 349

Gut vorzubereiten

1. Sardellenfilets abtropfen lassen, eventuell kurz unter kaltem Wasser abspü-

Salat von Sardellenfilets

len. Jedes Filet in drei Stücke schneiden. Beide Olivensorten in einem Sieb abtropfen lassen und in Scheiben schneiden.

2. Schnittlauch abspülen, trockentupfen und in Röllchen schneiden. Schalotten abziehen und in Würfel schneiden.
3. Sardellenstücke mit Olivenscheiben, Schnittlauchröllchen, Zwiebelwürfeln und Öl in einer Schüssel mischen. Mit Pfeffer bestreuen. Limettensaft unterrühren.

Beilage:
Aufgebackenes warmes Ciabatta-Brot.

Saltimbocca alla romana

Kalbsschnitzel auf römische Art

4 Portionen

4 dünne Scheiben Kalbfleisch
(je etwa 100 g, aus der Keule)
4 Salbeiblätter
4 Scheiben Parmaschinken
Salz
frisch gemahlener Pfeffer
20 g Weizenmehl
2–3 EL Speiseöl (z.B. Sonnenblumenöl)

Für die Sauce:
125 ml (1/8 l) Weißwein
oder Wermut
125 g Crème Double oder Sahne
Zucker

Außerdem:
Holzstäbchen

Zubereitungszeit: 25 Minuten
Garzeit: 6–10 Minuten

Pro Portion:
E: 25 g, F: 20 g, Kh: 7 g,
kJ: 1401, kcal: 336

Saltimbocca alla romana

Schnell – mit Alkohol

1. Kalbfleisch unter fließendem kalten Wasser abspülen und trockentupfen. Salbeiblätter abspülen und trockentupfen. Kalbfleischscheiben mit je einer Scheibe Parmaschinken und 1 Salbeiblatt belegen, zusammenklappen und mit einem Holzstäbchen feststecken. Das Fleisch von beiden Seiten mit Salz und Pfeffer bestreuen und in Mehl wenden.
2. Speiseöl in einer Pfanne erhitzen. Das Fleisch von jeder Seite 3–5 Minuten braten. Das Fleisch herausnehmen, auf einer vorgewärmten Platte anrichten und zugedeckt warm stellen.
3. Für die Sauce den Bratensatz mit Wein oder Wermut loskochen und etwas einkochen lassen (reduzieren). Crème double oder Sahne unterrühren. Die Sauce erhitzen. Mit Salz, Pfeffer und Zucker abschmecken.
4. Den aus dem Fleisch ausgetretenen Fleischsaft unterrühren. Die Sauce auf dem Fleisch verteilen.

Tipp:
Statt Kalbfleisch können auch Schweine- oder Putenschnitzel verwendet werden.

Beilage:
Mit einem Döschen Safran (0,2 g) gekochter Reis oder Tomatenspaghetti.

Sandwichtoast
Tramezzino tostato
10 Portionen

125 g Rucola (Rauke)
100 g getrocknete Tomaten, in Öl eingelegt
2 kleine, rote Zwiebeln
2 Pck. (je 150 g) Ziegenfrischkäse
20 Scheiben Sandwichtoast

Zubereitungszeit: 50 Minuten

Pro Portion:
E: 9 g, F: 11 g, Kh: 39 g, kJ: 1232, kcal: 295

Raffiniert – einfach

1. Rucola waschen, trockentupfen und grob zerkleinern. Tomaten in einem Sieb abtropfen lassen und in kleine Würfel schneiden. Zwiebel abziehen, dünne Scheiben schneiden.
2. Rucola und Tomatenwürfel mit dem Frischkäse verrühren. Die Hälfte der Toastscheiben damit bestreichen. Zwiebelscheiben darauf verteilen, die restlichen Toastscheiben darauflegen und leicht andrücken.
3. Die belegten Toastscheiben nacheinander in den vorgeheizten Sandwichtoaster (gefettet) legen und jeweils etwa 5 Minuten toasten.
4. Sandwichtoasts diagonal halbieren und warm stellen.

Sardellen, eingelegt
Acciughe condite
4 Portionen

200 g Sardellenfilets (frisch oder in Salz oder Öl konserviert)
2 EL Zitronensaft
1 Bund glatte Petersilie
3–4 Knoblauchzehen
100 ml Olivenöl

Zubereitungszeit: 25 Minuten, ohne Marinier- und Durchziehzeit

Pro Portion:
E: 10 g, F: 26 g, Kh: 1 g, kJ: 1155, kcal: 276

Klassisch

1. Sardellenfilets unter fließendem kalten Wasser abspülen, trockentupfen und in eine flache Schale legen, mit Zitronensaft beträufeln und 3–4 Stunden marinieren.
2. Petersilie abspülen und trockentupfen. Die Blättchen von den Stängeln zupfen. Knoblauch abziehen.
3. Sardellenfilets aus der Marinade nehmen, mit den Petersilienblättchen und Knoblauchzehen in ein vorbereitetes Glas schichten. Anschließend Olivenöl hinzugießen, so dass alle Zutaten gut bedeckt sind.
4. Sardellenfilets kalt gestellt einige Tage durchziehen lassen.

Tipp:
Eingelegte Sardellen mit Brot als Vorspeise servieren.

Sardellen, frittiert

Acciughe fritte

4 Portionen

600 g küchenfertige, frische Sardellen
Salz
2 Eier (Größe M)

Zum Ausbacken:
1 l Olivenöl

2 Zitronen

Zubereitungszeit: 45 Minuten

Pro Portion:
E: 20 g, F: 20 g, Kh: 13 g,
kJ: 1329, kcal: 317

Preiswert

1. Sardellen von innen und außen unter fließendem kalten Wasser abspülen und trockentupfen. Sardellen von innen und außen mit Salz einreiben.
2. Zum Ausbacken Olivenöl in einem Topf auf etwa 180 °C erhitzen.
3. Eier in einer flachen Schüssel verschlagen. Sardellen durch die Eiermasse ziehen und am Schüsselrand abstreifen. Sardellen in dem siedenden Olivenöl in etwa 2 Minuten von beiden Seiten ausbacken.
4. Zitronen heiß abwaschen, abtrocknen und in Scheiben schneiden. Die Sardellen auf einer Platte mit den Zitronenscheiben anrichten.

Tipp:
Sardellen mit Mehl bestäuben und in einer Pfanne in erhitztem Speiseöl etwa 2 Minuten braten.

Sardinen auf sizilianische Art

Acciughe alla siciliana

4 Portionen

800 g küchenfertige, frische Sardinen
Salz, frisch gemahlener Pfeffer
Zitronensaft
2 EL Weizenmehl
125 ml (1/8 l) Olivenöl
1 kleine Zwiebel
1/4 rote Paprikaschote
1/4 grüne Paprikaschote
5 schwarze Oliven
5 grüne Oliven
1 Knoblauchzehe
1 EL gehackte Petersilie
gerebelter Oregano

Zubereitungszeit: 35 Minuten
Garzeit: Sardinen etwa 10 Minuten, Gemüse etwa 5 Minuten

Pro Portion:
E: 32 g, F: 47 g, Kh: 6 g,
kJ: 2387, kcal: 570

Für Gäste

1. Sardinen unter fließendem kalten Wasser abspülen und trockentupfen. Mit Salz und Pfeffer bestreuen, mit Zitronensaft beträufeln und mit Mehl bestäuben.
2. Etwa 100 ml Olivenöl in einer großen Pfanne erhitzen, Sardinen darin von beiden Seiten etwa 10 Minuten braten, herausnehmen und warm stellen.
3. Die Zwiebel abziehen und in Streifen schneiden. Von den Paprikavierteln die Kerne und weißen Scheidewände entfernen. Paprikaviertel waschen, trockentupfen und in Streifen schneiden. Oliven abtropfen lassen, vierteln und entkernen. Knoblauch abziehen und durch eine Knoblauchpresse drücken.
4. Restliches Olivenöl in der Pfanne erhitzen. Zwiebel-, Paprikastreifen und Olivenviertel darin etwa 5 Minuten dünsten. Mit Knoblauch, Salz, Pfeffer, Petersilie und Oregano würzen und auf den Sardinen verteilen.

Sardinen auf silzilianische Art

Sardinen, eingelegt

Acciughe marinate

4 Portionen

4 küchenfertige Sardinen
(je etwa 100 g)
1 EL Speiseöl
2 Knoblauchzehen
1 Schalotte
1 kleine rote Chilischote
2 EL Zitronensaft
1 EL gehackte Petersilie
4 EL Olivenöl

Zubereitungszeit: 15 Minuten, ohne Marinierzeit

Pro Portion:
E: 20 g, F: 16 g, Kh: 1 g,
kJ: 930, kcal: 222

Gut vorzubereiten

1. Sardinen von innen und außen unter fließendem kalten Wasser abspülen und trockentupfen.
2. Speiseöl in einer Pfanne erhitzen. Sardinen darin von beiden Seiten 2-3 Minuten braten, herausnehmen, auf Küchenpapier legen und abtropfen lassen.
3. Knoblauch und Schalotte abziehen. Chilischote waschen und trockentupfen. Knoblauch, Schalotte und Chilischote in sehr kleine Würfel schneiden.
4. Zitronensaft mit Petersilie, Knoblauch-, Schalotten- und Chiliwürfeln verrühren. Olivenöl unterschlagen.
5. Sardellen in eine flache Schale legen, mit der Marinade übergießen und 2–3 Stunden marinieren.

Sauce Neapolitanische Art

Ragù alla bolognese con prosciutto e basilico

4 Portionen

75 g roher Schinken
75 g durchwachsener Speck
1 Knoblauchzehe
1 Zwiebel
2 Möhren
1 kleiner Knollensellerie
2 EL Speiseöl
20 g Butter oder Margarine
1 EL gehackte Petersilie
1 EL gehackte Basilikumblättchen
250 g Gehacktes (halb Rind-, halb Schweinefleisch)
750 g Tomaten
Salz
frisch gemahlener Pfeffer

Zubereitungszeit: 35 Minuten

Pro Portion:
E: 21 g, F: 26 g, Kh: 9 g,
kJ: 1493, kcal: 356

Klassisch

1. Schinken und Speck in kleine Würfel schneiden. Knoblauch und Zwiebel abziehen, ebenfalls klein würfeln. Möhren und Sellerie putzen, schälen, waschen, abtropfen lassen und in kleine Stücke schneiden.
2. Speiseöl in einer Pfanne erhitzen, Butter oder Margarine hinzufügen. Schinken-, Speck-, Knoblauch- und Zwiebelwürfel darin andünsten. Möhren- und Selleriestücke mitdünsten lassen. Petersilie und Basilikumblättchen unterrühren.
3. Gehacktes hinzufügen und etwa 5 Minuten mitschmoren lassen, dabei die Fleischklümpchen mit einer Gabel zerdrücken.
4. Tomaten waschen, kreuzweise einschneiden und einige Sekunden in kochendes Wasser legen. Tomaten kurz in kaltes Wasser legen, enthäuten, vierteln, entkernen und die Stängelansätze herausschneiden. Tomatenviertel unter die Hackfleischsauce rühren. Mit Salz und Pfeffer würzen. Die Sauce etwa 10 Minuten bei schwacher Hitze garen.

Beilage: Nudeln, z. B. Farfalle, Fettuccini, Tagliatelle, Penne.

Sauce Neapolitanische Art

Scampi mit Kräutern

Scampi mit Kräutern

Scampi alle erbe

4 Portionen

32 Scampi (ohne Kopf, ungeschält)
1 Bund Thymian
1 Bund Majoran
1 Bund Basilikum
4 Fleischtomaten
2 Zwiebeln
2 Knoblauchzehen
4 EL Speiseöl
Salz, frisch gemahlener Pfeffer
100 g Butter

Außerdem:
8 Metallspieße

Zubereitungszeit: 30 Minuten
Garzeit: etwa 8 Minuten

Pro Portion:
E: 16 g, F: 24 g, Kh: 7 g,
kJ: 1311, kcal: 312

Für Gäste – schnell

1. Scampi unter fließendem kalten Wasser abspülen, trockentupfen und auf vier Spieße stecken. Kräuter abspülen und trockentupfen. Die Blättchen von den Stängeln zupfen. Blättchen klein schneiden.
2. Tomaten waschen, kreuzweise einschneiden und einige Sekunden in kochendes Wasser legen. Tomaten kurz in kaltes Wasser legen, enthäuten, halbieren. Eine Tomate in schmale Spalten schneiden. Restliche Tomaten entkernen und die Stängelansätze herausschneiden. Tomatenhälften in Würfel schneiden. Zwiebeln und Knoblauchzehen abziehen, klein würfeln. Die Scampi mit den Tomatenspalten abwechselnd auf 8 Spieße stecken.
3. Speiseöl in einer Pfanne erhitzen, die Scampi darin von jeder Seite etwa 4 Minuten braten. Scampi mit Salz und Pfeffer bestreuen, herausnehmen und warm stellen.
4. Das Öl aus der Pfanne gießen und die Butter in der Pfanne zerlassen. Zwiebel- und Knoblauchwürfel darin dünsten. Tomatenwürfel hinzugeben und in der Butter schwenken, Kräuter hinzufügen. Mit Salz und Pfeffer abschmecken und auf den Scampi verteilen.

Beilage:
Ofenfrisches Baguette.

Scharfe Gemüsefrittata

Frittata di verdure piccanti

4 Portionen

je 1 rote und gelbe Paprikaschote
1 rote Zwiebel
1 Rispe Cocktailtomaten
(etwa 12 Tomaten)
1–2 rote Chilischoten
8 Eier (Größe M)
Salz, frisch gemahlener Pfeffer
2 EL Olivenöl, 1 Topf Basilikum

Zubereitungszeit: 20 Minuten
Garzeit: 25–30 Minuten

Pro Portion:
E: 16 g, F: 18 g, Kh: 8 g,
kJ: 1079, kcal: 257

1. Paprika halbieren, entstielen, entkernen und die weißen Scheidewände entfernen. Schotenhälften waschen, trockentupfen und grob würfeln. Zwiebel abziehen und klein würfeln.
2. Tomaten waschen, trockentupfen, halbieren und eventuell Stängelansätze entfernen. Die Chilischoten abspülen, trockentupfen und in feine Ringe schneiden.
3. Eier verschlagen und durch ein feines Sieb passieren. Mit Salz und Pfeffer würzen.
4. Olivenöl in einer großen Pfanne erhitzen. Paprikawürfel darin unter mehrmaligem Wenden leicht anbraten. Tomatenhälften hinzufügen und mit den verschlagenen Eiern übergießen. Die Pfanne auf dem Rost in den vorgeheizten Backofen schieben und die Frittata stocken lassen.
   Ober-/Unterhitze: etwa 160 °C
   Heißluft: etwa 140 °C
   Garzeit: 25–30 Minuten.
5. In der Zwischenzeit Baslikum abspülen und trockentupfen. Die Blättchen von den Stängeln zupfen.
6. Die fertige Frittata aus der Pfanne lösen, auf ein Küchenbrett stürzen und in Portionen teilen. Mit Basilikumblättchen bestreuen.

Scharfe Gemüsefrittata

Antipasti-Buffet

10 Personen

Mozzarellaspieße, bunt
2 x (Seite 162)
Frischkäse-Pesto-Kugeln
1 x (Seite 64)
Kräuter-Knoblauch-Oliven
1 x (Seite 128)
Brokkoli, sizilianisch 1 x (Seite 27)
Kartoffelsalat mit Pesto
1 x (Seite 123)
Scharfe Gemüsefrittata 1 x (in Rauten schneiden) (Seite 238)
Tramezzini mit Eiercreme
1 x (Seite 290)

Zusätzlich:
2 Olivenciabatta, 1 Bauernbrot

Schmorbraten Mailänder Art

Brasato di bue alla milanese

4 Portionen

1 kg Rindfleisch
100 g fetter Speck
2 EL Speiseöl
Salz, frisch gemahlener Pfeffer
1 Zwiebel
1 Stange Staudensellerie
1 Möhre, 4 Tomaten
3 Nelken
frisch geriebene Muskatnuss
150 ml Rotwein
125 ml (1/8 l) Fleischbrühe
evtl. etwas Weizenmehl

Zubereitungszeit: 25 Minuten
Garzeit: etwa 2 1/2 Stunden

Pro Portion:
E: 49 g, F: 21 g, Kh: 0 g,
kJ: 1628, kcal: 388

Schmorbraten Mailänder Art

Für Gäste – mit Alkohol

1. Rindfleisch unter fließendem kalten Wasser abspülen und trockentupfen. Speck in dicke Streifen schneiden. Das Rindfleisch damit spicken. Speiseöl in einem Bräter erhitzen. Rindfleisch darin von allen Seiten anbraten, mit Salz und Pfeffer bestreuen.
2. Zwiebel abziehen, zuerst in dünne Scheiben schneiden, dann in Ringe teilen. Sellerie putzen und die harten Außenfäden abziehen. Sellerie waschen, abtropfen lassen und in Scheiben schneiden. Möhre putzen, schälen, waschen, abtropfen lassen und in Scheiben schneiden.
3. Tomaten waschen, kreuzweise einschneiden und einige Sekunden in kochendes Wasser legen. Tomaten kurz in kaltes Wasser legen, enthäuten, halbieren, entkernen und die Stängelansätze herausschneiden. Tomatenhälften in Würfel schneiden.
4. Die vorbereiteten Gemüsezutaten zum Rindfleisch in den Topf geben und kurz anbraten. Nelken und Muskat hinzufügen. Rotwein hinzugießen und etwas ankochen lassen.
5. Nach und nach die Brühe hinzugeben. Das Rindfleisch zugedeckt bei sehr schwacher Hitze etwa 2 1/2 Stunden schmoren.
6. Das Rindfleisch mit dem Gemüse auf einer Platte anrichten.
7. Nach Belieben die Sauce mit Weizenmehl binden und dazureichen.

Beilage:
Spaghetti.

Schokoauflauf mit Amaretti

Sformato di cioccolato con amaretti

4 Portionen

200 g Zartbitter-Schokolade
100 g Amaretti (italienisches Makronengebäck)
4 Eier (Größe M)
50 g Zucker
100 g Schlagsahne
1 Prise Salz
30 g abgezogene, gehobelte Mandeln

Zubereitungszeit: 20 Minuten
Garzeit: etwa 45 Minuten

Pro Portion:
E: 14 g, F: 36 g, Kh: 57 g, kJ: 2555, kcal: 609

Für Gäste

1. Schokolade in Stücke brechen, in einem kleinen Topf im Wasserbad bei schwacher Hitze schmelzen und abkühlen lassen.
2. Amaretti in einen Gefrierbeutel geben, Beutel verschließen. Amaretti mit einer Teigrolle grob zerbröseln.
3. Eier trennen. Eigelb und 25 g Zucker mit Handrührgerät mit Rührbesen zu einer dicklichen Creme aufschlagen. Sahne unterrühren. Eiweiß mit Salz steif schlagen, dabei den restlichen Zucker nach und nach einrieseln lassen.
4. Die abgekühlte, flüssige Schokolade unter die Eigelbcreme rühren. Die Hälfte des Eischnees mit Handrührgerät mit Rührbesen unterrühren. Restlichen Eischnee und Amarettibrösel vorsichtig unterheben.
5. Die Masse in eine Auflaufform (gefettet) geben und mit Mandeln bestreuen. Die Form auf dem Rost in den vorgeheizten Backofen schieben.

Ober-/Unterhitze: etwa 160 °C
Heißluft: etwa 140 °C
Garzeit: etwa 45 Minuten.

Tipp:
Den Schokoladenauflauf mit Vanilleeis oder halbsteif geschlagener Vanillesahne servieren.
Achtung, der Auflauf fällt nach dem Backen etwas zusammen.

Schokoauflauf mit Amaretti

Schokoladencreme mit Rum

Crema di cioccolato al rum

4 Portionen

2 Blatt weiße Gelatine
100 g Zartbitter-Schokolade
1 Pck. Dr. Oetker Pudding-Pulver Schokoladen-Geschmack
500 ml ($^1/_2$ l) Milch
75 g Zucker
250 g Schlagsahne
4 EL Rum

Zubereitungszeit: 25 Minuten, ohne Abkühlzeit

Pro Portion:
E: 9 g, F: 33 g, Kh: 46 g,
kJ: 2263, kcal: 540

Für Gäste – mit Alkohol

1. Gelatine in kaltem Wasser nach Packungsanleitung einweichen. Schokolade in kleine Stücke brechen.
2. Pudding-Pulver mit etwas von der Milch und Zucker anrühren. Restliche Milch mit den Schokoladenstückchen in einem Topf unter Rühren zum Kochen bringen. Angerührtes Pudding-Pulver einrühren, unter Rühren zum Kochen bringen und gut aufkochen lassen. Den Topf von der Kochstelle nehmen.
3. Gelatine leicht ausdrücken und unter Rühren in dem heißen Pudding auflösen. Den Pudding sofort mit Klarsichtfolie zudecken und erkalten lassen.
4. Sahne steif schlagen. Den erkalteten Pudding nochmals gut durchrühren, Rum unterrühren und die Sahne unterheben. Schokoladencreme in Gläser füllen und fest werden lassen.

Tipp:
Die Schokoladencreme nach Belieben mit Raspelschokolade bestreuen. Für Kinder den Rum durch 4 Esslöffel Nuss-Nougat-Creme ersetzen.

Schokoladen-Tiramisu

Tiramisu al cioccolato

6 Portionen

200 g Zartbitter-Schokolade
250 g Schlagsahne
1 kleine Dose Aprikosenhälften (Abtropfgewicht 240 g)
100–125 g Löffelbiskuits
250 g Mascarpone (italienischer Frischkäse)
250 g Speisequark (Magerstufe)
150 g Naturjoghurt
1 Pck. Dr. Oetker Vanillin-Zucker
30 g Zucker

Zubereitungszeit: 25 Minuten, ohne Durchziehzeit

Pro Portion:
E: 14 g, F: 44 g, Kh: 47 g,
kJ: 2738, kcal: 654

Für Gäste

1. Schokolade in Stücke brechen, mit Sahne in einem kleinen Topf unter Rühren erwärmen, bis die Schokolade geschmolzen ist, abkühlen lassen.
2. Aprikosenhälften in einem Sieb abtropfen lassen, den Saft dabei auffangen. Löffelbiskuits in eine flache Form legen und mit etwas Aprikosensaft beträufeln.
3. Mascarpone, Quark, Joghurt, Vanillin-Zucker und Zucker mit der Schokosahne verrühren und auf den Löffelbiskuits verteilen. Aprikosenhälften evtl. nochmals halbieren und darauf verteilen. Tiramisu eine Zeit lang durchziehen lassen.

Tipp:
Nach Belieben die Aprikosen in Spalten schneiden und einen Teil davon mit einschichten.

Schokoladen-Tiramisu

Schokoladentorte

Torta di cioccolato

8 Portionen

Für den Teig:

200 g Zartbitter-Schokolade
200 ml Milch
abgeriebene Schale von 1 Bio-Zitrone (unbehandelt, ungewachst)
3 Eier (Größe M)
200 g Zucker
100 g zerlassene Butter

200 g Weizenmehl
2 EL Speisestärke
1 Pck. Dr. Oetker Backin

Für die Creme:

1 Eiweiß (Größe M)
2 EL Mascarpone (italienischer Frischkäse)
2 EL Zucker
3 EL flüssige Schlagsahne

Zubereitungszeit: 25 Minuten
Backzeit: etwa 30 Minuten

Pro Portion:

E: 9 g, F: 27 g, Kh: 61 g, kJ: 2197, kcal: 525

Raffiniert

Schokoladencreme mit Rum

1. Schokolade in Stücke brechen, mit der Hälfte der Milch in einem Topf unter Rühren erhitzen, bis die Schokolade geschmolzen ist. Etwas abkühlen lassen. Zitrone heiß abwaschen, abtrocknen und die Schale abreiben.
2. Eier mit Zucker in einer Rührschüssel geschmeidig rühren. Schokoladenmilch, Zitronenschale, restliche Milch und die zerlassene, etwas abgekühlte Butter hinzufügen. Die Zutaten zu einer cremigen Masse verrühren.
3. Mehl mit Speisestärke und Backpulver mischen, auf die cremige Masse sieben und unterrühren.
4. Den Teig in eine Backform, z.B. Muschelform, (gefettet) geben und glattstreichen. Die Form auf dem Rost in den vorgeheizten Backofen schieben.
   Ober-/Unterhitze: etwa 180 °C
   Heißluft: etwa 160 °C
   Backzeit: etwa 30 Minuten.
5. Die Torte etwa 10 Minuten in der Form stehen lassen, dann aus der Form lösen und auf einem Kuchenrost erkalten lassen.
6. Für die Creme Eiweiß steif schlagen. Mascarpone und Zucker in einer Rührschüssel verrühren, Sahne unterrühren. Eischnee unterheben.
7. Die Torte auf eine Platte legen. Die Torte mit der Creme übergießen und sofort servieren.

Tipp: Sie können den Teig auch in eine Springform (Ø 24 cm) füllen und bei gleicher Backofeneinstellung backen.

Schweinemedaillons

Medaglioni di maiale avvolti in lardo e prosciutto

4 Portionen

800 g Schweinefilet
Salz
frisch gemahlener Pfeffer
12 Scheiben Schinkenspeck
6 Scheiben gekochter Schinken
vorbereitete Salbeiblättchen
50 g Butterschmalz
1 Becher (150 g) Crème fraîche
Sojasauce

Außerdem:
Holzstäbchen

Zubereitungszeit: 25 Minuten
Garzeit: etwa 16 Minuten

Pro Portion:
E: 67 g, F: 33 g, Kh: 1 g,
kJ: 2388, kcal: 570

Schnell – für Gäste

1. Schweinefilet von Fett und Sehnen befreien. Filet unter fließendem kalten Wasser abspülen, trockentupfen und in etwa 2 cm dicke Scheiben schneiden. Mit Salz und Pfeffer bestreuen.
2. Schinkenspeck und Kochschinken halbieren. Die Filetscheiben mit jeweils 1–2 Salbeiblättchen belegen.
3. Filetscheiben abwechselnd mit Kochschinken- und Schinkenspeckscheiben umwickeln und mit Holzstäbchen feststecken.
4. Jeweils die Hälfte des Butterschmalzes in einer Pfanne erhitzen. Die Medaillons in 2 Portionen darin von beiden Seiten etwa 8 Minuten braten, herausnehmen und warm stellen.
5. Nach Belieben den Bratensatz mit etwas Wasser loskochen, Crème fraîche unterrühren und erhitzen. Die Sauce mit Sojasauce, Salz und Pfeffer abschmecken und zu den Medaillons reichen.

Seehecht aus dem Ofen

Nasello al forno

4 Portionen

1 küchenfertiger Seehecht (geschuppt, etwa 1,2 kg)
Salz
frisch gemahlener Pfeffer
2 Stängel Rosmarin
2 Stängel Thymian
2 Fleischtomaten
4 EL Olivenöl
1 Topf Basilikum
1 Bio-Zitrone (unbehandelt, ungewachst)

Zubereitungszeit: 25 Minuten
Garzeit: etwa 35 Minuten

Pro Portion:
E: 42 g, F: 16 g, Kh: 3 g,
kJ: 1376, kcal: 328

Für Gäste

1. Seehecht unter fließendem kalten Wasser abspülen und trockentupfen. Seehecht von innen und außen mit Salz und Pfeffer würzen.
2. Rosmarin und Thymian abspülen, trockentupfen. Tomaten waschen, trockentupfen, halbieren, entkernen und in Würfel schneiden.

Seehecht aus dem Ofen

3. Rosmarin- und Thymianstängel in eine große, längliche Auflaufform (mit Olivenöl gefettet) geben. Den Seehecht darauflegen und mit Olivenöl beträufeln. Tomatenwürfel darauf verteilen. Die Form auf dem Rost in den vorgeheizten Backofen schieben.
   Ober-/Unterhitze: etwa 180 °C
   Heißluft: etwa 160 °C
   Garzeit: etwa 35 Minuten.
4. Basilikum abspülen und trockentupfen. Zitrone heiß abwaschen, abtrocknen und die Schale abreiben.
5. Den gegarten Seehecht mit Basilikumblättchen und Zitronenschale bestreut servieren.

Beilage:
Tomatensalat.

Tipp:
2 Esslöffel feine Kapern auf den gegarten Seehecht geben.

Seeteufel mit geschmolzenen Tomaten und Oliven

Coda di rospo con pomodorini al forno

2 Portionen

6 Seeteufelmedaillons (je etwa 70 g)
Olivenöl zum Anbraten
1 EL Butter
Meersalz
frisch gemahlener, schwarzer Pfeffer
1 Knoblauchzehe
12 rotbraune Oliven
1 EL Kräuter der Provence

2 Rispen Cocktailtomaten
(etwa 24 Tomaten)
etwas Olivenöl zum Bestreichen

Zubereitungszeit: 30 Minuten

Pro Portion:
E: 33 g, F: 16 g, Kh: 5 g,
kJ: 1256, kcal: 299

Raffiniert

1. Seeteufelmedaillons unter fließendem kalten Wasser abspülen und trockentupfen. Olivenöl in einer Pfanne erhitzen. Die Medaillons darin scharf anbraten. Wenn sie anfangen braun zu werden, Butter hinzufügen.
2. Medaillons umdrehen und weitere 3 Minuten braten. Medaillons aus der Pfanne nehmen, mit Salz und Pfeffer bestreuen, auf einen vorgewärmten Teller legen und warm stellen.
3. Knoblauch mit der flachen Hand aufschlagen. Oliven, Kräuter der Provence und Knoblauch in die heiße Pfanne geben. Die Zutaten unter mehrmaligem Schwenken erwärmen und ebenfalls warm stellen.
4. Die Cocktailtomaten (mit Rispe) vorsichtig kalt abspülen, trockentupfen und mit Olivenöl bestreichen. Tomatenrispen auf ein Backblech legen. Das Backblech in den vorgeheizten Backofen schieben.
   Ober-/Unterhitze: etwa 200 °C
   Heißluft: etwa 180 °C
   Backzeit: etwa 10 Minuten.
5. Die Cocktailtomaten so lange backen, bis die Haut aufplatzt. Cocktailtomaten mit Salz und Pfeffer bestreuen.
6. Je 3 Medaillons auf einen Teller legen. Die Oliven darum anrichten. Je eine Cocktailtomatenripse auf die Medaillons legen. Sofort servieren.

Tipp: Mit Landbrot und gutem Olivenöl servieren.

Seeteufel mit geschmolzenen Tomaten und Oliven

Seezungenfilet in Orangensauce

Sogliola in salsa d'arancia

4 Portionen

8 Seezungenfilets (je etwa 90 g)
Salz, frisch gemahlener Pfeffer
2 mittelgroße Orangen
2 Schalotten, 30 g Butter
125 ml ($^1/_8$ l) Cidre (Apfelwein), trocken
125 ml ($^1/_8$ l) Orangensaft
1 Becher (125 g) Crème double
1 TL Weizenmehl
Zucker, Zitronensaft
einige vorbereitete Dillzweige

Zubereitungszeit: 30 Minuten

Pro Portion:
E: 34 g, F: 21 g, Kh: 7 g,
kJ: 1108, kcal: 263

Für Gäste – schnell – mit Alkohol

1. Seezungenfilets unter fließendem kalten Wasser abspülen, trockentupfen, mit Salz und Pfeffer bestreuen.
2. Orangen so schälen, dass die weiße Haut mit entfernt wird. Orangen in Scheiben schneiden. Schalotten abziehen und in kleine Würfel schneiden.
3. Butter in einer großen Pfanne zerlassen, Schalottenwürfel darin andünsten, Cidre hinzugießen und zum Kochen bringen.
4. Seezungenfilets und Orangenscheiben hinzufügen, zugedeckt etwa 5 Minuten ziehen lassen. Orangenscheiben und Seezungenfilets herausnehmen, auf eine große vorgewärmte Platte legen und warm stellen.
5. Orangensaft zum Apfelwein geben. Crème double und Mehl gut verrühren, in die Orangen-Apfelwein-Flüssigkeit geben, zum Kochen bringen und bis zur gewünschten Konsistenz einkochen lassen. Dann die Sauce mit Salz, Pfeffer, Zucker und Zitronensaft abschmecken.
6. Je zwei Orangenscheiben auf einen Teller legen, jeweils 2 Seezungenfilets darauflegen. Etwas von der Sauce daraufgeben. Seezungenfilets mit Dillzweigen garniert servieren.

Tipp: Statt Crème double 100 g Schlagsahne verwenden.

Semifreddo di marron glacé

Halbgefrorenes von Maronen

Für die Maronenkonfitüre:
1 kg Maronen (vorbereitet gewogen)
Schale und Saft von 1 Bio-Zitrone (unbehandelt, ungewachst)
2 Pck. (je 500 g) Extra Gelier Zucker
2 Pck. Dr. Oetker Vanillin-Zucker

Für das Semifreddo:
40 g Rosinen
2–3 EL guter Cognac
250 g Maronenkonfitüre
250 g Schlagsahne

evtl. Schlagsahne
evtl. Raspelschokolade oder Krokant

Zubereitungszeit: 90 Minuten, ohne Durchzieh- und Gefrierzeit

Pro Portion: Maronenkonfitüre
E: 2 g, F: 20 g, Kh: 53 g,
kJ: 1805, kcal: 431

Pro Portion: Semifreddo
E: 1 g, F: 1 g, Kh: 71 g,
kJ: 1281, kcal: 303

Mit Alkohol

1. Für die Konfitüre Maronen mit einem spitzen Messer oben kreuzweise einschneiden. Anschließend in kochendem Wasser 5–10 Minuten kochen lassen, bis sich die Einschnittstellen öffnen. Die Maronen abgießen, sofort schälen und die braune Haut abziehen.
2. Zitrone heiß abwaschen, abtrocknen und die Schale abreiben. Zitrone auspressen. Die vorbereiteten Maronen mit so viel Wasser, Zitronenschale und -saft in einen Topf geben, dass sie gerade bedeckt sind. Maronen zum Kochen bringen und etwa 20 Minuten kochen lassen. Maronen in einem Sieb abtropfen lassen, in einen hohen Rührbecher geben und fein pürieren. Die Püreemasse durch ein feines Sieb (Haarsieb) streichen, 1 kg abwiegen und in einen hohen Kochtopf geben.
3. Maronenpüree mit Gelier Zucker und Vanillin-Zucker gut verrühren. Alles unter Rühren zum Kochen bringen und mindestens 3 Minuten unter ständigem Rühren sprudelnd kochen lassen.
4. Kochgut eventuell abschäumen und sofort randvoll in vorbereitete Gläser füllen und mit Twist-off-Deckeln® verschließen, umdrehen und etwa 5 Minuten auf dem Deckel stehen lassen.
5. Für das Halbgefrorene Rosinen mit Cognac tränken und kurz durchziehen lassen. 250 g Konfitüre mit den getränkten Rosinen verrühren. Sahne steif schlagen und unterheben.
6. Die Masse vorsichtig in eine Form (mit Frischhaltefolie ausgelegt) füllen und mindestens 8 Stunden in den Gefrierschrank stellen.
7. Semifreddo etwa 30 Minuten vor dem Servieren herausnehmen und am Rand mit einem Messer lösen. Die Form eventuell kurz in warmes Wasser halten, dann auf eine Platte stürzen.

8. Semifreddo nach Belieben mit steif geschlagener Sahne verzieren und mit Raspelschokolade oder Krokant bestreuen.

Semifreddo di Marsala

Halbgefrorenes mit Marsala

6–8 Portionen

500 g Schlagsahne
1 Vanilleschote
8 Eigelb (Größe M)
75 ml Marsala-Wein
1 Prise Salz
100 g Zucker
100 ml Wasser
100 g Amarettini (italienisches Mandelgebäck)
50 ml Marsala-Wein

Zubereitungszeit: 30 Minuten, ohne Gefrierzeit

Pro Portion:
E: 6 g, F: 30 g, Kh: 29 g, kJ: 1804, kcal: 430

Mit Alkohol

1. Sahne steif schlagen und mit Klarsichtfolie zugedeckt kalt stellen. Vanilleschote aufschneiden und das Mark herauskratzen. Eigelb, Marsala, Vanillemark und Salz in eine Rührschüssel geben und mit Handrührgerät mit Rührbesen schaumig schlagen.
2. Zucker und Wasser zum Kochen bringen, bis der Zucker gelöst ist. Nach und nach den kochenden! Zuckersirup mit Handrührgerät mit Rührbesen auf niedrigster Stufe unter die Eigelbmasse rühren.
3. Die Masse mit Handrührgerät mit Rührbesen auf höchster Stufe kalt schlagen. Steif geschlagene Sahne mit einem Schneebesen unterheben.
4. Amarettini mit Marsala tränken. Die Hälfte der Sahnecreme in eine Terrinen- oder Auflaufform (1,2 l Inhalt, mit Frischhaltefolie ausgelegt) geben. Amarettini darauflegen. Restliche Sahnecreme darauf verteilen.
5. Die Form mit Klarsichtfolie zudecken, in das Gefrierfach stellen und mindestens 4 Stunden gefrieren lassen.
6. Semifreddo aus der Form stürzen und die Folie entfernen. Semifreddo in etwa 2 cm dicke Scheiben schneiden und anrichten.

Beilage: Zitrusfrüchte.

Semifreddo di Marsala

Sizilianische Fischrouladen

Involtini di scorfano alla siciliana

4 Portionen

4 Rotbarschfilets (je etwa 200 g)
Saft von 1 Zitrone
Salz
2 TL milder Senf
2 EL gehackte Petersilie
4 Scheiben Gouda-Käse
6–8 Sardellenfilets
1 Gewürzgurke
50 g Butter oder Margarine
125 ml (1/8 l) Weißwein
125 ml (1/8 l) Fischbrühe oder -fond
2 EL Tomatenmark
frisch gemahlener Pfeffer
gerebelter Oregano
1 gestr. EL Weizenmehl
2 EL kaltes Wasser

Außerdem:
Holzstäbchen

Zubereitungszeit: 45 Minuten
Garzeit: etwa 10 Minuten

Pro Portion:
E: 48 g, F: 27 g, Kh: 5 g,
kJ: 2001, kcal: 477

Mit Alkohol

1. Rotbarschfilets unter fließendem kalten Wasser abspülen und trockentupfen. Filets mit Zitronensaft beträufeln und mit Salz bestreuen.
2. Filets mit der Hautseite nach unten auf eine Arbeitsfläche legen, mit Senf bestreichen und mit Petersilie bestreuen.
3. Käse, Sardellenfilets und Gurke in Streifen schneiden und gleichmäßig auf den Fischfilets verteilen. Filets von der schmalen Seite her aufrollen und mit je zwei Holzstäbchen feststecken.
4. Die Butter in einer Pfanne zerlassen, Fischrouladen darin von allen Seiten anbraten. Wein und Brühe oder Fond hinzugießen, zum Kochen bringen und zugedeckt etwa 10 Minuten garen.
5. Die Fischrouladen aus der Pfanne nehmen und warm stellen.
6. Den Fischsud mit Tomatenmark verrühren, mit Salz, Pfeffer und Oregano würzen. Mehl mit Wasser anrühren und die Sauce damit binden. Mt Salz und Pfeffer abschmecken. Die Fischrouladen in die Sauce legen und servieren.

Beilage: Wildreis.

Tipp:
Die Fischrouladen auf einem Teller anrichten. Mit Zitronenspalten und Dillspitzen garnieren.

Sizilianische Fischrouladen

Sizilianischer Königskuchen

Dolce siciliano alla ricotta

10 Portionen

Für den Rührteig:
125 g Butter oder Margarine
125 g gesiebter Puderzucker
1 TL Dr. Oetker Finesse Geriebene Zitronenschale
2 Eigelb (Größe M)
125 g Weizenmehl
1 gestr. TL Dr. Oetker Backin
2 Eiweiß (Größe M)

Für die Füllung:
3 Blatt weiße Gelatine
250 g Ricotta (italienischer Frischkäse) oder Sahnequark
1 EL Schlagsahne
3 EL Orangenlikör
20 g Zucker
3 EL gehackte Belegkirschen
50 g klein gehackte Zartbitter-Schokolade

Für den Guss:
100 g Zartbitter-Schokolade
20 g Kokosfett

Zubereitungszeit: 50 Minuten, ohne Kühlzeit
Backzei: etwa 40 Minuten

Pro Portion:
E: 7 g, F: 22 g, Kh: 34 g,
kJ: 1572, kcal: 376

Gut vorzubereiten – mit Alkohol

Sizilianischer Königskuchen

1. Für den Teig Butter oder Margarine mit Handrührgerät mit Rührbesen auf höchster Stufe geschmeidig rühren. Nach und nach Puderzucker und Zitronenschale unterrühren. So lange rühren, bis eine gebundene Masse entstanden ist.
2. Eigelb nach und nach unterrühren (jedes Eigelb knapp 1/2 Minute). Mehl mit Backpulver mischen, sieben, in 2 Portionen auf mittlerer Stufe unterrühren. Eiweiß steif schlagen und unterheben.
3. Teig in eine Kastenform (30 x 11 cm, gefettet) geben und glatt streichen. Die Form auf dem Rost in den vorgeheizten Backofen schieben.
   Ober-/Unterhitze: etwa 180 °C
   Heißluft: etwa 160 °C
   Backzeit: etwa 40 Minuten.
4. Den Kuchen etwa 10 Minuten in der Form stehen lassen, dann aus der Form lösen und auf einen Kuchenrost stürzen. Kuchen wieder umdrehen und erkalten lassen. Kuchen zweimal waagerecht durchschneiden.
5. Für die Füllung Gelatine in kaltem Wasser nach Packungsanleitung einweichen. Die leicht ausgedrückte Gelatine in einem kleinen Topf unter Rühren erwärmen (nicht kochen), bis sie völlig gelöst ist, leicht abkühlen lassen.
6. Ricotta oder Quark, Sahne, Likör und Zucker gut verrühren. Belegkirschen- und Schokoladenstückchen unterheben. Aufgelöste Gelatine vorsichtig unterrühren.
7. Den unteren Gebäckboden auf eine Platte legen. Die Hälfte der Quarkmasse daraufstreichen. Den mittleren Boden darauflegen, mit der restlichen Quarkmasse bestreichen und mit dem oberen Boden belegen, etwas andrücken. Den Kuchen zugedeckt etwa 2 Stunden kalt stellen.
8. Für den Guss Schokolade in Stücke brechen, mit Kokosfett in einem kleinen Topf im Wasserbad schmelzen. Den Kuchen damit überziehen. Guss fest werden lassen.

Tipp: Der Schokoladenüberzug lässt sich besser schneiden und bröckelt nicht so schnell, wenn der Guss mit 1 Teelöffel Speiseöl statt Kokosfett zubereitet wird.

Sommergemüse, überbacken

Verdure estive al forno

4 Portionen

2 große Kartoffeln
2 mittelgroße Zucchini
750 g türkische, spitze Paprikaschoten (möglichst rote, grüne, gelbe)
2 Knoblauchzehen
4 EL Olivenöl
Salz, frisch gemahlener Pfeffer

4 mittelgroße Tomaten
1–2 EL Petersilie
2 Knoblauchzehen
2 EL Semmelbrösel
3 EL Olivenöl

Zubereitungszeit: 40 Minuten
Backzeit: etwa 45 Minuten

Pro Portion:
E: 5 g, F: 18 g, Kh: 18 g,
kJ: 1124, kcal: 268

Einfach

1. Kartoffeln waschen, schälen, abspülen und in kleine Stücke schneiden. Zucchini waschen, abtrocknen und die Enden abschneiden. Zucchini in Würfel schneiden. Paprika halbieren, entstielen, entkernen und die weißen Scheidewände entfernen. Schotenhälften waschen, trockentupfen und in Streifen schneiden. Knoblauch abziehen und durch eine Knoblauchpresse drücken.
2. Die vorbereiteten Zutaten in eine Schüssel geben, mit Olivenöl, Salz und Pfeffer vermengen und auf einem Backblech (gefettet) verteilen.
3. Tomaten waschen, abtrocknen und jeweils einen Deckel abschneiden. Die Tomaten mit einem kleinen Löffel vorsichtig aushöhlen. Fruchtfleisch entkernen und in eine Schüssel geben.
4. Petersilie abspülen und trockentupfen. Die Blättchen von den Stängeln zupfen. Blättchen klein schneiden. Knoblauch abziehen und durch eine Knoblauchpresse drücken.
5. Fruchtfleisch mit Petersilie, Knoblauch, Semmelbröseln und 2 Esslöffeln Olivenöl vermengen, mit Salz und Pfeffer würzen. Die Masse muss locker und körnig bleiben und darf auf keinen Fall nass sein. Die Tomaten mit der Masse füllen und auf dem Gemüse (Backblech) verteilen. Mit 1 Esslöffel Olivenöl beträufeln. Das Backblech in den vorgeheizten Backofen schieben.
Ober-/Unterhitze: etwa 180 °C
Heißluft: etwa 160 °C
Garzeit: etwa 45 Minuten.

Beilage:
Reis.

Spaghetti alla bolognese

Spaghetti alla bolognese

Spaghetti nach Bologneser Art

4 Portionen

3 Zwiebeln, 2 Knoblauchzehen
100 g Möhren
100 g Staudensellerie
300 g Zucchini
3 EL Olivenöl
400 g Gehacktes vom Schwein
1 Dose geschälte Tomaten (400 g)
½ gestr. EL Salz
1 EL Zucker
frisch gemahlener Pfeffer
1 TL gerebelter Thymian
1 TL gerebelter Oregano
1 Dose pürierte Tomaten (400 g)
1 Topf Basilikum

5 l Wasser
5 gestr. TL Salz
500 g Spaghetti

Zubereitungszeit: 50 Minuten

Pro Portion:
E: 37 g, F: 30 g, Kh: 101 g,
kJ: 3470, kcal: 829

Klassisch – für Kinder

1. Zwiebeln und Knoblauch abziehen, in kleine Würfel schneiden. Möhren putzen, schälen, waschen. Sellerie putzen und die harten Außenfäden abziehen. Sellerie waschen. Zucchini waschen und die Enden abschneiden. Möhren, Sellerie und Zucchini abtropfen lassen und in kleine Würfel schneiden.
2. Olivenöl in einem großen Topf erhitzen. Zwiebel- und Knoblauchwürfel darin andünsten. Gehacktes hinzufügen und unter ständigem Rühren etwa 5 Minuten anbraten, dabei die Fleischklümpchen mit einer Gabel zerdrücken. Möhren-, Sellerie- und Zucchiniwürfel unterrühren. Geschälte Tomaten hinzugeben.
3. Die Zutaten unter Rühren zum Kochen bringen und etwa 5 Minuten unter Rühren kochen lassen. Mit Salz, Zucker, Pfeffer, Thymian und Oregano würzen. Tomatenpüree unterrühren. Die Sauce mit den Gewürzen abschmecken und warm stellen.
4. Basilikum abspülen und trockentupfen. Die Blättchen von den Stängeln zupfen. Blättchen klein schneiden.
5. Wasser in einem großen Topf mit geschlossenem Deckel zum Kochen bringen. Dann Salz und Spaghetti zugeben. Die Spaghetti im geöffneten Topf bei mittlerer Hitze nach Packungsanleitung kochen lassen, dabei zwischendurch 4–5-mal umrühren.
6. Anschließend die Spaghetti in ein Sieb geben, mit heißem Wasser abspülen und abtropfen lassen. Spaghetti in eine Schüssel geben. Die Sauce hinzufügen und mit den Spaghetti vermengen. Mit Basilikum bestreut sofort servieren.

Spaghetti alla carbonara

Spaghetti nach Köhlerart

4 Portionen

100 g Parmesan-Käse
2 Becher (je 150 g) Crème fraîche
4 Eier (Größe M)
1 EL gehacktes Basilikum
Salz
etwas Tabasco

4 l Wasser
4 gestr. TL Salz
500 g Spaghetti
oder dünne, grüne Bandnudeln

75 g geräucherter, durchwachsener Speck
1 EL Olivenöl

Zubereitungszeit: 30 Minuten

Pro Portion:
E: 36 g, F: 47 g, Kh: 90 g,
kJ: 3885, kcal: 929

Klassisch

1. Parmesan-Käse auf einer Haushaltsreibe reiben. Parmesan-Käse mit Crème fraîche, Eiern und Basilikum verrühren. Mit Salz und Tabasco abschmecken.
2. Wasser in einem großen Topf mit geschlossenem Deckel zum Kochen bringen. Dann Salz und Spaghetti zugeben. Die Spaghetti im geöffneten Topf bei mittlerer Hitze nach Packungsanleitung kochen lassen, dabei zwischendurch 4–5-mal umrühren.
3. Anschließend die Spaghetti in ein Sieb geben, mit heißem Wasser abspülen und abtropfen lassen.
4. Speck in kleine Würfel schneiden. Olivenöl in einer großen Pfanne erhitzen, Speckwürfel darin auslassen (anbraten). Spaghetti und Käse-Crème-fraîche-Sauce unterrühren, unter Rühren erhitzen, bis die Sauce gebunden ist (nicht kochen lassen, da sie sonst gerinnt).

Tipp:
Statt Crème fraîche kann auch Schlagsahne verwendet werden. Die Sauce wird dann etwas dünner. Sie können auch 1 Becher Crème fraîche durch 100 ml Weißwein ersetzen. Wenn es schneller gehen soll, kann auch fertig geriebener Parmesan-Käse verwendet werden.

Spaghetti alla carbonara

Spaghetti alla siziliana

Spaghetti alla siziliana

Spaghetti melanzane e peperoni

4 Portionen

1 große Aubergine (etwa 300 g)
Salz
2 gelbe Paprikaschoten
400 g Tomaten
4 Sardellenfilets
2 EL Kapern
12 schwarze, entsteinte Oliven
3 Knoblauchzehen
6 EL Olivenöl
frisch gemahlener Pfeffer
einige vorbereitete Basilikumblättchen

4 l Wasser, 4 gestr. TL Salz
400 g Spaghetti

40 g geriebener Parmesan-Käse

Zubereitungszeit: 45 Minuten, ohne Ziehzeit
Garzeit: etwa 15 Minuten

Pro Portion:
E: 20 g, F: 26 g, Kh: 79 g, kJ: 2639, kcal: 630

Raffiniert – preiswert

1. Aubergine waschen und den Stängelansatz entfernen. Aubergine in etwa 1 cm dicke Scheiben schneiden, mit Salz bestreuen und etwa 15 Minuten ziehen lassen.
2. Paprika halbieren, entstielen, entkernen und die weißen Scheidewände entfernen. Schoten auf ein Backblech legen und unter dem vorgeheizten Grill rösten, bis die Haut Blasen wirft. Das Backblech herausnehmen. Schotenhälften mit einem feuchten Geschirrtuch zudecken und 5–10 Minuten abkühlen lassen. Dann die Haut von den Schotenhälften abziehen und das Fruchtfleisch in Würfel schneiden.
3. Auberginenscheiben kalt abspülen, trockentupfen und in kleine Würfel schneiden. Die Tomaten waschen, kreuzweise einschneiden und einige Sekunden in kochendes Wasser legen. Tomaten kurz in kaltes Wasser legen, enthäuten, halbieren, entkernen und die Stängelansätze herausschneiden. Tomatenhälften in kleine Würfel schneiden.
4. Sardellenfilets abspülen und trockentupfen. Kapern und Oliven abtropfen lassen. Knoblauch abziehen. Die vorbereiteten Zutaten in kleine Stücke schneiden.
5. Olivenöl in einem Topf erhitzen. Knoblauch darin andünsten. Restliche vorbereitete Zutaten hinzufügen, zum Kochen bringen und etwa 15 Minuten bei schwacher Hitze kochen lassen. Die Sauce mit Salz und Pfeffer würzen, Basilikumblättchen unterrühren.
6. Wasser in einem großen Topf mit geschlossenem Deckel zum Kochen bringen. Dann Salz und Spaghetti zugeben. Die Spaghetti im geöffneten Topf bei mittlerer Hitze nach Packungsanleitung kochen lassen, dabei zwischendurch 4–5-mal umrühren.
7. Anschließend die Spaghetti in ein Sieb geben, mit heißem Wasser abspülen, abtropfen lassen und in eine vorgewärmte Schüssel geben.
8. Spaghetti mit der Sauce vermischen und mit Parmesan-Käse bestreut servieren.

Spaghetti al tonno

Spaghetti mit Tunfisch

4 Portionen

2 Zwiebeln
1 EL Speiseöl
1 Dose (200 g) Tunfisch in Öl
125 ml (1/8 l) Fleischbrühe
1 Dose (70 g) Tomatenmark
5 EL (100 g) Tomatenketchup
Salz, frisch gemahlener Pfeffer
1 EL Currypulver
1 EL Paprikapulver edelsüß
gerebelter Majoran
1 Bund Petersilie

2 l Wasser
2 gestr. TL Salz
250 g Vollkornspaghetti

Zubereitungszeit: 25 Minuten

Pro Portion:
E: 19 g, F: 20 g, Kh: 56 g, kJ: 2038, kcal: 484

Schnell

1. Zwiebeln abziehen und in kleine Würfel schneiden. Speiseöl in einem Topf erhitzen, Zwiebelwürfel darin andünsten. Tunfisch zerpflücken und mit dem Öl hinzugeben.
2. Brühe hinzugießen, Tomatenmark und Ketchup unterrühren. Mit Salz, Pfeffer, Curry, Paprika und Majoran würzen.

Die Sauce bei mittlerer Hitze etwas einkochen lassen. Petersilie abspülen und trockentupfen. Die Blättchen von den Stängeln zupfen. Blättchen klein schneiden und unter die Sauce rühren.

3. Wasser in einem großen Topf mit geschlossenem Deckel zum Kochen bringen. Dann Salz und Spaghetti zugeben. Die Spaghetti im geöffneten Topf bei mittlerer Hitze nach Packungsanleitung kochen lassen, dabei zwischendurch 4–5-mal umrühren.
4. Anschließend die Spaghetti in ein Sieb geben, mit heißem Wasser abspülen und abtropfen lassen.
5. Die Spaghetti mit der Sauce vermengen und servieren.

Tipp:
Die Tunfischsauce schmeckt auch sehr gut zu Polentaschnitten.

Spaghetti al tonno

Spaghettiauflauf mit Muscheln und Lachs

formato di spaghetti con vongole e salmone

4 Portionen

200 g TK-Muscheln (ohne Schale)
2 ¹/₂ l Wasser
2 ¹/₂ gestr. TL Salz
250 g Spaghetti
150 g grüner Spargel
200 g Lachsfilet
1 Bund glatte Petersilie
Salz, frisch gemahlener Pfeffer
2–3 EL Zitronensaft
400 g Schlagsahne
2 Eier (Größe M)
2 EL frisch geriebener Parmesan-Käse
4 EL Semmelbrösel
40 g Butter

Zubereitungszeit: 50 Minuten, ohne Auftauzeit
Garzeit: etwa 30 Minuten

Pro Portion:
E: 19 g, F: 33 g, Kh: 77 g, kJ: 2894, kcal: 691

Für Gäste

1. Muscheln nach Packungsanleitung auftauen lassen.
2. Wasser in einem großen Topf mit geschlossenem Deckel zum Kochen bringen. Dann Salz und Nudeln zugeben. Die Nudeln im geöffneten Topf bei mittlerer Hitze nach Packungsanleitung kochen lassen, dabei zwischendurch 4–5-mal umrühren.
3. Anschließend die Nudeln in ein Sieb geben, mit heißem Wasser abspülen und abtropfen lassen.
4. Von den Spargelstangen das untere Drittel schälen, die unteren Enden abschneiden. Die Spargelstangen in kochendem Salzwasser etwa 5 Minuten garen, anschließend in einem Sieb abtropfen lassen. Muscheln und Lachsfilet unter fließendem kalten Wasser abspülen und trockentupfen. Lachsfilet in Würfel schneiden. Petersilie abspülen und trockentupfen. Die Blättchen von den Stängeln zupfen, Blättchen klein schneiden.

Spaghettiauflauf mit Muscheln und Lachs

5. Die Spaghetti mit Spargel, Muscheln, Lachswürfeln und Petersilie gut vermengen, mit Salz, Pfeffer und Zitronensaft würzen und in eine große Auflaufform (gefettet) füllen.
6. Sahne und Eier verschlagen, mit Salz und Pfeffer würzen und über die Spaghettimischung gießen. Parmesan-Käse mit Semmelbröseln mischen und daraufstreuen. Butterflöckchen darauf verteilen. Die Form auf dem Rost in den vorgeheizten Backofen schieben.
Ober-/Unterhitze: etwa 180 °C
Heißluft: etwa 160 °C
Garzeit: etwa 30 Minuten.

Spaghetti Genua

Spaghetti Genua

Spaghetti alla genovese

4 Portionen

Für die Kräuter-Käse-Sauce:

1 Bund Basilikum
3–4 EL gehackte Petersilie
5 abgezogene Knoblauchzehen
1 gestr. TL Salz
50 g frisch geriebener Parmesan-Käse
70 g frisch geriebener Pecorino (italienischer Schafkäse)
125 ml (1/8 l) Olivenöl
4 l Wasser, 4 gestr. TL Salz
400 g Spaghetti

Zubereitungszeit: 25 Minuten

Pro Portion:
E: 23 g, F: 40 g, Kh: 72 g, kJ: 3081, kcal: 736

Vegetarisch

1. Für die Sauce Basilikum abspülen und trockentupfen. Mit Petersilie, Knoblauch und Salz in einem Mörser fein zerdrücken (oder ganz fein hacken).
2. Parmesan- und Pecorino-Käse hinzugeben und gut untermischen. Esslöffelweise Olivenöl unterrühren, bis eine cremige Masse entsteht (oder Olivenöl in den Mixer geben und mit den Kräutern und dem Käse zu einer cremigen Masse verrühren).
3. Wasser in einem großen Topf mit geschlossenem Deckel zum Kochen bringen. Dann Salz und Spaghetti zugeben. Die Spaghetti im geöffneten Topf bei mittlerer Hitze nach Packungsanleitung kochen lassen, dabei zwischendurch 4–5-mal umrühren.
4. Anschließend die Spaghetti in ein Sieb geben, mit heißem Wasser abspülen und abtropfen lassen.
5. Spaghetti in eine vorgewärmte Schüssel geben und mit der Kräuter-Käse-Sauce mischen, sofort servieren.

Beilage:
Frisch geriebener Parmesan-Käse.

Spaghetti mit Fisch-Tomaten-Sauce

Spaghetti al sugo di tonno

4 Portionen

4 l Wasser
4 gestr. TL Salz
400 g Spaghetti

Für die Fisch-Tomaten-Sauce:

1 Dose geschälte Tomaten (800 g)
200 g Schlagsahne
Salz, frisch gemahlener Pfeffer
1/2 TL gerebelter Oregano
2 Dosen (je 155 g) Tunfisch naturell

Zubereitungszeit: 25 Minuten

Pro Portion:
E: 32 g, F: 28 g, Kh: 75 g, kJ: 2903, kcal: 694

Einfach

1. Wasser in einem großen Topf mit geschlossenem Deckel zum Kochen bringen. Dann Salz und Spaghetti zugeben. Die Spaghetti im geöffneten Topf bei mittlerer Hitze nach Packungsan-

Spaghetti mit Fisch-Tomaten-Sauce

leitung kochen lassen, dabei zwischendurch 4-5-mal umrühren.

2. Anschließend die Spaghetti in ein Sieb geben, mit heißem Wasser abspülen, abtropfen lassen und warm stellen.
3. Für die Sauce Tomaten mit dem Saft in einen Topf geben, dabei die Tomaten zerdrücken. Sahne unterrühren. Mit Salz, Pfeffer und Oregano würzen, zum Kochen bringen und bei mittlerer Hitze sämig einkochen.
4. Tunfisch gut abtropfen lassen und in kleine Stücke zerteilen, in die Sauce geben und erwärmen.
5. Die Spaghetti mit der Sauce anrichten.

Tipp:
TK-Basilikum unter die Sauce rühren.

Spaghetti mit Garnelen

Spaghetti ai gamberi

4 Portionen

4 l Wasser, 4 gestr. TL Salz
400 g Spaghetti

4 Knoblauchzehen
1 Frühlingszwiebel
400 g frische Garnelen
(mit Schwanz, ohne Schale)
3 Stängel glatte Petersilie
frischer Majoran
frischer Thymian
4 EL Olivenöl
Salz, frisch gemahlener Pfeffer
100 ml Weißwein

Zubereitungszeit: 25 Minuten

Pro Portion:
E: 32 g, F: 13 g, Kh: 73 g,
kJ: 2333, kcal: 558

Raffiniert – mit Alkohol

1. Wasser in einem großen Topf mit geschlossenem Deckel zum Kochen bringen. Dann Salz und Spaghetti zugeben. Die Spaghetti im geöffneten Topf bei mittlerer Hitze nach Packungsanleitung kochen lassen, dabei zwischendurch 4-5-mal umrühren.
2. Anschließend die Spaghetti in ein Sieb geben, mit heißem Wasser abspülen, abtropfen lassen und warm stellen.
3. Knoblauch abziehen und klein würfeln. Frühlingszwiebel waschen, abtropfen lassen und in Ringe schneiden.
4. Garnelen unter fließendem kalten Wasser abspülen, trockentupfen und den Darm entfernen.
5. Kräuter abspülen und trockentupfen. Die Blättchen von den Stängeln zupfen (einige Blättchen zum Bestreuen beiseite legen) und die Blättchen klein schneiden.
6. Olivenöl in einer Pfanne erhitzen, Garnelen darin von beiden Seiten etwa 2 Minuten braten, mit Salz und Pfeffer bestreuen. Knoblauchwürfel, Zwiebelringe und Kräuter hinzufügen, kurz durchdünsten lassen. Den Wein hinzugießen und erhitzen.
8. Spaghetti mit der Kräutersauce und den Garnelen anrichten, mit den beiseite gelegten Kräuterblättchen bestreuen.

Spaghetti mit Garnelen

Spaghetti mit Kapernsauce

Spaghetti mit Kapernsauce

Spaghetti alla crema di capperi

4 Portionen

120 g kleine Kapern
6 Sardellenfilets
3 Knoblauchzehen
8–10 EL Olivenöl
5–6 EL Zitronensaft

4 l Wasser
4 gestr. TL Salz
400 g Spaghetti

Kapern

Zubereitungszeit: 25 Minuten

Pro Portion:
E: 15 g, F: 24 g, Kh: 72 g,
kJ: 2372, kcal: 567

Schnell

1. Kapern in ein Sieb geben, mit kaltem Wasser gut abspülen und abtropfen lassen. Sardellenfilets abspülen und trockentupfen.
2. Knoblauch abziehen und grob zerkleinern. Kapern mit Sardellenfilets und Knoblauch in einen hohen Rührbecher geben und dann mit einem Mixstab pürieren.
3. Die Püreemasse mit Olivenöl zu einer cremigen Sauce verrühren. Nach und nach Zitronensaft unterrühren.
4. Wasser in einem großen Topf mit geschlossenem Deckel zum Kochen bringen. Dann Salz und Spaghetti zugeben. Die Spaghetti im geöffneten Topf bei mittlerer Hitze nach Packungsanleitung kochen lassen, dabei zwischendurch 4-5-mal umrühren.
5. Anschließend die Spaghetti in ein Sieb geben, mit heißem Wasser abspülen und abtropfen lassen.
6. Spaghetti in eine Schüssel geben, Kapernsauce darauf verteilen und mit Kapern garnieren.

Spaghetti mit Meeresfrüchten

Spaghetti ai frutti di mare

4 Portionen

4 l Wasser
4 gestr. TL Salz
400 g Spaghetti

200 g Muscheln mit Schalen
200 g küchenfertige, kleine Tintenfische
100 g Lachsfilet
2 EL Olivenöl
2 EL Zwiebelwürfel
2 abgezogene, gewürfelte Knoblauchzehen
150 g Tomatenwürfel
1 kleines Bund Basilikum
Salz
frisch gemahlener, grober, bunter Pfeffer

Zubereitungszeit: 30 Minuten

Pro Portion:
E: 27 g, F: 8 g, Kh: 73 g,
kJ: 2018, kcal: 482

Spaghetti mit Meeresfrüchten

Spaghetti mit Mozzarella

Raffiniert – für Gäste

1. Wasser in einem großen Topf mit geschlossenem Deckel zum Kochen bringen. Dann Salz und Spaghetti zugeben. Die Spaghetti im geöffneten Topf bei mittlerer Hitze nach Packungsanleitung kochen lassen, dabei zwischendurch 4–5-mal umrühren.
2. Anschließend die Spaghetti in ein Sieb geben, mit heißem Wasser abspülen, abtropfen lassen und warm stellen.
3. In der Zwischenzeit Muscheln in reichlich kaltem Wasser gründlich waschen und einzeln abbürsten, bis sie nicht mehr sandig sind (Muscheln, die sich beim Waschen öffnen, sind ungenießbar). Eventuell die Fäden (Bartbüschel) entfernen. Tintenfische und Lachsfilet unter fließendem kalten Wasser abspülen und trockentupfen. Lachsfilet in Würfel schneiden.
4. Olivenöl in einem Topf erhitzen. Zwiebel- und Knoblauchwürfel darin andünsten. Tintenfische, Muscheln und Lachswürfel hinzufügen und mit andünsten. Tomatenwürfel unterrühren. Basilikum abspülen und trockentupfen. Die Blättchen von den Stängeln zupfen (einige Blättchen zum Garnieren beiseite legen). Blättchen klein schneiden und zu den Meeresfrüchten geben. Mit Salz und Pfeffer würzen.
5. Spaghetti mit der Sauce auf Tellern anrichten und mit den beiseite gelegten Basilikumblättchen garnieren.

Spaghetti mit Mozzarella

Spaghetti al sugo di pomodoro e mozzarella

4 Portionen

Sehr gut, ganz schnell

2 Pck. (je 150 g) Mozzarella-Käse
1 1/4 kg Tomaten
2 Knoblauchzehen
4 EL Olivenöl
Salz, frisch gemahlener Pfeffer
Zucker, 1 Topf Basilikum

4 l Wasser
4 gestr. TL Salz
400 g grüne Spaghetti

Zubereitungszeit: 35 Minuten

Pro Portion:
E: 27 g, F: 26 g, Kh: 77 g, kJ: 2757, kcal: 658

Einfach

1. Mozzarella in einem Sieb abtropfen lassen. Anschließend durch eine Kartoffelpresse drücken oder in sehr kleine Würfel schneiden.
2. Tomaten waschen, kreuzweise einschneiden und einige Sekunden in kochendes Wasser legen. Tomaten kurz in kaltes Wasser legen, enthäuten, halbieren, entkernen und die Stängelansätze herausschneiden. Tomaten in kleine Stücke schneiden.
3. Knoblauch abziehen und in kleine Würfel schneiden. 2 Esslöffel des Olivenöls in einem Topf erhitzen. Knoblauchwürfel darin andünsten. Tomatenstücke hinzufügen und kurz mit andünsten. Mit Salz, Pfeffer und Zucker würzen.
4. Basilikum abspülen und trockentupfen. Die Blättchen von den Stängeln zupfen. Blättchen in Streifen schneiden und beiseite legen.
5. Wasser in einem großen Topf mit geschlossenem Deckel zum Kochen bringen. Dann Salz und Spaghetti zugeben. Die Spaghetti im geöffneten Topf bei mittlerer Hitze nach Packungsanleitung kochen lassen, dabei 4–5-mal umrühren.
6. Anschließend die Spaghetti in ein Sieb geben, mit heißem Wasser abspülen und abtropfen lassen. Spaghetti in dem restlichen Olivenöl schwenken und in eine große Schüssel geben. Die Mozzarella-, Tomatenmasse und Basilikumstreifen mit den Spaghetti mischen, sofort servieren.

Beilage:
Feldsalat.

Spaghetti mit Muscheln

Spaghetti mit Muscheln

Spaghetti alle vongole

4 Portionen

1 kg Mies- oder Herzmuscheln
125 ml ($^1/_8$ l) Olivenöl
3 Knoblauchzehen
1 kg Tomaten
Salz, frisch gemahlener Pfeffer
1–2 EL gehackte Petersilie

4 l Wasser, 4 gestr. TL Salz
400 g Spaghetti

Zubereitungszeit: 60 Minuten

Pro Portion:
E: 19 g, F: 33 g, Kh: 77 g,
kJ: 2894, kcal: 691

Raffiniert

1. Muscheln in reichlich kaltem Wasser gründlich waschen und einzeln abbürsten, bis sie nicht mehr sandig sind (Muscheln, die sich beim Waschen öffnen, sind ungenießbar). Eventuell die Fäden (Bartbüschel) entfernen.
2. Drei Esslöffel Olivenöl in einer Pfanne erhitzen, Muscheln hinzugeben und zugedeckt so lange erhitzen, bis sie sich geöffnet haben (Muscheln, die sich nicht öffnen, sind ungenießbar). Muscheln etwas abkühlen lassen.
3. Das Muschelfleisch mit einem scharfen Messer oder einer Muschelschale herausnehmen. Muschelsud beiseite stellen.
4. Knoblauch abziehen und durch eine Knoblauchpresse drücken. Restliches Olivenöl in einem Topf erhitzen, Knoblauch unterrühren. Muschelfleisch und den beiseite gestellten Muschelsud hinzufügen, zum Kochen bringen und etwas einkochen lassen.
5. Tomaten waschen, kreuzweise einschneiden und einige Sekunden in kochendes Wasser legen. Tomaten kurz in kaltes Wasser legen, enthäuten, halbieren, entkernen und die Stängelansätze herausschneiden. Tomaten in kleine Würfel schneiden und zu dem Muschelfleisch geben. Mit Salz und Pfeffer würzen, aufkochen lassen. Petersilie unterrühren. Muschelsauce warm stellen.
6. Wasser in einem großen Topf mit geschlossenem Deckel zum Kochen bringen. Dann Salz und Spaghetti zugeben. Die Spaghetti im geöffneten Topf bei mittlerer Hitze nach Packungsanleitung kochen lassen und dabei zwischendurch 4–5-mal umrühren.
7. Anschließend die Spaghetti in ein Sieb geben, mit heißem Wasser abspülen und abtropfen lassen.
8. Spaghetti mit der Hälfte der Muschelsauce vermengen. Restliche Sauce dazureichen.

Spaghetti mit Olivensauce

Spaghetti mit Olivensauce

Spaghetti al sugo di verdure con olive

4 Portionen

Für die Olivensauce:
2 Zwiebeln
1 Knoblauchzehe
100 g Möhren
100 g Knollensellerie
$^1/_2$ Stange Porree (Lauch)
100 g schwarze Oliven, ohne Stein
50 g Pinienkerne
3 EL Olivenöl
Paprikapulver edelsüß
1 Dose geschälte Tomaten (800 g)
1–2 EL Tomatenmark
Salz
1 Prise Zucker
Cayennepfeffer
1 Knoblauchzehe

4 l Wasser
4 gestr. TL Salz
400 g Spaghetti

40 g gehobelter Parmesan-Käse

Zubereitungszeit: 30 Minuten

Pro Portion:
E: 22 g, F: 28 g, Kh: 81 g,
kJ: 2810, kcal: 671

Schnell

1. Für die Sauce Zwiebeln abziehen und in kleine Würfel schneiden. Knoblauch abziehen und zerdrücken.
2. Möhren und Sellerie putzen, schälen, waschen, abtropfen lassen und in kleine Würfel schneiden. Porree putzen, die Stange längs halbieren, gründlich waschen, abtropfen lassen und in Streifen schneiden. Oliven halbieren oder vierteln.

3. Pinienkerne in einer Pfanne ohne Fett hellbraun rösten, herausnehmen und auf einem Teller erkalten lassen.
4. Das Olivenöl in einer Pfanne erhitzen, Zwiebelwürfel und Knoblauch darin andünsten. Möhren-, Selleriewürfel und Porreestreifen hinzufügen und mit andünsten, mit Paprika bestreuen. Tomaten mit dem Saft und Tomatenmark gut unterrühren, zum Kochen bringen, dabei die Tomaten etwas zerdrücken. Die Sauce bei schwacher Hitze etwa 5 Minuten sämig einkochen lassen.
5. Mit Salz, Zucker und Cayennepfeffer würzen. Knoblauch abziehen, zerdrücken, mit Oliven und Pinienkernen unterrühren.
6. Wasser in einem großen Topf mit geschlossenem Deckel zum Kochen bringen. Dann Salz und Spaghetti zugeben. Die Spaghetti im geöffneten Topf bei mittlerer Hitze nach Packungsanleitung kochen lassen, dabei zwischendurch 4–5-mal umrühren.
7. Anschließend die Spaghetti in ein Sieb geben, mit heißem Wasser abspülen und abtropfen lassen.
8. Spaghetti mit der Olivensauce anrichten und mit Käse bestreut servieren.

Spaghetti mit Peperoni

Spaghetti mit Peperoni

Spaghetti all'arrabbiata

4 Portionen

1 kleiner Zweig Rosmarin
1 kleine Peperoni
2 Knoblauchzehen
100 ml Olivenöl
2 Dosen stückige Tomaten (Einwaage je 400 g)
10 Basilikumblättchen
Salz
frisch gemahlener Pfeffer
4 l Wasser, 4 gestr. TL Salz
400 g Spaghetti
80 g geriebener Parmesan-Käse

Zubereitungszeit: 25 Minuten

Pro Portion:
E: 21 g, F: 33 g, Kh: 77 g, kJ: 2911, kcal: 694

Vegetarisch

1. Rosmarin und Peperoni abspülen und trockentupfen. Knoblauch abziehen.
2. Olivenöl in einem Topf erhitzen. Rosmarinzweig, Peperoni und Knoblauch darin andünsten. Sobald der Knoblauch goldgelb geworden ist, Rosma rinzweig und Knoblauch aus der Pfanne nehmen. Die Tomaten mit dem Saft hinzufügen, dabei die Tomaten etwas zerdrücken.
3. Die Sauce zum Kochen bringen und etwa 5 Minuten einkochen lassen. Basilikumblättchen abspülen, trockentupfen, in Stückchen zupfen und unter die Sauce rühren. Peperoni entfernen. Mit Salz und Pfeffer abschmecken.
4. Wasser in einem großen Topf mit geschlossenem Deckel zum Kochen bringen. Dann Salz und Spaghetti zugeben. Die Spaghetti im geöffneten Topf bei mittlerer Hitze nach Packungsanleitung kochen lassen, dabei zwischendurch 4–5-mal umrühren.
5. Anschließend die Spaghetti in ein Sieb geben, mit heißem Wasser abspülen und abtropfen lassen.
6. Spaghetti mit der Tomatensauce anrichten. Käse dazureichen.

Spaghetti mit Pilzsauce

Spaghetti mit Pilzsauce

Spaghetti con funghi e panna

4 Portionen

Für die Pilzsauce:

750 g Champignons
100 g Schinkenspeck
1 Zwiebel
1 Knoblauchzehe
3–4 EL Olivenöl
Salz
frisch gemahlener Pfeffer
1 Becher (150 g) Crème fraîche
125 g Schlagsahne
80 g geriebener Parmesan-Käse
2 EL Schnittlauchröllchen
2 EL gehackte, glatte Petersilie
einige gehackte Basilikumblättchen

4 l Wasser
4 TL Salz
400 g Spaghetti
1–2 EL Butter

Nach Belieben zum Garnieren:

Schnittlauchröllchen
etwas gehackte, glatte Petersilie
einige gehackte Basilikumblättchen

Zubereitungszeit: 35 Minuten

Pro Portion:

E: 29 g, F: 46 g, Kh: 74 g
kJ: 3498, kcal: 836

Für Gäste

1. Für die Sauce Champignons putzen, mit Küchenpapier abreiben, evtl. abspülen und in Scheiben schneiden. Schinkenspeck in Streifen schneiden. Zwiebel und Knoblauch abziehen und in kleine Würfel schneiden.
2. Olivenöl in einem Topf erhitzen, Speckstreifen, Zwiebel- und Knoblauchwürfel darin andünsten, Champignonscheiben hinzufügen und unter Rühren dünsten, bis die Flüssigkeit fast verdampft ist. Mit Salz und Pfeffer würzen.
3. Crème fraîche mit Sahne und Käse verrühren, zu den Champignonscheiben geben und unter Rühren aufkochen lassen.
4. Schnittlauchröllchen, Petersilie und Basilikumblättchen unterrühren. Die Sauce mit Salz und Pfeffer abschmecken.
5. Wasser in einem großen Topf mit geschlossenem Deckel zum Kochen bringen. Dann Salz und Spaghetti zugeben. Die Spaghetti im geöffneten Topf bei mittlerer Hitze nach Packungsanleitung kochen lassen, dabei zwischendurch 4-5-mal umrühren.
6. Anschließend die Spaghetti in ein Sieb geben, mit heißem Wasser abspülen und abtropfen lassen. Butter zerlassen. Spaghetti darin schwenken und mit der Pilzsauce servieren.
7. Nach Belieben mit Schnittlauchröllchen, Petersilie und Basilikumblättchen garnieren.

Tipp:
Statt Schinkenspeck können Sie auch 200 g gekochten Schinken verwenden.

Spaghetti mit Sardellen

Spaghetti alla puttanesca

4 Portionen

1 kg reife Tomaten
2 abgezogene Knoblauchzehen
4 EL Olivenöl
3 l Wasser
3 gestr. TL Salz
400 g Spaghetti
4 Sardellen
150 g grüne Oliven
2 EL Kapern
Salz
1 EL gehackte Petersilie

Zubereitungszeit: 30 Minuten

Pro Portion:

E: 17 g, F: 17 g, Kh: 77 g,
kJ: 2246, kcal: 536

Raffiniert

1. Tomaten waschen, kreuzweise einschneiden und einige Sekunden in kochendes Wasser legen. Tomaten kurz in kaltes Wasser legen, enthäuten, halbieren, entkernen und die Stängelansätze herausschneiden. Tomaten-

Spaghetti mit Sardellen

hälften in kleine Würfel schneiden. Knoblauch abziehen.

2. Das Olivenöl in einem Topf erhitzen, Knoblauchzehen darin goldgelb anbraten. Tomatenwürfel in dem Knoblauchöl bei schwacher Hitze gar dünsten.
3. In der Zwischenzeit Wasser in einem großen Topf mit geschlossenem Deckel zum Kochen bringen. Dann Salz und Spaghetti zugeben. Die Spaghetti im geöffneten Topf bei mittlerer Hitze nach Packungsanleitung kochen lassen, dabei zwischendurch 4–5-mal umrühren.
4. Anschließend die Spaghetti in ein Sieb geben, mit heißem Wasser abspülen und abtropfen lassen.
5. Sardellen abspülen, trockentupfen, entgräten und in kleine Stückchen schneiden. Oliven entkernen. Kapern abtropfen lassen.
6. Sardellenstückchen, Oliven und Kapern unter die Tomatensauce rühren. Mit Salz abschmecken.
7. Spaghetti mit der Sardellen-Tomaten-Sauce anrichten und mit Petersilie bestreut servieren.

Spaghetti mit Spargel

Spaghetti mit Spargel

Spaghetti agli asparagi

4 Portionen

500 g grüner und weißer Spargel
2 l Salzwasser
etwas Zucker
1 EL Butter
2 l Wasser
2 TL Salz
400 g Spaghetti

1 Zwiebel
1 Knoblauchzehe
250 g gekochter Schinken
1 EL Butter, 3 Eier (Größe M)
100 g geriebener Parmesan-Käse

Zubereitungszeit: 55 Minuten

Pro Portion:
E: 42 g, F: 21 g, Kh: 73 g,
kJ: 2752, kcal: 658

Raffiniert

1. Den weißen Spargel von oben nach unten schälen. Darauf achten, dass Schalen und holzige Stellen vollständig entfernt, die Köpfe aber nicht verletzt werden. Von dem grünen Spargel nur das untere Drittel schälen und die Enden abschneiden. Den Spargel waschen und in kleine Stücke schneiden. Salzwasser in einem Topf zum Kochen bringen. Spargelstücke hinzugeben. Zucker und Butter hinzufügen und in etwa 10 Minuten gar kochen lassen. Spargelstücke mit einer Schaumkelle herausnehmen und warm stellen.
2. Anschließend 2 Liter Wasser zum Spargelwasser geben, mit geschlossenem Deckel zum Kochen bringen. Dann Salz und Spaghetti zugeben. Die Spaghetti im geöffneten Topf bei mittlerer Hitze nach Packungsanleitung kochen lassen, dabei zwischendurch 4–5-mal umrühren.
3. Anschließend die Spaghetti in ein Sieb geben, mit heißem Wasser abspülen und abtropfen lassen.
4. Zwiebel und Knoblauch abziehen und klein würfeln. Schinken in Würfel schneiden. Butter in einer großen Pfanne zerlassen. Zwiebel- und Knoblauchwürfel darin andünsten.
5. Eier mit Käse verrühren. Schinkenwürfel hinzufügen, zu den Zwiebel- und Knoblauchwürfeln geben und bei schwacher Hitze stocken lassen. Die Masse mit einem Pfannenwender strichweise vom Boden der Pfanne losrühren. Die Spaghetti mit der Schinken-Ei-Masse und dem Spargel vermengen. Sofort servieren.

Spaghetti mit Tomaten-Basilikum

Spaghetti alla marinara

4 Portionen

Für die Tomaten-Basilikum-Sauce:

1 kg Fleischtomaten
2 Zwiebeln
2 Knoblauchzehen
5 EL Olivenöl
3 EL Rotwein
Salz
frisch gemahlener Pfeffer
Oregano
1 Topf Basilikum

4 l Wasser
4 gestr. TL Salz
500 g Spaghetti

100 g Parmesan-Käse

Zubereitungszeit: 35 Minuten

Pro Portion:

E: 26 g, F: 23 g, Kh: 95 g,
kJ: 2956, kcal: 706

Klassisch – mit Alkohol

1. Für die Sauce Tomaten waschen, abtropfen lassen, kreuzweise einschneiden und einige Sekunden in kochendes Wasser legen. Tomaten kurz in kaltes Wasser legen, enthäuten, halbieren, entkernen und die Stängelansätze herausschneiden. Tomaten in Würfel schneiden. Zwiebeln und Knoblauch abziehen und klein würfeln.
2. Olivenöl in einer Pfanne erhitzen. Zwiebel- und Knoblauchwürfel darin andünsten. Tomatenwürfel hinzugeben und mit andünsten. Rotwein hinzufügen. Mit Salz, Pfeffer und Oregano würzen. Basilikum abspülen und trockentupfen. Die Blättchen von den Stängeln zupfen. Blättchen in Streifen schneiden und unterrühren.
3. Wasser in einem großen Topf mit geschlossenem Deckel zum Kochen bringen. Dann Salz und Spaghetti hinzugeben. Die Spaghetti im geöffneten Topf bei mittlerer Hitze nach Packungsanleitung kochen lassen, dabei zwischendurch 4–5 mal umrühren.
4. Anschließend die Spaghetti in ein Sieb geben, mit heißem Wasser abspülen und abtropfen lassen.
5. Spaghetti in 4 tiefen Tellern anrichten. Tomaten-Basilikum-Sauce daraufgeben. Mit Käse bestreuen.

Tipp:
Statt der frischen Tomaten können Sie auch 1 Dose (800 g) geschälte Tomaten verwenden.

Spaghetti mit Tomaten-Basilikum

Spaghetti mit Tomaten-Muschel-Sauce

Spaghetti al sugo di vongole

4 Portionen

Für die Tomaten-Muschel-Sauce:

4 mittelgroße Tomaten
etwa 200 g Muscheln (aus der Dose)
2 Dosen Tunfisch naturell (Abtropfgewicht je 185 g)
4 Knoblauchzehen
6 EL Olivenöl
Salz, frisch gemahlener Pfeffer
2 EL gehackte, glatte Petersilie

4 l Wasser
4 gestr. TL Salz
400 g Spaghetti

Nach Belieben zum Bestreuen:

40 g gehobelter Parmesan-Käse
etwas gehackte, glatte Petersilie

Zubereitungszeit: 25 Minuten

Pro Portion:

E: 38 g, F: 31 g, Kh: 75 g,
kJ: 3057, kcal: 731

Einfach – schnell

1. Für die Sauce Tomaten waschen, abtropfen lassen, kreuzweise einschneiden und einige Sekunden in kochendes Wasser legen. Tomaten kurz in kaltes Wasser legen, enthäuten, halbieren, entkernen, Stängelansätze herausschneiden. Tomaten klein schneiden.
2. Muscheln in einem Sieb abtropfen lassen. Den Sud dabei auffangen. Tunfisch abtropfen lassen und mit einer Gabel etwas zerpflücken.
3. Knoblauch abziehen und klein würfeln. Olivenöl in einer großen Pfanne

Spaghetti mit Tomaten-Muschel-Sauce

erhitzen. Knoblauchwürfel darin andünsten. Tomatenstücke hinzufügen und kurz mitdünsten lassen. Muscheln und Tunfisch vorsichtig unterrühren. Die Sauce erhitzen, eventuell den aufgefangenen Muschelsud unterrühren, bis die Sauce die gewünschte Konsistenz hat. mit Salz und Pfeffer würzen. Petersilie untermischen.

4. Wasser in einem großen Topf mit geschlossenem Deckel zum Kochen bringen. Dann Salz und Spaghetti zugeben. Die Spaghetti im geöffneten Topf bei mittlerer Hitze nach Packungsanleitung kochen lassen, dabei zwischendurch 4-5-mal umrühren.
5. Spaghetti in ein Sieb geben, mit heißem Wasser abspülen, abtropfen lassen.
6. Die Spaghetti in eine vorgewärmte, große Schüssel geben. Die Muschelsauce darauf verteilen.
7. Nach Belieben mit Käse und Petersilie bestreuen und sofort servieren.

Spaghetti mit Tunfisch

Spaghetti al tonno

4 Portionen

500 g Tomaten
3 EL Olivenöl
Salz, frisch gemahlener Pfeffer
2 Dosen Tunfisch naturell (je 175 g)

4 l Wasser
4 gestr. TL Salz
400 g Spaghetti

1–2 EL Sardellenbutter (Tube)
evtl. 1–2 EL gehackte Petersilie

Zubereitungszeit: 20 Minuten

Pro Portion:
E: 33 g, F: 26 g, Kh: 73 g,
kJ: 2785, kcal: 665

Einfach

1. Tomaten waschen, kreuzweise einschneiden und einige Sekunden in kochendes Wasser legen. Tomaten kurz in kaltes Wasser legen, enthäuten, halbieren, entkernen und die Stängelansätze herausschneiden. Tomatenhälften klein schneiden. Olivenöl in einer Pfanne erhitzen. Tomatenstücke darin etwa 5 Minuten dünsten, mit Salz und Pfeffer würzen.
2. Tunfisch abtropfen lassen, mit einer Gabel zerpflücken und zu den Tomatenstücken geben.
3. Wasser in einem großen Topf mit geschlossenem Deckel zum Kochen bringen. Dann Salz und Spaghetti zugeben. Die Spaghetti im geöffneten Topf bei mittlerer Hitze nach Packungsanleitung kochen lassen, dabei zwischendurch 4–5 mal umrühren.
4. Anschließend die Spaghetti in ein Sieb geben, mit heißem Wasser abspülen und abtropfen lassen.
5. Sardellenbutter unter die Tomatensauce rühren. Spaghetti und die Tomaten-Tunfisch-Sauce auf Tellern anrichten. Nach Belieben mit Petersilie bestreuen und sofort servieren.

Spaghetti mit Tunfisch

Spaghettisalat mit Tunfisch

Spaghettisalat mit Tunfisch

Insalata di spaghetti con salsa di tonno

4–6 Portionen

3 l Wasser
250 g Spaghetti
3 gestr. TL Salz
1 mittelgroße Gemüsezwiebel
1 Zucchini (etwa 250 g)
Salz
2 Fleischtomaten
200 g Bratenaufschnitt
(z. B. Kalbsbraten
12 entsteinte, schwarze Oliven
2 TL Kapern (aus dem Glas)
3 EL Balsamico-Essig
frisch gemahlener Pfeffer
getrockneter Oregano
4 EL Olivenöl

Für die Tunfischsauce:
1 Dose Tunfisch in Öl
(Abtropfgewicht 185 g)
150 g Naturjoghurt
1 EL Salatmayonnaise

1 Topf Basilikum

Zubereitungszeit: 50 Minuten, ohne Durchziehzeit

Pro Portion:
E: 27 g, F: 29 g, Kh: 41 g,
kJ: 2237, kcal: 534

Raffiniert

1. Wasser in einem großen geschlossenen Topf zum Kochen bringen. Spaghetti 1–2 mal durchbrechen. Salz und Spaghetti in das kochende Wasser geben. Spaghetti im geöffneten Topf bei mittlerer Hitze nach Packungsanleitung bissfest garen, dabei zwischendurch 4–5 mal umrühren. Anschließend Spaghetti in ein Sieb geben, mit kaltem Wasser abspülen und abtropfen lassen.
2. Gemüsezwiebel abziehen, halbieren und in dünne Scheiben schneiden. Zucchini waschen, trockentupfen und die Enden abschneiden. Zucchini in dünne Scheiben schneiden. Zwiebel- und Zucchinischeiben in kochendes Salzwasser geben, einmal aufkochen lassen, in ein Sieb geben, mit kaltem Wasser übergießen und abtropfen lassen.
3. Tomaten waschen, kreuzweise einschneiden und einige Sekunden in kochendes Wasser legen. Tomaten kurz in kaltes Wasser legen, enthäuten, halbieren, entkernen und die Stängelansätze herausschneiden. Tomatenhälften in Spalten schneiden. Bratenaufschnitt in Streifen schneiden. Die Oliven und Kapern abtropfen lassen. Oliven vierteln.
4. Essig mit Salz, Pfeffer und Oregano verrühren. Olivenöl unterschlagen. Die Sauce mit den vorbereiteten Salatzutaten in einer Schüssel gut vermischen. Den Salat etwa 20 Minuten durchziehen lassen.
5. Für die Tunfischsauce Tunfisch mit dem Öl aus der Dose, Joghurt und Mayonnaise pürieren. Die Sauce mit Salz und Pfeffer abschmecken.
6. Basilikum abspülen und trockentupfen. Die Blättchen von den Stängeln zupfen. Den Salat mit den Basilikumblättchen garnieren. Die Tunfischsauce zu dem Salat reichen.

Tipp: Den italienischen Spaghettisalat als kaltes Hauptgericht mit Ciabatta oder als Partysalat servieren.

Abwandlung: Anstelle von Bratenaufschnitt können Sie auch 150 g gegrilltes, in Scheiben geschnittenes Hähnchenbrustfilet verwenden.

Spaghetti „Surprise"

Spaghetti al sugo esotico

4 Portionen

1 Zwiebel
1 Knoblauchzehe
300 g Möhren
2 Paprikaschoten (350 g)
2 EL Speiseöl
Salz, frisch gemahlener Pfeffer
1 Dose Ananasstücke
(Abtropfgewicht 340 g)
125 ml (1/8 l) Ananassaft
(aus der Dose)
200 g gekochter Schinken
1 Pck. (500 g) passierte Tomaten
(Tetrapack)
Cayennepfeffer
evtl. etwas heller Saucenbinder

4 l Wasser
4 gestr. TL Salz
400 g Spaghetti

Zubereitungszeit: 30 Minuten

Pro Portion:
E: 27 g, F: 8 g, Kh: 103 g,
kJ: 2563, kcal: 612

Spaghetti „Surprise"

Raffiniert

1. Zwiebel und Knoblauch abziehen, in kleine Würfel schneiden. Möhren putzen, schälen, waschen, abtropfen lassen und in Scheiben schneiden. Paprika halbieren, entstielen, entkernen und die weißen Scheidewände entfernen. Schoten waschen, abtropfen lassen und in Stücke schneiden.
2. Speiseöl in einem Topf erhitzen. Zwiebel- und Knoblauchwürfel darin andünsten. Möhrenscheiben und Paprikastücke hinzufügen und mit andünsten. Mit Salz und Pfeffer würzen.
3. Ananasstücke in einem Sieb abtropfen lassen, den Saft auffangen, 125 ml ($^1/_8$ l) davon abmessen und zu dem angedünsteten Gemüse geben. Das Gemüse zugedeckt etwa 10 Minuten garen.
4. Schinken in Würfel schneiden, mit den Ananasstücken und passierten Tomaten zum Gemüse geben. Mit Salz, Pfeffer und Cayennepfeffer kräftig würzen und erhitzen. Die Sauce nach Belieben mit Saucenbinder binden und warm stellen.
5. Wasser in einem großen Topf mit geschlossenem Deckel zum Kochen bringen. Dann Salz und Spaghetti zugeben. Die Spaghetti im geöffneten Topf bei mittlerer Hitze nach Packungsanleitung kochen lassen, dabei zwischendurch 4–5-mal umrühren.
6. Anschließend die Spaghetti in ein Sieb geben, mit heißem Wasser abspülen und abtropfen lassen.
7. Spaghetti mit der Gemüsesauce anrichten und sofort servieren.

Spargel mit Parmesan-Käse

Asparagi alla parmigiana

2 kg grüner Spargel
500 ml ($^1/_2$ l) Wasser, 1 gestr. TL Salz
40 g Butter
100 g frisch geriebener Parmesan-Käse
130 g zerlassene Butter

Zubereitungszeit: 45 Minuten
Backzeit: etwa 5 Minuten

Pro Portion:
E: 17 g, F: 36 g, Kh: 9 g, kJ: 1816, kcal: 435

Klassisch

1. Von dem grünen Spargel das untere Drittel schälen und die unteren Enden abschneiden. Spargelstangen waschen und abtropfen lassen.
2. Wasser mit Salz und Butter in einem hohen Topf zum Kochen bringen. Spargelstangen hinzufügen, zum Kochen bringen und zugedeckt etwa 8 Minuten garen.
3. Die Spargelstangen mit einer Schaumkelle herausnehmen, abtropfen lassen und auf eine feuerfeste Platte legen. Spargelstangen mit Parmesan-Käse bestreuen. Butter darauf verteilen.
4. Die Platte auf dem Rost in den vorgeheizten Backofen schieben und den Spargel überbacken.
   Ober-/Unterhitze: etwa 220 °C
   Heißluft: etwa 200 °C
   Backzeit: etwa 5 Minuten.

Beilage:
Ofenfrisches Baguette.

Spargel mit Parmesan-Käse

Spargel mit Weinsauce

Asparagi al vino

4 Portionen

2 kg weißer Spargel
500 ml (1/2 l) Wasser
1 gestr. TL Salz
20 g Butter, 1 Prise Zucker

Für die Sauce:

100 g Butter, 4 Eigelb (Größe M)
6 EL Weißwein

Zubereitungszeit: 45 Minuten

Pro Portion:

E: 8 g, F: 27 g, Kh: 5 g,
kJ: 1315, kcal: 313

Für Gäste – mit Alkohol

1. Spargelstangen von oben nach unten schälen, die unteren Enden abschneiden (holzige Stellen vollkommen wegschneiden). Spargelstangen abspülen und abtropfen lassen.
2. Wasser mit Salz, Butter und Zucker in einem großen Topf zum Kochen bringen. Spargelstangen hinzufügen, zum Kochen bringen und zugedeckt in etwa 10–15 Minuten gar kochen lassen. Spargelstangen mit einer Schaumkelle vorsichtig aus dem Kochsud nehmen, abtropfen lassen und warm stellen.
3. Für die Sauce Butter zerlassen und abkühlen lassen. Eigelb und Wein in einer Schüssel mit einem Schneebesen verschlagen. Die Schüssel in ein heißes Wasserbad (nicht kochen) setzen. Die Masse mit einem Schneebesen so lange schlagen, bis die Masse dicklich ist. Butter unterrühren.
4. Den Spargel auf einer vorgewärmten Platte anrichten und mit der Weinsauce servieren.

Spargelrisotto

Risotto agli asparagi

4 Portionen

2 Zwiebeln, 4 EL Olivenöl
250 g Risottoreis
(z.B. Arvorio-Reis oder Vialone-Reis)
Salz
1/2 Döschen Safranpulver
750 ml (3/4 l) Geflügelbrühe
750 g grüner Spargel
100 g Schlagsahne
3–4 EL frisch gehobelter Parmesan-Käse
frisch gestoßener, schwarzer Pfeffer

Zubereitungszeit: 40 Minuten

Pro Portion:

E: 15 g, F: 25 g, Kh: 55 g,
kJ: 2119, kcal: 507

Raffiniert

1. Zwiebeln abziehen und in kleine Würfel schneiden. Olivenöl in einem Topf erhitzen, Zwiebelwürfel darin glasig dünsten. Reis hinzufügen. Mit Salz und Safran würzen. Brühe nach und nach hinzugießen. Den Reis zugedeckt nach Packungsanleitung garen, dabei gelegentlich umrühren, eventuell noch etwas Brühe hinzufügen.
2. Von dem Spargel nur das untere Drittel schälen und die Enden abschneiden. Spargel waschen, abtropfen lassen und in etwa 3 cm lange Stücke schneiden. Spargelstücke und Sahne etwa 10 Minuten vor Ende der Garzeit zum Reis geben und mitgaren lassen.
3. Risotto in einer Schüssel anrichten. Mit Parmesan-Käse und Pfeffer bestreuen.

Tipp:

Sie können zusätzlich gegarte Scampi auf das Risotto geben oder auch Flusskrebse. Für Risotto immer Risotto-Reis verwenden, diese Sorten werden auch als Mittelkornreis bezeichnet, da sie in ihren Eigenschaften zwischen Rund- und Langkornreis liegen. Nur diese Risotto-Reis-Sorten verbinden sich auch optimal mit der Flüssigkeit.

Spargelrisotto

Spargelsalat mit Garnelen

Insalata di asparagi e gamberi

8–10 Portionen

600 g TK-Garnelen (ohne Kopf)
750 g weißer Spargel
500 g grüner Spargel
Salz, 250 g Zuckerschoten
evtl. etwas Olivenöl

Für das Dressing:
4 EL Limettensaft
1–2 EL Sojasauce
frisch gemahlener Pfeffer
2–3 TL Sesamöl
4 EL Sonnenblumenöl
3 Knoblauchzehen, klein gewürfelt
100 g Feldsalat
1/2 Kopf Lollo Bionda

1 kleine Bio-Limette
(unbehandelt, ungewachst)
rosa Pfefferbeeren

Zubereitungszeit: 45 Minuten, ohne Auftau- und Abkühlzeit

Pro Portion:
E: 16 g, F: 9 g, Kh: 5 g,
kJ: 707, kcal: 169

Für Gäste – etwas teurer

Spargelsalat mit Garnelen

1. Garnelen nach Packungsanleitung auftauen lassen. In der Zwischenzeit den weißen Spargel von oben nach unten schälen. Darauf achten, dass die Schalen vollständig entfernt, die Köpfe aber nicht verletzt werden. Die unteren Enden abschneiden (holzige Stellen vollkommen entfernen). Von dem grünen Spargel nur das untere Drittel schälen und die Enden abschneiden. Spargel waschen, abtropfen lassen, in Stücke schneiden und in kochendem Salzwasser etwa 10 Minuten bissfest garen. Spargelstücke in einem Sieb abtropfen und erkalten lassen.
2. Zuckerschoten putzen und die Enden abschneiden. Zuckerschoten in kochendem Salzwasser 3–4 Minuten blanchieren. Schoten in ein Sieb geben, kurz in eiskaltes Wasser tauchen, damit die Schoten ihre Farbe behalten, abtropfen und erkalten lassen.
3. Aufgetaute Garnelen unter fließendem kalten Wasser abspülen und trockentupfen. Garnelen nach Belieben kurz in erhitztem Olivenöl anbraten, mit Salz und Pfeffer bestreuen.
4. Für das Dressing Limettensaft mit Sojasauce verrühren, mit Salz und Pfeffer würzen. Sesam- und Sonnenblumenöl unterschlagen. Knoblauchwürfel hinzufügen.
5. Salat putzen, waschen, trockentupfen oder -schleudern. Dann Spargelstücke, Zuckerschoten und Salatblätter dekorativ auf einer Platte anrichten und mit dem Dressing beträufeln. Garnelen darauf verteilen.
6. Limetten heiß abwaschen, abtrocknen und in Scheiben schneiden. Den Salat mit Limettenscheiben garnieren und anschließend mit roten Pfefferbeeren bestreuen.

Spargel, venezianisch

Asparagi alla veneziana

4 Portionen

je 1 kg weißer und grüner Spargel
500 ml (1/2 l) Wasser
1 gestr. TL Salz
etwas Zucker
1 TL Butter
1 EL Olivenöl
8 Eier (Größe M)
grobes Meersalz
frisch gemahlener Pfeffer
250 ml (1/4 l) Olivenöl
evtl. 8 EL Rotweinessig

Zubereitungszeit: 60 Minuten

Pro Portion:
E: 21 g, F: 63 g, Kh: 8 g,
kJ: 2822, kcal: 674

Einfach

1. Den weißen Spargel von oben nach unten schälen. Darauf achten, dass die Schalen vollständig entfernt, die Köpfe aber nicht verletzt werden. Die unteren Enden abschneiden (holzige Stellen vollkommen entfernen). Von dem grünen Spargel das untere Drittel schälen und die Enden abschneiden. Den Spargel waschen und abtropfen lassen.
2. Wasser mit Salz, Zucker, Butter und Olivenöl in einem großen Topf zum Kochen bringen. Spargel hinzufügen, zum Kochen bringen und zugedeckt garen (weißer Spargel 10–12 Minuten, grüner Spargel 8–10 Minuten). Den Spargel abtropfen lassen, auf einer vorgewärmten Platte anrichten und warm stellen.
3. Wasser in einem Topf zum Kochen bringen. Eier mit einem Löffel hineingleiten lassen und im geöffneten Topf in etwa 8 Minuten wachsweich kochen. Eier mit dem Löffel herausnehmen und mit kaltem Wasser abschrecken.
4. Eier pellen, grob hacken und auf dem angerichteten Spargel verteilen. Mit Salz und Pfeffer bestreuen. Olivenöl daraufgießen. Nach Belieben mit Essig beträufeln.

Tipp: Frisch aufgebackenes Ciabatta-Brot dazureichen.

Spargel, venezianisch

Spinatgemüse mit Pinienkernen

Minestra di riso e spinaci con pinoli

4 Portionen

500 g frischer Blattspinat
5 EL Olivenöl
2 Knoblauchzehen
1 gestr. TL Salz
Saft von 1 Zitrone
100 ml Gemüsebrühe
Salz
frisch gemahlener Pfeffer
frisch geriebene Muskatnuss
Cayennepfeffer
1 Prise Zucker
2 Tomaten
100 g eingeweichte Korinthen
250 g gekochter Reis
1 Bund Zitronenmelisse
75 g Pinienkerne

Zubereitungszeit: 30 Minuten

Pro Portion:
E: 9 g, F: 23 g, Kh: 36 g,
kJ: 1643, kcal: 392

Vegetarisch

1. Spinat putzen, gründlich waschen und in einem Sieb gut abtropfen lassen.
2. Olivenöl in einem Topf erhitzen. Knoblauch abziehen, mit Salz zerreiben, hinzugeben und kurz andünsten.
3. Spinat in das Knoblauchfett geben, mit Zitronensaft beträufeln und zugedeckt bei schwacher Hitze etwa 5 Minuten dünsten. Brühe hinzugießen. Den Spinat mit Salz, Pfeffer, Muskat, Cayennepfeffer und Zucker kräftig würzen.
4. Tomaten waschen, kreuzweise einschneiden und einige Sekunden in kochendes Wasser legen. Tomaten kurz in kaltes Wasser legen, enthäuten,

Spinatgemüse mit Pinienkernen

halbieren, entkernen und die Stängelansätze herausschneiden. Tomaten in Würfel schneiden.

5. Korinthen, Tomatenwürfel und den gegarten Reis unter den Spinat rühren, bei schwacher Hitze weitere 5 Minuten garen, dabei ab und zu umrühren. Den Spinat mit den Gewürzen kräftig abschmecken.
6. Zitronenmelisse abspülen und trockentupfen. Die Blättchen von den Stängeln zupfen. Blättchen klein schneiden, mit den Pinienkernen unter den Spinat heben, nochmals erhitzen und servieren.

Tipp:
Pinienkerne in einer Pfanne ohne Fett kurz anrösten, sie schmecken nussiger.

Spinatklöße auf Tomaten-Salbei-Sauce

Gnudini di ricotta e spinaci con sugo alla salvia

8–10 Portionen

Für die Spinatklöße:
500 g TK-Blattspinat
250 g Ricotta (italienischer Frischkäse)
100 g frisch geriebener Parmesan-Käse
2 Eier (Größe M)
2 EL Weizenmehl
1 EL Semmelbrösel
Salz
frisch gemahlener Pfeffer
frisch geriebene Muskatnuss

Für die Sauce:
6 Fleischtomaten (etwa 1 kg)
1 Bund Salbei
2 EL Olivenöl

Zum Garnieren:
einige vorbereitete Salbeiblättchen

Zubereitungszeit: 45 Minuten, ohne Auftau- und Kühlzeit

Pro Portion:
E: 10 g, F: 12 g, Kh: 5 g,
kJ: 726, kcal: 173

Für Gäste

1. Für die Spinatklöße Blattspinat auftauen lassen, ausdrücken und grob hacken. Mit Ricotta und Parmesan-Käse mischen. Eier, Mehl und Semmelbrösel unterrühren. Mit Salz, Pfeffer und Muskat kräftig würzen. Die Spinatmasse etwa 30 Minuten kalt stellen und fest werden lassen.
2. Für die Sauce die Tomaten waschen, kreuzweise einschneiden und einige Sekunden in kochendes Wasser legen. Tomaten kurz in kaltes Wasser legen, enthäuten, halbieren, entkernen und die Stängelansätze herausschneiden. Tomaten klein schneiden.
3. Salbei abspülen und trockentupfen. Die Blättchen von den Stängeln zupfen. Blättchen in Streifen schneiden.
4. Olivenöl in einem Topf erhitzen. Tomatenstücke darin andünsten. Salbeistreifen unterrühren. Mit Salz und Pfeffer würzen.
5. Die Spinatmasse mit zwei Teelöffeln zu kleinen Klößchen formen, in siedendes Wasser geben und garen. Die Klößchen sind gar, wenn sie an der Oberfläche schwimmen.
6. Spinatklöße auf der Sauce anrichten und mit einigen Salbeiblättchen garniert servieren.

Tipp: Zuerst nur ein Klößchen garen. Wenn es auseinanderfällt noch etwas Semmelbrösel untermengen.

Spinatklöße auf Tomaten-Salbei-Sauce

Spinatlasagne

6. Mozzarella abtropfen lassen, in dünne Scheiben schneiden und auf den Auflauf legen. Die Form auf dem Rost in den vorgeheizten Backofen schieben.
   Ober-/Unterhitze: 180–200 °C
   Heißluft: 160–180 °C
   Garzeit: etwa 30 Minuten.

Spinatlasagne

Lasagne agli spinaci

4 Portionen

2 Pck. (je 300 g) TK-Blattspinat
9 Lasagneplatten, ohne Vorkochen
3 EL Speiseöl
2 Pck. (je 100 g) Frühstücksspeck
Salz, frisch gemahlener Pfeffer
frisch geriebene Muskatnuss
2–3 Becher (je 150 g) Crème fraîche
1 Pck. (125 g) Mozzarella-Käse

Zubereitungszeit: 20 Minuten, ohne Auftauzeit
Garzeit: etwa 30 Minuten

Pro Portion:
E: 25 g, F: 47 g, Kh: 27 g, kJ: 2645, kcal: 632

Einfach

1. Spinat nach Packungsanleitung auftauen lassen.
2. Drei Lasagneplatten in eine rechteckige oder quadratische Form legen.
3. Speiseöl in einer Pfanne erhitzen. Frühstücksspeck in dünne Streifen schneiden und darin andünsten. Aufgetauten Spinat hinzugeben, kurz mitdünsten lassen. Mit Salz, Pfeffer und Muskat würzen.
4. Etwas von der Spinatmasse auf den Lasagneplatten verteilen, 3 Esslöffel Crème fraîche darauf verstreichen.
5. Wieder 3 Lasagneplatten, eine Portion Speck-Spinat-Masse und 3 Esslöffel Crème fraîche daraufgeben. Restliche Lasagneplatten, restliche Speck-Spinat-Masse und restliches Crème fraîche darauf verteilen.

Spinat mit Sahne

Spinaci alla panna

4 Portionen

1 1/2 kg frischer Blattspinat
125 ml (1/8 l) Olivenöl
2 Knoblauchzehen
125 g Schlagsahne
100 g frisch geriebener Parmesan-Käse
Salz
frisch gemahlener Pfeffer

Zubereitungszeit: 30 Minuten

Pro Portion:
E: 16 g, F: 50 g, Kh: 3 g, kJ: 2219, kcal: 531

Klassisch

1. Spinat verlesen, gründlich waschen, tropfnass in einen Topf geben und zugedeckt bei schwacher Hitze gar dünsten. Spinat in einem Sieb abtropfen lassen, eventuell Wasser ausdrücken. Spinat grob hacken.
2. Olivenöl in einer Pfanne erhitzen. Knoblauch abziehen, durch eine Knoblauchpresse drücken und in dem Olivenöl andünsten. Spinat hinzufügen, Sahne und Parmesan-Käse unterrühren. Mit Salz und Pfeffer würzen. Den Spinat nochmals kurz dünsten lassen.

Spinatnudeln

Pasta con spinaci e pinoli

3 Portionen

250 g Spaghetti
2 ½ l Wasser
2 ½ gestr. TL Salz

40 g Pinienkerne oder abgezogene, gestiftelte Mandeln
1–2 rote Peperoni
2 Zwiebeln
4 EL Olivenöl
1 Pck. (450 g) TK-Blattspinat
Salz, frisch gemahlener Pfeffer
40 g frisch gehobelter Parmesan-Käse

Zubereitungszeit: 35 Minuten

Pro Portion:
E: 22 g, F: 26 g, Kh: 63 g,
kJ: 2435, kcal: 581

Vegetarisch

1. Spaghetti zweimal durchbrechen. Wasser in einem großen Topf mit geschlossenem Deckel zum Kochen bringen. Dann Salz und Spaghetti zugeben. Die Spaghetti im geöffneten Topf bei mittlerer Hitze nach Packungsanleitung kochen lassen, dabei zwischendurch 4-5-mal umrühren.
2. Anschließend die Spaghetti in ein Sieb geben, mit heißem Wasser abspülen und abtropfen lassen.
3. In der Zwischenzeit Pinienkerne oder Mandeln in einer Pfanne ohne Fett goldbraun rösten, herausnehmen und auf einem Teller erkalten lassen. Die Peperoni der Länge nach aufschneiden, entkernen, abspülen, abtropfen lassen und in Ringe schneiden. Zwiebeln abziehen und in kleine Würfel schneiden.
4. Zwei Esslöffel Olivenöl in der Pfanne erhitzen. Zwiebelwürfel darin andünsten. Den unaufgetauten Blattspinat hinzugeben. Den Spinat zugedeckt etwa 10 Minuten garen. Anschließend den Deckel abnehmen und den Spinat weitergaren, bis die Flüssigkeit verdampft ist. Spinat herausnehmen.
5. Restliches Olivenöl in der Pfanne erhitzen. Die Nudeln darin anbraten. Peperoniringe hinzufügen und kurz mit anbraten. Spinat und Pinienkerne unter die Nudeln heben und erhitzen.
6. Die Spinatnudeln mit Salz und Pfeffer abschmecken. Vor dem Servieren mit Parmesan-Käse bestreuen.

Spinatnudeln

Tipp:
Die Spinatnudeln reichen für 4 Personen, wenn Sie sie als Beilage zu kurz gebratenem Fleisch (Lamm, Schweineschnitzel oder Geflügel) servieren. Es kann auch 1 kg frischer Spinat verwendet werden.

Abwandlung:
Sie können die Spinatnudeln auch mit Walnusskernen zubereiten. Dann das Olivenöl durch neutrales Öl oder Nussöl ersetzen.

Spinatsalat mit Granatapfel

Insalata con spinaci e melagrana

4 Portionen

1 reifer, kleiner Granatapfel
30 g Pinienkerne
2 Knoblauchzehen
60 g Schalotten
3 Stängel Thymian
100 g frischer Blattspinat
5 EL Balsamico-Essig, 6 EL Olivenöl
Salz, frisch gemahlener Pfeffer
Zucker

Zubereitungszeit: 20 Minuten

Pro Portion:
E: 3 g, F: 19 g, Kh: 15 g,
kJ: 1010, kcal: 241

Raffiniert

1. Granatapfel halbieren. Kerne vorsichtig herauslösen. Die weißen Trennwände entfernen. Pinienkerne in einer Pfanne ohne Fett goldgelb rösten, herausnehmen und auf einem Teller erkalten lassen.
2. Knoblauch und Schalotten abziehen, in kleine Würfel schneiden. Thymian abspülen und trockentupfen. Die Blättchen von den Stängeln zupfen. Blättchen grob hacken.
3. Spinat putzen, gründlich waschen, gut abtropfen lassen und in breite Streifen schneiden.
4. Essig mit Knoblauch-, Schalottenwürfeln und Thymian verrühren, Olivenöl unterschlagen. Mit Salz, Pfeffer und Zucker würzen.
5. Spinat, Pinienkerne und Granatapfelkerne zur Marinade geben und unterheben. Den Salat nochmals mit den Gewürzen abschmecken.

Spinat-Schafkäse-Lasagne

Lasagne agli spinaci e pecorino

4 Portionen

3 Knoblauchzehen
3 mittelgroße Zwiebeln
4 EL Olivenöl
2 Pck. (je 300 g) TK-Blattspinat
2–3 EL Wasser
Salz
frisch gemahlener Pfeffer
etwas frisch geriebene Muskatnuss

Für die Béchamelsauce:

50 g Butter
50 g Weizenmehl
500 ml (1/2 l) Milch
500 ml (1/2 l) Gemüsebrühe
300 g Schafkäse
1/2 Pck. (225 g) Lasagneplatten, ohne Vorgaren
100 g geriebener Gratin-Käse

Zubereitungszeit: 50 Minuten
Garzeit: etwa 35 Minuten

Pro Portion:

E: 35 g, F: 47 g, Kh: 57 g, kJ: 3389, kcal: 810

Vegetarisch

1. Knoblauch und Zwiebeln abziehen, in kleine Würfel schneiden. Olivenöl in einer Pfanne erhitzen. Knoblauch- und Zwiebelwürfel darin glasig dünsten. Tiefgefrorenen Spinat und Wasser hinzufügen. Den Spinat zugedeckt bei schwacher Hitze nach Packungsanleitung auftauen lassen. Mit Salz, Pfeffer und Muskat würzen.
2. Für die Sauce Butter in einem Topf zerlassen. Mehl hinzufügen, unter Rühren so lange erhitzen, bis es hellbraun ist. Milch und Brühe hinzugießen, mit einem Schneebesen durchschlagen. Darauf achten, dass keine Klümpchen entstehen. Die Sauce unter Rühren zum Kochen bringen und bei schwacher Hitze etwa 5 Minuten kochen lassen. Mit Salz, Pfeffer und Muskat würzen.
3. Schafkäse zerbröseln. Etwas von der Sauce in eine eckige Auflaufform geben, darauf Lasagneplatten legen, dann Spinat und Schafkäse darauf verteilen. Mit Sauce bedecken und mit jeder Schicht so verfahren, dass etwa 4 Lasagneschichten entstehen. Die oberste Schicht soll aus Sauce bestehen.
4. Die Lasagne mit Käse bestreuen. Die Form auf dem Rost in den vorgeheizten Backofen schieben.
   Ober-/Unterhitze: etwa 200 °C
   Heißluft: etwa 180 °C
   Garzeit: etwa 35 Minuten.

Spinat-Schafkäse-Lasagne

Buffet gut vorzubereiten

12 Personen

Champignons mariniert 1 x (Seite 43)
Tintenfischsalat 1 x (Seite 280)
Zwiebeln überbacken 1 x (Seite 311)
Tunfisch auf neapolitanische Art 2 x (Seite 290)
Bäuerliche Artischocken 2 x (Seite 17)
Osso buco 2 x (Seite 177)
Spinat-Schafkäse-Lasagne 2 x (Seite 270)
Haselnusskuchen 1 x (Seite 102)
Orangen-Weinschaum-Speise 2 x (Seite 176)

Spinatsuppe mit Mozzarella

Zuppa di spinaci con mozzarella

4 Portionen

400 g frischer Blattspinat
1 mittelgroße Zwiebel
30 g Butter oder Margarine
1 Knoblauchzehe
750 ml (3/4 l) Gemüsebrühe
125 g Mozzarella-Käse
Salz, frisch gemahlener Pfeffer

Zubereitungszeit: 30 Minuten

Pro Portion:
E: 9 g, F: 13 g, Kh: 2 g,
kJ: 664, kcal: 159

Schnell – preiswert

1. Spinat putzen, gründlich waschen, gut abtropfen lassen und in Streifen schneiden. Zwiebel abziehen und in kleine Würfel schneiden.
2. Butter oder Margarine in einem Topf zerlassen, Zwiebelwürfel darin andünsten. Knoblauch abziehen, durch eine Knoblauchpresse drücken, mit dem Spinat zu den Zwiebelwürfeln geben. Brühe hinzugießen, zum Kochen bringen und etwa 10 Minuten bei schwacher Hitze kochen lassen.
3. Mozzarella abtropfen lassen, in Scheiben schneiden, in die Suppe geben und einige Minuten schmelzen lassen. Anschließend Suppe mit Salz und Pfeffer abschmecken.

Beilage: Toastscheiben.

Tipp: Schneller geht es, wenn Sie die Suppe mit 1 Päckchen (300 g) TK-Spinat zubereiten.

Spinatsuppe mit Mozzarella

Staudensellerie mit Gorgonzola und Feigensenf

Insalata di sedano con gorgonzola e senape di fichi

4 Portionen

100 g Pinienkerne
1 kleiner Staudensellerie mit Grün
1 kleiner Radicchio
4 EL mildes Olivenöl
frisch gemahlener Pfeffer
Salz
250 g Gorgonzola (Blauschimmelkäse)
1 Glas (etwa 60 g) Feigensenf (italienischer Feinkosthandel)
Grissini (italienische Gebäckstangen)

Zubereitungszeit: 25 Minuten

Pro Portion:
E: 22 g, F: 45 g, Kh: 19 g, kJ: 2359, kcal: 563

Raffiniert

1. Pinienkerne auf einem Backblech verteilen und bei Ober-/Unterhitze: etwa 180 °C, Heißluft: etwa 160 °C etwa 10 Minuten rösten. Oder Pinienkerne in einer Pfanne ohne Fett hellbraun rösten. Pinienkerne erkalten lassen.
2. Staudensellerie putzen und die harten Außenfäden abziehen. Selleriegrün beiseite legen. Anschließend die Sellerietangen waschen, gut abtropfen lassen und schräg in dünne Scheiben schneiden.
3. Radicchio putzen und die äußeren welken Blätter entfernen. Radicchio halbieren und den Strunk herausschneiden. Blätter waschen, abtropfen lassen und in feine Streifen schneiden.
4. Selleriescheiben und Radicchiostreifen nebeneinander auf eine große Platte legen. Mit Olivenöl beträufeln, mit Pfeffer bestreuen und leicht salzen (vorsichtig salzen, da der Käse salzig ist).
5. Gorgonzola mit 2 Gabeln zerbröseln. Beiseite gelegtes Selleriegrün waschen, trockentupfen und die Blättchen von den Stängeln zupfen. Gorgonzolabrösel auf dem Salat verteilen. Mit Pinienkernen und Sellerieblättern bestreuen. Mit Feigensenf und z.B. Grissini servieren.

Staudensellerie mit Gorgonzola und Feigensenf

Steaks nach Florentiner Art

Bistecca alla fiorentina

4 Portionen

4 T-Bone-Steaks (je etwa 350 g, etwa 2 cm dick)
Salz
frisch gemahlener Pfeffer
Zitronensaft

Zubereitungszeit: 25 Minuten
Grillzeit: etwa 20 Minuten

Pro Portion:
E: 73 g, F: 14 g, Kh: 0 g, kJ: 1781, kcal: 424

Für Gäste

1. Steaks kurz unter fließendem kalten Wasser abspülen und trockentupfen.
2. Die Steaks unter dem vorgeheizten Grill von jeder Seite etwa 10 Minuten grillen.
3. Die Steaks mit Salz und Pfeffer bestreuen, mit Zitronensaft beträufeln.

Beilage:
Kräuterbutter, Baguette, bunter Blattsalat.

Tipp:
Die Steaks sollten gut abgehangen sein, am besten lässt man sie für 3–4 Tage zugedeckt im Kühlschrank liegen. Steaks dann 1 1/2– 2 Stunden vor der Zubereitung aus dem Kühlschrank nehmen.

Steinpilze, gebraten

Porcini trifolati

4 Portionen

4 mittelgroße Tomaten
600 g mittelgroße Steinpilze
60 g Butter
3 EL Olivenöl
Salz
frisch gemahlener Pfeffer
1 EL gehackte, glatte Petersilie
Knoblauchpulver

Zubereitungszeit: 30 Minuten

Pro Portion:
E: 5 g, F: 21 g, Kh: 2 g,
kJ: 898, kcal: 215

Schnell

1. Tomaten waschen, kreuzweise einschneiden und einige Sekunden in kochendes Wasser legen. Tomaten kurz in kaltem Wasser abschrecken, enthäuten, halbieren, entkernen und Stängelansätze entfernen. Tomatenhälften in Würfel schneiden.
2. Steinpilze putzen, mit Küchenpapier abreiben, evtl. kurz abspülen und trockentupfen. Steinpilze in dicke Scheiben schneiden.
3. Butter in einer Pfanne zerlassen, Olivenöl miterhitzen, Pilzscheiben darin portionsweise unter mehrmaligem Wenden 2–3 Minuten braten. Mit Salz und Pfeffer bestreuen. Pilzscheiben herausnehmen und auf vorgewärmten Tellern anrichten.
4. Tomatenwürfel und Petersilie in die Pfanne zum Bratfett geben, kurz erwärmen und auf den Pilzscheiben verteilen. Mit Salz, Pfeffer und Knoblauch bestreuen.

Beilage:
Ofenfrisches Baguette.

Steinpilze, gebraten

Südtiroler Zwiebelsuppe

Familienfeier
12 Personen

Südtiroler Zwiebelsuppe 2 x (Seite 274)
Brasato in Gemüsesauce 1,5 x (Seite 26)
Gebackene Kartoffeln mit Petersilienpesto 1,5 x (Seite 72)
Obstsalat mit Maraschino 2 x (Seite 169)

Südtiroler Zwiebelsuppe

Zuppa tirolese di cipolle

6 Portionen

600 g Zwiebeln
120 g Südtiroler Bauernspeck
4 EL Olivenöl
1 TL Fenchelsamen
250 ml (1/4 l) trockener Weißwein
1 1/2 l Fleischbrühe
1 Bund Schnittlauch
Salz
frisch gemahlener Pfeffer
100 g frisch geriebener Bergkäse

Zubereitungszeit: 60 Minuten
Garzeit: etwa 30 Minuten

Pro Portion:
E: 10 g, F: 19 g, Kh: 6 g,
kJ: 1081, kcal: 259

Mit Alkohol

1. Zwiebeln abziehen, zuerst in Scheiben schneiden, dann in Ringe teilen. Speck in kleine Würfel schneiden. Olivenöl in einem Topf erhitzen. Zwiebelringe und Speckwürfel darin andünsten. Fenchelsamen hinzufügen, mit Wein ablöschen.
2. Brühe hinzugießen, zum Kochen bringen und zugedeckt etwa 30 Minuten garen, bis die Zwiebeln ganz weich sind.
3. Schnittlauch abspülen, trockentupfen und in feine Röllchen schneiden.
4. Die Suppe mit Salz und Pfeffer abschmecken, in tiefen Tellern anrichten, mit Schnittlauchröllchen und Bergkäse bestreuen.

Suppe mit Fleischnocken

Zuppa con passatelli di carne

6 Portionen

200 g Rindergehacktes (fein gehackt)
200 g frischer Blattspinat
30 g Rindermark
50 g geriebener Parmesan-Käse
50 g Semmelbrösel
1 EL weiche Butter
3 Eier (Größe M)
Salz
frisch gemahlener Pfeffer
1 1/2 l Fleischbrühe

Zubereitungszeit: 25 Minuten

Pro Portion:
E: 15 g, F: 18 g, Kh: 7 g,
kJ: 1074, kcal: 256

Schnell

1. Gehacktes eventuell sofort beim Einkauf nochmals durch den Fleischwolf drehen lassen, wenn es nicht fein genug ist.
2. Spinat verlesen, gründlich waschen, tropfnass in einen Topf geben, 3-4 Minuten garen, bis er zusammengefallen ist. Spinat in einem Sieb abtropfen, abkühlen lassen und gut ausdrücken. Spinat und Rindermark klein hacken.

3. Gehacktes, Spinat, Rindermark, Parmesan-Käse, Semmelbrösel, Butter und Eier in eine Schüssel geben und mit den Händen zu einer weichen Masse verarbeiten. Mit Salz und Pfeffer kräftig abschmecken.
4. Brühe in einem Topf zum Kochen bringen. Die Fleischmasse mit einem Löffel durch ein Sieb mit großen Löchern (am besten ein Spätzlesieb) in die kochende Brühe passieren, etwa 5 Minuten ziehen lassen. Die Nocken sind gar, wenn sie an der Oberfläche schwimmen.

Tipp: Zuerst nur wenige Nocken in die Suppe geben, um zu sehen, ob die Konsistenz passend ist und die Nocken nicht auseinander laufen. Sonst noch einige Semmelbrösel unter die Fleischmasse rühren.

Süßer Reiskuchen

Torta di riso

150 g Arborio-Reis
100 g + 1 TL Zucker
750 ml (3/4 l) Milch
100 g abgezogene, gemahlene Mandeln
1 Msp. Salz
2 Eier (Größe M), 2 Eigelb (Größe M)
1 Pck. Dr. Oetker Finesse Geriebene Zitronenschale
1 Pck. Dr. Oetker Finesse Orangenfrucht
1 EL fein gehacktes Zitronat
2 Eiweiß (Größe M)

Puderzucker

Zubereitungszeit: 40 Minuten
Backzeit: etwa 45 Minuten

Insgesamt:
E: 83 g, F: 111 g, Kh: 293 g, kJ: 2510, kcal: 10511

Einfach – für Kinder

1. Für den Teig Reis, Zucker und Milch in einem Topf unter Rühren zum Kochen bringen, bei schwacher Hitze unter mehrmaligem Rühren etwa 20 Minuten nach Packungsanleitung gar kochen.
2. Mandeln und Salz hinzufügen und gut unterrühren. Reismasse etwas abkühlen lassen. Dann Eier, Eigelb, Zitronenschale, Orangenfrucht und Zitronat unterrühren. Eiweiß steif schlagen und unterheben.
3. Den Teig in eine Tarteform (Ø 30 cm, gefettet, gemehlt) geben und glatt streichen. Die Form auf dem Rost in den vorgeheizten Backofen schieben.
   Ober-/Unterhitze: etwa 160 °C
   Heißluft: etwa 140 °C
   Backzeit: etwa 45 Minuten.
4. Die Form auf einen Kuchenrost stellen. Die Tarte erkalten lassen und vor dem Servieren mit Puderzucker bestäuben.

Beilage:
Fruchtpüree, z.B. aus Aprikosen.

Süßer Reiskuchen

Taglerini auf Basilikumschaum

Taglerini auf Basilikumschaum

Taglierini con crema di basilico

4 Portionen

3 ½ l Wasser
3 ½ gestr. TL Salz
350 g feine Bandnudeln (Taglerini)

Für den Basilikumschaum:
2 Töpfe Basilikum
4 EL Fischfond oder -brühe
8 EL Olivenöl
Salz, frisch gemahlener Pfeffer
2 EL geschlagene Schlagsahne

20 g Butter
250 g Muschelfleisch
2 EL Tomatenwürfel

evtl. Basilikumblättchen

Zubereitungszeit: 30 Minuten

Pro Portion:
E: 17 g, F: 29 g, Kh: 63 g,
kJ: 2446, kcal: 584

Für Gäste

1. Wasser in einem großen Topf mit geschlossenem Deckel zum Kochen bringen. Dann Salz und Nudeln zugeben. Die Nudeln im geöffneten Topf bei mittlerer Hitze nach Packungsanleitung kochen lassen, dabei zwischendurch 4–5-mal umrühren.
2. Anschließend die Nudeln in ein Sieb geben, mit heißem Wasser abspülen, abtropfen lassen und warm stellen.
3. Für den Basilikumschaum Basilikum abspülen und trockentupfen. Die Blättchen von den Stängeln zupfen. Blättchen in Streifen schneiden und in einen hohen Rührbecher geben. Fond oder Brühe und Olivenöl hinzugießen und mit einem Mixstab pürieren. Mit Salz und Pfeffer würzen. Sahne unterrühren.
4. Butter in einer Pfanne zerlassen. Muschelfleisch und Tomatenwürfel darin andünsten. Basilikumschaum auf Tellern verteilen. Die Nudeln darauf anrichten und mit Muschelfleisch und Tomatenwürfeln belegen. Nach Belieben mit Basilikumblättchen garnieren.

Tagliatelle mit grünem Spargel

Tagliatelle agli asparagi verdi

4 Portionen

500 g grüner Spargel
350 ml Gemüsebrühe
1 Bund glatte Petersilie
1 Becher (150 g) Crème fraîche
Salz, frisch gemahlener Pfeffer
40 g Haselnusskerne

4 l Wasser
4 gestr. TL Salz
500 g Tagliatelle

Zubereitungszeit: 20 Minuten

Pro Portion:
E: 5 g, F: 18 g, Kh: 5 g,
kJ: 821, kcal: 198

Raffiniert

1. Vom Spargel das untere Drittel schälen und die Enden abschneiden. Den Spargel in etwa 1 cm lange Stücke schneiden, dabei die Spargelspitzen 2–3 cm lang lassen.
2. Gemüsebrühe in einem Topf erhitzen. Die Spargelstücke darin etwa 6 Minuten garen. Anschließend die Spargelspitzen aus der Brühe nehmen und beiseite legen.
3. Petersilie abspülen und trockentupfen. Die Blättchen von den Stängeln zupfen. Blättchen klein schneiden. Petersilie in die Spargelbrühe geben.
4. Die Brühe mit den Spargelstücken und der Petersilie mit einem Pürierstab fein pürieren, Crème fraîche unterrühren. Die Sauce mit Salz und Pfeffer würzen, warm stellen.
5. Haselnusskerne grob hacken, in einer Pfanne ohne Fett leicht bräunen.

6. Wasser in einem großen Topf mit geschlossenem Deckel zum Kochen bringen. Dann Salz und Nudeln zugeben. Die Nudeln im geöffneten Topf bei mittlerer Hitze nach Packungsanleitung kochen lassen, dabei zwischendurch 4–5-mal umrühren.
7. Anschließend die Nudeln in ein Sieb geben, mit heißem Wasser abspülen und abtropfen lassen.
8. Die Tagliatelle in eine vorgewärmte Schüssel geben und mit der Sauce vermengen. Mit den beiseite gelegten Spargelspitzen und Haselnusskernen garniert servieren.

Tipp:
Bestreuen Sie das Gericht mit geraspeltem Comte (Hartkäse).

Tagliatelle mit grünem Spargel

Tagliatelle mit Rucola und getrockneten Tomaten

Tagliatelle mit Rucola und getrockneten Tomaten

Tagliatelle alla rucola e pomodori secchi

4 Portionen

200 g Rucola (Rauke)
120 g getrocknete Tomaten in Öl
2 Zwiebeln, 2 Knoblauchzehen
60 g Butter
40 g Pinienkerne
1 Bund glatte Petersilie
Salz, frisch gemahlener Pfeffer

4 l Wasser
4 gestr. TL Salz
500 g Tagliatelle

Zubereitungszeit: 30 Minuten

Pro Portion:
E: 5 g, F: 21 g, Kh: 5 g,
kJ: 945, kcal: 226

Beliebt – vegetarisch

1. Rucola putzen und die unteren Stiele abschneiden. Blätter waschen und abtropfen lassen. Tomaten in einem Sieb etwas abtropfen lassen, Tomaten in Streifen schneiden. Zwiebeln und Knoblauch abziehen und würfeln.
2. Butter in einer großen Pfanne zerlassen. Zwiebel- und Knoblauchwürfel darin andünsten. Pinienkerne hinzugeben und mitbräunen lassen. Tomatenstreifen unterrühren.
3. Petersilie abspülen und trockentupfen. Die Blättchen von den Stängeln zupfen. Rucola in Stücke zupfen und mit den Petersilienblättchen kurz in der Pfanne erwärmen. Die Sauce mit Salz und Pfeffer abschmecken, warm stellen.
4. Wasser in einem großen Topf mit geschlossenem Deckel zum Kochen bringen. Dann Salz und Nudeln zugeben. Die Nudeln im geöffneten Topf bei mittlerer Hitze nach Packungsanleitung kochen lassen, dabei zwischendurch 4–5-mal umrühren.
5. Anschließend die Nudeln in ein Sieb geben, mit heißem Wasser abspülen und abtropfen lassen.
6. Tagliatelle in eine vorgewärmte Schüssel geben, mit der Sauce vermengen und sofort servieren.

Tipp:
Reichen Sie frisch geriebenen Parmesan-Käse dazu.

Tagliolini mit Waldpilzen

Tagliolini ai funghi di bosco

2 Portionen

300 g Weizenmehl
4 Eier (Größe M)
1 Prise Salz
1 EL Olivenöl

300 g Waldpilze (z. B. Steinpilze, Pfifferlinge, Maronen)
2 Schalotten
4 Stängel glatte Petersilie
2 EL Butter
frisch gemahlener Pfeffer

3 l Wasser
3 gestr. TL Salz

Zubereitungszeit: 65 Minuten, ohne Kühl- und Trockenzeit

Pro Portion:
E: 33 g, F: 36 g, Kh: 112 g, kJ: 3816, kcal: 912

Dauert länger

1. Mehl in eine große Rührschüssel sieben und eine Vertiefung eindrücken. Eier mit Salz verschlagen, mit Olivenöl in die Vertiefung geben.
2. Die Zutaten mit Handrührgerät mit Knethaken zu einem glatten Teig verarbeiten. Anschließend auf einer leicht bemehlten Arbeitsfläche mit den Händen etwa 3 Minuten durchkneten. Den Teig in Folie gewickelt mindestens eine Stunde kalt stellen und ruhen lassen.
3. Den Teig auf der leicht bemehlten Arbeitsfläche mit einer Teigrolle etwa 2 mm dünn ausrollen, mit einem scharfen Messer oder auf der Nudelmaschine in 2–3 mm breite Bandnudeln schneiden. Die Nudeln etwa 3 Stunden trocknen lassen.
4. Pilze putzen, mit Küchenpapier abreiben, eventuell abspülen, abtropfen lassen und je nach Größe halbieren oder vierteln. Schalotten abziehen und in feine Würfel oder Ringe schneiden. Petersilie abspülen und trockentupfen. Die Blättchen von den Stängeln zupfen und in Streifen schneiden.
5. Butter in einer Pfanne zerlassen. Schalottenwürfel darin andünsten. Pilze hinzugeben. Mit Salz und Pfeffer würzen, etwa 5 Minuten dünsten lassen. Pilze herausnehmen und warm stellen.
6. Wasser in einem großen Topf mit geschlossenem Deckel zum Kochen bringen. Dann Salz und Nudeln zugeben. Die Nudeln im geöffneten Topf bei mittlerer Hitze 2–3 Minuten kochen lassen, dabei zwischendurch umrühren.
7. Anschließend die Nudeln in ein Sieb geben, mit heißem Wasser abspülen und abtropfen lassen.
8. Nudeln in eine vorgewärmte große Schüssel geben und mit den warm gestellten Pilzen mischen. Mit Petersilie bestreut servieren.

Tipp: Da selbst gemachte Nudeln immer sehr weich sind, ist es ratsam, nur kleine Mengen auf einmal zu kochen.

Herbstmenü

4 Personen

Staudensellerie mit Gorgonzola und Feigensenf 1 x (Seite 272)
Tagliolini mit Waldpilzen 3 x (Seite 278)
Kaninchen in Tomatensauce 1 x (Seite 120)
Rotweincreme 1 x (Seite 230)

Tauben, gebraten

Piccione arrosto

2–3 Portionen

3 küchenfertige Tauben (je etwa 300 g)
2–3 Stängel Salbei, 2–3 Knoblauchzehen
Salz, 500 g Kartoffeln
frisch gemahlener Pfeffer
Küchengarn

Zubereitungszeit: 70 Minuten
Garzeit: etwa 60 Minuten

Pro Portion:
E: 38 g, F: 38 g, Kh: 24 g,
kJ: 2476, kcal: 592

Raffiniert

1. Tauben von innen und außen unter fließendem kalten Wasser abspülen und trockentupfen.
2. Salbei abspülen und trockentupfen. Die Blättchen von den Stängeln zupfen. 4 Salbeiblättchen beiseite legen. Restliche Blättchen klein schneiden. Knoblauch abziehen und durch eine Knoblauchpresse drücken. Die Tauben von innen mit etwas Salz, Salbei und Knoblauch würzen.
3. Jeweils ein Salbeiblättchen unter die Flügel und Beine legen. Die Tauben mit Küchengarn umwickeln, auf den Backofenrost legen und in den vorgeheizten Backofen schieben.
   Ober-/Unterhitze: etwa 200 °C
   Heißluft: etwa 180 °C
   Garzeit: etwa 60 Minuten.
4. Kartoffeln waschen, schälen, abspülen, würfeln und auf einem Backblech verteilen. Mit Salz und Pfeffer würzen. Das Backblech unter den Rost mit den Tauben schieben, so dass das austretende Bratfett die Kartoffeln würzt. Die Kartoffeln mitgaren lassen.

Terlaner Weinsuppe

Zuppa al vino di Terlano

4 Portionen

Für die Einlage:
1 Brötchen (Semmel) vom Vortag
60 g Butter
1 Msp. gemahlener Zimt

Für die Suppe:
750 ml ($^{3}/_{4}$ l) kräftige Fleischbrühe
125 ml ($^{1}/_{8}$ l) Terlaner (Weißwein)
125 g Schlagsahne
3 Eigelb (Größe M)
Salz

Zubereitungszeit: 20 Minuten

Pro Portion:
E: 5 g, F: 27 g, Kh: 7 g,
kJ: 1329, kcal: 317

Schnell – mit Alkohol

1. Für die Einlage Brötchen in kleine Würfel schneiden. Butter in einer Pfanne zerlassen. Brötchenwürfel darin unter mehrmaligem Wenden goldbraun anrösten. Mit Zimt bestäuben.
2. Für die Suppe Brühe mit Wein, Sahne, Eigelb und etwas Salz in einem Topf bei schwacher Hitze mit dem Schneebesen cremig schlagen (nicht kochen lassen!).
3. Die warme Suppe sofort auf Tellern verteilen, Brötchenwürfel in die Suppe geben und servieren.

Tipp:
Sie können auch einen anderen kräftigen Weißwein verwenden. Statt der Semmel funktioniert das Rezept auch mit Ciabatta vom Vortag.

Tintenfisch auf Safransauce

Calamari allo zafferano

4 Portionen

12 küchenfertige, kleine Tintenfische
2 Stängel Thymian, 1 l Fischfond
1 Lorbeerblatt
1 TL grüne Pfefferkörner in Lake
Salz, 1 Sternanis
2 EL Olivenöl, 2 EL Schalottenwürfel
2 EL Knollenselleriewürfel
2 EL rote und grüne Paprikawürfel
1 Döschen (0,2 g) Safran
200 g Schlagsahne
frisch gemahlener Pfeffer
Limettensaft, 40 g Butter

Zubereitungszeit: 50 Minuten

Pro Portion:
E: 11 g, F: 30 g, Kh: 4 g,
kJ: 1398, kcal: 334

Für Gäste

1. Tintenfische unter fließendem kalten Wasser abspülen und trockentupfen.
2. Thymian abspülen und trockentupfen. Fischfond mit Lorbeerblatt, Thymian, abgetropften Pfefferkörnern, Salz und Anis in einem Topf zum Kochen bringen. Tintenfische hineingeben und etwa 20 Minuten ziehen lassen.
3. Für die Sauce Olivenöl in einem Topf erhitzen, Gemüsewürfel darin andünsten, Safran hinzufügen. Von dem Kräuter-Fischfond 100 ml abmessen, mit der Sahne zum Gemüse geben, zum Kochen bringen, etwas einkochen lassen.
4. Mit Salz, Pfeffer und Limettensaft würzen. Dann Butterflöckchen darunter schwenken.
5. Tintenfische aus dem Sud nehmen und auf der Safransauce anrichten.

Tintenfische, frittiert

Calamari fritti

4 Portionen

1 1/2 kg küchenfertige Tintenfische
60 g Weizenmehl

Zum Frittieren:
1 l Olivenöl
Salz

Zitronenspalten
Basilikumblättchen

Zubereitungszeit: 50 Minuten

Pro Portion:
E: 61 g, F: 14 g, Kh: 16 g,
kJ: 1809, kcal: 431

Einfach – preiswert

1. Tintenfische unter fließendem kalten Wasser abspülen, trockentupfen und in Ringe schneiden (kleine Tintenfische ganz lassen). Mehl in einen flachen Teller geben. Tintenfischringe darin wenden. Überflüssiges Mehl abschütteln.
2. Zum Frittieren Olivenöl in einer Fritteuse oder in einem Topf erhitzen. Tintenfischringe in dem heißen Olivenöl knusprig frittieren, dabei ab und zu wenden.
3. Tintenfischringe mit einer Schaumkelle herausnehmen und auf Küchenpapier abtropfen lassen. Mit Salz bestreuen.
4. Tintenfischringe mit Zitronenspalten und Basilikumblättchen garnieren und servieren.

Tintenfischsalat

Insalata di seppie al limone

6 Portionen

800 g TK-Tintenfisch
6 EL Olivenöl
1 Knoblauchzehe
1 Bund Petersilie
Saft von 1 Zitrone
Salz, frisch gemahlener Pfeffer
125 ml (1/8 l) Olivenöl

einige vorbereitete Salatblätter

Zubereitungszeit: 30 Minuten, ohne Auftauzeit

Pro Portion:
E: 21 g, F: 30 g, Kh: 4 g,
kJ: 1557, kcal: 372

Preiswert

1. Tintenfisch nach Packungsanleitung auftauen lassen. Anschließend unter fließendem kalten Wasser abspülen und trockentupfen.
2. Tintenfisch in Ringe schneiden. Jeweils etwas Olivenöl in einer Pfanne erhitzen. Tintenfischringe darin portionsweise von beiden Seiten 3-5 Minuten anbraten. Tintenfischringe herausnehmen und in eine Schüssel geben.
3. Knoblauch abziehen und in kleine Würfel schneiden. Petersilie abspülen und trockentupfen. Die Blättchen von den Stängeln zupfen. Blättchen klein schneiden. Zitronensaft mit Salz und Pfeffer verrühren, Öl unterschlagen.
4. Die Marinade mit den Knoblauchwürfeln und Petersilie zu den Tintenfischringen geben, gut untermengen und etwas durchziehen lassen.
5. Tintenfischsalat auf Salatblättern anrichten und kalt oder warm servieren.

Tiramisu

Tiramisu

6 Portionen

500 g Mascarpone (italienischer Frischkäse)
150 ml Milch
75 g Zucker
1 Pck. Dr. Oetker Bourbon-Vanille-Zucker
40 ml Amaretto (Mandellikör)
250 ml (1/4 l) kalter Espresso oder starker Kaffee
200 g Löffelbiskuits
2 EL Kakaopulver

Zubereitungszeit: 30 Minuten, ohne Durchziehzeit

Pro Portion:
E: 9 g, F: 39 g, Kh: 44 g, kJ: 2460, kcal: 587

Beliebt – mit Alkohol

1. Mascarpone mit Milch, Zucker, Vanille-Zucker und der Hälfte des Amarettos in einer Schüssel glatt rühren.
2. Restlichen Amaretto mit Espresso oder Kaffee verrühren. Die Hälfte der Löffelbiskuits in eine flache, eckige Form (etwa 30 x 18 cm) legen, mit der Hälfte der Kaffee-Amaretto-Mischung beträufeln und mit der Hälfte der Mascarponecreme bedecken. Die restlichen Zutaten in gleicher Reihenfolge darauf schichten.
3. Tiramisu in den Kühlschrank stellen und einige Stunden durchziehen lassen. Tiramisu vor dem Servieren dick mit Kakao bestäuben.

Tipp:
Ein Tiramisu eignet sich gut als Partydessert.

Abwandlung 1:
Sie können die Hälfte des Mascarpones durch 250 g Speisequark (20 % Fett i. Tr.) ersetzen, das spart Kalorien.

Abwandlung 2:
Für ein Tiramisu mit Pfirsichen zusätzlich 1 Dose Pfirsichhälften (Abtropfgewicht 470 g) abtropfen lassen und in dünne Scheiben schneiden. Die Mascarponecreme wie oben angegeben zubereiten. Die Hälfte der Löffelbiskuits in die Form legen, mit der Hälfte der Kaffee-Amaretto-Mischung beträufeln. Die Hälfte der Pfirsiche darauflegen. Die restlichen Pfirsiche mit den restlichen Zutaten in gleicher Reihenfolge darauf schichten. Wie unter Punkt 3 angegeben fortfahren.

Tiramisu

Toast Toskana

Toast Toskana

Bruschetta toscana

10 Portionen

2 Ciabatta-Brote (zum Aufbacken, je etwa 300 g)
4 Knoblauchzehen
800 g Austernpilze
125 ml (1/8 l) Olivenöl
Salz
frisch gemahlener Pfeffer
1 Glas getrocknete Tomaten in Öl (Abtropfgewicht 340 g)
180 g schwarze Olivenpaste
2 Pck. (je 125 g) Mozzarella-Käse
100 g frisch geraspelter Parmesan-Käse

Zum Bestreuen:
1 Bund Petersilie

Zubereitungszeit: 60 Minuten, ohne Abkühlzeit
Backzeit: 5–6 Minuten je Backblech

Pro Portion:
E: 17 g, F: 27 g, Kh: 34 g, kJ: 1881, kcal: 450

Raffiniert – vegetarisch

1. Ciabatta nach Packungsanleitung aufbacken und etwas abkühlen lassen. Jedes Brot in etwa 15 Scheiben schneiden. Die Brotscheiben auf Backbleche (mit Backpapier belegt) legen. Die Backbleche nacheinander unter den vorgeheizten Grill schieben. Die Scheiben von jeder Seite 2–3 Minuten toasten.
2. Knoblauch abziehen und in kleine Würfel schneiden. Austernpilze putzen, mit Küchenpapier abtreiben, evtl. abspülen und trockentupfen.
3. Olivenöl in einer großen Pfanne erhitzen. Die Austernpilze darin portionsweise anbraten und anschließend mit Salz, Pfeffer und Knoblauchwürfeln würzen.
4. Tomaten in einem Sieb abtropfen lassen. Die getoasteten Brotscheiben zunächst mit Olivenpaste bestreichen und danach mit Austernpilzen und Tomaten belegen.
5. Mozzarella abtropfen lassen, in Scheiben schneiden und auf die vorbereiteten Toastscheiben legen. Parmesan-Käse daraufstreuen. Die Backbleche nacheinander (bei Heißluft zusammen) in den vorgeheizten Backofen schieben.
   Ober-/Unterhitze: etwa 200 °C
   Heißluft: etwa 180 °C
   Garzeit: 5–6 Minuten je Backblech.
6. Zum Bestreuen Petersilie abspülen und trockentupfen. Die Blättchen von den Stängeln zupfen. Blättchen klein schneiden. Die Toasts mit Petersilie bestreut servieren.

Tipp:
Statt der getrockneten Tomaten können Sie auch 6–8 enthäutete, entkernte und in Würfel geschnittene Tomaten verwenden. Geben Sie zusätzlich einige in Streifen geschnittene Basilikumblättchen unter die Tomatenwürfel.

Tomatenlasagne
Lasagne al pomodoro e mozzarella

8–10 Portionen

2 Pck. Tomatensauce
(für je 250 ml (1/4 l) Wasser)
500 ml (1/2 l) Wasser
2 Dosen passierte Tomaten
(je 400 g)
Salz, frisch gemahlener Pfeffer
gerebelter Oregano
6 Fleischtomaten
500 g Mozzarella-Käse
etwa 250 g Lasagneplatten,
ohne Vorkochen
200 g geriebener Gratin-Käse
1 Topf Basilikum

Zubereitungszeit: 35 Minuten
Garzeit: etwa 40 Minuten

Pro Portion:
E: 23 g, F: 20 g, Kh: 32 g,
kJ: 1674, kcal: 399

Klassisch

1. Die Tomatensauce mit Wasser nach Packungsanleitung zubereiten und die passierten Tomaten hinzufügen. Die Sauce mit Salz, Pfeffer und Oregano würzen.
2. Tomaten waschen, trockentupfen und die Stängelansätze herausschneiden. Tomaten in Scheiben schneiden. Mozzarella abtropfen lassen und ebenfalls in Scheiben schneiden.
3. Ein Drittel der Lasagneplatten in eine große, flache Auflaufform legen. Ein Drittel der Tomatensauce darauf verteilen. Ein Drittel der Tomatenscheiben darauflegen, mit Salz, Pfeffer und Oregano bestreuen. Ein Drittel der Mozzarellascheiben auf die Tomatenscheiben legen und ebenfalls mit den Gewürzen bestreuen.
4. Diesen Vorgang noch zweimal wiederholen, d. h. Lasagneplatten, Tomatensauce, Tomaten- und Mozzarellascheiben einschichten, dabei die Tomaten- und Mozzarellaschichten mit den Gewürzen bestreuen. Die oberste Schicht sollte aus Mozzarellascheiben bestehen.
5. Den Gratinkäse darauf verteilen. Die Form auf dem Rost in den vorgeheizten Backofen schieben.
   Ober-/Unterhitze: etwa 180 °C
   Heißluft: etwa 160 °C
   Garzeit: etwa 40 Minuten.
6. Basilikum abspülen und trockentupfen. Die Blättchen von den Stängeln zupfen. Blättchen in Streifen schneiden. Die Lasagne mit Basilikumstreifen bestreut servieren.

Tomatenlasagne

Tomaten-Mozzarella-Tarte

Tomaten-Mozzarella-Tarte

Crostata di pomodori e zucchine

4 Portionen

Für den Teig:

300 g Weizenmehl
150 g kalte Butter
1 Becher (150 g) saure Sahne
1 gestr. TL Salz, 2 EL kaltes Wasser

Für den Belag:

250 g Zucchini
3 EL Olivenöl, 1 Knoblauchzehe
Salz, frisch gemahlener Pfeffer
5 mittelgroße Tomaten
250 g Mozzarella-Käse
gerebelter Oregano

Zum Bestreichen:

1 Eigelb

Zubereitungszeit: 65 Minuten, ohne Kühlzeit
Backzeit: etwa 40 Minuten

Pro Portion:

E: 24 g, F: 59 g, Kh: 62 g, kJ: 3651, kcal: 872

Raffiniert

1. Für den Teig Mehl in eine Rührschüssel sieben. Butter in kleine Stücke geschnitten, saure Sahne, Salz und Wasser hinzufügen. Die Zutaten mit Handrührgerät mit Knethaken zunächst kurz auf niedrigster, dann auf höchster Stufe zu einem glatten Teig verarbeiten. Den Teig mit angefeuchteten Händen zu einer Kugel formen und in Folie gewickelt etwa 30 Minuten kalt stellen.
2. Für den Belag Zucchini waschen, abtrocknen und die Enden abschneiden. Zucchini grob raspeln.
3. Olivenöl in einer Pfanne erhitzen. Zucchiniraspel darin andünsten. Knoblauch abziehen, durch eine Knoblauchpresse drücken und hinzufügen. Mit Salz und Pfeffer würzen.
4. Tomaten waschen, abtrocknen und die Stängelansätze herausschneiden. Tomaten in etwa $^1/_2$ cm dicke Scheiben schneiden. Mozzarella in einem Sieb abtropfen lassen und ebenfalls in Scheiben schneiden.
5. Knapp die Hälfte des Teiges auf einer bemehlten Arbeitsfläche zu einer runden Platte (etwa Ø 30 cm) ausrollen und ein Gitter mit Hilfe einer Gitterrolle herstellen oder mit einem Teigrädchen 16–20 Streifen ausschneiden.
6. Zwei Drittel des restlichen Teiges auf der bemehlten Arbeitsfläche zu einer runden Platte (etwa Ø 30 cm) ausrollen und in Tarteform (Ø 30 cm, gefettet) legen. Die Form auf dem Rost in den vorgeheizten Backofen schieben und den Boden vorbacken.
   Ober-/Unterhitze: etwa 180 °C
   Heißluft: etwa 160 °C
   Backzeit: etwa 15 Minuten.
7. Die Form auf einen Kuchenrost stellen. Den Boden etwas abkühlen lassen.
8. Restlichen Teig zu einer langen Rolle formen, sie auf den Boden legen und so an die Form drücken, dass ein Rand entsteht.
9. Die Zucchinimasse auf dem vorgebackenen Boden verteilen. Tomaten- und Mozzarellascheiben dachziegelartig darauf verteilen. Mit Salz, Pfeffer und Oregano bestreuen. Die Teigstreifen gitterförmig darauflegen und etwas andrücken. Eigelb verschlagen, die Teigstreifen damit bestreichen.
10. Die Form wieder auf dem Rost in den Backofen schieben und die Tarte **bei gleicher Backofeneinstellung in etwa 25 Minuten fertig backen.**

Tipp:
Wer keine Gitterrolle hat, kann auch die Oberfläche ganz mit der Teigplatte bedecken und etwa 10 kleine Löcher (Ø etwa 1 cm) in den Teig schneiden, damit der Dampf entweichen kann. Die Tarte mit glatter Petersilie garnieren.

Tomatenpesto

Tomatenpesto
Pesto rosso

150 g getrocknete Tomaten in Öl
3 Knoblauchzehen
1 Bund Basilikum
20 g frischer Parmesan-Käse
30 g abgezogene, gehobelte Mandeln
100 ml Olivenöl
Salz
frisch gemahlener Pfeffer

Zubereitungszeit: 20 Minuten
Haltbarkeit: kalt gestellt etwa 3 Wochen

Insgesamt:
E: 17 g, F: 133 g, Kh: 17 g,
kJ: 5478, kcal: 1325

Klassisch

1. Tomaten in einem Sieb abtropfen lassen. Knoblauch abziehen und durch eine Knoblauchpresse drücken. Basilikum abspülen und trockentupfen. Die Blättchen von den Stängeln zupfen. Parmesan-Käse fein reiben.
2. Tomaten, Mandeln und Basilikum getrennt sehr fein hacken und in eine Schüssel geben. Knoblauch, Parmesan-Käse und Olivenöl untermengen. Mit Salz und Pfeffer würzen.

Tipp:
Tomatenpesto passt gut zu Fisch, Fleisch und Gemüse. Pesto in ein Schraubverschlussglas geben, mit Olivenöl bedecken und mit dem Deckel verschließen.

Tomatenpizza

Tomatenpizza
Pizza al pomodoro
4 Portionen

1 Pck. (250 g) Pizzateig Italienische Art
500 g Cocktailtomaten
frisch gemahlener Pfeffer
75 g Salamischeiben
100 g Gouda-Käse
1 Pck. (125 g) Mozzarella-Käse
1 EL gehackte Majoranblättchen
1 EL gehackte Basilikumblättchen
2 EL Olivenöl

Zubereitungszeit: 45 Minuten
Backzeit: etwa 20 Minuten

Pro Portion:
E: 21 g, F: 30 g, Kh: 27 g,
kJ: 1943, kcal: 463

Klassisch

1. Den Pizzateig nach Packunganleitung zubereiten. Anschließend den Teig auf einem Backblech (30 x 40 cm, gefettet) ausrollen. Die beiliegende Sauce aus der Packung nach Packungsanleitung zubereiten und auf dem Teig verteilen.
2. Tomaten waschen, abtrocknen und die Stängelansätze entfernen. Tomaten halbieren, und mit der Schnittfläche nach oben auf den Pizzateig legen. Mit Pfeffer bestreuen.
3. Salamischeiben halbieren oder vierteln, in die Zwischenräume der Tomatenhälften legen. Gouda-Käse grob reiben und daraufstreuen. Mozzarella abtropfen lassen, in Würfel schneiden und auf den Tomatenhälften verteilen. Mit Majoran- und Basilikumblättchen bestreuen, mit Olivenöl beträufeln. Das Backblech in den vorgeheizten Backofen schieben.
Ober-/Unterhitze: 200–220 °C
Heißluft: 180–200 °C
Backzeit: etwa 20 Minuten.

Tipp: Statt der Pizzateig-Mischung einen salzigen Hefeteig aus 250 g Weizenmehl, 1 Päckchen Dr. Oetker Trockenbackhefe, 1 Teelöffel Zucker, $^1/_2$ gestrichenen Teelöffel Salz, 4 Esslöffeln Speiseöl und knapp 200 ml lauwarmem Wasser zubereiten. Stückige Tomaten aus der Dose darauf verteilen.

Tomatensauce mit Gorgonzola

Tomatensauce mit Gorgonzola

Salsa di pomodori al gorgonzola

4 Portionen

400 g Tomaten
2 Schalotten
4–5 EL Olivenöl
125 ml (1/8 l) trockener Wermut
125 g Schlagsahne
Salz, frisch gemahlener Pfeffer
100 g Gorgonzola (Blauschimmel-Käse)

Basilikumblättchen

Zubereitungszeit: 30 Minuten

Pro Portion:
E: 7 g, F: 29 g, Kh: 7 g,
kJ: 1430, kcal: 343

Raffiniert – mit Alkohol

1. Tomaten waschen, kreuzweise einschneiden und einige Sekunden in kochendes Wasser legen. Tomaten kurz in kaltes Wasser legen, enthäuten, halbieren, entkernen und die Stängelansätze herausschneiden. Tomaten klein schneiden. Schalotten abziehen und in kleine Würfel schneiden.
2. Olivenöl in einem Topf erhitzen, Schalottenwürfel darin glasig dünsten. Tomaten hinzugeben und kurz mit andünsten. Mit Wermut ablöschen, die Sahne hinzugießen, zum Kochen bringen und etwas einkochen lassen. Mit Salz und Pfeffer würzen.
3. Die Sauce nach Belieben durch ein Sieb streichen und wieder erhitzen. Gorgonzola hinzugeben und unter Rühren schmelzen lassen. Die Tomatensauce mit Basilikumblättchen garniert servieren.

Tomatensalat, neapolitanisch

Insalata di pomodori alla napoletana

4 Portionen

500 g noch leicht grünliche Fleischtomaten
6 Basilikumblättchen
gerebelter Oregano
3 Knoblauchzehen
Salz, frisch gemahlener Pfeffer
4 EL Olivenöl

Zubereitungszeit: 25 Minuten, ohne Durchziehzeit

Pro Portion:
E: 1 g, F: 10 g, Kh: 3 g,
kJ: 452, kcal: 108

Schnell

1. Tomaten waschen, abtrocknen und die Stängelansätze herausschneiden. Die Tomaten in Spalten schneiden, entkernen und in eine Schüssel geben.
2. Basilikumblättchen abspülen, trockentupfen und in feine Streifen schneiden. Tomaten mit Baslilikum und Oregano vermischen.
3. Knoblauch abziehen und durch eine Knoblauchpresse drücken. Olivenöl mit Salz und Pfeffer verrühren, danach den Knoblauch unterrühren. Die Marinade auf den Tomaten verteilen, gut untermischen und kalt gestellt kurz durchziehen lassen.

Beilage:
Fladenbrot.

Tomatensuppe mit Mozzarella

Zuppa ai pomodori con mozzarella e timo

4 Portionen

1 ½ kg Fleischtomaten
2 Zwiebeln
2 Knoblauchzehen
60 g durchwachsener Speck
4 EL Olivenöl
1 Thymianzweig
1 EL Tomatenmark
500 ml (½ l) Gemüsebrühe
3 EL geschlagene Schlagsahne
Salz, frisch gemahlener Pfeffer
2–3 EL Sherry
1 Pck. (125 g) Mozzarella-Käse
50 g Weizenmehl
100 g Semmelbrösel
1 Ei (Größe M)
8 EL Olivenöl

vorbereitete Thymianblättchen

Zubereitungszeit: 45 Minuten
Garzeit: etwa 20 Minuten

Pro Portion:
E: 16 g, F: 26 g, Kh: 29 g, kJ: 1792, kcal: 427

Raffiniert – mit Alkohol

1. Tomaten waschen, trockentupfen, vierteln, entkernen und die Stängelansätze herausschneiden. Tomatenviertel in Würfel schneiden. Zwiebeln und Knoblauch abziehen, in kleine Würfel schneiden. Speck ebenfalls würfeln.
2. Das Olivenöl in einem Topf erhitzen. Speckwürfel darin anbraten. Zwiebel- und Knoblauchwürfel hinzufügen und andünsten. Tomatenwürfel hinzugeben und unter Rühren mit andünsten.
3. Thymian abspülen und trockentupfen, zusammen mit dem Tomatenmark zur Tomaten-Speck-Masse geben und kurz rösten lassen. Brühe hinzugießen, zum Kochen bringen und etwa 15 Minuten leicht kochen lassen. Die Suppe pürieren oder nach Belieben durch ein feines Sieb passieren. Sahne unterheben. Anschließend mit Salz, Pfeffer und Sherry abschmecken.
4. Mozzarella in einem Sieb abtropfen lassen und in Scheiben schneiden. Mit Salz und Pfeffer bestreuen. Mehl und Semmelbrösel jeweils in einen flachen Teller geben. Ei in einer flachen Schüssel verschlagen.
5. Mozzarellascheiben zuerst in Mehl wenden, dann durch die verschlagenen Eier ziehen, am Schüsselrand abstreifen und zuletzt in Semmelbröseln wenden. Panade etwas andrücken.
6. Das Olivenöl in einer Pfanne erhitzen. Mozzarellascheiben darin von beiden Seiten goldbraun braten.
7. Suppe mit Mozzarellascheiben und Thymianblättchen garniert servieren.

Tomatensuppe mit Mozzarella

Torta della nonna
Großmuttertorte

Für den Knetteig:
275 g Weizenmehl
125 g Zucker
1 Pck. Dr. Oetker Vanillin-Zucker
1 Prise Salz
2 Eiweiß (Größe M)
175 g Butter oder Margarine

Für die Füllung:
30 g Weizenmehl
125 g Zucker
400 ml Milch
4 Eigelb (Größe M)
60 g gemahlene Pinienkerne

Zum Bestreichen:
1 verschlagenes Eiweiß

Zum Bestreuen:
40 g Pinienkerne
evtl. Puderzucker

Zubereitungszeit: 30 Minuten, ohne Kühlzeit
Backzeit: 50–60 Minuten

Insgesamt:
E: 94 g, F: 244 g, Kh: 512 g,
kJ: 19363, kcal: 4625

Raffiniert

1. Für den Teig Mehl in eine Rührschüssel sieben. Restliche Zutaten hinzufügen und mit Handrührgerät mit Knethaken zunächst kurz auf niedrigster, dann auf höchster Stufe gut durcharbeiten. Anschließend auf einer leicht bemehlten Arbeitsfläche zu einem glatten Teig verarbeiten. Den Teig in Frischhaltefolie gewickelt etwa 30 Minuten kalt stellen.
2. Für die Füllung Mehl mit Zucker und 3 Esslöffeln von der Milch anrühren. Restliche Milch in einem Topf zum Kochen bringen. Angerührte Mehlmasse in die von der Kochstelle genommene Milch rühren und unter Rühren nochmals aufkochen lassen.
3. Den Topf von der Kochstelle nehmen, Eigelb und Pinienkerne unterrühren. Die Creme etwas abkühlen lassen, dabei gelegentlich umrühren.
4. Gut die Hälfte des Teiges auf der bemehlten Arbeitsfläche zu einer runden Platte (Ø etwa 30 cm) ausrollen und in eine Springform (Ø 26 cm, Boden gefettet) legen. Den Teig so andrücken, dass ein etwa 2 cm hoher Rand entsteht, und anschließend die Creme auf dem Teig verteilen.
5. Restlichen Teig zu einer runden Platte (Ø etwa 26 cm) ausrollen und als Deckel auf die Creme legen. Die Oberfläche mit verschlagenem Eiweiß bestreichen und mit Pinienkernen bestreuen. Die Form auf dem Rost in den vorgeheizten Backofen schieben.
Ober-/Unterhitze: etwa 180 °C
Heißluft: etwa 160 °C
Backzeit: 50–60 Minuten.
5. Die Torte etwa 10 Minuten in der Form stehen lassen, dann aus der Form lösen und auf einem Kuchenrost erkalten lassen. Nach Belieben kurz vor dem Servieren mit Puderzucker bestreuen.

Torta dellla nonna

Tortellini in Gorgonzolasauce

Tortellini al gorgonzola

6 Portionen

1 kg Tortellini (aus dem Kühlregal)
Salz, evtl. Speiseöl

Für die Gorgonzolasauce:
40 g Butter
40 g Weizenmehl
500 ml (1/2 l) Gemüsebrühe
oder halb Milch halb Brühe
200 g Gorgonzola (Blauschimmelkäse)
200 g Schlagsahne
oder Schmand (Sauerrahm)
frisch gemahlener Pfeffer
250 g gekochter oder roher Schinken
evtl. geriebener Parmesan-Käse
2 EL gehackte Petersilie

Zubereitungszeit: 40 Minuten

Pro Portion:
E: 34 g, F: 38 g, Kh: 73 g,
kJ: 3286, kcal: 784

Für Gäste

Tortellini in Gorgonzolasauce

1. Die Tortellini in kochendem Salzwasser mit Speiseöl nach Packungsanleitung bissfest garen. Tortellini in ein Sieb geben, mit kaltem Wasser übergießen, abtropfen lassen und warm stellen.
2. Für die Sauce Butter in einem Topf zerlassen. Mehl unter Rühren so lange darin erhitzen, bis es hellgelb ist. Nach und nach Brühe oder halb Brühe und Milch hinzugießen. Mit einem Schneebesen durchschlagen. Darauf achten, dass keine Klümpchen entstehen.
3. Gorgonzola in Stückchen schneiden. Sahne oder Schmand und Gorgonzolastückchen unterrühren. Die Sauce etwa 3 Minuten bei schwacher Hitze kochen lassen, bis der Käse geschmolzen ist. Die Sauce mit Salz und Pfeffer würzen.
4. Den Schinken in Würfel schneiden und unterrühren. Die Sauce mit den Tortellini vermengen, mit Parmesan-Käse und nach Belieben mit Petersilie bestreuen, sofort servieren.

Tipp: Anstelle der Tortellini aus dem Kühlregal, können natürlich auch getrocknete Tortellini verwendet werden.

Tramezzini mit Eiercreme

Tramezzini gustosi con uova sode

10 Stück

8 hart gekochte Eier
1 Becher (150 g) Crème fraîche
2 EL Salatmayonnaise
2 TL körniger Senf
Salz, frisch gemahlener Pfeffer
4 Frühlingszwiebeln
etwa 100 g marinierte, rote Paprikaschoten (aus dem Glas)
10 Scheiben Mehrkorn-Toastbrot

10 Scheiben Bacon (Frühstücksspeck)
einige Salatblätter (z. B. Lollo Bionda)

Zubereitungszeit: 35 Minuten, ohne Durchziehzeit

Pro Stück:
E: 10 g, F: 14 g, Kh: 14 g, kJ: 906, kcal: 217

1. Eier pellen, in Stücke schneiden, grob pürieren und mit Crème fraîche, Mayonnaise und Senf verrühren. Mit Salz und Pfeffer würzen.
2. Frühlingszwiebeln putzen, waschen, gut abtropfen lassen und in feine Ringe schneiden. Paprikaschoten abtropfen lassen, trockentupfen und in kleine Würfel schneiden.
3. Von den Brotscheiben die Rinde abschneiden. Die Rinde von 4 Brotscheiben in kleine Würfel schneiden und unter die Eiermasse rühren. Paprikawürfel und Frühlingszwiebelringe unterheben.
4. Baconscheiben in je 3 Stücke schneiden und in einer Pfanne kross ausbraten. Die Salatblätter abspülen und trockentupfen.
5. Die Hälfte der Toastbrotscheiben mit den Salatblättern belegen. Die Eiermasse daraufstreichen und die Speckscheiben darauf verteilen. Mit den restlichen Brotscheiben belegen und etwas andrücken. Die Brotscheiben diagonal halbieren, fest in Klarsichtfolie einwickeln und etwas durchziehen lassen.

Tunfisch auf neapolitanische Art

Tonno alla napoletana

4 Portionen

2 Zwiebeln
2 Knoblauchzehen
500 g Tomaten
3 EL Olivenöl
Salz, frisch gemahlener Pfeffer
gerebeltes Basilikum
4 Tunfischsteaks (je etwa 180 g)

Für die Sauce:
1–2 EL Weizenmehl
2–4 EL kaltes Wasser
10 g gehackte Kapern
1–2 gewässerte, klein geschnittene Sardellenfilets
1 EL gehackte Petersilie
1 Prise Zucker
2 EL Rotwein

Zubereitungszeit: 50 Minuten
Garzeit: etwa 15 Minuten

Pro Portion:
E: 42 g, F: 35 g, Kh: 7 g, kJ: 2138, kcal: 510

Für Gäste – mit Alkohol

1. Zwiebeln und Knoblauch abziehen, in kleine Würfel schneiden. Tomaten waschen, trockentupfen, vierteln und die Stängelansätze herausschneiden.
2. Die Hälfte des Olivenöls in eine Auflaufform geben. Zwiebel-, Knoblauchwürfel und Tomatenviertel hinzufügen. Dann mit Salz, Pfeffer und Basilikum würzen.
3. Tunfischsteaks unter fließendem kalten Wasser abspülen und trockentupfen, mit Salz und Pfeffer bestreuen. Tunfischsteaks auf den Tomatenvierteln verteilen. Restliches Olivenöl da-

rauf träufeln. Die Form auf dem Rost in den vorgeheizten Backofen schieben.
Ober-/Unterhitze: etwa 200 °C
Heißluft: etwa 180 °C
Garzeit: etwa 15 Minuten.

4. Tunfischsteaks herausnehmen, auf einer vorgewärmten Platte anrichten, mit Alufolie zudecken und warm stellen.
5. Für die Sauce den Kochsud mit dem Gemüse durch ein Sieb streichen, in einen Topf geben, evtl. mit Wasser auffüllen und zum Kochen bringen.
6. Mehl mit Wasser anrühren, unter Rühren in den Kochsud geben, zum Kochen bringen und etwa 5 Minuten kochen lassen.
7. Kapern, Sardellenfiletstückchen und Petersilie unter die Sauce rühren. Mit Salz, Pfeffer, Zucker und Rotwein abschmecken. Etwas von der Sauce auf den Tunfischsteaks verteilen. Restliche Sauce dazureichen.

Beilage:
Röstkartoffeln, Staudenselleriesalat.

Tunfisch, gebraten

Insalata di tonno fritto con funghi e timo

4 Portionen

400 g frischer Tunfisch
200 g Austernpilze
je 1 rote und grüne Paprikaschote (je etwa 250 g)
Salz, 8 EL Olivenöl
frisch gemahlener Pfeffer

Für die Marinade:
4–5 Stängel Thymian
3 EL weißer Balsamico-Essig

Zubereitungszeit: 40 Minuten, ohne Durchziehzeit

Tunfisch, gebraten

Pro Portion:
E: 25 g, F: 35 g, Kh: 5 g,
kJ: 1814, kcal: 433

Raffiniert

1. Tunfisch abspülen, trockentupfen und in mundgerechte Stücke schneiden. Pilze putzen, mit Küchenpapier abreiben, evtl. kurz abspülen, trockentupfen und in große Stücke schneiden. Paprika halbieren, entstielen, entkernen und die weißen Scheidewände entfernen. Die Schoten waschen, trockentupfen und in Würfel schneiden.
2. Paprikawürfel in kochendem Salzwasser etwa 2 Minuten blanchieren. Anschließend in ein Sieb geben, mit eiskaltem Wasser übergießen und gut abtropfen lassen.
3. Etwas von dem Olivenöl in einer Pfanne erhitzen. Tunfischstücke von allen Seiten etwa 5 Minuten darin braten, herausnehmen, mit Salz und Pfeffer würzen. Tunfischstücke in eine Schüssel geben.
4. Paprikawürfel und Pilzstücke in 1 Esslöffel des verbliebenen Olivenöls unter Rühren andünsten, zum Fisch geben.
5. Für die Marinade Thymian abspülen und trockentupfen (einige Stängel beiseite legen). Die Blättchen von den Stängeln zupfen. Essig mit Salz und Pfeffer verrühren. Restliches Olivenöl unterschlagen. Die Marinade zu den Salatzutaten geben, vorsichtig untermischen und kalt gestellt 1–2 Stunden durchziehen lassen, dabei ab und zu umrühren. Den Salat mit den Gewürzen pikant abschmecken und mit den beiseite gelegten Thymianstängeln garniert servieren.

Tipp:
Tunfisch kann auch durch Lachs oder Kabeljau ersetzt werden. Kabeljau jedoch vorsichtig braten und wenden, da die Konsistenz des Kabeljaus nicht so fest ist.

Tunfischsalat

Insalata di tonno

4 Portionen

einige Salatblätter, Saft von 1 Zitrone
etwa 3 Dosen Tunfisch naturell (500 g)
1 rote Zwiebel, 50 g Kapern
125 ml (1/8 l) Olivenöl
Salz, frisch gemahlener Pfeffer

Zubereitungszeit: 20 Minuten, ohne Kühl- und Durchziehzeit

Pro Portion:
E: 25 g, F: 48 g, Kh: 2 g,
kJ: 2237, kcal: 535

Einfach

1. Salatblätter abspülen, gut trockentupfen und auf eine runde Platte legen. Tunfisch abtropfen lassen, in Stücke zerpflücken, auf dem Salat verteilen.
2. Zwiebel abziehen, zuerst in Scheiben schneiden, dann in Ringe teilen und auf die Tunfischstücke legen. Kapern abtropfen lassen und darauf verteilen.
3. Olivenöl mit Zitronensaft gut verrühren. Mit Salz und Pfeffer würzen. Die Marinade auf den angerichteten Salat träufeln. Den Salat kalt gestellt gut durchziehen lassen.

Beilage: Fladenbrot oder ofenfrisches Baguette.

Fisch- und Meeresfrüchtebuffet

10 Personen

Tunfischsalat 2 x (Seite 292)
Tintenfischsalat 1 x (Seite 280)
Seehecht aus dem Ofen 2 x (Seite 242)
Cacciuccio 2 x (Seite 30)

Zusätzlich: Brote

Tunfischsteaks auf buntem Gemüse

Bistecca di tonno con verdure stufate

4 Portionen

Für das Gemüse:
1 Gemüsezwiebel, 2 Knoblauchzehen
1 rote Paprikaschote (etwa 200 g)
2 kleine Zucchini (etwa 300 g)
1 kleine Aubergine (etwa 300 g)
2 Fleischtomaten
8 EL Olivenöl
Salz, frisch gemahlener Pfeffer
gerebelter Oregano
100 ml Gemüsebrühe
2 TL Basilikumstreifen
1 EL gehackte, glatte Petersilie

4 Tunfischsteaks (je etwa 150 g)
1 EL Zitronensaft
40 g Weizenmehl
3 EL Olivenöl

Zubereitungszeit: 60 Minuten

Pro Portion:
E: 37 g, F: 49 g, Kh: 14 g,
kJ: 2680, kcal: 640

Raffiniert

1. Für das Gemüse Zwiebel und Knoblauch abziehen, in kleine Würfel schneiden. Paprika halbieren, entkernen und die weißen Scheidewände entfernen. Schote waschen, trockentupfen und würfeln.
2. Zucchini und Aubergine waschen, abtrocknen und die Enden abschneiden. Zucchini und Aubergine ebenfalls in Würfel schneiden. Tomaten waschen, kreuzweise einschneiden und einige Sekunden in kochendes Wasser legen. Tomaten kurz in kaltes Wasser legen, enthäuten, halbieren, entkernen und die Stängelansätze herausschneiden. Tomatenhälften in Stücke schneiden.

Tunfischsteaks auf buntem Gemüse

3. Das Olivenöl in einem Topf erhitzen. Zwiebel-, Knoblauch-, Zucchini- und Auberginenwürfel darin andünsten. Mit Salz, Pfeffer und Oregano würzen. Tomatenstücke unterrühren. Brühe hinzugießen und zum Kochen bringen. Das Gemüse etwa 5 Minuten bei schwacher Hitze garen. Basilikumstreifen und Petersilie unterrühren. Das Gemüse mit den Gewürzen abschmecken.
4. Tunfischsteaks unter fließendem kalten Wasser abspülen und trockentupfen. Mit Salz und Pfeffer würzen, mit Zitronensaft beträufeln und mit Mehl bestäuben.
5. Olivenöl in einer Pfanne erhitzen. Tunfischsteaks darin etwa 8 Minuten von beiden Seiten braten. Tunfischsteaks herausnehmen und auf dem Gemüse anrichten.

Tunfischsteaks in Kräutern und Knoblauch

Tunfischsteaks in Kräutern und Knoblauch

Tonno al cartoccio con erbe di Provenza

4 Portionen

Zum Vorbereiten:

4 Bögen Alufolie
1 1/2 EL Speiseöl

4 Tunfischsteaks (je etwa 130 g, etwa 2 cm dick)
2–3 Knoblauchzehen
1/2 Pck. TK-Kräuter der Provence
Salz, frisch gemahlener, grober, bunter Pfeffer

Zubereitungszeit: 40 Minuten, ohne Auftau- und Durchziehzeit
Garzeit: etwa 12 Minuten

Pro Portion:
E: 29 g, F: 23 g, Kh: 1 g,
kJ: 1360, kcal: 325

Einfach – schnell

1. Zum Vorbereiten Alufolie auf einer Seite mit Speiseöl bestreichen und auf eine Arbeitsfläche legen.
2. Tunfischsteaks unter fließendem kalten Wasser abspülen, trockentupfen.
3. Knoblauch abziehen, in sehr dünne Scheiben schneiden und mit den Kräutern mischen.
4. Je ein Tunfischsteak auf je ein mit Speiseöl bestrichenes Stück Alufolie legen. Die Tunfischsteaks mit der Kräuter-Knoblauch-Masse bestreichen, mit Salz und Pfeffer bestreuen. Die Tunfischsteaks jeweils in der Alufolie zu einem Päckchen einpacken, in den Kühlschrank legen und über Nacht durchziehen lassen.
5. Die Tunfischsteak-Päckchen auf ein Backblech legen. Das Backblech in den vorgeheizten Backofen schieben.
   Ober-/Unterhitze: etwa 200 °C
   Heißluft: etwa 180 °C
   Garzeit: etwa 12 Minuten.

Beilage:
Ein bunt gemischter Salat aus Paprikaschoten- und Zucchiniwürfeln, Tomaten- und Olivenscheiben in Essig-Öl-Dressing, Baguette oder andere Brotsorten.

Tipp:
Sie können die Tunfischsteaks auch auf dem Grill garen. Dann die Tunfischsteak-Päckchen auf den heißen Grill legen und unter gelegentlichem Wenden etwa 15 Minuten grillen.

Tunfisch-Zucchini-Salat

Insalata di tonno e zucchine con erbe di Provenza

8 Portionen

Für den Salat:

500 g frischer Tunfisch
2–3 EL Olivenöl
Salz, frisch gemahlener Pfeffer
3 mittelgroße Zucchini (etwa 600 g)
6 Tomaten
120 g gemischte Oliven
(grün und schwarz, ohne Stein)

Für die Marinade:

3–4 Knoblauchzehen
4–5 EL Balsamico-Essig
1 Pck. (25 g) TK-Kräuter der Provence
Salz
frisch gemahlener Pfeffer
8–10 EL Olivenöl

Zubereitungszeit: 45 Minuten

Pro Portion:

E: 16 g, F: 26 g, Kh: 3 g,
kJ: 1280, kcal: 305

Raffiniert

Tunfisch-Zucchini-Salat

1. Für den Salat Tunfisch unter fließendem kalten Wasser abspülen, trockentupfen und in kleine Stücke schneiden. Dabei eventuell Gräten entfernen.
2. Das Olivenöl in einer Pfanne erhitzen. Tunfischstücke darin von allen Seiten anbraten, herausnehmen, mit Salz und Pfeffer würzen.
3. Zucchini waschen, abtrocknen und die Enden abschneiden. Zucchini halbieren und in etwa 2 cm dicke Scheiben schneiden. Tomaten waschen, abtrocknen, vierteln, entkernen und die Stängelansätze herrausschneiden. Tomaten in grobe Würfel schneiden.
4. Oliven mit Tomatenwürfeln, Zucchinischeiben und Tunfischstücken in einer Schüssel mischen.
5. Für die Marinade Knoblauch abziehen und durch eine Knoblauchpresse drücken. Essig mit Kräutern, Salz, Pfeffer und Knoblauch verrühren, Olivenöl unterschlagen.
6. Die Marinade mit den vorbereiteten Salatzutaten vermengen. Den Salat etwas durchziehen lassen.

Beilage: Fladenbrot.

Tipp: Den Salat nach Belieben mit einigen Basilikumblättchen und Thymianzweigen garnieren.

Abwandlung:
Die Zucchini schmecken noch besser, wenn sie in 5 Esslöffeln Olivenöl kurz angebraten und lauwarm mit der Marinade vermischt werden.

Tuttifrutti mit Schokoladensauce

Macedonia tutti frutti con gocce di cioccolato

4 Portionen

1 Dose Fruchtcocktail (Abtropfgewicht 850 g)
150 g Löffelbiskuits

Für die Schokoladensauce:
200 ml Milch
50 g Zartbitter-Schokolade
10 g Speisestärke, etwa 20 g Zucker

Zubereitungszeit: 20 Minuten, ohne Durchziehzeit

Pro Portion:
E: 8 g, F: 9 g, Kh: 56 g, kJ: 1422, kcal: 340

Für Kinder

1. Fruchtcocktail in einem Sieb abtropfen lassen und den Saft dabei auffangen. Löffelbiskuits nach Bedarf ein- oder zweimal durchbrechen, damit sie in 4 Glasschälchen passen. Löffelbiskuits abwechselnd mit den gemischten Früchten und etwas von dem aufgefangenen Saft in die Schälchen schichten und eine Zeit lang durchziehen lassen.
2. Für die Schokoladensauce von der Milch 3 Esslöffel abnehmen. Restliche Milch in einem Topf erhitzen. Schokolade grob zerkleinern und unter Rühren in der Milch auflösen.
3. Speisestärke mit der abgenommenen Milch anrühren, in die Schokoladen-Milch einrühren und unter Rühren aufkochen lassen. Die Schokoladensauce mit Zucker abschmecken und erkalten lassen. Die Sauce zu der Löffelbiskuit-Früchte-Mischung servieren.

Tipp:
Die Löffelbiskuits nach Belieben mit etwas Amaretto beträufeln. Noch schneller geht es, wenn man anstelle der selbst gekochten Schokoladensauce eine fertige Schokoladensauce verwendet.

Truttifrutti mit Schokoladensauce

Überbackene Auberginen

Melanzane alla parmigiana

4 Portionen

4 mittelgroße Auberginen (je etwa 300 g)
Salz
3 Knoblauchzehen
4 EL Olivenöl
1 Pck. passierte Tomaten (500 g, Tetra-Pack)
frisch gemahlener Pfeffer
1 Topf Basilikum
500 ml ($^1/_2$ l) Speiseöl
125 g Mozzarella-Käse
150 g gekochter Schinken
60 g frisch geriebener Parmesan-Käse

Zubereitungszeit: 40 Minuten, ohne Ziehzeit
Backzeit: etwa 30 Minuten

Pro Portion:
E: 23 g, F: 34 g, Kh: 13 g, kJ: 1909, kcal: 455

Raffiniert

1. Auberginen waschen, abtrocknen und die Stängelansätze abschneiden. Auberginen längs in etwa $^1/_2$ cm dicke Scheiben schneiden. Mit Salz bestreuen und etwa 30 Minuten ziehen lassen.
2. Auberginenscheiben abspülen und trockentupfen. Knoblauch abziehen und durch eine Knoblauchpresse drücken.
3. Olivenöl in einem Topf erhitzen. Knoblauch darin andünsten. Tomaten hinzufügen, mit Salz und Pfeffer würzen.
4. Basilikum abspülen und trockentupfen. Die Blättchen von den Stängeln zupfen. Blättchen klein schneiden und zu den passierten Tomaten geben. Tomatenmasse zum Kochen bringen und dicklich einkochen lassen.
5. Speiseöl in einer Fritteuse oder in einem hohen Topf auf etwa 180 °C erhitzen. Auberginenscheiben darin goldbraun frittieren, mit einem Schaumlöffel herausnehmen und auf Küchenpapier abtropfen lassen.
6. Mozzarella abtropfen lassen, in feine Streifen schneiden. Schinken ebenfalls in Streifen schneiden.
7. Abwechselnd Auberginenscheiben, Tomatensauce, etwas Parmesan-Käse, Mozzarellascheiben und Schinkenstreifen in eine feuerfeste Form oder Auflaufform schichten. Die oberste Schicht sollte aus Tomatensauce bestehen. Restlichen Parmesan-Käse daraufstreuen. Die Form auf den Rost in den vorgeheizten Backofen schieben.
Ober-/Unterhitze: etwa 180 °C
Heißluft: etwa 160 °C
Backzeit: etwa 30 Minuten.

Überbackene Basilikumtomaten

Tipp:
Überbackene Auberginen schmecken auch kalt sehr gut. Die Auberginenscheiben können auch in erhitztem Speiseöl in einer Pfanne angebraten werden.

Überbackene Basilikumtomaten

Pomodori gratinati

4 Portionen

8 mittelgroße Fleischtomaten (je etwa 180 g)
Salz, frisch gemahlener Pfeffer
6 Scheiben Vollkorn-Toastbrot
2 Töpfe Basilikum
4 EL Olivenöl
1 Knoblauchzehe
200 g Schafkäse

Zubereitungszeit: 45 Minuten
Backzeit: etwa 20 Minuten

Pro Portion:
E: 15 g, F: 22 g, Kh: 25 g, kJ: 1489, kcal: 354

Einfach

1. Tomaten waschen, abtrocknen und die Stängelansätze herausschneiden. Von den Tomaten jeweils einen Deckel abschneiden. Die Tomaten vorsichtig mit einem Teelöffel aushöhlen, von innen mit Salz und Pfeffer bestreuen. Tomaten beiseite stellen.
2. Brotscheiben toasten. Das Basilikum abspülen und trockentupfen. Die Blättchen von den Stängeln zupfen. Blättchen in Streifen schneiden.
3. Olivenöl mit der Hälfte des ausgehöhlten Tomatenfleisches in einem hohen Rührbecher pürieren. Knoblauch abziehen, fein hacken und hinzufügen.

4. Toastscheiben in kleine Würfel schneiden, mit dem Tomatenpüree und den Basilikumstreifen mischen, mit Salz und Pfeffer abschmecken.
5. Schafkäse in Würfel schneiden, mit der Tomaten-Brot-Masse in die ausgehöhlten Tomaten füllen und in eine Auflaufform (gefettet) setzen. Restliche Tomaten-Brot-Masse in den Zwischenräumen verteilen. Die Form auf dem Rost in den vorgeheizten Backofen schieben.
   Ober-/Unterhitze: etwa 180 °C
   Heißluft: etwa 160 °C
   Backzeit: etwa 20 Minuten.

Tipp:
Servieren Sie die Basilikumtomaten mit gegrilltem Fleisch als Hauptspeise.

Überbackene Brokkolinudeln

Pasta al forno con broccoli

4 Portionen

2 ½ l Wasser
2 ½ gestr. TL Salz
250 g Fettuccine verdi mit Spinat (grüne Bandnudeln)

500 g Brokkoli
125 ml (⅛ l) Gemüsebrühe
250 g Schlagsahne
3 Eier (Größe M)
100 g frisch geriebener mittelalter Gouda-Käse
Salz, frisch geriebene Muskatnuss

Zubereitungszeit: 35 Minuten
Backzeit: etwa 35 Minuten

Pro Portion:
E: 20 g, F: 34 g, Kh: 47 g, kJ: 2445, kcal: 584

Überbackene Brokkolinudeln

Für Kinder

1. Wasser in einem großen Topf mit geschlossenem Deckel zum Kochen bringen. Dann Salz und Nudeln zugeben. Die Nudeln im geöffneten Topf bei mittlerer Hitze nach Packungsanleitung kochen lassen, dabei zwischendurch 4–5-mal umrühren.
2. Anschließend die Nudeln in ein Sieb geben, mit heißem Wasser abspülen und abtropfen lassen.
3. Vom Brokkoli die Blätter entfernen. Brokkoli waschen, abtropfen lassen und in Röschen teilen. Brühe in einem Topf zum Kochen bringen. Brokkoliröschen hinzufügen und in etwa 8 Minuten garen. Brokkoliröschen in einem Sieb abtropfen lassen und die Brühe dabei auffangen.
4. Brokkoli mit den Nudeln mischen. Sahne mit Eiern, geriebenem Käse und der aufgefangenen Brühe verrühren. Mit Salz und Muskat würzen. Zwei Drittel davon unter die Brokkoli-Nudel-Mischung geben und in eine flache Auflaufform geben. Restliche Brokkoli-Nudel-Mischung darauf verteilen.
5. Die Form auf dem Rost in den vorgeheizten Backofen schieben.
   Ober-/Unterhitze: etwa 180 °C
   Heißluft: etwa 160 °C
   Backzeit: etwa 35 Minuten.

Tipp:
Brokkolinudeln mit 50 g gerösteten Pinienkernen bestreuen. Oder zusätzlich 150 g in Streifen geschnittenen Schinken unter die Brokkoli-Nudel-Mischung heben.

Vegetarisches Omelett

Omelette vegetariana

4 Portionen

1 große Zwiebel
2 Stangen Staudensellerie
2 rote Chilischoten
50 g Butter
8 Eier (Größe M)
Salz
50 g Butter
$^{1}/_{2}$ Salatgurke

Zubereitungszeit: 30 Minuten

Pro Portion:
E: 16 g, F: 33 g, Kh: 4 g,
kJ: 1594, kcal: 381

Schnell – preiswert

1. Zwiebel abziehen und in kleine Würfel schneiden. Sellerie putzen und die harten Außenfäden abziehen. Stangen waschen, abtropfen lassen in feine Scheiben schneiden. Chilischoten waschen, abtrocknen, halbieren, entkernen und die Stängelansätze entfernen. Schotenhälften klein würfeln.
2. Butter in einem Topf zerlassen. Die vorbereiteten Zutaten darin bei schwacher Hitze fast gar dünsten und etwas abkühlen lassen.
3. Eier in einer großen Schüssel verschlagen, gedünstetes Gemüse unterrühren. Mit Salz würzen.
4. Butter in einer Pfanne zerlassen, die Eiermasse hineingeben und zugedeckt bei schwacher Hitze stocken lassen. Die untere Seite muss leicht gebräunt sein. Das Omelett auf einen vorgewärmten Teller gleiten lassen.
5. Gurke schälen und in Scheiben schneiden. Gurkenscheiben als Kranz um das Omelett legen.

Venezianische Linsensuppe

Venezianische Linsensuppe

Zuppa di lenticchie alla veneziana

6 Portionen

2 Knoblauchzehen
1 Stange Porree (Lauch)
1 große Möhre, 400 g Linsen
2 Stängel Thymian
100 g durchwachsener Speck
2 EL Olivenöl, 1 Lorbeerblatt
2 l Hühnerbrühe, Salz
frisch gemahlener, schwarzer Pfeffer
4 EL kräftiges Olivenöl

Zubereitungszeit: 80 Minuten
Garzeit: etwa 60 Minuten

Pro Portion:
E: 20 g, F: 16 g, Kh: 35 g,
kJ: 1535, kcal: 367

Preiswert

1. Knoblauch abziehen und durch eine Knoblauchpresse drücken. Porreestange halbieren, gründlich waschen, abtropfen lassen und in Ringe schneiden. Möhre putzen, schälen, waschen, abtropfen lassen und in Würfel schneiden. Linsen unter fließendem kalten Wasser gründlich abspülen und abtropfen lassen. Thymian abspülen und trockentupfen.
2. Speck in Würfel schneiden. Olivenöl in einem Topf erhitzen. Speckwürfel darin leicht anbraten. Knoblauch, Porreeringe und Möhrenwürfel hinzufügen, unter mehrmaligem Rühren etwa 5 Minuten mitdünsten lassen. Linsen, Thymianstängel und Lorbeerblatt hinzugeben.
3. Brühe hinzugießen. Mit Salz und Pfeffer würzen, zum Kochen bringen und zugedeckt bei schwacher Hitze etwa 60 Minuten leicht köcheln lassen. Die Linsen sollen ganz weich sein.
4. Thymianstängel und Lorbeerblatt aus der Suppe entfernen. Die Hälfte der Suppe pürieren und mit der anderen Hälfte verrühren. Mit Salz und Pfeffer abschmecken. Die heiße Suppe mit Olivenöl beträufelt servieren.

Beilage: Krustenbrot.

Venusmuscheln in Mandelbutter

Vongole gratinate al burro e mandorle

4–6 Portionen

1 kg große Venusmuscheln
1 Zwiebel, 1 Möhre
2 Thymianstängel, 4 EL Olivenöl
125 ml ($^{1}/_{8}$ l) Weißwein
125 ml ($^{1}/_{8}$ l) Wasser

Für die Mandelbutter:
1 kleine Knoblauchzehe
Schale und Saft von 1 Bio-Zitrone (unbehandelt, ungewachst)
100 g weiche Butter
3 EL abgezogene, gemahlene Mandeln
2 EL gehackte Petersilie
Salz, frisch gemahlener Pfeffer
grobes Meersalz für das Backblech

Zubereitungszeit: 45 Minuten

Pro Portion:
E: 6 g, F: 22 g, Kh: 4 g,
kJ: 993, kcal: 237

Mit Alkohol

1. Muscheln in reichlich kaltem Wasser gründlich waschen und einzeln abbürsten, bis sie nicht mehr sandig sind (Muscheln, die sich beim Waschen öffnen, sind ungenießbar). Eventuell die Fäden (Bartbüschel) entfernen.
2. Zwiebel abziehen und in kleine Würfel schneiden. Möhre putzen, schälen, waschen, abtropfen lassen und in dünne Scheiben schneiden. Thymian abspülen und trockentupfen.
3. Olivenöl in einem Topf erhitzen. Zwiebelwürfel und Möhrenscheiben darin andünsten. Muscheln, Thymian, Wein und Wasser hinzufügen. Die Zutaten zum Kochen bringen und zugedeckt etwa 10 Minuten dünsten, bis alle Muscheln geöffnet sind (Muscheln, die sich nach dem Garen nicht öffnen, sind ungenießbar).
4. Für die Mandelbutter Knoblauch abziehen und durch eine Knoblauchpresse drücken. Zitrone heiß abwaschen und trockenreiben. Die Schale abreiben und den Saft auspressen. Butter mit Mandeln, Petersilie und Knoblauch zu einer geschmeidigen Masse verrühren. Zitronenschale unterrühren. Die Butter mit Salz, Pfeffer und etwas Zitronensaft abschmecken.
5. Ein Backblech mit Meersalz bestreuen. Die geöffneten Muscheln großzügig mit der Mandelbutter bestreichen und nebeneinander auf das Backblech setzen, damit sie nicht umkippen.
6. Das Backblech in den Backofen schieben. Die Muscheln unter dem vorgeheizten Backofengrill in etwa 5 Minuten goldgelb gratinieren. Muscheln sofort servieren.

Venusmuscheln in Mandelbutter

Beilage:
Ofenfrisches Baguette und Blattsalat.

Tipp: Sie können die Muschel auch im vorgeheizten Backofen bei Ober-/Unterhitze: etwa 240 °C, Heißluft: etwa 220 °C in etwa 10 Minuten goldgelb überbacken.

Vitello tonnato

Kalbfleisch mit Tunfischsauce

6 Portionen

600 g mageres Kalbfleisch
2 Zwiebeln
2 l Salzwasser
2 Lorbeerblätter
4 Gewürznelken

Für die Tunfischsauce:
2 Dosen Tunfisch
(Abtropfgewicht je 185 g)
Saft von 1–2 Zitronen
150 g Delikatess-Mayonnaise
1 Becher (150 g) Crème fraîche
2 EL Kapern
Salz, frisch gemahlener Pfeffer

Zubereitungszeit: 45 Minuten, ohne Abkühlzeit
Garzeit: etwa 1 1/2 Stunden

Vitello tonnato

Pro Portion:
E: 34 g, F: 40 g, Kh: 2 g,
kJ: 2111, kcal: 505

Dauert länger – gut vorzubereiten

1. Kalbfleisch unter fließendem kalten Wasser abspülen. Zwiebel abziehen und vierteln. Salzwasser in einem Topf zum Kochen bringen. Kalbfleisch, Lorbeerblätter, Nelken und Zwiebelviertel hinzufügen. Das Wasser wieder zum Kochen bringen und das Kalbfleisch zugedeckt bei schwacher Hitze etwa 1 1/2 Stunden garen lassen. Das Kalbfleisch nach der Garzeit in dem Sud erkalten lassen.
2. Für die Sauce Tunfisch gut abtropfen lassen und mit Zitronensaft pürieren. Mayonnaise und Crème fraîche unterrühren.
3. Kapern abtropfen lassen. Einen Esslöffel der Kapern fein hacken und unter die Tunfischmasse rühren. Mit Salz und Pfeffer würzen.
4. Das kalte Fleisch aus dem Sud nehmen, trockentupfen und in sehr dünne Scheiben schneiden (am besten mit einer Aufschnittmaschine) und auf eine Platte legen.
5. Die Sauce auf den Fleischscheiben verteilen und mit den restlichen Kapern bestreuen.

Weiße Bohnen in Tomatensauce

Fagioli bianchi in salsa di pomodoro

4 Portionen

4–5 Salbeiblättchen
2 Peperoni
2 Knoblauchzehen
3 EL Olivenöl
1 Dose passierte Tomaten (500 g)
1 EL Tomatenmark
Salz
500 g gekochte, weiße Bohnen (Cannellini)

Zubereitungszeit: 25 Minuten

Pro Portion:
E: 14 g, F: 8 g, Kh: 30 g,
kJ: 1048, kcal: 250

Schnell

1. Die Salbeiblättchen abspülen und trockentupfen. Peperoni waschen, abtrocknen, halbieren, entkernen und in Stücke schneiden. Knoblauch abziehen und zerdrücken.
2. Olivenöl in einem Topf erhitzen, Salbeiblättchen, Peperonistückchen und Knoblauch darin leicht bräunen. Passierte Tomaten, Tomatenmark und Salz hinzugeben, zum Kochen bringen und etwa 5 Minuten bei schwacher Hitze einkochen lassen.
3. Bohnen in einem Sieb gut abtropfen lassen, unter die Tomatensauce rühren und bei mittlerer Hitze etwa 10 Minuten ziehen lassen. Die Bohnen sollen ganz bleiben und nicht verkochen, wenn nötig noch etwas Wasser hinzugeben.

Beilage: Bauernbrot oder Baguette.

Tipp:
Zu kurz gebratenem Fleisch oder Spareribs reichen.

Weiße-Bohnen-Salat

Insalata di fagioli bianchi

4 Portionen

250 g weiße Bohnen
750 ml (3/4 l) Wasser
1/2 gestr. TL Salz
1/2 TL gerebelter Thymian
1 Stange Staudensellerie
1 Möhre
2 kleine Zwiebeln
20 Oliven, mit Paprika gefüllt

Für die Sauce:
2 EL Weißweinessig
Salz
frisch gemahlener Pfeffer
1 Prise Zucker
4 EL Olivenöl

gewaschene Salatblätter
vorbereitete, rote Paprikastreifen
vorbereitete Petersilienblättchen

Zubereitungszeit: 75 Minuten, ohne Einweich- und Durchziehzeit

Pro Portion:
E: 14 g, F: 14 g, Kh: 26 g,
kJ: 1243, kcal: 297

Gut vorzubereiten

1. Bohnen 12 Stunden in kaltem Wasser einweichen.
2. Bohnen mit dem Einweichwasser zum Kochen bringen, mit Salz und Thymian würzen. Bohnen zugedeckt bei schwacher Hitze etwa 50 Minuten garen. Anschließend in ein Sieb geben und abtropfen lassen.
3. Staudensellerie putzen und die harten Außenfäden abziehen. Möhre putzen und schälen. Selleriestange und Möhre waschen, abtropfen lassen und in kleine Stücke schneiden.
4. Zwiebeln abziehen und in Scheiben schneiden. Zwiebelscheiben in kochendem Wasser kurz blanchieren, mit kaltem Wasser abschrecken und abtropfen lassen.
5. Für die Sauce Essig mit Salz, Pfeffer und Zucker verrühren. Olivenöl unterschlagen. Die Sauce mit den Salatzutaten gut vermengen. Salat gut durchziehen lassen, eventuell mit Salz, Pfeffer und Zucker abschmecken.
6. Den Salat auf Salatblättern anrichten, mit Paprikastreifen und Petersilie garniert servieren.

Beilage: Bauernbrot, Butter.

Weiße-Bohnen-Salat

Wildschweinschnitzel, Sardische Art

Wildschweinschnitzel, Sardische Art

Lombatine di cinghiale alla Sarda

4 Portionen

Für die Sauce:

100 g Trockenpflaumen ohne Stein
30 g Zucker
4 EL Weißweinessig
3 Lorbeerblätter
4 Wacholderbeeren
50 g Rosinen
1 Prise gemahlener Zimt
frisch geriebene Muskatnuss
Salz, frisch gemahlener Pfeffer

4 Wildschweinschnitzel (je etwa 150 g)
70 g durchwachsener Speck
2 EL Olivenöl

Zubereitungszeit: 40 Minuten, ohne Einweichzeit

Pro Portion:

E: 34 g, F: 7 g, Kh: 30 g, kJ: 1361, kcal: 325

Raffiniert

1. Für die Sauce Pflaumen in kaltem Wasser etwa 2 Stunden einweichen.
2. Pflaumen abtropfen lassen und in kleine Stücke schneiden. Zucker, Essig, Lorbeerblätter und Wacholderbeeren in einem Topf aufkochen lassen, bis der Zucker gelöst ist. Rosinen und Pflaumenstückchen hinzufügen. Mit Zimt, Muskat, Salz und Pfeffer würzen. Die Zutaten bei schwacher Hitze unter Rühren etwa 10 Minuten kochen lassen, bis die Sauce sämig wird.
3. Schnitzel unter fließendem kalten Wasser abspülen und trockentupfen. Speck in kleine Würfel schneiden.
4. Olivenöl in einer Pfanne erhitzen, Speckwürfel darin auslassen und herausnehmen. Schnitzel hinzufügen und von beiden Seiten in 8–10 Minuten gut anbraten. Mit Salz und Pfeffer bestreuen. Die Schnitzel in die Sauce geben und einige Minuten ziehen lassen.

Beilage: Gnocchi, in Butter geschwenkt.

Zabaione

Weinschaum

4 Portionen

6 Eigelb (Größe M)
60 g feinster Zucker
200 ml Marsala-Wein

Zubereitungszeit: 20 Minuten

Pro Portion:
E: 5 g, F: 10 g, Kh: 17 g, kJ: 898, kcal: 214

Schnell – mit Alkohol

1. Eigelb, Zucker und Marsala in einer Edelstahlschüssel oder einem Edelstahltopf verrühren.
2. Die Masse mit einem Schneebesen oder mit Handrührgerät mit Rührbesen auf niedrigster Stufe bei mittlerer Hitze im heißen Wasserbad so lange durchschlagen, bis die Masse durch und durch schaumig ist (das Volumen muss sich etwa verdoppeln – Wasser und Sauce nicht kochen lassen, da die Sauce sonst gerinnt). Den Weinschaum sofort servieren.

Beilage: Beerenfrüchte oder Vanilleeis.

Tipp: Nur ganz frische Eier verwenden, die nicht älter als 5 Tage sind (Legedatum beachten!).

Zitroneneisdrink

Granita di limone

4 Portionen

500 ml ($^1/_2$ l) Wasser
125 g Zucker, 2 Bio-Zitronen (unbehandelt, ungewachst)
einige vorbereitete, frische Minzeblättchen

Zubereitungszeit: 20 Minuten, ohne Anfrierzeit

Pro Portion:
E: 0 g, F: 0 g, Kh: 33 g, kJ: 592, kcal: 142

Erfrischend

1. Wasser und Zucker in einem Topf zu einem Sirup einkochen lassen. Den Topf von der Kochstelle nehmen.
2. Zitronen heiß abwaschen, abtrocknen und die Schale von einer Zitrone abreiben. Zitronenschale unter den Sirup rühren und erkalten lassen.
3. Zitronen auspressen, den Saft unter den Sirup rühren, in Eiswürfelschalen füllen, in das Gefrierfach stellen und etwa 2 Stunden erstarren lassen. Die Eiswürfel dürfen noch nicht ganz fest sein.
4. Die Eiswürfel in Gläser füllen, einen Strohhalm hinzugeben (damit man den langsam schmelzenden Zitronensaft genießen kann) und mit ein oder zwei Minzeblättchen garniert servieren.

Tipp:
Wer einen Mixer besitzt, lässt die Eiswürfel ganz kurz durch die Deckelöffnung auf das rotierende Messer fallen (dann müssen die Würfel allerdings fest sein), damit richtig kleine Eisstückchen entstehen. Oder die Eiswürfel in einem Eiscrusher zerkleinern.

Zitronenrisotto mit Hummer

Zitronenrisotto mit Hummer

Risotto al limone con astice

6 Portionen

3 TK-Hummer (gekocht, je etwa 800 g)
1 Bund Suppengrün, 2 l Wasser
Salz, 1 EL Kümmelsamen
1 $^1/_2$ l Hühnerbrühe
1 Zwiebel, 1 EL Olivenöl
250 g Italienischer Rundkornreis (z. B. Carnaroli-Reis)
100 ml trockener Weißwein
2 Bio-Zitronen (unbehandelt, ungewachst)
1 Bund Rucola (Rauke)
100 g Butter
100 g frisch geriebener Parmesan-Käse, Zitronensaft
frisch gemahlener Pfeffer

Zubereitungszeit: 55 Minuten, ohne Auftauzeit

Pro Portion:
E: 31 g, F: 23 g, Kh: 35 g, kJ: 2119, kcal: 507

Mit Alkohol

1. Hummer nach Packungsanleitung auftauen lassen. Suppengrün putzen, eventuell schälen, waschen, abtropfen lassen und klein schneiden.
2. Wasser in einem großen Topf mit Suppengrün, einer guten Prise Salz und Kümmel zum Kochen bringen. Die Kochplatte ausschalten. Den Hummer in den Sud legen und erwärmen (das Wasser darf nicht kochen, da das Hummerfleisch sonst gummiartig wird).
3. Hühnerbrühe in einem Topf aufkochen lassen. Zwiebel abziehen und in kleine Würfel schneiden. Olivenöl in einem 3-Liter-Topf erhitzen, Zwiebelwürfel darin andünsten. Reis hinzufügen und unter Rühren glasig dünsten. Mit Wein ablöschen. Nach und nach die siedende Hühnerbrühe unterrühren. Den Reis in etwa 20 Minuten fertig garen.
4. Zitronen heiß abwaschen, abtrocknen und die Schale abreiben. Rucola putzen, waschen, abtropfen lassen und grob zerkleinern.
5. Nacheinander Butter und Parmesan-Käse unter den Risottoreis rühren. Risotto sollte eine cremige, weiche Konsistenz haben. Mit etwas Zitronensaft, Zitronenschale, Rucola, Salz und Pfeffer abschmecken.
6. Hummer aus dem Sud nehmen und mit einem großen Messer der Länge nach durchtrennen. Hummer mit dem Zitronenrisotto servieren.

Zitrusfrüchte, eingelegt

Zitrusfrüchte, eingelegt

Agrumi sott'olio con erbe aromatiche

Vorratsglas ausreichend für 12–15 Portionen

3 Bio-Limetten (etwa 240 g, unbehandelt, ungewachst)
3 Bio-Zitronen (etwa 300 g, unbehandelt, ungewachst)
3 kleine Bio-Orangen (etwa 450 g, unbehandelt, ungewachst)
10 Limequats (unbehandelt, etwa 150 g)
10 Kumquats (unbehandelt, etwa 150 g)
100 g grobes Salz

1 kleines Bund Zitronenthymian
einige Zweige Rosmarin
500 ml (1/2 l) Olivenöl
1 EL rosa Pfefferbeeren

Zubereitungszeit: 30 Minuten, ohne Durchzieh- und Reifezeit

Insgesamt:
E: 6 g, F: 504 g, Kh: 81 g, kJ: 20358, kcal: 4863

Raffiniert

1. Die Limetten, Zitronen und Orangen gründlich waschen, abtrocknen und in etwa 1/2 cm dicke Scheiben schneiden oder nach Belieben vierteln oder achteln. Limequats und Kumquats ebenfalls gründlich waschen, abtrocknen und halbieren.
2. Die Fruchtstücke in ein hohes Gefäß schichten, dabei jede Schicht mit Salz bestreuen. Das Gefäß mit Klarsichtfolie zudecken und die Fruchtstücke etwa 15 Stunden durchziehen lassen.
3. Fruchtstücke in ein Sieb geben, gut abtropfen lassen, auf ein Backblech geben, mit Küchenpapier trockentupfen, in vorbereitete Gläser schichten.
4. Thymian und Rosmarin abspülen, trockentupfen. Olivenöl mit Pfefferbeeren, Thymian und Rosmarin mischen. Die eingeschichteten Zitrusfrüchte mit dem Olivenöl auffüllen, mit Frischhaltefolie zudecken, dunkel und kalt gestellt etwa 10 Tage reifen lassen.

Tipp:
Die eingelegten Zitrusfrüchte sind mehrere Monate lagerfähig. Nach Entnahme einzelner Fruchtstücke darauf achten, dass die restlichen Fruchtstücke immer mit Olivenöl bedeckt sind. Reichen Sie die eingelegten Zitrusfrüchte zu gegrilltem Fleisch und Fisch oder als fruchtige Beilage zu Salaten. Das Olivenöl kann z. B. für Salatsaucen verwendet werden.

Zucchini, frittiert

Zucchine fritte

4 Portionen

Für den Teig:
200 g Weizenmehl
125 ml (1/8 l) Milch
4 Eier (Größe M)
Salz
8 kleine Zucchini (je etwa 125 g)
frisch gemahlener Pfeffer

Zum Frittieren:
1 l Speiseöl

Nach Belieben zum Garnieren:
1 Rosmarinzweig

Zubereitungszeit: 40 Minuten, ohne Ruhezeit

Pro Portion:
E: 15 g, F: 28 g, Kh: 33 g,
kJ: 1860, kcal: 444

Preiswert – vegetarisch

Zucchini, frittiert

1. Für den Teig Mehl in eine Rührschüssel sieben und in die Mitte eine Vertiefung eindrücken. Milch, Eier und Salz mit einem Schneebesen verschlagen, etwas davon in die Vertiefung geben. Von der Mitte aus Eierflüssigkeit und Mehl verrühren, nach und nach die restliche Eierflüssigkeit hinzugeben. Dabei darauf achten, dass keine Klümpchen entstehen. Den Teig etwa 15 Minuten ruhen lassen.
2. Zucchini waschen, abtrocknen und die Enden abschneiden. Zucchini der Länge nach halbieren. Die Hälften in jeweils 4 Stücke teilen, mit Salz und Pfeffer bestreuen.
3. Zum Frittieren Speiseöl in einer Fritteuse oder in einem Topf auf etwa 180 °C erhitzen. Zucchinistücke mit einer Gabel durch den Backteig ziehen und am Schüsselrand abstreifen.
4. Zucchinistücke portionsweise in dem heißen Speiseöl knusprig braun frittieren, dabei ab und zu wenden.
5. Zucchinistücke mit einer Schaumkelle herausnehmen, auf Küchenpapier abtropfen lassen, mit Salz und Pfeffer bestreuen. Nach Belieben mit einem Rosmarinzweig garnieren und heiß servieren.

Beilage:
Knoblauchdip.

Zucchini, gefüllt

Zucchine ripiene

4 Portionen

4 mittelgroße Zucchini (je etwa 250 g)
1 Zwiebel
2 Knoblauchzehen
6 EL Olivenöl
250 g Rinderhackfleisch
Salz, frisch gemahlener Pfeffer
getrocknetes Basilikum
500 ml (1/2 l) Tomatensauce (Tetra-Pack)
2 EL Semmelbrösel
80 g frisch geriebener Parmesan-Käse

Zubereitungszeit: 45 Minuten
Garzeit: etwa 30 Minuten

Pro Portion:
E: 29 g, F: 34 g, Kh: 26 g,
kJ: 2187, kcal: 521

Raffiniert

1. Zucchini waschen, abtrocknen und die Enden abschneiden. Zucchini der Länge nach halbieren. Zucchinihäften mit einem Löffel aushöhlen, so dass ein etwa 1/2 cm breiter Rand stehen bleibt.
2. Die Zwiebel und Knoblauch abziehen. Zwiebel in kleine Würfel schneiden. Knoblauch durch eine Knoblauchpresse drücken. 3 Esslöffel von dem Olivenöl in einer Pfanne erhitzen. Zwiebelwürfel und Knoblauch darin andünsten.
3. Hackfleisch mit dem ausgehöhlten Zucchinifruchtfleisch mischen und zu den Zwiebelwürfeln geben. Mit Salz, Pfeffer und Basilikum würzen. Die Masse unter Rühren anbraten, dabei die Fleischklümpchen mit einer Gabel zerdrücken. Die Zucchinihälften mit der Hackfleisch-Zucchini-Masse füllen.
4. Tomatensauce in eine feuerfeste Form oder Auflaufform geben. Gefüllte Zucchini hineinlegen. Semmelbrösel und etwas von dem Parmesan-Käse daraufstreuen. Mit dem restlichen Olivenöl beträufeln.
5. Die Form auf dem Rost in den vorgeheizten Backofen schieben.
   Ober-/Unterhitze: etwa 200 °C
   Heißluft: etwa 180 °C
   Garzeit: etwa 30 Minuten.
6. Zucchini mit dem restlichem Parmesan-Käse bestreut servieren.

Zucchini-Gemüse

Stufato di zucchine con prezzemolo

4 Portionen

1 kg Zucchini
1 Zwiebel
3 Knoblauchzehen
6 EL Olivenöl
Salz
frisch gemahlener Pfeffer
Oregano
100 ml Gemüsebrühe
2–3 EL gehackte Petersilie

Zubereitungszeit: 35 Minuten

Pro Portion:
E: 3 g, F: 16 g, Kh: 5 g,
kJ: 732, kcal: 174

Schnell – preiswert

1. Zucchini waschen, abtrocknen und die Enden abschneiden. Zucchini in Scheiben schneiden. Zwiebel und Knoblauch abziehen. Die Zwiebel in kleine Würfel schneiden und Knoblauch durch eine Knoblauchpresse drücken.
2. Olivenöl in einer Pfanne erhitzen. Zwiebelwürfel darin andünsten. Zucchinischeiben und Knoblauch hinzufügen und kurz mit andünsten. Mit Salz, Pfeffer und Oregano würzen. Brühe hinzugießen, zum Kochen bringen und 5–10 Minuten garen.
3. Zucchinigemüse mit Petersilie bestreut servieren.

Beilage:
Kurz gebratenes Fleisch und Reis.

Zucchini-Risotto

Risotto con zucchine

4 Portionen

500 g Zucchini
2 Gemüsezwiebeln
30 g Butter
300 g italienischer Rundkornreis
1 gestr. TL Salz
frisch gemahlener Pfeffer
frisch geriebene Muskatnuss
750 ml (3/4 l) Gemüsebrühe
frisch gehackte Petersilie
Butter

Zubereitungszeit: 60 Minuten
Garzeit: etwa 30 Minuten

Pro Portion:
E: 9 g, F: 12 g, Kh: 69 g,
kJ: 1787 kcal: 427

Preiswert

1. Zucchini waschen, abtrocknen und die Enden abschneiden. Zucchini in etwa 1 x 1 cm große Würfel schneiden. Gemüsezwiebeln abziehen und in etwa 1 x 1 cm große Würfel schneiden.
2. Butter in einem Topf zerlassen. Zuerst Zwiebel- und Zucchiniwürfel darin andünsten, dann Reis hinzufügen und mit andünsten. Mit Salz, Pfeffer und Muskat würzen.
3. 250 ml (1/4 l) von der Brühe hinzugießen, zum Kochen bringen und bei geöffnetem Deckel so lange leicht kochen lassen, bis der Reis die Flüssigkeit aufnommen hat.
4. Den Reis etwa 30 Minuten garen, dabei immer wieder Brühe hinzugießen. (eventuell zuletzt noch etwas Wasser hinzugeben).
5. Petersilie und Butter unter den Reis rühren und das Zucchini-Risotto anschließend nochmals mit den Gewürzen abschmecken.

Zucchini-Risotto

Zucchini-Tomaten-Gemüse

Zucchini-Tomaten-Gemüse

Stufato di zucchine e pomodori con erbette

4 Portionen

3 Knoblauchzehen
500 g Zucchini
250 g Tomaten
3 EL Olivenöl
Salz
frisch gemahlener Pfeffer
1 Prise Zucker

frisch gehackte Oreganoblättchen
frisch gehackte Basilikumblättchen

Zubereitungszeit: 25 Minuten

Pro Portion:
E: 2 g, F: 8 g, Kh: 4 g,
kJ: 406, kcal: 96

Schnell

1. Knoblauch abziehen und in kleine Würfel schneiden. Zucchini waschen, abtrocknen und die Enden abschneiden. Zucchini in Scheiben schneiden.
2. Tomaten waschen, kreuzweise einschneiden und einige Sekunden in kochendes Wasser legen. Tomaten kurz in kaltes Wasser legen, enthäuten, halbieren, entkernen und die Stängelansätze herausschneiden. Tomatenhälften vierteln.
3. Olivenöl in einer großen Pfanne erhitzen, Knoblauchwürfel darin andünsten, Zucchinischeiben hinzufügen und etwa 5 Minuten mitdünsten lassen.
4. Tomatenviertel hinzufügen und das Ganze mit Salz, Pfeffer und Zucker würzen. Die Gemüsezutaten in etwa 5 Minuten bei schwacher Hitze gar dünsten lassen.
5. Gemüse mit Salz, Pfeffer und Zucker abschmecken. Mit Oregano- und Basilikumblättchen bestreuen.

Tipp: Etwas Crème fraîche unter das gegarte Gemüse rühren.

Zuppa inglese

Zuppa inglese
Biskuitcremetorte

Für den Biskuitteig:
4 Eier (Größe M)
130 g Zucker
1 Pck. Dr. Oetker Finesse Geriebene Zitronenschale
100 g Weizenmehl
100 g Speisestärke
2 gestr. TL Dr. Oetker Backin

Zum Tränken:
3 EL roter Orangenlikör
3 EL Wasser

5 EL Rum
3 EL Wasser

Für die Füllung:
50 g Speisestärke
40 g Zucker
500 ml (1/2 l) Milch
3 Eigelb (Größe M)
50 g Butter
1 TL Dr. Oetker Finesse Bourbon-Vanille-Aroma
125 g gemischte, kandierte Früchte

Zum Bestreichen:
3 Eiweiß (Größe M)
100 g Puderzucker

25 g kandierte, halbierte Kirschen

Zubereitungszeit: 65 Minuten, ohne Abkühlzeit
Backzeit: 40–45 Minuten

Insgesamt:
E: 79 g, F: 108 g, Kh: 604 g,
kJ: 16381, kcal: 3911

Mit Alkohol – für Gäste

1. Für den Teig Eier mit Handrührgerät mit Rührbesen auf höchster Stufe in 1 Minute schaumig schlagen. Zucker und Zitronenschale mischen, in 1 Minute einstreuen, dann noch etwa 2 Minuten schlagen.
2. Mehl mit Speisestärke und Backpulver mischen, die Hälfte davon auf die Eiercreme sieben und kurz auf niedrigster Stufe unterrühren. Restliches Mehlgemisch auf die gleiche Weise unterarbeiten. Eine Springform (Ø 22 cm) fetten und mehlen. Den Springformrand mit einem Streifen Backpapier so auslegen, dass der Streifen etwa 3 cm höher als die Form ist.
3. Den Teig in die Springform geben und glatt streichen. Anschließend die Form auf dem Rost in den vorgeheizten Backofen schieben.
   Ober-/Unterhitze: etwa 180 °C
   Heißluft: etwa 160 °C
   Backzeit: etwa 30 Minuten.
4. Den Biskuitboden aus der Form lösen und auf einem mit Backpapier belegten Kuchenrost erkalten lassen. Den Biskuitboden zweimal waagerecht durchschneiden. Den unteren Boden auf eine feuerfeste Platte legen. Den oberen Boden so schneiden, dass eine abgeflachte Kuppel entsteht.
5. Zum Tränken Likör mit Wasser verrühren. Den mittleren Boden damit beträufeln. Rum mit Wasser verrühren. Den unteren und oberen Boden damit tränken.
6. Für die Füllung Speisestärke mit Zucker und etwas von der Milch anrühren. Restliche Milch in einem Topf zum Kochen bringen. Angerührte Speisestärke in die von der Kochstelle genommene Milch rühren und unter Rühren nochmals kurz aufkochen lassen. Den Topf von der Kochstelle nehmen, Eigelb, Butter und Aroma unterrühren. Den Pudding mit Klarsichtfolie zudecken und lauwarm abkühlen lassen.
7. Die kandierten Früchte unter die Puddingmasse rühren (2 Esslöffel zum Garnieren beiseite legen). Den unteren Boden mit der Hälfte der Pudding-Frucht-Masse bestreichen, den mittleren Boden darauflegen, restliche Pudding-Frucht-Masse darauf verteilen. Den kuppelartigen Boden daraufgeben und leicht andrücken.
8. Zum Bestreichen Eiweiß mit Handrührgerät mit Rührbesen auf höchster Stufe steif schlagen. Der Schnee muss so fest sein, dass ein Messerschnitt sichtbar bleibt. Nach und nach kurz Puderzucker unterschlagen. Die Kuppeltorte locker mit der Eischneemasse bestreichen, eventuell mit einem Esslöffel Vertiefungen eindrücken. Die beiseite gelegten Früchte darauf verteilen. Zusätzlich noch mit kandierten Kirschhälften belegen. Die Torte mit der Platte auf dem Rost in den vorgeheizten Backofen schieben.
   Ober-/Unterhitze: etwa 140 °C
   Heißluft: etwa 120 °C
   Backzeit: 10–15 Minuten.
9. Die Torte mit der Platte auf einen Kuchenrost stellen und erkalten lassen.

Zuppa pavese

Käsesuppe

4 Portionen

1 l kräftige Rindfleischbrühe
10 Scheiben geröstetes Stangenweißbrot (Baguette, nicht zu dünn)
8 Eigelb (Größe M)
2 EL frisch geriebener Parmesan-Käse

Zubereitungszeit: 15 Minuten
Überbackzeit: 8–10 Minuten

Pro Portion:
E: 14 g, F: 17 g, Kh: 26 g, kJ: 1318, kcal: 315

Schnell

1. Die Rindfleischbrühe in einem Topf erhitzen.
2. Eine feuerfeste Form mit den Brotscheiben auslegen. Eigelb verschlagen und vorsichtig darauf verteilen. Mit Parmesan-Käse bestreuen.
3. Die heiße Brühe nach und nach hinzugießen und unter dem vorgeheizten Grill 8–10 Minuten überbacken. Sofort servieren.

Günstiges Menü

4–6 Personen

Rucola mit Parmesan 1 x (Seite 230)
Zuppa pavese 1 x (Seite 310)
Crespelle al Basilico 1 x (Seite 46)
Orangensirup mit Feigen 1 x (S. 174)

Zuppa romana

Biskuittorte

4 Eier (Größe M)
4 EL heißes Wasser
175 g feiner Zucker
50 g abgezogene, gemahlene Mandeln
100 g gesiebtes Weizenmehl
25 g Speisestärke
1 gestr. TL Dr. Oetker Backin
4 Tropfen Bittermandel-Aroma
6 EL Kirschwasser
300 g verrührte Kirschkonfitüre
40 g Speisestärke
500 ml (1/2 l) Milch
4 Eigelb (Größe M), 80 g Zucker
1 Pck. Dr. Oetker Vanillin-Zucker
250 g Schlagsahne, 1 EL Zucker
1 Pck. Dr. Oetker Sahnesteif
1 EL Kirschwasser
12 Amarenakirschen

Zubereitungszeit: 40 Minuten, ohne Abkühl- und Kühlzeit
Backzeit: etwa 30 Minuten

Insgesamt:
E: 81 g, F: 177 g, Kh: 643 g, kJ: 20106, kcal: 4799

Für Gäste – dauert länger – mit Alkohol

1. Eier und Wasser in einer Rührschüssel mit Handrührgerät mit Rührbesen auf höchster Stufe in 1 Minute schaumig schlagen. Zucker in 1 Minute einstreuen, dann noch etwa 2 Minuten schlagen. Mandeln, Mehl, Speisestärke und Backpulver mischen, mit dem Aroma in 2 Portionen unterheben.
2. Den Teig in eine Springform (Ø 26 cm, Boden gefettet, mit Backpapier belegt) füllen. Form auf dem Rost in den vorgeheizten Backofen schieben.
   Ober-/Unterhitze: 180–200 °C
   Heißluft: 160–180 °C
   Backzeit: etwa 30 Minuten.
3. Den Tortenboden aus der Form lösen und auf einen Kuchenrost stürzen. Mitgebackenes Backpapier abziehen. Tortenboden erkalten lassen und zweimal waagerecht durchschneiden.
4. Die einzelnen Böden mit Kirschwasser beträufeln und 2 Böden zusätzlich mit Konfitüre bestreichen.
5. Speisestärke mit 100 ml Milch, Eigelb, Zucker und Vanillin-Zucker anrühren. Restliche Milch in einem Topf zum Kochen bringen. Angerührte Speisestärke in die von der Kochstelle genommene Milch einrühren, kurz aufkochen lassen und im kalten Wasserbad weiterschlagen, bis die Creme kalt und dick ist.
6. Den gesäuberten Springformrand mit Frischhaltefolie auslegen, einen mit Konfitüre bestrichenen Boden hineinlegen, mit 1/3 der Creme bestreichen, den zweiten bestrichenen Boden darauflegen, wieder 1/3 der Creme darauf verteilen. Mit dem dritten Boden (ohne Konfitüre) belegen. Die restliche Creme daraufstreichen. Torte etwa 3 Stunden kalt stellen.
7. Den Springformrand lösen und die Frischhaltefolie vorsichtig abziehen.
8. Sahne mit Zucker und Sahnesteif steif schlagen, Kirschwasser unterheben. Die Sahnemasse in einen Spritzbeutel mit Sterntülle füllen. Tortenoberfläche damit verzieren und mit Amarenakirschen garnieren.

Zwiebeln, überbacken

Cipolle gratinate

4 Portionen

8 mittelgroße Zwiebeln (je etwa 125 g)
100 ml Weißwein
Salz
frisch gemahlener Pfeffer
4 EL Olivenöl
80 g frisch geriebener Parmesan-Käse
2–3 EL gehackte, glatte Petersilie

Zubereitungszeit: 60 Minuten, ohne Abkühlzeit
Backzeit: etwa 35 Minuten

Pro Portion:
E: 9 g, F: 17 g, Kh: 10 g, kJ: 1078, kcal: 258

Vegetarisch – mit Alkohol

1. Zwiebeln abziehen. Wasser in einem großen Topf erhitzen. Zwiebeln darin bei mittlerer Hitze etwa 15 Minuten kochen lassen. Zwiebeln herausnehmen, etwas abkühlen lassen und waagerecht halbieren.

Zwiebel-Orangen-Salat

2. Zwiebelhälften nebeneinander in eine flache Auflaufform setzen, Weißwein hinzugießen. Mit Salz und Pfeffer bestreuen, mit Olivenöl beträufeln. Parmesan-Käse darauf verteilen.
3. Die Form auf dem Rost in den vorgeheizten Backofen schieben.
   Ober-/Unterhitze: 180–200 °C
   Heißluft: 160–180 °C
   Backzeit: etwa 35 Minuten.
4. Die Zwiebeln mit Petersilie bestreut servieren.

Tipp:
Zu Lammkoteletts reichen.

Zwiebel-Orangen-Salat

Insalata con cipolle e arance

2 Portionen

2 kleine Zwiebeln
2–3 Orangen
1 EL Speiseöl
50 ml frisch gepresster Orangensaft
etwas Zitronensaft
Salz, frisch gemahlener Pfeffer
50 g schwarze Oliven
einige vorbereitete Pfefferminzblättchen

Zubereitungszeit: 20 Minuten

Pro Portion:
E: 3 g, F: 14 g, Kh: 23 g, kJ: 1029, kcal: 246

Gut vorzubereiten

1. Zwiebeln abziehen, halbieren und in feine Streifen schneiden. Orangen so schälen, dass die weiße Haut mitentfernt wird. Orangen filetieren.
2. Speiseöl und Orangensaft verrühren, mit Zitronensaft, Salz und Pfeffer würzen.
3. Die Sauce mit den Zwiebelstreifen und Orangenfilets vermischen. Eventuell nochmals abschmecken.
4. Den Salat anrichten, mit Oliven und Pfefferminzblättchen garnieren.

Tipp: Den Salat zu Schweinefilet oder zu Curry-Geschnetzeltem servieren.

Zwiebelsalat

Insalata di cipolle

4 Portionen

2 Bund Frühlingszwiebeln
5 Sardellenfilets, 2 EL Weißweinessig
Salz, frisch gemahlener Pfeffer
6 EL Olivenöl

Zubereitungszeit: 20 Minuten

Pro Portion:
E: 2 g, F: 16 g, Kh: 9 g, kJ: 767, kcal: 184

Gut vorzubereiten

1. Frühlingszwiebeln putzen, waschen, abtropfen lassen und in feine Ringe schneiden.
2. Sardellenfilets kurz abspülen, trockentupfen und fein hacken. Die Frühlingszwiebeln mit den Sardellenstückchen vermischen.
3. Essig mit Salz und Pfeffer verrühren, Olivenöl unterschlagen. Die Marinade auf der Zwiebel-Sardellen-Mischung verteilen und gut untermengen.

Tipp: Der Salat kann auch mit Gemüsezwiebeln zubereitet werden, die besonders mild sind. Zusätzlich einige Orangenfilets unter den Salat heben. Der Zwiebelsalat schmeckt sehr gut zu kurz gebratenem Fleisch oder zu Grillfleisch.

Italienisches Register

A

B

C

D

F

G

I

L

M

T

V

Z

Kapitelregister

Antipasti

Brot

Dessert

Eierspeisen

Fisch

Geflügel

Gebäck

Gemüse und Kartoffeln

Getränke

Gnocchi

Kalb

Kuchen und Torten

Lamm

Meeresfrüchte

Pasta

Pizza

Polenta

Rind

Risotto und Reis

Salate

Saucen

Schwein

Suppen

Wild

Umwelthinweis Dieses Buch und der Einband wurden auf chlorfrei gebleichtem Papier gedruckt. Die Einschrumpffolie – zum Schutz vor Verschmutzung – ist aus umweltfreundlichem und recyclingfähigem PE-Material.

Wenn Sie Anregungen, Vorschläge oder Fragen zu unseren Büchern haben, rufen Sie uns unter folgender Nummer an 05 21 155-25 80 oder 52 06 50 oder schreiben Sie uns:
Dr. Oetker Verlag KG, Am Bach 11, 33602 Bielefeld oder besuchen Sie uns im Internet unter www.oetker.de.

Redaktion Carola Reich, Annette Riesenberg, Sabine Lüning, Ines Rascher

Innenfotos
Studio Büttner, Bielefeld (S. 51, 75, 102, 107)
Thomas Diercks, Kai Boxhammer, Hamburg (S. 7, 9, 12, 16-18, 21, 24, 26, 27, 30, 33, 36, 38, 40-42, 50, 55, 56, 58, 61, 62, 65, 67, 69, 70, 73, 77-79, 81, 82, 84, 86-88, 91, 93, 96-98, 101, 103, 104, 106, 107, 109–112, 114, 115, 117-120, 122-124, 126, 129-134, 137, 138, 140, 143-145, 147–149, 151-159, 161, 165, 166, 168, 169, 177, 179, 186-190, 193-195, 197, 199, 202-208, 210, 212, 213, 215, 217, 219, 222, 224, 226, 228, 231-233, 235, 237-239, 241-243, 245, 246, 248, 252, 255, 256, 258, 260-263, 268, 270-278, 280, 284, 286-289, 293, 295, 298, 299, 302, 304, 307, 308)
Ulli Hartmann, Bielefeld (S. 20, 22, 29, 37, 44, 54, 61, 64, 100, 162, 175, 191, 230, 240, 267, 283, 285)
Bela Hoche, Hamburg (S. 11, 48, 49, 59, 85, 125, 136, 150, 151, 184, 232, 291, 303)
Ulrich Kopp, Sindelfingen (S. 246)
Kramp & Gölling, Hamburg (S. 6)
Bernd Lippert (S. 19, 45, 71, 95, 99, 119, 128, 200, 261, 264-266, 290, 292)
Herbert Maas, Hamburg (S. 166, 180)
Niederländisches Büro für Milcherzeugnisse, Rijswijk (S. 72, 76)
Christiane Pries, Borgholzhausen (S. 17, 32, 128, 139, 174, 236)
Hans-Joachim Schmidt, Hamburg (S. 8, 31, 32, 34, 89, 99, 110, 183, 184, 201, 209, 227, 239, 269, 277)
Axel Struwe, Bielefeld (S. 135, 141, 163, 172, 179, 188, 195, 218, 234, 282)
Norbert Toelle, Bielefeld (S. 10, 13, 14, 18, 25, 28, 39, 53, 63, 68, 83, 90, 94, 105, 131, 171, 176, 211, 220, 224, 225, 253, 254, 267, 281, 300, 306)
Brigitte Wegner, Bielefeld (S. 7, 23, 28, 37, 39, 42, 43, 46, 57, 60, 66, 82, 91, 108, 121, 127, 141, 146, 162, 164, 167, 173, 182, 185, 192, 214, 221, 227, 228, 229, 247, 250, 254, 257, 284, 296, 297)
Bernd Wohlgemuth, Hamburg (S. 11, 81, 147, 250, 251, 256, 311)

Rezeptentwicklung und -beratung Dr. Oetker Versuchsküche, Mechthild Plogmaker, Bielefeld;
Rocco Dressel, Hamburg

Übersetzung Martina Straub, Salzkotten

Korrektorat no:vum, Susanne Noll, Leinfelden-Echterdingen
Nährwertberechnungen Nutri Service, Hennef

Grafisches Konzept kontur:design, Bielefeld
Titelgestaltung kontur:design, Bielefeld

Reproduktionen Mohn media · Mohndruck GmbH, Gütersloh
Satz Mohn media · Mohndruck GmbH, Gütersloh
Druck und Bindung Appl Druck GmbH & Co KG, Wemding

ISBN 978-3-7670-0636-2